本书获西北民族大学中国史省级重点学科资助

丝绸之路历史与文化

——王继光先生纪念文集

朱悦梅 段小强 周松　主编

中国社会科学出版社

图书在版编目(CIP)数据

丝绸之路历史与文化：王继光先生纪念文集/朱悦梅，段小强主编.—北京：
中国社会科学出版社，2017.8

ISBN 978-7-5161-8768-5

Ⅰ.①丝… Ⅱ.①朱… ②段… Ⅲ.①王继光-纪念文集 Ⅳ.①K825.46

中国版本图书馆 CIP 数据核字(2016)第 196888 号

出 版 人	赵剑英	
责任编辑	喻　苗	
责任校对	胡新芳	
责任印制	王　超	

出　　版	中国社会科学出版社	
社　　址	北京鼓楼西大街甲 158 号	
邮　　编	100720	
网　　址	http://www.csspw.cn	
发 行 部	010-84083685	
门 市 部	010-84029450	
经　　销	新华书店及其他书店	

印　　刷	北京君升印刷有限公司	
装　　订	廊坊市广阳区广增装订厂	
版　　次	2017 年 8 月第 1 版	
印　　次	2017 年 8 月第 1 次印刷	

开　　本	710×1000　1/16	
印　　张	25.5	
插　　页	2	
字　　数	368 千字	
定　　价	98.00 元	

凡购买中国社会科学出版社图书，如有质量问题请与本社营销中心联系调换
电话:010-84083683

代 序
——可爱的继光兄

余太山[*]

我和继光兄于 1986 年因中亚史研究结缘。

马雍先生于 1985 年去世后，刚成立的中国中亚文化协会一时无人过问。我当时忝任协会的代理副秘书长，历史所所长陈高华先生因而和我商量说："不能什么活动也没有啊，设法开个小会吧。"我就和刚就职苏州铁道师范学院的芮传明兄商量此事。芮传明硕士研究生毕业后，分配到了该校。也不知他怎么去游说的，这个地处东南沿海的小学校居然乐意承办一次古代中亚史的学术讨论会。

中亚学可以说是国际东方学的一个重要分支。我国关于中亚的历史记载，最早可以追溯到先秦的《穆天子传》和《山海经》诸书，从《史记·大宛列传》到历代正史中的《西域传》，以及众多的游记、行记等，构成了中亚研究的汉文献数据系列，一直受到国内外学者的重视。而我国中亚学的研究，始于晚清（19 世纪初）"西北史地之学"的兴起。但总的说来，尚处于拓荒阶段，不免于零星、片断，深度、广度均显不足，直到 1979 年成立中国中亚文化研究协会，我国的中亚学研究才正式提到议事日程上来。它与日渐活跃的敦煌吐鲁番学研究，丝绸之路与中外关系史研究，边疆史

---

* 余太山，男，1945 年 7 月生，无党派人士。中国社会科学院研究生院历史系毕业。此后任职历史所，1993 年起为研究员，曾任中外关系史研究室主任。中国社会科学院荣誉学部委员。专注于古代中亚史、中外关系史。

地研究，突厥学、藏学、蒙古学以及西北少数民族的研究同步前进，逐渐迈入一个新的时期。

我并不认识继光兄，因此，一开始他不在苏州会议邀请名单中。是汤开建兄做的介绍："给王继光发个通知吧，他也是我辈中人。"我照办，这样就结识了继光兄。这一年，正值继光兄不惑之年。

苏州会议虽然条件很差，但效果不错。会上继光兄介绍了他对明代陈诚《西域行程记》的研究。期间继光兄给我留下了很深的印象，我们从此成了莫逆之交。

协会无力召开年会，因此在苏州会议两年之后，考虑拷贝苏州会议，于是有了在兰州召开的中国中亚文化研究协会学术讨论会（1988 年 9 月 20—25 日）。这次会议的承办者是西北民族学院，联系人正是在民院执教的继光兄。

9 月的兰州，秋高气爽，来自全国各地的学者 40 余人，聚会于黄河之滨，皋兰山下，共同为惨淡经营的中国中亚研究出谋划策。

应该指出，这时已有一些中亚学研究专著问世，若干中亚学世界名著的校注、整理、译注、出版也已启动，加上一些西域考古新发现的陆续刊布，尤其是一批中青年学者的成长，表明我国的中亚学研究正蓄势待发，且后继有人。

学会理事、中国社会科学院历史研究所所长陈高华在会议开幕式和闭幕式上都做了重要讲话。他着重谈到我国中亚学研究的现状和前景，强调研究人员必须有献身精神，特别指出要发扬知识分子忧国忧民的优良传统，克服目前的各种困难和干扰，勇于创新，为繁荣我国的中亚学研究做出贡献。

和苏州会议一样，这次会议也交流了 1986 年以来中亚学研究的新成果，开办了专题讲座：项英杰关于"世界帝国"的研究概况；刘迎胜关于德国东方学的研究机构以及后备人才的培养；荣新江关于隋唐之际河西地区民族变迁研究现状；冯今源关于伊斯兰教对中国文化的影响等。这些研究都引起了与会学者及西北民族学院师生极大的兴趣。

会议期间，学会主办的"中国中亚文化研究丛书"与"中国中亚文化研究译丛"的编委会同中华书局、光明日报出版社、北京大学出版社、兰州大学出版社等出版界人士就丛书的出版事宜进行了协商。

结合国际国内的新形势，与会代表还充分讨论了中亚文化研究协会的现状及存在的问题。大家一致认为：学会的工作必须改革。精兵简政，建立一个年轻化、高效率的工作机构，是学会建设的关键。有关建议，准备提交中国中亚文化研究协会会员大会讨论。

作为会议东道主的代表继光兄充分发挥了他的组织、协调才干，使有限的财力、人力得到充分的利用。他西装革履、风度翩翩，始终出现在最需要他的地方。会议之余，他安排大家参观考察了甘肃夏河县拉卜楞寺，甘肃临夏市大拱北及东关清真大寺，品尝三炮台茶。藏传佛教寺院的风貌和伊斯兰文化给学者们留下了深刻印象。

会议开得热火朝天，给与会者留下了难以泯灭的印象。尽管由于种种原因，中亚文化研究协会有始无终，但兰州会议上学者们对学会的殷切期待迄今仍拨动着大家的心弦。

总之，继1986年苏州会议以后召开的兰州学术讨论会及时总结了已有成果，使大家看到了光明的前途，对我国的中亚学研究起了推动作用。在中国中亚学的发展史上，这是一次值得纪念的学术会议，而继光兄功不可没。

继光兄一度主编大型综合性学术刊物《西北民族研究》，为西北民族研究，从而也为中亚学研究做出了卓越的贡献。在此期间，《西北民族研究》发表了多篇我的文章。那年头，刊物不多，我这样的无名小卒，发表文章尤其不易，承蒙继光兄错爱，无异雪中送炭。每一念及该刊对我的精心栽培，真是不胜感激。

忽一日，庄容相询：对刊物有何意见？我说，贵刊包罗宏富，独树一帜，只是错字稍多，是为白璧微瑕。继光兄哈哈一笑："几个错字，不是问题。只要标题不错就行！"其洒脱如此。说"不是问题"这四个字的手势，至今记忆犹新。

当然，继光兄主要的贡献还是教学和研究。据我所知，他深得学校师生爱戴。在学术研究方面，除了陈诚西使研究脍炙人口外，继光兄在民族史领域多所建树。他辨章学术，考镜源流，注重实地调研，不断开拓创新，蜚声学界。可惜对于他的研究范畴，我完全是门外汉，不敢妄赞一词。

以上大致是我和继光兄的学术往来。

在某种意义上，继光兄，吾之酒友也，而且是唯一的酒友。

我天生有酒量而无酒趣，佳酿当前，毫不动心。奇怪的是，只要一见继光兄那张古铜色的脸（据说是酒精渍的），就想喝酒，而且酒量陡增。于是，我们相逢必饮，饮必尽兴。

大碗小盏，亦斗亦石，不免海阔天空，大雅大俗、亦庄亦谐。兴之所至，仿佛天风海雨扑面而来，一种淋漓尽致的感觉！

他从不以学者自诩，这一点很对我的脾胃。故无话不谈，却几乎不涉及所谓"学问"。半醉半醒之间，胡言乱语多半不复记忆，难以忘怀的只是逸兴而已。

继光兄，性情中人，风流韵事，时有所闻。是耶非耶，明镜菩提，虚耶实耶，庄周蝴蝶。咦，自古河西多奇人，继光兄其绪余也欤！

2015 年 1 月 14 日

目　录

史 论 篇

理 论 篇

史论篇

试论齐家文化的渊源

段小强[*]

齐家文化是黄河上游地区最重要的新石器时代晚期文化之一，关于齐家文化的渊源，学术界主要有以下几种观点：（1）齐家文化是马家窑文化马厂类型的继续和发展，马厂类型孕育着齐家文化的因素，齐家文化保留着马厂类型的痕迹，二者之间存在着紧密的不可分割的联系。（2）甘肃地区以彩陶为特征的文化，到马厂时期已分化为东、西两区，其后东区发展为齐家文化，西区发展为四坝文化。（3）齐家文化是马家窑文化的继续和发展，并吸收了邻近的客省庄二期文化的因素而发展起来。（4）齐家文化不是从半山—马厂文化独立发展形成的，它是陕西龙山文化在西传的过程中，受到当地原有文化（即马家窑文化）的影响而形成的。（5）齐家文化是"常山下层文化"的继续与发展，"常山下层文化"是齐家文化的先驱。（6）典型齐家文化是从桥村一类遗存发展而来的。（7）齐家文化是它所固有的或在土著文化（马家窑文化）的基础上，在发展过程中较多地吸收或接受了中原地区，特别是晋南龙山文化的影响而形成的一种具有本身特点和自成系统的原始文化。[①]

　＊　段小强，西北民族大学历史文化学院院长、教授，专门史硕士点研究生导师，主要研究方向为考古学、敦煌学，兼任甘肃省马家窑文化研究会副会长、甘肃省历史学会理事。

　①　李怀顺、黄兆宏：《甘宁青考古八讲》，甘肃人民出版社 2008 年版，第 68—70 页。

在现有考古材料的基础上，我们认定齐家文化与马家窑文化的关系最为密切，本文力图从以下几个方面论证齐家文化渊源于马家窑文化的观点，敬请专家学者批评指正。

一　分布范围

齐家文化的分布是以甘肃兰州一带为中心，分布范围东到泾、渭流域，西达湟水流域至河西走廊一带，南至白龙江流域，北抵内蒙古自治区阿拉善左旗的广大地域。马家窑文化则主要分布于甘肃中南部地区，以陇西黄土高原为中心，东起渭河上游，西到河西走廊和青海省东北部，北达宁夏回族自治区南部，南抵四川省北部。可见，齐家文化的分布地域，基本上是和马家窑文化重合的，这在当时的社会经济条件下，说明了它们存在一定的文化联系。

二　考古学年代

考古学年代分为绝对年代和相对年代，在齐家文化与马家窑文化所处的甘青地区的史前时代，辨明其绝对年代就不得不依靠碳-14测定数据；而弄清二者的相对年代，主要是从地层叠压关系体现出来的。

1. 绝对年代

马家窑文化晚期马厂类型早期标本中测定的绝对年代为2280BC±140，晚期为2055BC±110。可知整个马厂时期可能大约在公元前2300年至公元前2000年。① 至于齐家文化的绝对年代，现有三个数据。其中早期齐家文化测定年代为2255BC±140，时代和

---

① 夏鼐：《碳-14测定年代和中国史前考古学》，载《考古学论文集》，河北教育出版社2000年版，第639—640页。

马厂类型中晚期相当。其他两个标本出于典型齐家文化的永靖大何庄遗址，年代是 2050BC±115 和 2015BC±115。这两件标本都出于该遗址同一柱洞，数据可用平均值 2043BC±81，是在马厂文化最晚的碳-14 年代之后，但相差不远。永靖另一个齐家文化遗址秦魏家，相对年代要比大河庄为晚，绝对年代当为稍后的公元前 2000 年。[①]

以上的碳-14 测定的年代结果表明，马家窑文化发展到后期马厂类型时期，大约公元前 2000 年正是典型齐家文化兴起的大致年代。

2. 相对年代

甘肃渭源县寺坪遗址发现了齐家文化叠压在马家窑文化上的层位关系，从而在地层上判明了这两种文化的相对年代。甘肃天水师赵村遗址也发现有马家窑文化与齐家文化的地层叠压关系，即齐家文化的下层为师赵村六期文化遗存（相当于马家窑文化半山、马厂类型），地层关系明确地揭示了两者的前后关系。

齐家文化与马家窑文化马厂类型的密切关系在柳湾墓地显得更为清楚。如在层位关系上，柳湾墓地齐家文化与马厂类型之间有打破或叠压关系的共 14 组墓葬，如 M392 打破 M391，M271 打破墓 M281 等。前者皆属于齐家文化，后者即被打破者均属于马厂类型。这为两者的相对年代提供了确凿的地层证据，判明齐家文化的年代晚于马家窑文化马厂类型。[②]

三　文化特征

1. 器物形制

通过类型学的研究，不难发现齐家文化的器物如常见的双大耳

---

①　谢瑞琚：《齐家文化是马家窑文化的继续和发展》，《考古》1976 年第 6 期，第 353—354 页。

②　青海文物处考古队、中国社会科学院考古研究所：《青海柳湾》，文物出版社 1984 年版，第 95 页。

罐、碗、粗陶侈口罐和粗陶瓮与师赵村六期文化（相当于马家窑文化半山、马厂类型）的同类陶器相同。不仅器形相同，而且纹饰也是一样的。宁夏海原菜园村切刀把墓地出土的双大耳罐、单耳罐、双耳壶等陶器与师赵村齐家文化的同类器基本相同，这些迹象表明，半山、马厂类型与齐家文化的关系极为密切。后者是前者的继续和发展。①

　　青海省乐都柳湾墓地在随葬陶器方面，首先从陶器的质料、色泽、制法上看，齐家文化与马家窑文化马厂类型是相同的。再从陶器的组合、器形和纹饰的演变方面，均可看出从马厂类型到齐家文化是一脉相承发展下来的。特别是马厂类型晚期和齐家文化早期，许多器物的器形几乎雷同，甚至都很难区分开。如彩陶壶、双耳彩陶罐、豆、侈口罐、粗陶双耳罐、壶、双大耳罐、高颈双耳罐等，不仅器形相似，而且纹饰大体一致，器物的种类组合也相同，并存在着上下演变关系。然而在彩陶花纹方面却存在差别，如马厂类型常见的四大圆圈纹、全蛙纹或半蛙纹，到齐家文化都不见，而齐家文化出现的蝶形纹、蕉叶纹等，马厂类型却未见，可见，齐家文化的彩陶已处于衰落阶段。②

2. 社会经济

　　齐家文化与马家窑文化的居民以经营原始的旱地农业为主，种植粟。在农业生产工具中，两种文化都出土了相似的生产工具。刀、锛、斧是当时的主要生产工具。石刀的形状可分为长方形、半月形和带柄形等多种。

　　在这两种文化中，制陶业和彩陶都非常发达。马家窑文化以精美的彩陶著称于世。在师赵村遗址发现烧制陶器的陶窑，保存较好。系横穴式陶窑，由火膛窑室窑算和火道组成。窑室平面呈椭圆形，直径1.2—1.4米。制法以泥条盘筑法为主，多经慢轮修整。陶器多呈橙黄色或砖红色，套只有泥制陶和夹砂陶，泥制陶器上多

---

①　中国社会科学院考古研究所甘青工作队：《甘肃天水师赵村史前文化》，《考古》1990年第7期，第83页。

②　谢瑞琚：《甘青地区史前考古》，文物出版社2002年版，第132页。

施彩绘，彩绘呈色有红、黑、白三种，以黑色为主。纹样有以旋涡纹为主的几何纹和鲑、鸟、蜥蜴纹以及舞蹈纹。夹砂陶器纹饰较简单，以斜行交错纹为主，此为附加堆纹等。器形有盆、钵、勺、瓶、壶、罐、瓿、缸、带嘴锅等多种，齐家文化中，迄今为止发掘的陶器有 3000 余件，在师赵村遗址发现有烧制陶器的窑址 3 座，均为横穴窑。制陶者已能熟练掌握烧窑技术，陶色纯正，多呈红褐色，很少出现颜色不纯的斑驳现象。器表往往施有一层白陶衣，纹饰以篮纹和绳纹为主，次为眩纹、划纹和附加堆纹。还有少量彩陶，彩色用红、黑两彩，花纹有蝶形纹和蕉叶纹，较为新颖。造型以平底器为主，次为三足器和圈足器。常见的器类有碗、盆、豆和单耳、双耳、三耳的各式罐。①

而冶铜业和铜制品的出现是这一时期先民在生产上的一项巨大成就。在马家窑文化的林家遗址的房址内发现一件铜刀（F20：18），短柄长刀，通长 12.5 厘米。经鉴定为锡青铜。它是目前发现的马家窑文化中期文化中唯一的青铜器，也是时间上最早的青铜器。② 在齐家文化的皇娘娘台、大河庄、秦魏家等 10 余处遗址内都发现有红铜器和青铜器。共出土铜器 60 多件。器类有刀、锥、斧、镰、矛、凿、匕、环、泡、镜、铜饰品和铜渣等。青海贵南尕马台遗址出土了一件最早的七角星形铜镜。青海沈那遗址出土的铜矛，呈阔叶状，有中脊，中部还附有一倒钩，长 62 厘米，宽 20 厘米，是迄今所知齐家文化最长的一件青铜器。齐家文化遗址中还出土有铜、骨复合工具。总寨和魏家台子遗址发现骨柄铜刀和骨柄铜锥共 5 件，刀长 5 厘米，锥长 6.7 厘米。这种铜、骨复合工具目前仅见于齐家文化遗址中。铜器的制作采用冷锻法和范铸法，刀、锥以锻为主，斧、镰为范铸而成。铜器经光谱定性和电子探针等方法鉴定，其成分有红铜器和青铜器，后者包括铅青铜、锡青铜和铅锡青铜。青铜器的发现表明齐家文化的炼铜技术已从冶炼红铜发展到冶炼青铜的阶段。齐家文化晚期已逐步进入青铜时代。齐家文化遗址

---

① 中国大百科全书出版社编委会主编：《中国大百科全书·考古卷》，中国大百科全书出版社 1986 年版，第 302—303 页。

② 谢瑞琚：《甘青地区史前考古》，文物出版社 2002 年版，第 73—74 页。

出土了一批数量可观的红铜器和青铜器，表明齐家文化发展到晚期已进入青铜时代。[①]

3. 社会性质

关于马家窑文化的社会性质问题，从发掘报告和论文中所见到的观点有三种：处于母系氏族公社的繁荣阶段；处于母系氏族公社制晚期或临近解体；处于父系氏族公社阶段。[②] 我们倾向于第三种观点，即马家窑文化处于父系氏族社会。马家窑文化马厂类型文化内涵显示的父权制特点非常鲜明，如甘肃永靖马家湾马厂类型遗址共发现 7 座房址，结构为圆形或方形的半地穴式，其中 4 座方形，3 座圆形。居住面都敷有一层草泥土和红胶泥的硬面，质地坚硬，表明平整。依照复原图来看，房子有一个阶梯式的门道，中央正对门道有一根粗木柱，方形房址的四角有四根位置对称的木桩，圆形房址在主木桩周围等距离有四根木柱。在房子中心对门口处，有一个灶，圆形或椭圆形。这些居住遗址的门道朝向散乱无规律，面积在 15—25 平方米之间。房子附近或周围都有窖穴，大小不等，从位置上看，与房子所属关联性很强。因此可以看出，这些特点正适合父系小家庭的需要，房子周围普遍存在的窖穴，反映了生产力的提高。[③] 可见，马家窑文化社会处于父系氏族公社阶段的可能性最大，到了马家窑文化晚期马厂类型时，又出现了成年男女合葬墓及少量的人殉人祭现象，可能已跨入了阶级社会的门槛。

而齐家文化的社会性质，则可以从其墓葬得到证明。如秦魏家的成年男女二人合葬墓，其中男性为仰身直肢，女性则位左，侧身、肢面向男性；在皇娘娘台的成年一男二女的三人合葬墓里，男性仰身直肢位于中间，二女分列左右，屈附其旁。这些合葬墓表明

---

① 谢瑞琚：《甘青地区史前考古》，文物出版社 2002 年版，第 126—127 页。

② 李文芬：《试析马家窑文化马家窑类型的社会性质》，《北京第二外国语学院学报》1997 年第 1 期，第 74 页。

③ 张震：《从马家窑文化居址看所处社会形态及婚姻家庭状况》，载《马家窑文化研究文集》，光明日报出版社 2009 年版，第 195—201 页。

齐家文化中的婚姻状况已由多偶婚制过渡到一夫一妻制，只有少数富裕的人家中过着一夫多妻制的生活，同时也说明男子在社会上居于统治地位，而女子却降至从属和被奴役的地位。齐家文化中还存在以人殉葬的习俗，殉葬者都是奴隶和部落战争中的受害者。殉葬这一恶俗反映了社会地位的差别与阶级分化。墓葬中随葬品的多与少也显示出贫富不均的社会现实。如皇娘娘台墓葬的随葬器物，陶器少者一两件，多的达 37 件，玉石璧少的只有 1 件，多者 83 件。这种情况表明，首先齐家文化中以冶金业为主导的手工业在不断地增长，促进了生产力的发展，其次也说明社会内部发生了深刻的变化，阶级的出现，私有制产生，原始社会将要崩溃，齐家文化进入军事民主制阶段。①

4. 精神生活

这两种文化的精神文化生活都集中体现于彩陶艺术作品上，彩陶器图案优美，线条流畅，格局均衡对称，还有一批造型新颖，构思巧妙的陶制艺术品，为其他史前文化彩陶所少见。

马家窑文化中的上孙家寨和宗日遗址出土的舞蹈纹彩盆，是彩陶艺术珍品。前者在盆内画着 3 组舞人连臂的舞者，后者也在盆内绘着两组分别为 11 人和 13 人连臂的舞者，舞蹈动作按一定的旋律和节奏起止，极富韵律，有极强的节奏感，形成优美的舞姿，体现了当时的舞蹈已达到了一定水平。阳山墓地出土彩陶鼓 3 件，均完好。陶鼓形似象脚鼓，中部呈筒形，两端开口，分别作罐形口和喇叭口。口的内侧各置一环耳，两相对应，在一直线上。喇叭口内侧又设六个或七个鹰嘴突钮，也有做七个镂孔的，这些突钮或镂孔是用来绷兽皮的。而两端的环耳是用于系绳悬挂在身上的。鼓的器表彩绘三角纹和波折纹等纹样。这是极为难得的古代鼓乐器实物标本，反映了当时人们的制鼓技术和精神生活。②

---

① 甘肃省博物馆：《甘肃武威皇娘娘台遗址发掘报告》，《考古学报》1960 年第 2 期，第 55—57 页。

② 谢瑞琚：《甘青地区史前考古》，文物出版社 2002 年版，第 74 页。

　　齐家文化的精神文化生活主要也是通过彩陶和人物、动物的雕塑品来表现的。彩陶在甘肃武威皇娘娘台和青海柳湾等遗址中均有出土，共计100余件。彩陶纹饰的色彩有黑彩、红彩和紫红彩，红彩占有相当大的比例，它和马家窑文化以黑彩为主的风格形成鲜明的对比。雕塑品均为陶塑，有人头像和鸟、绵羊等形象以及兽首葫芦形陶铃、瓶形陶铃、刻画纹骨形玩具等。

5. 宗教文化艺术

　　在马家窑文化武山傅家门的房址和窖穴内发现带有阴刻符号的卜骨共5件。卜骨以羊、猪和牛的肩胛骨为材料，无钻无凿，骨面留有灼痕和阴刻符号，符号呈"丨"、"二"、"S"等形态。而齐家文化的皇娘娘台和秦魏家等遗址亦普遍发现卜骨，共计70余件。卜骨的材料以羊肩胛骨为主，次为牛、鹿肩胛骨。一般不钻不凿，只有烧灼的痕迹。如在秦魏家23号墓内发现一件卜骨被放在高领双耳罐中，罐完整，而罐腹部开一缺口，略大于卜骨，缺口的原陶片仍扣合于腹上。[①]

　　在马家窑早期文化的傅家门遗址发现了祭祀坑。坑呈长方形，长1.9米，宽1米。坑内埋有猪的头骨和彩陶等。这是首次发现的马家窑早期文化祭祀坑，表明这个时期已经有宗教祭祀活动。而在齐家文化中的大河庄和秦魏家遗址发现有砾石筑成的"石圆圈"遗迹共6处。形制大体相同，皆由大小相若的天然砾石围筑成圆圈形，直径约4米。大河庄1号"石圆圈"遗迹，保存较完整。在它的东边有一具被砍掉了头的母牛骨架，腹内还有尚未出生的小牛骨骼，在它的西边有一具羊骨架。这种石圆圈遗迹显然是属于祭祀性的建筑物。[②]

　　在甘陇地带，有这样几乎一样的宗教习俗和强烈的宗教崇拜意识，这种宗教文化艺术并非外来的，而且它们之间的时代连续性又非常明显，这就只有这两种文化在宗教文化艺术上具有连续性和传

---

　　① 谢瑞琚：《甘青地区史前考古》，文物出版社2002年版，第77—78页。
　　② 中国大百科全书出版社编委会主编：《中国大百科全书·考古卷》，中国大百科全书出版社1986年版，第371页。

承性的可能了。

综上所述，齐家文化与马家窑文化的关系是非常密切的，特别是马家窑文化晚期（马厂类型）与齐家文化早期尤为明显，可以说，齐家文化渊源于马家窑文化，是马家窑文化的继续和发展。

周穆王西巡昆仑考

——32 年前旧文《周穆王、西王母瑶池对歌》的自我反省

薛宗正[*]

　　周穆王是西周第五代君,《史记·周本纪》仅记其不听祭公谋父的谏阻,执意伐犬戎事件。参稽汲郡出土的《穆天子传》、《竹书纪年》,同伐犬戎事件密切相关的事件还有穆王西巡昆仑,且同当地羌人首领西王母共赋《瑶池对歌》,此事为后世传为美谈,实则是周穆王联羌伐戎总体战略的重要组成部分。问题在于这次昆仑、瑶池对歌究竟发生于何时何地?

　　确切地说,同此瑶池对歌相关的地点究竟发生于西域还是今青海地区?对此,1993 年敦煌文艺出版社出版的拙著《历代西陲边塞诗研究》首章刊有 32 年前旧文《周穆王、西王母瑶池对歌》,录于该书首章《西陲历史交响乐的序曲》的第一节。该文盲目追随新疆学术界的主流意见,重在强调流沙东西的政治凝合并非始于汉开西域,而是始于更为蛮荒的远古。实质上乃是对于当时政治宣传方向的一种非理智的盲从。须对此篇 32 年前旧文进行深刻的自我反省,对于周穆王西巡昆仑、瑶池史实及其地望重加考证。

　　* 薛宗正,男,1935 年生于山东济南市,1953—1958 年毕业于北京大学历史系中国古代史专业,1980 年考取中国社会科学院助理研究员,同年分配至同年成立的新疆社会科学院,1993 年在本院历史所退休。研究员、国务院特殊津贴专家。

一　《史记》对周穆王生平事迹的误记、漏记与汲冢二古籍的出土

　　周代典籍原本十分众多，现存《诗》、《书》、《礼》、《易》诸书无不是周代遗珍，为儒家世代传承，完整保存至今，然中经秦代焚书，入汉后，遗书散落，其中有关涉及周穆王时期的史料，散落尤多，导致司马谈、司马迁父子撰写的《史记·周本纪》所记此王事迹，错误、遗漏严重。其中最大疑点就是"穆王即位，春秋已五十矣"，"穆王立五十五年崩"等有关记载，果如是，则周穆王寿命已长达 105 岁。其说有悖人类享寿的生理极限，难于令人相信。按《晋书·束晳传》明确指出："自周受命，至穆王百年，非穆王寿百岁也。"其说极有道理①，且所谓周之受命绝非始自武王，而应是始自文王，参稽夏商周断代工程所得最新研究成果，与这一时段大体相符。由之不但更新了穆王继位、在位及享寿年限，而且对其先王周昭王的在位时期以及整个西周诸王的继位时间及享寿年限作出了全局性大更改。随着陕西眉县杨家村出土的迷盘、折尊，觥、方彝及其主人微氏家世系研究考证的陆续公布，更是确切无疑地证实昭王在位时间绝非 51 年，而是 19 年，这些青铜器窖藏都发生于昭王在位时期，器铭显示的纪年"十九年"，应为昭王十九年。十九年即昭王南征的最后一年，此与文献记载完全吻合，昭王就死于南征之役，其后穆王继位，以此推算，穆王在位时间绝非 55 年，而是37 年②。复据《晋书·束晳传》："自周受命至穆王百年，非穆王寿百岁也。"③ 此之"周之受命"非指武王，而指文王，而文王在位 7年，时当商纣王帝辛在位 57 年至 63 年间（前 1118—前 1112 年），

---

　　① 金文学者陈梦家最先支持这一见解，见所著《西周年代考》，商务印书馆 1945 年版。
　　② 宝鸡市考古队刘军社研究员《穆王在位年数》："迷盘中单氏家族世系的排列，对西周王世年数也具有制约作用。按一代人 30 年计算……八代人约 240 年，再加上幽王的年数，西周总积年约 260 年。"《考古与文物》2003 年第 3 期，第 31—34 页。
　　③ 朱凤瀚、张荣明：《两周诸王年代研究述评》，载《西周诸王年代研究》，贵州人民出版社 1998 年版。

其后武王克商前后各3年，总6年（前1111—前1105年），成王在位37年（包括周公摄政7年，前1104—前1068年）、康王26年（前1067—前1042年），昭王19年（前1041—前1023年），南征而亡，则周穆王继位时间似为公元前1023年戊午①，未至百年，"百年"似为约数，并非实指。

除了穆王在位时间有误之外，《史记·周本纪》所记穆王在世政绩主要是以下两点：

其一是"穆王闵文武之道缺，乃命伯臩申诫太仆国之政，作臩命，复宁"。其二是"穆王将征犬戎，祭公谋父谏曰：'不可……'。天子曰'予必以不享征之，且观之兵'，无乃废先王之训，而王几顿乎？吾闻犬戎树敦，率旧德而守终纯固，其有以御我矣。王遂征之，得四白狼四白鹿以归。自是荒服者不至"。更是有欠全面。以上千古疑谜直至晋太康元年（280年）汲郡人不准盗发魏襄王墓，先秦古籍《竹书纪年》、《穆天子传》相继出土②，才得到合理的解释。对此，《晋书》卷51《束皙传》留有详细记载：

初，太康二年，汲郡人不准盗发魏襄王墓，或言安厘王冢，得竹书数十车。其纪年十三篇，记夏以来至周幽王为犬戎所灭，以事接之，三家分，仍述魏事至安厘王之二十年。盖魏国之史书，大略与春秋皆多相应。其中经传大异，则云夏年多殷；益干启位，启杀之；太甲杀伊尹；文丁杀季历；自周受命，至穆王百年，非穆王寿百岁也；幽王既亡，有共伯和者摄行天子事，非二相共和也。其易经二篇，与周易上下经同。易繇阴阳卦二篇，与周易略同，繇辞则异。卦下易经一篇，似说卦而异。公孙段二篇，公孙段与邵陟论易。国语三篇，言楚晋

———————

①　方诗铭、方小芬：《中国史历日和中西历日对照表》，上海辞书出版社1987年版，第821页。一说在位于公元前976年至前922年。其说仍取穆王在位50余年说。

②　汲郡人不准掘魏襄王墓，《晋书·卫恒传》、杜预《春秋左氏经传集解》后序正义引王隐《晋书·束皙传》作太康元年，《晋书·束皙传》、荀勖《穆天子传》序作太康二年。雷学淇《竹书纪年》考证云："竹书发于咸宁五年十月，帝纪之说，录其实也。就官收以后上于帝京时言，故曰太康元年，束皙传云二年，或命官校理之岁也。"又"魏襄王"，王隐《晋书·束皙传》作"魏安厘王"。

事。名三篇，似礼记，又似尔雅、论语。师春一篇，书左传诸卜筮，"师春"似是造书者姓名也。琐语十一篇，诸国卜梦妖怪相书也。梁丘藏一篇，先叙魏之世数，次言丘藏金玉事。缴书二篇，论弋射法。生封一篇，帝王所封。大历二篇，邹子谈天类也。穆天子传五篇，言周穆王游行四海，见帝台、西王母。图诗一篇，画赞之属也。又杂书十九篇：周食田法，周书，论楚事，周穆王美人盛姬死事。大凡七十五篇，七篇简书折坏，不识名题。冢中又得铜剑一枚，长二尺五寸。漆书皆科斗字。初发冢者烧策照取宝物，及官收之，多烬简断札，文既残缺，不复诠次。武帝以其书付秘书校缀次第，寻考指归，而以今文写之。皙在著作，得观竹书，随疑分释，皆有义证。迁尚书郎。

据此可知，《竹书纪年》与《穆天子传》二书，同为汲郡魏襄王墓出土，其中前书初名《纪年》或《汲冢纪年》。初由中书监荀勖、中书令和峤整理、考订，故此书的初释本又名荀和本，凡十三编。由于竹简排序，古文识别仍存在争议，至晋惠帝时期秘书丞卫恒重作整理，此人死于八王之乱，其友佐著作郎束皙续成其事，史称卫束本，又称考证本。这一版本不同意汲冢古籍出自魏襄王，而认为属于魏安厘王，其可信程度高于前一版本。至永嘉之乱，晋鼎南渡，出土竹简全部亡佚，以上两种版本仍继续传世，隋、唐之世仍存，入宋后，传统儒学进一步演变为更具宗教色彩的理学，《竹书纪年》中有关尧、舜、益、禹之间的君位传承关系都是赤裸裸的武力争夺，明显是对正统儒家宣扬的上古禅让理想制度的无情否定，必然为其不容。此书的传承再度面临危机。直至清初考证学勃兴，嘉庆年间朱右曾辑录竹书纪年佚文，成《汲冢纪年存真》一书，王国维在此基础上辑成《古本竹书纪年辑校》，范祥雍进一步编成《古本竹书纪年辑校订补》。以上三大家研究成果至 1981 年为方诗铭全面收录，与王修龄共同编成《古竹书纪年辑证》一书，其中收录了王国维的《今本竹书纪年疏证》成为《古本竹书纪年》的集大成之作。

与此同时，晋汲冢出土的另一重要古籍《穆天子传》有关研究也取得了突破性的进展。

汲郡人不准盗发古墓所得以先秦古文写成的《穆天子传》，晋济北侯荀勖闻讯赶往清理，发现所盗古墓为魏惠成王子之墓，至少当属魏国古书。道藏本《穆天子传》收有荀勖序文，详尽地叙述了这部古籍出土的经过，并对此书做了考订，内称：

> 古文《穆天子传》者，太康二年汲郡民不准盗发古冢所得书也。皆竹简，素丝编，以臣勖前所考定古尺度，其简长二尺四寸，以墨书，一简四十字。汲者，战国时魏地也。案所得《纪年》，盖魏惠成王子今王之冢也。于世民盖襄王也……其书言周穆王游行之事。《春秋》左氏传曰："穆王欲肆其心，周游天下，将皆使有车辙马迹。此书所载，则其事也……汲郡收书不谨，多毁落残缺。其言不典，皆可观览。谨以二尺黄纸写上。"

21 世纪初疑古学风大盛，出现了不少否定此书为伪品的论调。但理由都不充分。至正十年北岳王渐玄翰《穆天子传·序》中指出该书"其事虽不典，其文甚古……太史公记穆王宾西王母事，与诸传说所载多合，则此书盖备一时之详，不可厚诬也。春秋之时，诸侯各有国史，多庞杂之言，下逮战国，王迹熄而圣言湮，处士横议而异端起。人人家自为说，求其欲不庞杂，其可得乎"。明人洪颐煊校六卷本《穆天子传》① 中更进一步考订其文风确属先秦，他引证《尔雅·释地》云："觚竹、北户、西王母、日下，谓之四荒。"此书云"纪迹之弇山之石"，眉曰西王母之山，与《尔雅》所记合。《史记·周本纪》云："穆王崩，子共王繄扈立。"司马贞《索隐》引《世本》作伊扈，此书云："丧主伊扈，伊扈即共王也。尤足与经、史相证。"进而推断："虽残编断简，其文字古雅，信非周秦以下人所能作。如聘礼云管人布幕于寝门外，郑君注云管状馆也。古文管为官、此书云官人陈牲，官人设几，乃古文中之仅存者。"凡此种种，足证《穆天子传》确为先秦古籍。《穆天子传》在《隋书》卷33《经籍志》中又被题为《汲冢书》，总六卷，且

---

① 平津馆丛书十集本。

已出现了晋代大儒郭璞为其作注。《旧唐书》卷 46，《新唐书》卷 58《经籍志》所载唐代流行的版本也是郭璞注本。当然，其书早在汲郡出土原本送交晋秘书监时已有残缺，经历千余年流传更加有所变化。以故宋人晁武《郡斋读书志》所见本为 8514 字，今本则仅 6622 字，然而这仅仅是数量上的减少，并不影响此书的性质。明清以来，以迄民国，《穆天子传》流传，一直不绝，陆续以多种版本刊行①，研究著述，亦层出不穷②。可见，这部汲郡古本所反映的穆王西巡事迹不应予以否定或轻视，其中无疑保存了我国上古时期大量的原始信息。

　　关于《穆天子传》的性质和归类，学术界虽仍众说纷纭，诸如《书录解题》归入实录类，《郡斋读书志》列入传记类，都基本上承认汲郡出土的这部先秦古籍属于信史，唯清人纪昀主编的《四库全书总目提要》将它列入小说类，对于《穆天子传》的信史地位颇有保留。其原因有二，一是穆天子传生平疑点颇多，有待进一步澄清，二是此书事涉中国古代传说中的昆仑神话，应属史前传说内容。

---

　　① 《穆天子传》自晋汲郡出土以来，虽然世代流传，但宋人以前版本已不可复见，现存最好版本皆属明代遗书，重要者约有以下诸版本：明吴琯《古今逸史》本六卷，明天启七年丁卯邵闇生《覆古介书》前集二十一种本，六卷，北大图书馆有该书巴陵方氏藏本。明范钦《天一阁》本六卷，上海涵芬楼有影印本。汉魏丛书本亦六卷。《道藏》本六卷，亦为上海涵芬楼影印。《龙威秘书》本，即《汉魏丛书采珍》十九种本。《说郛》本不全，另有《西王母传》，二者同出一源，被认为是较差版本。
　　② 据张公量《穆传之版本及关于穆传之著述》（《禹贡》第 1 卷第 10 期，第 18—27 页）统计，除久已亡佚的晋人郭璞注本外，元刘庭幹校本六卷、明洪颐煊校《穆天子传》六卷，平津馆丛书十集本、清霍云升《覆校穆天子传》六卷，《五经岁遍斋校书》三种本、清孙星衍校《穆天子传》六卷、清檀萃《穆天子传注疏》六卷、海源阁藏清黄荛圃（丕烈）校本六卷《海岳楼秘笈丛刊》之一，民国 23 年 1 月山东图书馆印行、清陈逢衡《穆天子传补正》六卷，陈氏丛书本，读骚楼丛书本、丁谦《穆天子传地理考证》六卷（附《中国人种所从来考》），吕调阳校《穆天子传》六卷，观象台丛书本、民国刘师培《穆天子传补释》六卷，1909 年《国粹学报》第 50—53 期、王国维校《穆天子传》六卷，赵万里过录，特点是宗道藏本为底本，顾实则有《穆天子传西征讲疏》。复据袁珂主编《中国神话》第一集（中国民间文学出版社 1987 年版，第 350—353 页）。又收有法人雷米·马迪厄所著《穆天子传（注译与评点）》，法兰西学院汉学研究所纪念文集第九种，巴黎，1978 年，法国大学出版社发行，ISBN2-85757-013-9。

二　周穆王联羌制戎与昆仑西王母部

根据傅斯年对中国古代文化起源的研究，中国文化上古时期从来不是单一传统的延续，而是东夷、西夏两大古老部族相互碰撞、冲突及其相互融合的结果。提出了具有划时代研究成果的"夷夏东西说"①。现代考古学的发展虽然又为我国古代的多元文化增加了许多新内容，但东夷、西夏仍不失为我国上古时期两大主导文化系统。其中商人继承的乃是传说中神农、虞舜等代表的东夷系文化，而与黄帝、颛顼、夏朝、周朝等西系集团的文化分源别流。但随着东、西两系由碰撞走向融合，终于形成了统一的部落联盟，两系始合称"华夏"。由此可见，圣山昆仑原本出自华夏西系的先祖。而与原属东夷系统的神农氏、炎帝以及殷商的祖先无关。周朝姬姓与西羌部落存在着密切联系，世代通婚，西周开国名臣姜尚就是一位羌人。周人语言属于典型的单音节，带声调语言，具有汉藏语系的典型特征。而其后裔被称为夏后氏的传说中的华夏远祖黄帝轩辕氏，则无论从其发祥行踪还是语言特征都别具特征，分源别流，并非一脉相承，虽然同样拥有昆仑圣山传说，然其所指河源所出的昆仑地望并非一致。这在最早记录姬周先世的纪传体正史《史记·周本纪》中有明确记载：

> 周后稷，名弃。其母有邰氏女，曰姜原。姜原为帝喾元妃。姜原出野，见巨人迹，心忻然说，欲践之，践之而身动如孕者。居期而生子……弃渠中冰上，飞鸟以其翼覆荐之……，因名曰弃……。及为成人，遂好耕农，相地之宜，宜谷者稼穑

---

① 见所撰《夷夏东西说》，《庆祝蔡元培先生六十五岁论文集》1933 年："在三代时及三代以前，政治的演进，由部族到帝国，是以河、济、淮流域为地盘的，在这片大地上，地理的形势只有东西之分，并无南北之限……大体上有东西不同的两个系统。这两个系统，因对峙而生争斗，因争斗而起混合，因混合而文化进展，夷与商属于东系，夏与周属于西系。"

焉。民皆法则之。帝尧闻之，举弃为农师，天下得其利，有功。帝舜……封弃于邰。号曰后稷，别姓姬氏。后稷卒，不窋末年，夏后氏政衰，去稷不务，不窋以失其官而犇戎狄之间。不窋卒，子鞠立。鞠卒，子公刘立。公刘虽在戎狄之间，复修后稷之业，务耕种，行地宜，自漆、沮度渭，取材用，行者有资，居者有畜积，民赖其庆。百姓怀之，多徙而保归焉。周道之兴自此

始……公刘卒，子庆节立，国于豳。

据此可知，周之始祖虽为姜原之子弃，但姬周之兴，实始于中兴之主公刘。《诗经》卷16大雅《公刘》篇有诗咏其功业：

笃公刘！匪居匪康，乃埸乃疆；乃积乃仓，乃裹糇粮，于橐于囊，思辑用光；弓矢斯张，干戈戚扬，爰方启行。……笃公刘！逝彼百泉，瞻彼溥原。乃陟南冈，乃觏天京。京师之野……笃公刘！既溥既长，既景乃冈。相其阴阳，观其流泉。其军三单，度其隰原，彻田为粮。度其夕阳，豳居允荒。笃公刘！于豳斯馆，涉渭为乱，取厉取锻。止基乃理，爰众爰有。

结合前引《史记·周本纪》所记，周人始祖虽然是弃，然自公刘前两代不窋、鞠两世，早已远窜于"戎狄之间"，易言之，周人的第二代、第三代祖早已远离中原，参稽周人世与羌人联姻的史料记载，其发祥之地必是远离中原，接近河源的羌地。《史记》、《汉书》等汉代著作不察这一重大区别，误将它与河源联系起来，编造出"潜流地下"之说，与事实不合。早已为近代地理学研究成果所否定。华夏文化的近祖实源于近祖姬周王朝。虽然初现于记载乃夏末之世，而其真正崛兴却乃殷商中期至商末之世，数千年来中国的典章制度，礼乐文化，语言文字，无不与姬周王朝一脉相承，被称为中国至圣的周公旦，后来顶替周公旦位置而成为儒家万世师表的孔丘都是姬周王朝思想、文化的道统继承与法脉正传。姬周不同于

黄帝集团，虽发祥西方，却始终没有离开黄河流域，姬周王朝的发祥地昆仑确乃出自黄河源头。与黄帝集团的圣山昆仑虽然同名，实乃异地。

长期以来，受《史记》、《汉书》有关昆仑山记载的误导，有关《穆天子传》及穆王西巡的研究大都肯定是新疆的昆仑山，乃至更西的印度、伊朗境内诸名山。丁谦、顾实等人，乃至袁珂大多持有这一见解。我在旧作《历代西陲边塞诗研究》中也受到当时这一主流学派的影响，将穆天子西巡的昆仑，定位于今于阗南山的昆仑山①。至20世纪末，王守春发表的系列文章回避了圣山昆仑的难题，而仍沿用穆天子西巡路线乃是新疆的旧思路，将穆天子所经的珠泽乃今之罗布泊，春山，为吐鲁番北部的天山，具体指博格达峰。瑶池指赛里木湖②。则穆天子会见西王母的地点，并非昆仑山北麓，而是天山北麓的准噶尔盆地西端，从而将瑶池与昆仑山割裂开来，并回避了昆仑山是否华夏族世居的圣水——黄河源头的问题，不足为据。

前引《史记·大宛列传》、《汉书·西域传》、《山海经》、《离骚》所记，曾为天帝下都，即黄帝发祥地的圣山昆仑，又称玉山，地在大夏之东，于阗之北，流沙以西，傍临赤水，山上盛产美玉，稽其地望明明就是今新疆的昆仑山无疑③。至于玄圃（悬圃）、视肉等则都是后来传说中所追加的零件，不必予以深究。这一昆仑圣山曾为黄帝直至夏朝，以及江南颛顼后裔的楚国王室所共同崇奉，但这座昆仑山实与作为华夏圣水的黄河之源毫无关联。《史记》、《汉书》注家高诱所称"河出昆山，伏流地中万三千里，禹导而通之，出积石山"之说，更是经不起任何地理学的实际验证，早已证明其荒唐无稽。

---

① 薛宗正：《历代西陲边塞诗研究》，敦煌文艺出版社1993年版，第1—6页。

② 王守春：《〈穆天子传〉与古代新疆历史地理相关问题研究》，《西域研究》1998年第2期，及《〈山海经〉与古代新疆历史地理相关问题的研究》，《西域研究》1997年第3期。

③ 惟释氏《西域记》记"阿耨达山即昆仑也"，其说纯属佛教徒附会佛经之说，无据。

最早怀疑《史记》、《汉书》记载，并在黄河真正源头作出科学解释的我国著作首推曾为唐太宗宠子的魏王李泰组织门客所撰已佚地理学巨著《括地志》。

《正义》（引）《括地志》云：

> 昆仑山在肃州酒泉县南八十里。《十六国春秋》云前凉张骏酒泉守马岌上言，酒泉南山即昆仑之丘也，周穆王见西王母，乐而忘归，即谓此山。有石室王母堂，珠玑镂饰，焕若神宫。

此处列举了一处河西诸凉王朝时期在河西祭祀的侨治昆仑山，其地就在酒泉南山，很可能乃西凉李暠所建。然此地又云"小昆仑"，那么，大昆仑又在哪里呢？对此，直至清杨守敬、熊会贞《水经注》问世后，作为黄河之源的圣山昆仑才有了新的地理学解释。该书卷1《河水篇》广征古书所记，勘以当代实际地理考察，缕列如下：

> 昆仑墟在西北，（赵改墟作虚，下同。戴亦改下《山海经》文作虚。守敬按：言河源者当以《汉书·西域传》为不刊之典，以今日与图证之，若重规叠矩，作《水经》者惟但言葱岭、于阗未明，言昆仑不能知昆仑所在。又见《史记·大宛传赞》云，恶睹所谓昆仑，《汉书·张骞传赞》亦云尔。）遂以昆仑置于葱岭之西，郦氏又博采传记以符合之，遂与《经》文同为悠谬。

又同书另一注者熊会贞按：

> 齐召南《水道提纲》，巴颜喀喇山即古昆仑山，其脉西自金沙江源犁石山，蜿蜒东来，结为此山。山石黑色，蒙古谓富贵为巴颜，黑为喀喇，即唐刘光鼎谓之紫山者，亦名枯尔坤，即昆仑之转音。戴震《水地记》，自山东北至西宁府界千四百

余里。《尔雅》，河出昆仑虚，不曰山。察其地势，山脉自紫山
西连犁石山……置西宁府边外五千五百余里，绵亘二千里，皆
古昆仑虚也。

据杨守敬注文，根本推翻了《史记》、《汉书》，《水经》中关
于昆仑为河水源的记载，据熊会贞按，则另行提出了青海之巴颜喀
喇山即河源所出的真正昆仑山所在。这是西方测量学传入我国，清
代地理勘测的实际结果，并为现代地理测量学的成果所肯定。由此
进一步肯定了伴随着华夏西系文化两始祖说的成立，圣山两昆仑之
说也随之成立。其中新疆之昆仑虽乃黄帝轩辕氏与颛顼后裔楚国王
室共同崇奉的圣山，却并非黄河源头所在。而青海之巴颜喀喇山，
或曰喀喇昆仑山不但是黄河的真正源头，还是长江和澜沧江的共同
源头，以故唐代这一地区已名为河源，今更正名为三江源。此山应
为姬周中兴之主公刘的真正发源地，亦即被视为周代发祥地的圣山
昆仑。对此，早在十六国时期的诸凉王朝早已有所认识，唐代自称
为李暠苗裔，故今之青海地区被命名为河源。唐亡后，这一认识一
度被遗忘，入清后又恢复了历史的记忆。研究《穆天子传》所记载
的周穆王西巡路线，应当摒弃旧说，采用这一崭新视角。其中涉及
以下三个重大问题。

周穆王何以西巡昆仑？对此，有两种传统解释。一是化人西来
说，见《四库全书》本《列子》卷3，晋张湛注，唐殷敬慎释文
《周穆王第三》：

周穆王时，西极之国有化人①来，入水火，贯金石，反山
川，移城邑，乘虚不坠，触实不硋②，千变万化，不可穷极，
既已变物之形，又且易人之虑，穆王敬之若神，事之若君，推
路寝以居之，引三牲以进之，选女乐以娱之，化人以为王之宫
室，卑陋而不可处，王之厨馔，腥蝼而不可飨，王之嫔御膻

① 原注："化"，幻人也。
② 原注："硋"，音碍。

恶，而不可亲，穆王乃为之改筑土木之功赭①，垩②之色无遗巧焉，五府③为虚而台始成，其高千仞，临终南之上，号曰中天之台，简郑卫之处子，娥媌靡曼者施芳泽，正蛾眉设笄珥娥媌妖好也，靡曼柔弱也，珥音饵，瑱也，冕上垂玉以塞耳，笄首饰珥瑱也……王耳乱，不能得听，百骸六藏悸而不凝，意迷精丧请化人求还④，化人移之，王若殒虚焉，既寤，所坐犹向者之处，侍御犹向者之人，视其前则酒未清，肴未晞，王问所从来，左右曰王默存耳。由此穆王自失者三月，而复更问化人，化人曰吾与王神游也，形奚动哉，且曩之所居奚异王之宫曩之所游奚异王之圃，王闲恒，疑暂亡⑤，变化之极，徐疾之间，可尽模哉。王大悦，不恤国事，不乐臣妾，（遂）肆意远游。

化人，即幻人，其说荒诞不经。幻人确实源于西方大秦（罗马），其东来的最初记载不可能早于东汉，稽之史册有关记录如下：

永初元年（107年），徼外焦侥种夷陆类等三千余口举种内附，献象牙、水牛、封牛。永宁元年，掸国王雍由调复遣使者诣阙朝贺，献乐及幻人，能变化吐火，自支解，易牛马头。又善跳丸，数乃至千。自言我海西人。海西即大秦也，掸国西南通大秦。明年元会，安帝作乐于庭，封雍由调为汉大都尉，赐印绶、金银、彩缯各有差也。

此见于《后汉书》卷86《南蛮、西南夷列传》。又见于《后汉书》卷51《陈禅传》：

①　原注："赭"音者，赤色。
②　原注："音恶，白土也。"
③　原注：周礼太府掌九贡、九职之货贿，玉府掌金玉、玩好，内府主良货贿，外府主泉藏，膳府主四时食物者也。
④　原注："太虚恍惚之域，固非俗人之所涉，心目乱惑，自然之数也。"
⑤　原注："彼之与此俱非真物，习其常，存疑其暂亡者，心之惑也。"

永宁（120年）元年，西南夷掸国王献乐及幻人，能吐火，自支解，易牛马头。明年元会，作之于庭，安帝与群臣共观，大奇之。

《后汉书》卷82《方术列传亦记》：

解奴辜、张貂者，亦不知是何郡国人也。皆能隐沦，出入不由门户。奴辜能变易物形，以诳幻人。

遍搜我国古代最大规模的类书《册府元龟》，又得三条史料，所记都是永宁元年（120年）事。该书卷997"外臣"部42"技术"条，明确记载幻人来自海西大秦国，即罗马帝国：

后汉掸国安帝永宁初遣使朝贺，献乐及幻人，能变化、吐火，自支解，易牛马头。又善跳丸，数乃至千。自言海西人，海西即大秦。

同书卷968"外臣"部3"朝贡"1：

永宁元年十二月……是月掸国王雍繇调复遣使者诣阙，朝贺、献乐及幻人①。

《列子·穆王篇》所记西方化人（幻人）来华时间为公元前一千纪，时间过于古邈，难于信赖。其说不取。

据郭璞注，（明）范钦订正四部备要本《穆天子传》卷1记周穆王西巡前大略事迹为，戊寅天子北征，绝漳水（漳水今在邺县），

---

① 《册府元龟》卷974"外臣"部9"褒异"1亦记："永宁元年……是月掸国王雍繇调遣使诣阙，朝贺、献乐及幻人。"

其后到达明常山石邑县的铙山之下，雨雪中猎于铙山之西阿，北循雁门虖沱之阳。乙西大举北征犬戎，参稽《国语》所记"穆王将征犬戎，祭公谋父谏，不从，遂征之，得四白狼、四白鹿以归，自是荒服不至"。此后，辛丑又连续西征，破焉居、禺知诸部，又攻入鄜国，其后又沿黄河西征至阳纡之山，癸丑大朝于燕之山河水之阿，在黄河岸边举行了隆重的祭河大典，大服冕祎，沉璧于河，南向再拜，决定渡河西巡。以上犬戎、焉居、禺知都属于商末、周初仍然活跃在晋、豫、甘、灵的操印欧语的戎人部落。

从《穆天子传》简短的记述可以感受到虽然以周人的胜利结束，但战况非常激烈，说明戎人的存在是周人的严重威胁，此后突然决定西巡河源，而河源乃羌人的主要发祥地和聚居地区。

可见穆王西巡的政治意图非常明显，这就是全力结好一贯同周人具有世代联姻关系的羌人，易言之，周穆王西巡的政治目标就在于重访周人中兴之祖公刘的发祥地，联羌制戎。明乎此，则《穆天子传》的主旨遂大白于天下。

三 周穆王西巡昆仑、瑶池地望考

周穆王西巡的终点同华夏西系远祖黄帝轩辕氏的中兴地于阗北之昆仑山毫无关联，而在于穷其河源，重访姬周王朝的结盟部族——巴颜喀拉山（喀喇昆仑山）麓下的西羌部落。重新审读《穆天子传》有关周穆王西行的路线，绝非西进今之新疆，而是西南巡行青海。对此，《穆天子传》关于西巡所经山川地理有明确记载。要点如下：

《穆天子传》中记载周穆王发自宗周洛阳，北经太行山、晋北、今内蒙古河套地区，沿黄河上游。自"河水之阳"即黄河北岸渡河西南行，经"温谷乐都"，到达"积石之南河"，自卷2到达了"温谷乐都"，这一地点应即今青海省东部湟水谷地的乐都。积石则被定位今青海省东部的阿尼玛卿山，"积石之南河"被定位为阿尼玛卿山南侧的黄河。这些地名定位已得到学术界主流意见肯定。由此再继续西南行就出现了"大木硕艹（草），爰有野兽"的特殊自然景观，即这一带具有高大的树木与茂密的野草，野兽出没。王守春注意到这一景观只是出现在湟水谷地的乐都西南，黄河上游的"昆仑之丘"以东地区，在整个穆天子西巡过程中再没有发现类似记载，易言之，这一景观应为青藏高原东部边缘地带所特有，其后就开始进入荒漠地带。认为青海湖东南面的日月山即唐与吐蕃互市、分界的赤岭乃这两种景观的明显分界线①。另有记载，巴燕峡乃是今日农耕区与牧业区的分界线②。其后周穆王就开始在地形日益高峻的陡坡山不断爬高了，故在传文中不断出现"升"字。他的这一推断无疑极有见地，奇怪的是，此后王守春的研究思路却突然拐弯向新疆方向行进，令人莫名其妙③。依照正确的思路，明明应该继续翻越日月山，向巴颜喀拉山麓的青海湖方向前进。《穆天子传》卷2正文明确记载此后周穆王的行程就是"天子北升于春山之上，以望四野，曰春山，是唯天下之高山也。孳木口华，畏雪，天子于是取孳木华之实（持归种之，孳音滋）……天子五日观于春山之上，乃为铭迹于县圃之上，以诏后世"。据此，春山，应即今巴颜喀拉山余脉日月山，唐之赤岭。县圃，亦即悬圃，又作玄圃，一切

---

①　王守春：《〈穆天子传〉与古代新疆历史地理相关问题研究》，《西域研究》1998年第2期。

②　彭绪迪《绕行青海湖》（《人民日报》1969年1月9日）："从西宁到柴达木盆地的铁路破土动工了。我们曾经环行青海湖一周，做了一次施工调查。湟源，景色诱人，这里海拔2.620公尺，是这次环湖调查的起点。发源于海晏县北部山区的西川河与发源于湟源南部日月山的药水河在这里汇合为湟水，这就是湟源之名的由来。湟水为黄河上游的一大支流，两岸白杨成林，清清的水，四季不断，人们利用河水在沿岸做了许多水磨。'青山如带南北屏，湟水绕城东西行。更喜白杨林深处，鸟啼羊咩水磨鸣。'这首诗生动地描述了这一带的风光……巴燕峡在湟源和海晏交界的地方，连绵不断的祁连山余脉在这里突然中断。峡口最窄处不过十几公尺：两岸怪石嶙峋。西川河流到这里，因为河床突然狭窄，流速颇急，白浪滚滚，惊涛拍岸。……巴燕峡又是农业区和牧业区的分界点，穿过峡口，风光就截然不同了。满山遍野找不到一棵树，山坡上，河滩里到处都丛生着野草。"

③　王守春将周穆王下一步登临的春山解释为今新疆吐鲁番北山，乃至天山主峰博格达峰，过分牵强。

古籍都记载其地在圣山昆仑之上，可见传说中华夏之圣山昆仑所指应即黄河及长江、澜沧江的真正源头巴颜喀拉山。《穆天子传》卷2详细记载了周穆王越过春山，进入巴颜喀拉山麓的青海湖周围，周穆王继续北征、西行，沿途访问了赤乌①、曹奴②、西膜③、容成④、剞闾⑤、鹳韩⑥、西膜⑦、西王母部诸部，这些邦国、部落、部族大都属于周人余部以及与周人联姻的羌人部落，其中明确记载同周人语言迥异，具有塞人特征者仅西膜一部，西膜即 Similian 的节译，属于古印欧人种塞人中的一支，仅仅省译了词尾"利安"而已。这说明当时河源地区主要仍是羌人和周人余部的势力范围，塞人很少。这同远古新疆的人种分布情况迥异。近代考古发掘和人类学研究成果证明，今和田南之昆仑山麓，虽然有少数被称为"汉日天种"的部落和婼羌、苏毗羌零星分布，人口数量远远比不过广泛分布于昆仑山北和天山南北的塞人。由此可以进一步确证，周穆王西巡的昆仑山必非新疆之昆仑，而应是真正河源所出的青海巴颜喀拉山。

正是在这一历史地理背景下，珠泽以及西王母部所在的瑶池位置也就迎刃而解了。过去，学术界对这两个周穆王西巡的重要地点

---

① 《穆天子传》卷2："壬申天子西征甲戌至于赤乌之人□其献酒千斛于天子食马九百羊牛三千穄麦百载（穄似黍而不黏）天子使祭父受之曰赤乌氏先出自周宗（与周同始祖）大王亶父（即古公亶父字也）之始作西土。"

② 《穆天子传》卷2："庚辰济于洋水（洋水出昆仑山西北隅而东流，洋音详）辛巳入于曹奴之人戏（戏，国人名也）觞天子于洋水之上。"

③ 《穆天子传》卷2："甲申至于黑水（水亦出昆仑山西北隅而东南流）西膜之所谓鸿鹭。"注云"西膜沙漠之乡，似言外域人，名物与中华不同。春秋叔弓败莒师于溃水，穀梁传曰狄人谓溃泉失名号，以中国名从主人之类也。"

④ 《穆天子传》卷2："辛卯天子北征东还乃循黑水癸巳至于群玉之山（即山海云群玉山西王母所居者）容成氏之所守。"

⑤ 《穆天子传》卷2："戊戌天子西征辛丑至于剞闾氏天子乃命剞闾氏供食六师之人（天子六军诗曰周王于迈六师及之）于鑯山之下。"

⑥ 《穆天子传》卷2："遂西征，丙午至于鹳韩氏，爰有乐野温和，穄麦之所草（此字作草下皁疑古茂字）犬马牛羊之所昌（昌犹盛也）宝玉之所□，丁未天子，大朝于平衍之中。"

⑦ 《穆天子传》卷2："癸丑天子乃遂西征，丙辰至于苦山，西膜之所谓茂苑。天子于是休猎，于是食苦（苦草名，可食）。"

异说纷纭。其中诸如前辈学者丁谦《穆天子传地理考证》中认为西王母部所在地即亚西里亚（Assyria），刘师培《穆天子传补释》将其地定位于亚西里亚国的尼尼微（Ninevih），顾实《穆天子传西征讲疏》（商务印书馆民国23年9月初版）中定位更远，竟是波斯之第西兰（Teheran）①，"珠泽"则被定位于和阗之北的喀拉喀什河与玉龙喀什河合流处。现代学者王守春则将珠泽定位为新疆东部的罗布泊，西王母所在的瑶池则为天山北麓西段的赛里木湖，此外，还有根据道教民间传说将瑶池定位于今阜康的天池。实皆无据，不足凭信。参稽青海省日月山以西的现存湖泊勘察，以及古今水道的流向，地理方位，我认为《穆天子传》中的珠泽应即青海湖以东的尕海，亦即清代的巴汉池，这座湖较小，本传记其泽中蒲苇丛生，这在古代是完全可能的。至于西王母与周穆王对歌的瑶池就是圣山昆仑，即巴颜喀拉山及其余脉范围之内的青海湖。复据《山海经》记载："稷泽，后稷神所凭，因以为名也。"则后稷发祥地也是一片湖泽，公刘发祥地大约也就是这片湖泽，以此判断，西王母部所在的瑶池、周之发祥地稷泽所指大约都是青海湖。这表明，西周第五代君周穆王之所以西巡河源，除了联羌制戎的战略考虑之外，还包含着寻根祭祖，慰问仍居祖居地的周人部落的重大政治意义。对此，《穆天子传》中列举了几个重要证据。

其一，春山（日月山）以西周穆王访问的第一个部落"赤乌"就是周人旧部。见传文卷2"壬申，天子西征。甲戌至于赤乌，赤乌之人，其献酒千斛于天子，食马九百，羊牛三千，穄麦百载，天子使祭父受之"。曰："赤乌氏先出自周宗（与周同始祖）大王亶父（即古公亶父字也）之始作西土。"可见赤乌乃周人祖先古公亶父直系苗裔，应为公刘东迁时的留守周人部落。

其二，西王母部乃此次周穆王西巡的终点。《穆天子传》卷2：

① 转引自张公量《顾实著〈穆天子传西征讲疏〉评论》，《禹贡》第3卷第4期，第28—40页。

　　吉日甲子天子宾于西王母（《纪年》穆王十七年西征昆仑丘，见西王母。其年来见宾于昭公）乃执白圭、玄璧以见西王母（执贽者，致敬也）好献锦组百纯，组三百纯。西王母再拜受之□乙丑，天子觞西王母于瑶池之上。

　　注文中详细解释了西王母的形象特征"西王母如人，虎齿、蓬发、戴胜、善啸"。参稽《山海经·海内北经》又增加了"杖杖"①、"梯几"两点。以上诸特征，显示了西王母礼服正装出面时，虎齿、蓬发，皆指面貌装饰，"胜"，指玉饰，善啸，指一种号令方式。杖杖，指手持权杖，梯几，指凭几而坐。这一切似乎更为保存了带有浓重羌人文化色彩的原始周人形态。

　　周穆王姬满与西王母之间的对歌，充满了同族之谊。复据《汉书·地理志》，直至西汉临羌县仍为西王母建有石室，岁致贡祀。说明自周迄汉，一直将西王母视为华夏族的一员，细加品味周穆王与西王母相互唱和之作《白云谣》与《东归谣》，其复杂心理与相互间的宗亲关系自明。至于西王母部落所在的瑶池自非青海湖莫属。

　　其三，《穆天子传》卷3在叙述对歌之后，又有以下一段重要的补充文字：

　　天子遂驱升于弇山（弇，弇兹山，日入所也）乃纪丌迹于弇山之石（铭题之），而树之槐，眉曰西王母之山（言是西王母所居也）。西王母之山还归丌□，世民作忧以吟曰："比徂西土（徂，往也），爰居其野，虎豹为群，于鹊与处（于，读曰乌），嘉命不遷（言守此一方），我惟帝（帝，天帝也），天子大命，而不可称，顾世民之恩，流涕丱陨，吹笙鼓簧（簧

　　───────────

　　①　诸本《山海经·海内北经》中俱单作"杖"字，袁珂《山海经校注》（上海古籍出版社1980年版）第306页认为"杖字实衍"，删去此字。张玉声《神话西王母浅说》（《西域研究》2005年第2期）第89—94页则认为杖字非衍实夺，故又增一杖字。本文从张说。

在笙中），中心翔翔（忧无薄也），世民之子，唯天之望（所
瞻望也）。"

传文中的"世民"所指显然是西王母部的世代居民，不仅他们
的语言与周人完全相同，而且所使用的乐器也完全同于中土，这些
留守祖先故地的周人余部曾对东迁后的同宗周穆王姬满的到来，与
其部落酋长西王母同样喜悦，对于他的东返则充满惜别之情与仍留
偏远故地的失落、怨艾与怅惘。在《世民之诗》的末篇六句"顾世
民之恩，流涕沽陨，吹笙鼓簧，中心翔翔（忧无薄也），世民之子，
唯天之望"，尤痛快淋漓地表达了这一异地同族之间的认同感情。
周人，乃今汉人的近祖，羌人乃操藏语的中国西部古族，与今藏人
源出一脉，自19世纪以来比较语言学的成果表明，汉藏语言同源，
共同形成了在东方世界占有重要地位的汉藏语系。以此判断，作为
河源所出的今青海地区就是汉藏语系的最初发祥地①。
　　《穆天子传》中所记周穆王西巡行程，还有一个重要地点没有
得到正确的解释。这就是会见西王母之后经历的"大旷原"。传文

---

① 现代西方名著 Beckwithmh："The Tibetan Empire in Central Asia：A History of the
Struggle for Great Power among Tibetans，Turks，Arabs，and Chinese during the Early Middle A-
ges"（白桂思：《中亚吐蕃帝国——中古前期吐蕃、突厥、大食、唐朝争霸史》，普林斯
顿大学出版社）"绪论：前帝国时期的吐蕃和中亚"根本否定汉藏语言同源，根本否定
汉藏语系的提法："神秘的族群起源问题吸引了数代学者致力于此。现已普遍承认，试
图把文字出现前的历史复原为今天的语族（linguistic groups），即便并非不可能，也极端
困难。"对藏族来说也是如此。最近的考古发掘显示，藏区遥远的史前时代就有人类活
动，至少从细石器和巨石文化时代开始，还不清楚早期藏区居民属于什么种族，有关藏
族与亚洲其他众多民族关系的理论都是从藏语和亚洲其他语言关系中反推拼凑而成。西
藏周边，南方和西方为印欧语（hdo-European），北方和东北是突厥语（Turkic）和蒙古
语（Mongolic）（在古代是印欧语），东方为汉语，东南是缅甸语（BurRlese）（在古代还
有泰语（1hai）、马来—波利尼西亚语（Malayo-Polynesian）等。因此，就其位置而言，
藏语足以和任何可能的语族相联系，而不仅限于汉语。即使这一语言留下某种印欧语和
蒙古语之间存在联系迹象的猜想，但其中任何一种语言都没有得到应有的重视。尽管汉
藏语言之间被想当然认为有一种从属关系（divergently）。但可能性很小，且难以证实。
正如最有悟性的语言学家对这一问题的描述所揭示的："近来旨在证明这种关系的执着
努力都属徒劳。即使藏语和汉语在源头存在某种联系，早在数千年前也已分化为不同的
语族。其分化之早，从未留下任何语言遗存可以证实或证伪这种关系。"根据前文所述，
足证该书持论无据。

卷 3 记曰:

> 己酉天子饮于溽水之上,乃发宪令,诏六师之人□其羽,爰有□薮水泽,爰有陵衍平陆(大阜曰陵,高平曰陆),硕鸟解羽,六师之人,毕至于旷原。曰天子三月舍于旷原,□天子大飨正公诸侯,王勒七萃之士于羽琭之上。乃奏广乐,□六师之人,翔畋于旷原。得获无强,鸟兽绝群,六师之人,大畋九日,乃驻于羽之□,收皮效物,债车受载,天子于是载羽百车。己亥,天子东归六师□起,庚子,至于□之山而休,以待六师之人,庚辰,天子东征,癸未,至于戊□之山,智氏之所处。

据此可知,大旷原乃穆王西巡的终点,此后就折道东返。对于这一大旷原,学术界曾出现了众多猜测,前辈学者丁谦、刘师培、顾实等所定地望大都在中亚、西亚乃至远在欧洲,皆属荒诞不经之说。我认为这一地区应当仍在今青海境内。1969 年曾亲自参加过青海铁路施工调查的《人民日报》记者彭绪迪记云:

> 跨过哈尔盖河,进入刚察县:这里除了几处新开辟的农场。再也找不到一棵庄稼,几十里路也碰不到一户人家。
>
> 直到 1969 年这里才新建了哈尔盖乡,出现了一片黑色的帐篷,可见今之刚察县,就是昔日的大旷原,此地位置正在青海湖正北,而周穆王会见西王母的地点则在青海湖东,彼此相距并不远,此后又先后访问了寿干、巨搜诸部,会见时皆无译语人中介的记载,说明同穆王语言相通,大约仍是羌人部落,自此,穆王就开始打道东归,途经沙漠,其地大约在今甘肃省境内,位置约在武威、张掖之间,或张掖、酒泉之间,而后沿河西走廊东返。完成了西行联羌、寻根之旅。周穆王这次西部壮游及其所赋对歌自此永垂史册、千古传诵。

行文至此,有必要对西王母的后世演变做一简要补充。

　　西王母原本是同周人同族的今青海羌人首领，在其历史演变中却逐渐摄取华夏族母系祖先女娲，即后世之骊山老母的形象本源，而另植于古泾州的西王母宫，成为河西丝路北道上的一大景点，此后随着西王母与女娲神像的一体化，逐渐演变为道教中的西王母崇拜与台湾的西王母崇拜，至改革开放之后，随着文化架桥、经济唱戏的地方经济开放的利益驱动，又出现了新疆阜康的王母文化热。并与道教的西王母崇拜融为一体，凡此种种，都已超出学术研究的范围，不复置论。

图 1　周穆王西巡昆仑瑶池路线图

图 2　西安碑林汉画像石《东王公与西王母》

图3　泾川（古泾州）西王母宫摩崖石刻

西汉骊靬县的设置与地望

汪受宽[*]

自从古罗马军团安置骊靬县的说法传开以后，汉代河西的这一小县遂成为学界和社会关注的热点。笔者曾辨析，骊靬为西汉张掖郡所属县名，犛轩（黎轩）为《史记》、《汉书》所记西域安息国以北的某国名，大秦为东汉以后的中国典籍对罗马帝国的称谓，三者不应相混。本文仅对西汉骊靬县的设置与地望进行探讨，以为河西历史文化建设献一窝。

一　骊靬县的设置时间

笔者在《敦煌学辑刊》2000 年第 1 期发表《骊靬县名由来与设置年代检论》（以下简称《简论》）一文，讨论了历代尤其是德效骞以来各种关于骊靬县设置由来和年代的说法，表示同意刘光华先生骊靬县名的设立与匈奴犁汗王有关的意见，并提出该县的设置时间，当在武威郡设置的公元前 121 年至从武威郡分出骊靬县等设张掖郡的公元前 111 年之间。

2000 年 5 月 19 日《光明日报》发表了甘肃省汉简研究所所长

* 汪受宽，男，1943 年 11 月生，江苏省东台市人，中国民主同盟盟员。现为兰州大学历史文化学院教授，史学理论与史学史研究所所长，国家特殊津贴专家，北京师范大学史学理论与史学史研究中心兼职教授，从事中国史学史、文化史及西北地方史研究。

张德芳先生撰写的《汉简确证：汉代骊靬城与罗马战俘无关》一文，以出土纪年汉简材料证明了骊靬设县时间，既早于公元前36年陈汤伐郅支，也早于公元前53年的卡尔莱战役。该文对澄清古罗马军团东归伪史悬案有着无可置疑的重大价值。连一向持罗马军团东归说的澳大利亚哈里斯先生都采纳了张德芳的意见，表示："根据此后更为深入的综合研究，德效骞的假设是不准确的，因为，骊靬是在陈汤攻打郅支城之前就已经建立了。因此，骊靬'罗马人'可能并不是一个遗失的军团的士兵，而更可能是在许多个世纪中不断移入河西走廊的移民潮中的一支。"①

近几年，笔者在全面通读资料，探讨古罗马军团东归说及相关问题以后，对《检论》中骊靬县设置年代的见解，有了进一步的认识。

《汉书·地理志》言，张掖郡下辖有骊靬县。许慎《说文解字》"革部"释"靬"字时说："靬，武威有丽靬县。"对二者所述西汉骊靬县隶郡的不同，清代学者王鸣盛、徐松、姚文田、严可均都有讨论，徐松认为许慎所书系武威郡未分出张掖郡时骊靬县所隶郡。十几年前笔者撰写《驳古罗马军团安置骊靬城说》一文时，亦沿着徐松等人的思路，认为："《汉书·地理志》所言，当是张掖郡从武威郡中分出后的情况。班固因事自杀，其书在东汉多以单篇流传。许慎恐未见《汉书》，况且其释字不必拘史家之例，其中说丽靬县属武威郡，则反映了张掖郡未设之前的情况。"现在看来，此一说法是有问题的，因为，河西走廊诸郡的设置时间，在《史记》、《汉书》各篇卷中有许多不同说法（见表1），不能仅依《汉书·武帝纪》一家之说。

表1　　　　　　　　　河西四郡建置时间表

	酒泉郡	张掖郡	敦煌郡	武威郡
《史记·平准书》	元鼎六年（前111年）后	元鼎六年后		

---

① 曾江：《骊靬仍然神秘并充满魅力——访澳大利亚作家大卫·哈里斯》，《中国社会科学报》2010年11月30日。

续表

	酒泉郡	张掖郡	敦煌郡	武威郡
《史记·河渠书》	元鼎六年后			
《史记·匈奴列传》	元封三年（前108年）后	元封六年（前105年）已有		
《史记·大宛列传》	元鼎六年后			
《汉书·武帝纪》	元狩二年（前121年）	元鼎六年	元鼎六年	元狩二年
《汉书·地理志》	太初元年（前104年）	太初元年	后元元年（前88年）	太初四年（前101年）
《汉书·食货志》	元鼎六年后	元鼎六年后		

与骊靬县关系最密切的是张掖郡和武威郡，两书中张掖郡设置时间有三种说法，武威郡的设置年代有两种说法，除《武帝纪》以外，无武威郡设于张掖郡之前的说法。近代学者对此颇多讨论，特别是在居延汉简发现后，讨论更为炽热，并逐渐趋向一致。刘光华先生综合各种文献记载，斟酌近几十年的讨论成果，在《西北通史》第1卷中提出看法，代表了河西四郡设置年代研究的最新成果。认为：酒泉郡、张掖郡始设于元鼎六年（前111年），敦煌郡始设于武帝后元元年（前88年），武威郡始设于昭帝元凤元年至地节三年间（前80—前67年）。在《史记》中无"武威"地名，所有有明确元凤元年纪年及其以前的汉简资料中皆无"武威"地名，可见，张掖郡设置在前，而武威郡系公元前80年至前67年间从张掖郡中分出。由此，言《说文解字》所写"武威有丽轩县"系未从武威郡分出张掖郡时的情况是错误的。假设骊靬县系武威郡分出后改属的，就成了《汉志》记载的是公元前80年以前该县的隶属关系，又与《汉志》记事体例相违。王鸣盛"疑许慎时改属"的说法或是解开这一谜底的一种可能，意思是在东汉中，许慎撰《说文解字》时，骊靬县曾经改辖武威郡，其所书系当时情况。由于此说无其他支持的证据，只好存疑于此。

　　依据纪年简"□和宜便里，年卅三岁，姓吴氏，故骊靬苑斗食啬夫，乃神爵二年三月庚寅，以功次迁为□"①，张德芳判定，骊靬县设立于神爵二年（前 60 年）以前。而该县设置的时间上限，最早在汉武帝领有河西并向当地移民以后。查《汉书》，武帝时向河西走廊移民较集中的有两次。第一次在占有河西后不久，史言："其后骠骑将军击破匈奴右地，降浑邪、休屠王，遂空其地，始筑令居以西，初置酒泉郡，后稍发徙民充实之，分置武威、张掖、敦煌，列四郡，据两关焉。"② 汉开河西是公元前 121 年，而令居塞的建立，据《水经注》言："涧水出令居县西北塞外，南流径其县故城西。汉武帝元鼎二年置，王莽之罕虏也。"元鼎二年当公元前 115 年，则移民在其时或其后不久。另一次向河西移民是元鼎七年（前 110 年）。张骞第二次出使西域想劝说乌孙东归，未能实现。元鼎二年张骞使西域还，向武帝报告了出使的情况。汉武帝眼看"故浑邪地空无人"③ 已数年，河西人口太少，于是元鼎六年秋汉军又一次发动清除河西等地匈奴残余的军事行动，然后设置张掖、敦煌郡，并向河西移民以实之。史书称："又遣浮沮将军公孙贺出九原，匈河将军赵破奴出令居，皆二千余里，不见虏而还。乃分武威、酒泉地置张掖、敦煌郡，徙民以实之。"④ 由于清除河西匈奴残余的行动是秋天，设置两郡以及动员和实施移民需要时间，所以我们将移民的时间设定于元鼎七年。这次移民的数目，史书上没有记载，但汉朝既然要在河西设置两郡数十县，几万人口是无法"实之的"，所以其数量当应在 10 万以上，是一次大规模的移民。敦煌著名大姓索氏就是这一次迁到敦煌的。敦煌文书 p. 2625《敦煌名族志》"索氏"条记载："汉武帝时，太中大夫索抚、丞相赵周直谏忤旨，徙边，以元鼎六年从巨鹿南和迁于敦煌。"骊靬县辖张掖郡，而依《武帝纪》张掖郡系元鼎六年设置的，第二年即往河西移民，故而

---

　　① 甘肃省简牍保护研究中心等：《肩水金关（壹）》上册，中西书局 2011 年版，第 89 页。

　　② 《汉书》卷 96 上《西域传上》，第 3873 页。

　　③ 《史记》卷 123《大宛列传》，第 3168 页。

　　④ 《汉书》卷 6《武帝纪》，第 189 页。

我们以为骊靬设县的时间上限当为公元前 110 年，即汉武帝元鼎七年。综合汉简文字和上述考察，我们的意见是骊靬县当设置于公元前 110 年至前 60 年之间。

至于骊靬设县的具体时间，我们以为要特别注意匈奴犁汗王入侵永昌等地及属国义渠骑士因射杀匈奴犁汗王而被封为犁汗王之事。《汉书·匈奴传》载："明年（前 78 年）单于使犁汗王窥边，言酒泉、张掖兵益弱，出兵试击，冀可复得其地。时汉先得降者，闻其计，天子诏边警备。后无几，右贤王、犁汗王四千骑分三队，入日勒、屋兰、番和。张掖太守、属国都尉发兵击，大破之，得脱者数百人。属国千长义渠王骑士射杀犁汗王，赐黄金二百斤，马二百匹，因封为犁汗王。属国都尉郭忠封成安侯。自是后，匈奴不敢入张掖。"① 匈奴犁汗王入侵日勒、屋兰、番和三县，却未涉及与番和紧邻的骊靬县，说明至此时尚无骊靬县之设。参加作战的张掖属国之千长义渠王手下一位骑士因射杀了匈奴犁汗王，而被封为犁汗王。既然封王，就应该有相应的名称的县，供其食赋。我们以为或许汉朝因之在原匈奴犁汗王牧地设骊靬县，让这位义渠勇士率众在此驻扎。至于既然封其为犁汗王，却命名其县为同音的骊靬，可能与汉皇朝对少数民族首领既要利用又要防范的心理有关。骊靬称县而不称骊靬（王）国，意在说明此处并非犁汗王之封国，也就不设王国的一套与中朝相似的官僚机构，朝廷在骊靬县另行任命县令（长）。县令（长）在治民的同时，实际上兼有代表朝廷对犁汗王予以监控的任务。《汉书·地理志下》番和县下有"农都尉治" 4 字，就是说在番和县有国家的屯田机构，以武官都尉管理。屯田卒在需要时，可以用作军事目的。汉朝在番和县附近设驻扎义渠犁汗王的骊靬县，我们猜想，朝廷在必要时可调动邻近的大量屯田士卒，对犁汗王的部卒进行军事干预，是朝廷平衡该地区军事力量的手段。

对以上义渠王骑士因射杀匈奴犁汗王，而被封为犁汗王，于元凤三年（前 78 年）建骊靬县的意见，宋国荣撰《匈奴犁汗王、犁

---

① 《汉书》卷 94 上《匈奴传上》，第 3783 页。

汗王与骊靬县的设置无关》① 一文表示反对。所列理由有四：一是河西走廊一带是浑邪王与休屠王的牧地；二是犁汗王及温偶駼王驻牧地俱在河西走廊之外的以北地带；三是右犁汗王咸的驻牧地在云中塞外；四是於軒王的驻牧地在今贝加尔湖一带。

　　首先要指出的是，宋文引文将《汉书》"属国千长义渠王骑士射杀犁汗王"中"骑士"二字佚去，从而通篇都将立功受封主体"骑士"误作"义渠王"。检索《史记》、《汉书》之《匈奴传》，匈奴诸王似乎多系单于诸子的名号，诸王之驻牧地有大有小，或视其势力而定。河西走廊确实是匈奴浑邪王和休屠王的居地，但并不能因此排除有其他匈奴大小王居于河西走廊。霍去病两次奔袭河西走廊，战后汉武帝奖赏诏书中称："骠骑将军率戎士逾乌盭，讨遫濮，涉狐奴，历五王国，辎重人众慑慴者弗取，冀获单于子。转战六日，过焉支山千有余里，合短兵，杀折兰王，斩卢胡王，诛全甲，执浑邪王子及相国、都尉，首虏八千余级，收休屠祭天金人。""骠骑将军踰居延，遂过小月氏，攻祁连山，得酋涂王，以众降者二千五百人，斩虏三万二百级，获五王，五王母阏，单于阏氏、王子五十九人，相国、将军、当户、都尉六十三人，扬武乎觻得，得单于单桓、酋涂王，及相国、都尉以众降下者二千五百人。"② 其中之"历五王国"、"获五王"，使我们知道河西加上浑邪王和休屠王，至少有七个以上的匈奴王国，即匈奴王驻牧地，加上被杀的折兰王、卢胡王，被俘的酋涂王、单桓王，则更多。况且，居于匈奴西部（包括河西走廊）比浑邪王和休屠王地位更高的是右贤王和右谷蠡王。可见，称河西走廊只是浑邪王和休屠王驻牧地的说法是何等的轻率不经。

　　至于犁汗王的居地，很难笼统地说。《汉书》中提及犁汗王的地方有七处：

---

　　① 宋国荣、顾善忠、程硕年主编：《骊靬探丛》，陕西旅游出版社2005年版，第306—309页。

　　② 《史记》卷111《卫将军骠骑列传》，第2929—2930、2931页。

（1）明年（前78年，昭帝元凤三年）单于使犁汗王窥边，言酒泉、张掖兵益弱，出兵试击，冀可复得其地。时汉先得降者，闻其计，天子诏边警备。后无几，右贤王、犁汗王四千骑分三队，入日勒、屋兰、番和。张掖太守、属国都尉发兵击，大破之，得脱者数百人。属国千长义渠王骑士射杀犁汗王，赐黄金二百斤，马二百匹，因封为犁汗王。属国都尉郭忠封成安侯。自是后，匈奴不敢入张掖。（《匈奴传》）

（2）成安严侯郭忠，以张掖属国都尉，匈奴入寇，与战，斩犁汗王，侯，七百二十四户。（元凤）三年二月癸丑封，七年薨。（《景武昭宣元成功臣表》）

（3）本始二年（前72年），汉大发关东轻锐士……凡五将军，兵十余万骑，出塞各二千余里。……校尉常惠与乌孙兵至右谷蠡庭，获单于父行及嫂、居次、名王、犁汗都尉、千长、将以下三万九千余级，虏马、牛、羊、驴、骡、橐驼七十余万。（《匈奴传》）

（4）（宣帝即位），汉兵大发十五万骑，凡五将军分道并出，语在《匈奴传》。遣校尉常惠使持节护乌孙兵，昆弥自将翕侯以下五万骑从西方入，至右谷蠡王庭，获单于父行及嫂、居次、名王、犁汗都尉、千长、骑将以下四万级，马牛羊驴橐驼七十余万头，乌孙皆自取所虏获。还，封惠为长罗侯。是岁，本始三年也。（《西域传》）

（5）始建国元年（公元9年），遣五威将（至匈奴）……将率还到左犁汗王咸所居地，见乌桓民多，以问咸。咸具言状，将率曰："前封四条，不得受乌桓降者，亟还之。"咸曰："请密与单于相闻，得语，归之。"单于使咸报曰："当从塞内还之邪，从塞外还之邪？"将率不敢颛决，以闻。诏报，从塞外还之。（《匈奴传》）

（6）时（始建国二年，公元10年），戊己校尉史陈良、终带，司马丞韩玄，右曲候任商等见西域颇背叛，闻匈奴欲大侵，恐并死，即谋劫略吏卒数百人，共杀戊己校尉刁护，遣人与匈奴南犁汗王南将军相闻。（《匈奴传》）

（7）（始建国二年，）莽于是大分匈奴为十五单于，遣中郎
将蔺苞、副校尉戴级将兵万骑，多赍珍宝至云中塞下，招诱呼
韩邪单于诸子，欲以次拜之。使译出塞诱呼右犁汗王咸，咸子
登、助三人，至则胁拜咸为孝单于，赐安车鼓车各一，黄金千
斤，杂缯千匹，戏载十；拜助为顺单于，赐黄金五百斤；传送
助、登长安。莽封苞为宣威公，拜为虎牙将军；封级为扬威
公，拜为虎贲将军。（《匈奴传》）

从上述文字可以分析出，犁汗王与犁汗王是同名异写或误写，
犁汗王系匈奴单于之下的王号，有左、右二犁汗王。按匈奴习惯，
"诸左方王将居东方，直上谷以往者，东接秽貉、朝鲜；右方王将
居西方，直上郡以西，接月氏、氐、羌。各有分地，逐水草移
徙。"① 左犁汗王封地在匈奴东部，右犁汗王封地在匈奴西部。犁汗
王下尚有犁汗都尉一职，匈奴管理西域者称匈奴西域都尉，犁汗都
尉或系犁汗王派往西域管理有关事务的负责人。到王莽时期，匈奴
尚有左犁汗王，名咸 ［见史料（5）］，另有称匈奴南犁汗王南将军
者，或许此南将军系犁汗王部属驻扎于匈奴南境。兵犯日勒、番和
的犁汗王应是右犁汗王的省称。公元前 78 年时，（右）犁汗王居地
当在酒泉、张掖之边外地，但并不能因此肯定公元前 121 年以前犁
汗王的居地不在河西走廊某地。因为史料（1）"单于使犁汗王窥
边，言酒泉、张掖兵益弱，出兵试击，冀可复得其地"中的"复其
地"的"其"字，大可以理解为匈奴，小可以理解为犁汗王。宋文
称"右犁汗王咸的驻牧地在云中塞外"，系据史料（7），但这条材
料是有问题的。因为史料（5）称咸为左犁汗王，且其地"乌桓民
多"，而乌桓系匈奴东边的民族，故其民逃至左犁汗王地是对的，
从而可证咸为左犁汗王而非右犁汗王。史料（7）之"右"字系
"左"字之误。此条史料与右犁汗王驻地无关。又宋文引《汉书·
李陵传》中的"於靬王"驻牧贝加尔湖一带，似乎也与侵犯日勒、
番和诸地的犁汗王无关。总之，宋国荣《匈奴犁汗王、犁汗王与骊

---

① 《史记》卷 110《匈奴列传》，第 2891 页。

轩县的设置无关》一文，不能否定义渠王骑士因射杀了匈奴犁汗王，而被封为犁汗王，建骊靬县的意见。

二　者来寨并非西汉骊靬县治

对西汉骊靬县治地望最流行的说法，是位于今甘肃永昌县城西南十公里的者来寨。

1989 年和 1999 年的报纸报道说，澳大利亚教师哈里斯或西北民族学院的关意权先生最早发现西汉骊靬城遗址在永昌县者来寨。[①]1991 年 4 月终审的《永昌县志》卷 22 第二章"古城堡寨遗址"收有"骊靬县城遗址"条，写道："《汉书·地理志》记：'骊靬县汉置，属张掖郡。'《大清一统志》凉州古迹条记：'骊靬废县，故址在永昌县城南。'《甘宁青史略》、《五凉志》均记：'骊靬县，即凉州南山戎地，张祚遣和昊伐之，大败而还，在今永昌县之南。'《五凉志》记：'永昌县南照面山者来寨是其遗址。'有关资料记载：两汉之际大宛、大夏、大秦等国商人，留居骊靬县城的多达千余人。近几年来，国家有关部门和澳大利亚学者哈里斯先生研究的处于中国西部的'利坚'城，正是处于永昌县的这座叫作骊靬的古县城，但骊靬的历史和确址尚需进一步考证研究。"[②]

《大清一统志》是乾隆二十九年（1764 年）续修成的，相关引文，在《嘉庆一统志》中全同。而乾隆十四年（1749 年）刊刻的《五凉考治六德集全志·永昌县志》（以下简称《五凉志》）"古迹·骊靬废县"条，就有相关的内容，只不过前者称在县南，后者称在县西罢了。根据史源学规则，比二者更早出现相关判断的是许容监修、李迪等撰成的《甘肃通志》。查郎阿、刘于义于乾隆元年

---

① 《一澳大利亚教师认定中国西部有古罗马城市》，《参考消息》1989 年 9 月 30 日；张本让《解开古罗马军团之谜》，《兰州晚报》1999 年 8 月 5 日，及马莲英《公元前五十二年，一支古罗马军队神秘失踪——西北民院关意权父子两代破解千古之谜》，《兰州晚报》1999 年 6 月 21 日。

② 永昌县志编纂委员会：《永昌县志》，甘肃人民出版社 1993 年版，第 728 页。

（1736 年）所上《甘肃通志进呈表》称："前于雍正六年奉敕纂修
《甘肃通志》，系前任巡抚臣许容专司纂辑等，向在肃州时臣许容已
经付梓，今剞劂告竣，共成书五十卷。谨奏。"可知，此书系雍正
间撰成。该书卷 23《古迹·凉州府·永昌县》①称：

> 骊靬废县，在县南。汉置，属张掖郡。晋改属武威郡。永和
> 十年，张祚遣和昊伐骊靬戎于南山，大败而还，即此。颜师古
> 曰：取国名为县也。骊力迟反。今土俗人呼骊靬疾言之曰力虔。

最早确定汉代骊靬县遗址的方位，在今甘肃永昌县南。《大清一统
志》、《五凉志》的结论皆抄自该书，后来所有关于骊靬县遗址在者
来寨的说法亦来自于此。

永昌县人民政府于 1994 年在者来寨刊石立碑，写道："此处为
骊靬古城遗址，最早为匈奴折兰王府，后称者来寨。此北 20 里处
为西汉初所置番禾县。西汉河西农都尉设在番禾县城南。流亡的罗
马帝国远征军从西域归降汉王朝后，汉王朝置罗马降人于农都尉之
南者来寨，立县骊靬。"而在该寨立碑、圈残余墙垣，将其称为古
罗马军团归宿地，近年更寨名为骊靬村。

综合诸种资料考察，永昌县者来寨绝非西汉骊靬城。

（一）所据历史资料经不住推敲

方志对者来寨为西汉骊靬县遗址的判断，似乎源自对《晋书》
"（和平元年，张祚）遣其将和昊率众伐骊靬戎于南山，大败而
还"②中"南山"的理解。《五凉志》"古迹·骊靬废县"条，征引
《晋书》的说法后，称："南山即照面山，者来寨是其遗址。"③我

---

①　1736 年（乾隆元年）刊刻之许容监修、李迪等撰《甘肃通志》卷 23《古迹·
凉州府·永昌县》，景印文渊阁本四库全书，台湾商务印书馆 1984 年版，第 557—606 页。

②　《晋书》卷 86《张轨传附张祚传》，第 2247 页。

③　（清）张珆美修《五凉考治六德集全志》第 3 卷《永昌县志·古迹》（沈绍祖、
张绍训、谢瑾纂），中国方志丛书·华北地方第 560 号，台湾：成文出版公司 1977 年
版，第 377 页。

们知道，张祚系十六国前凉皇帝，其都城在姑臧，即今武威市凉州区。武威及永昌之南山，统名祁连山，是绵延于河西走廊南侧近千公里的山脉，该山各段又有其别名，照面山为祁连山脉在者来寨东南的一块山体。然而，首先，称照面山为南山无史料证据；其次，即使照面山即南山，前凉在照面山伐骊轩戎，不等于骊轩戎一定驻扎于照面山北的者来寨；最后，西汉之骊轩县治所在是否一定是十六国时骊轩戎的居地，也无材料可以判明。故而言西汉骊轩县城为者来寨的判断不一定是可靠的。

地方上立碑说，者来寨为西汉折兰王府所在地。折兰王在《史记》、《汉书》之《霍去病传》中各一见。《汉书》文为："元狩二年春（霍去病）为票骑将军，将万骑出陇西，有功。上曰：'票骑将军率戎士逾乌盩，讨遬濮，涉狐奴，历五王国，辎重人众摄詟者弗取，几获单于子。转战六日，过焉支山千有余里，合短兵，鏖皋兰下，杀折兰王，斩卢侯王，锐悍者诛，全甲获丑，执浑邪王子及相国、都尉，捷首虏八千九百六十级，收休屠祭天金人，师率减什七，益封去病二千二百户。'"颜师古注："折兰，匈奴中姓也。今鲜卑有是兰姓者，即其种也。折音上列反。"[1] 折兰王驻牧地在何处，从史书中不得而知，我们只能从上引文中知道，折兰王是在皋兰山（今合黎山）战役中被汉军斩杀的，他可能是匈奴河西诸王之一。不知地方学者以者来为折兰的历史文献根据何在。据颜注，折兰之折，音 shé（舌），与者来之者（zhě）声母和音调完全不同，很难说二字音近。况且，历史地名的传承有一定规律，折兰如何转成者来，又如何传承至今，也应有个说法，不能信口而来。倘若此地真为折兰王府，又何能在此设骊轩县城？倘若是因折兰城而设，又为何要改县名为骊轩呢？倘若是在此设骊轩县，又为何至今称其为者来，而不称为骊轩呢？这些都是令人生疑的问题。

（二）出土物品否定者来寨为西汉遗址

20 世纪 80 年代李并成曾到者来寨进行过考察，他记载道："城

① 《汉书》卷 55《卫青霍去病传》，第 2479—2480 页。

内尚见房屋遗迹，地面散落黑瓷片、白瓷片、青瓷片等物，系元明时期遗物，而未见前代的任何遗存。城址附近也未有汉唐时期墓葬。"[1] 永昌县地方学者虽然称西汉骊靬城遗址在者来寨，但在它处又明言："与境内的其它汉城不同的是，在这里进行文物普查时，未发现汉代文化层。"[2] 所以在 1993 年《永昌县志》中婉转地声明，骊靬城的"历史和确址尚需进一步考证研究"。有记者报道："甘肃省考古专家赵之祥曾亲自前往永昌县者来寨进行实地考察，他根据从夯土中找到的明清时期的黑瓷片分析，此城最早也不远于明清。"[3] 研究者不约而同地指出，者来寨没有汉代文物出土，说其为西汉骊靬县城址难以成立。

有报道说在者来寨发现了不少与汉代有关的遗物。据说，文物部门 1993 年在者来寨发掘出铁锅、铁鼎等文物，据《人民日报》海外版 1993 年 7 月 12 日报道，"这些文物均出自元代"。请问，一些元代物品与汉代骊靬城何涉？新华社记者宋政厚文章[4]中所举者来寨遗迹、遗物除古城墙遗迹外尚有该寨出土的古钱币、铁锅、铁鼎、铁砸、瓷壶等，邻近的杏花村村民挖出一根一丈多长的圆木。宋文言，乡民说在墙体内发现过一推车铜钱，又说，铜钱都被村里孩子们玩丢了。没有了证明城墙建筑年代的证据，又怎么能肯定其为西汉骊靬城呢？此外，者来寨村民魏作录收藏一鼓形瓷扁壶。此瓷扁壶带釉色，口沿外翻，四耳缺一。鼓径 27 厘米，底径 18 厘米，上下底高 17 厘米，这是魏作录七八年前在村北头发现的。不过，经过张德智的初步鉴定，这一瓷扁壶是元代商旅或出行者用来盛水的容器。村长张建兴还说在村子的东北头的农田里发现过一个石磙子。但经仔细辨认，认定那是现代的[5]。显然这些都与西汉骊靬

① 李并成：《河西走廊历史地理》，甘肃人民出版社 1995 年版，第 74 页。
② 祝巍山、李德元主编：《金昌史话》，甘肃文化出版社 2007 年版，第 154 页。
③ 《罗马军队消失在古骊靬城无根据系无稽之谈》，《北京科技报》2004 年 11 月 11 日。
④ 宋政厚：《永昌：驻扎过古罗马军团》，《兰州晚报》1998 年 9 月 25 日。
⑤ 见《新华文摘》1997 年第 8 期。

县没有丝毫联系。至于所说:"邻近的河滩村则出土了写有'招安'二字的椭圆形器物,专家认为,这可能是罗马降人军帽上的顶盖。"武威市出土隋朝骊轩县令成蒙的墓志铭,"对于进一步揭秘古罗马军队定居甘肃河西走廊也有其重要作用"。"招安"一词五代开始出现,宋元时大量使用。有什么根据说有"招安"二字的器物是汉代归降罗马军人用的?至于隋朝骊轩县令的墓志铭,只能作为古代确实有过骊轩县的实物佐证,并不能证明者来寨为汉代骊轩县城。2004年3月9日《金昌日报》发表宋国荣和王小鹏联合署名的报道《永昌水泉堡汉墓群考古发掘有重要发现》,称:"从2003年秋季开始,甘肃省文物考古研究所考古队在永昌县博物馆的协助下,对水泉堡汉墓群进行了三个月的抢救性挖掘和清理,其出土包括陶、铜、木、漆,汉五铢钱币等文物302件。""这次的重要发现是墓葬人体骨骼扁圆,体长大多为1.8米以上,且颅骨明显有别于蒙古人种。在裹头颅的残留丝织物上发现有棕红毛发。这些葬墓主人中有可能有欧洲人种,也许和汉时的骊轩县和骊轩人有关。"① 这次考古挖掘未见报告发表,我们不宜妄加评述。但水泉子位于永昌县西部红山窑乡,距者来寨的直线距离超过40公里,即使真的当地有欧洲人种的遗骨出土,与者来寨有什么关系?2008年8—10月甘肃省考古研究所对水泉子汉墓的发掘简报已经发表,墓中最重要的发现是在M5中出土了1400余枚(段)木简,经初步整理,其内容一为七言本《仓颉篇》,一为日书②,都是典型的汉文化内容。发掘简报的《小结》称:"从水泉子墓葬看,河西的墓葬形制,从简单的竖穴木椁墓、土洞墓向砖室墓发展,这种发展变化受到中原墓葬形制的影响,是在汉王朝开拓西北地区的大的历史背景下产生的,显现了汉文化及其葬俗对河西的影响。"③ 尤其是墓中出土的刮削直立

---

① 宋国荣、王小鹏:《永昌水泉堡汉墓群考古发掘有重要发现》,《金昌日报》2004年3月9日。
② 张存良、吴荭:《水泉子汉简初识》,《文物》2009年第10期。
③ 甘肃省文物考古研究所:《甘肃永昌水泉子汉墓发掘简报》,《文物》2009年第10期。

人形木俑（见图1），长发，上束发髻，细颈，双手合拢于胸前，袖口宽大，着盖至脚面的深衣；是一位典型的汉族男性形象。至少2008年对水泉子汉墓的发掘中，未见有欧洲人的遗骸和遗物。

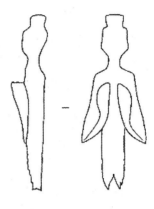

图1

（三）者来寨城墙绝非西汉骊靬城

河西走廊历来为军事要地，加以当地气候干燥，人类活动较少，故有许多古城垣保存了下来。最早的，如金川区双湾镇三角城遗址，敦煌汉长城遗址、沙州城遗址，高台骆驼城遗址，大量的汉城遗址。城墙本来是在社会混乱时用以保护其内居民的，1949年以后，社会安定，河西走廊的许多城墙被附近村民陆续挖取墙体用以垫牲口圈和肥地，加以近些年大规模的建设，许多古城墙更是遭到灭顶之灾。只有那些远离居民区的城墙才有幸保存至今。

永昌县者来寨被铁链围起来的那段约10米长、1米多高呈S形的厚土墙，据称就是骊靬城墙的残留。李并成20世纪80年代到者来寨调查时，村民居住区与城垣还有一段距离，故城墙基本保存，他描述道："者来寨村南0.5km处，残存古城址一座，当地俗称'马号'，又叫'新圈'。城垣基本完整，南北长90m，东西宽70m，残高2—2.5m，墙体厚仅1.2—1.5m。该城保存较好，遗物较晚，规模不大，墙体又薄，应系元明时期等第较低的一座城池，而绝非汉骊靬县城。"① 这是李并成考察后的判断。

李并成曾考察测量了许多河西汉代县城城墙遗址，称"河西汉代县城城郭平面多呈方形或长方形，每边长度多为200—300m，周长一般1000—1400m左右，如休屠县城1200m、张掖县城1200m、鸾鸟县城1176m、扑𣪠县城约1350m、宣威县城1060m、昭武县城1120m、删丹县城1300m、日勒县城1000m、骊靬县城（李氏所指为焦家庄乡杏树村南古城）1400m、番和县城1080m、乐涫县城

_____

① 《河西走廊历史地理》，第74页。

1298m、玉门县城约1150m、池头县城约1000m、渊泉县城1180m、龙勒县城1140m等。少数的几座周长小于千米或接近于千米，如表是县城800m、绥弥县城800m、广至县城860m，唯会水县城址较小，周长仅约500m，该城恐经后代改造。"[1]而者来寨城墙，仅为90米×70米，即周长320米，与其他汉代县城比较，不足其1/3，实在太不相称了。据《汉书·地理志》，西汉张掖郡总户数为24352户，人口为88731人，共辖10县，平均每县2435户，8873人。骊靬县若有该平均户数，设若有1/4居民住县城内，即有608户2218位居民。者来寨城内总面积6300平方米，若城内街巷及官衙、兵营占去2000平方米，每户居民只有7.1平方米，每人只有1.94平方米，即一张单人床的面积。请问居民们怎么安身？者来寨城绝对不是汉时的骊靬县城。

（四）者来寨自然环境及交通条件不宜设县

河西地区地理环境特殊，在大片的荒漠戈壁中有一些绿洲，历代人类居住区都是在绿洲之中，除了长城以外，所有郡县城池必定都在绿洲之上。总结河西设县的规律，设县之处一应有灌溉条件土地肥沃适宜发展农业，二应设在丝绸之路的主干道及其附近，而不是远离丝路主道，交通不便，不利于控制。永昌县处于河西走廊的蜂腰之处，丝绸之路从县城东西穿过，南临绵亘近千里的祁连山，北为汉明长城。县城东西有东大河和西大河灌溉了大片良田，因而在汉有数个县都设在永昌县境。

李并成对者来寨的自然条件有所描述，称："者来寨，今名者撒寨，地图上又作炸窄寨，位于永昌县城西南10km处的祁连山北麓，系焦家庄乡所属一座小村。该村处山前台地，海拔2300m，地势较高，高出永昌县城约500m，高出金昌市区约近700m，气候寒凉，且地表系山麓洪积、坡积物组成，多砾块卵石，粗糙参差，地面坡降又大，从事农耕条件较差。村东仅有一条今名河沟的小河流过，浇灌村中仅有的百余亩土地，今全村人口也仅60余人。该村

---

①　《河西走廊历史地理》，第150页。

周围十余公里开外，均系山麓洪积戈壁，再无其他居民点存在。并且这里偏离丝路交通大道，又非军事要口。受地形、水源、农业基础、交通等方面限制，其地并不具备设立县城的条件。汉代河西开拓之始，土旷民稀，空无匈奴，水草肥美可供设县之处多矣，武帝还曾设想招回早已离开河西的乌孙重返故地居之。在此种情况下怎可想象似骊靬这样重要的县城不选择平坦膏腴之地，而偏偏设于自然状况和开发条件都差的者来寨？"① 笔者也曾一至者来寨及其周围，相信李并成的描述是精准的。者来寨在东大河灌溉区之外，土地贫瘠，交通不便，距离丝路主干道有 10 公里以上，至今仅有居民 200 余人，汉代怎么可能将一个县城选址于此？

（五）者来寨城垣或为元明堡城

者来寨既然不是西汉城池，更不是西汉骊靬城遗址，那么村内那一段残存城墙究竟是何时的呢？我们知道，元代，者来寨东南数十公里以外的皇城滩，为蒙古永昌王牧马地，有永昌王避暑宫，蒙古名斡耳朵城。明代和清初，在永昌县南北境，有一些番、蒙部落活动于此，明清朝廷为了对付这些部落的侵扰费尽心机，且在南北沿线修筑了颇为密集的边墙、烽墩和营垒，驻军防守。《五凉志·永昌县志·兵防志》中，永昌县的"营堡"有永昌营、新城堡营、高古城营、水泉堡营、宁远堡营、永宁堡营。者来寨附近共有墩台六处，即"照面山墩（县南约二十里）、者来沟墩（县南约二十里）、滚石沟墩（县南约二十里）、横梁山墩（县西南二十五里）、罩于山墩（县西南三十里）、赵定庄墩（县西南四十里，接新城营馒头山墩）"。每墩驻兵把守。而临边诸村寨在该志《水利之图》中皆画为方框，而名为寨、堡。② 在汉字中，堡字为以土筑墙用作守御，而寨字是以木构墙用于防御，就是说，这些名堡寨的村子都是为了防备外患而在村周围筑有堡墙。我们查阅 1993 年出版的《永昌县志》，东大河下游之诸坝及与其邻近之者来寨，每坝皆有堡

---

① 《河西走廊历史地理》，第 73 页。
② 张珆美修《五凉考治六德集全志》第 3 卷《永昌县志·水利图说》，第 375 页。

城①。者来寨或即与其他诸坝性质相同的堡城。

三 骊靬县治或在六坝乡回归城遗址

李并成经过考察后认为，汉骊靬县城应是位于今永昌县城西南18公里焦家庄乡杏树村南的南古城。他说②：

> 南古城位于永昌县城西南18km，靠近祁连山北麓，城址已很残破，南北320m，东西380m，规模较大，与田野工作所见河西地区一般汉代县城的规模相当。现仅存北垣一段，残长12m，残高约4m，夯层厚12cm，墙体厚4m。城址内外今全为杏树村一社的耕地，平坦开阔，站在墙头，周围农田民舍尽收眼底。城内已无遗物可寻。当地乡亲们言，该城在1958年"公社化"时被拆，原来城中遍布碎陶片、碎砖块，俯拾即是。新编《金昌市志》和《永昌县志》均载，该城内外地表曾发现大量汉代灰陶片，城周原有护城河，宽4m，深1—3m，今被平为农田。1972年该城北侧还发现汉墓群，名杏树庄墓群，出土了汉代陶器、铜器等物。该城南数公里外的祁连山脉北麓浅山，当地俗称古城山，山即因城得名。源自山区的西大河与马营河于该城附近相汇，城周水源萦绕，又多有泉流出露，今名南泉，南古城之名即因处南泉之侧而得。70年代还在城东南约400m处建水库一座，以汇聚泉流，名老人头水库。可知这里自古就为一处水流充盈、地土肥饶的绿洲，具有发展农业生产的良好条件。并且该城亦处丝绸之路东西交通干道，东连番和、武威，西接日勒、张掖，位置显要。其方位又与前引《晋书》等所载相合。由此可以认定，永昌县南古城当为汉骊靬县城故址。

---

① 《永昌县志》，甘肃人民出版社1993年版，第735—736页。
② 《河西走廊历史地理》，第75页。

　　《永昌县志》称："南古城故址，位于永昌县城西直距 17 公里的焦家庄乡杏树村。……1972 年文物普查时，在城的北侧，发现了汉代墓葬群，城内外发现了大量的汉代灰陶。经鉴定，为汉代遗址。1981 年县政府公布为县级文物保护单位。"① 李并成所定汉骊靬县城距今永昌县城西南 18 公里，而西汉番和县城在今永昌县城西 10 公里，两者仅相距数公里，汉代设县其治不应如此之近，或二县遗址的定位有一为误。

　　骊靬是一个少数民族语地名。汉朝郡县名称，在汉族地区，一般以汉语命名，在原来非汉族的地方，除了用某些以山水河湖等纪实性的词或宣扬皇朝武功的词为地名外，颇多依照名从主人的原则，以地方语或民族语言命名。查《汉书·地理志》中郡县名称，以非汉语为地名的比比皆是，它表明了中国自古就是一个多民族的国家。查西汉河西走廊诸郡县，武威郡的姑臧、张掖、休屠、揟次、鸾鸟、扑䍑、媪围；张掖郡的觻得、氐池、屋兰、日勒、番和、居延、显美；酒泉郡的禄福、表是、乐涫、天陔、池头、绥弥、乾齐；敦煌郡的敦煌、龙勒。这些地名，从汉语的字面上都难以解释，很可能是少数民族语的地名，而具体是哪个民族的语言，由于年深日久，有的已经很难说清。其中明确来自少数民族语言的县名，如武威郡休屠县，原为匈奴休屠王都城②；姑臧县名系"故匈奴盖臧城，后人音讹为姑臧焉"③；觻得，"此地本匈奴觻得王所居，因以名县"；居延城，"本匈奴中地名也"④。匈奴是一个在历史上消失了的民族，其语言至今多不可考。但匈奴语中本来就与当时的某些民族有共享的词语，有一部分又为后来的某些民族所继承。李文实先生指出，语言不仅古今有异，而且有方言和民族语言的差别。中国古籍上很多地名，都是循名从主人之例而加以汉译的。现代藏语来源于古羌语，出生于青海省化隆县汉藏杂居地区的

---

　　①　《永昌县志》，甘肃人民出版社 1993 年版，第 733 页。
　　②　《水经注》卷 40《都野泽》，上海古籍出版社 1990 年版，第 765 页。
　　③　《元和郡县图志》卷 40《陇右道下》，中华书局 1983 年版，第 1019 页。以下凡引此书不再出注。
　　④　《太平寰宇记》卷 153 "甘州"，第 10、11 页，清光绪八年金陵书局刊本。

李文实，对藏文颇为通晓。他用藏语（古羌语）试图解释羌语及匈奴语、突厥语的汉译地名。他说，突厥语、蒙古语谓黑为喀拉，古译为合黎，黑水与合黎同名，一为山一为水。令、龙为谷或沟的意思，居或支都是中的意思，令居、龙支，统言沟谷之中的意思。姑藏，其名为羌语，义为黄羊沟。羌语中，张与庄为古今音异，实皆指野牛；掖义则为处地，亦即所在或出没地。故庄浪为野牛沟之义，而张掖就是野牛出没之地的意思。敦煌，其名亦为羌语，而应劭以汉语作解，谓："敦大也，煌盛也"，甚无稽。敦煌即藏语的诵经处。① 莫高，突厥语沙漠沙迹称莫贺、莫何，今或译玛干，沙州以沙漠名，突厥语称慕贺州，即此。莫高窟，是说在沙迹里开凿的洞窟。这些释义，都给人耳目一新之感。李文实先生还说："张掖郡的觻得、删丹、屋兰、日勒、骊靬，均为羌或匈奴语，尚待详解。"② 可惜李文实先生已于 2004 年作古，我们再也等待不来先生对骊靬等语义的详解了。

骊靬一名，肯定是少数民族语地名，很有可能是匈奴语地名。宋《太平寰宇记》卷 152 "番和县" 下有："土弥千川，即古今匈奴为放牧之地。鲜卑语，髓为吐弥千，言此川土肥美如髓故以名之。"③ 可否说，鲜卑语土弥千一词，即匈奴语骊靬一词的音讹，其含义即川土肥美如髓之义。从而可以推断，匈奴之骊汗王或汉设骊靬县皆因其地川土肥美如髓。

《明史》卷 42《地理志三》："凉州卫（元西凉州，属永昌路。）洪武九年十月置卫，属陕西都司，后来属陕西行都司。（南有天梯山，三岔河出焉。东南有洪池岭。又东北有白亭海，有潴野泽。又西有土弥干川，即五涧水也，亦出天梯山，下流合于三岔河。又东有杂木口关。又有凉州土卫，洪武七年十月置。）西北距行都司五百里。"④

乾隆《甘肃通志》卷 15 "凉州永昌渠" 有："永昌渠，在武威

---

① 有学者指出，敦煌为吐火罗语 "敦薨" 的转音，但并未解释其语义。
② 李文实：《西陲古地与羌藏文化》，青海人民出版社 2001 年版，第 81—123 页。
③ 《太平寰宇记》卷 152，第 7 页，清光绪八年金陵书局刊本。
④ 《明史》卷 42《地理志三》，中华书局 1974 年版，第 1015 页。

县西七十里，由天梯白岭山西把截口流出，入于土弥干川，自城西南五十里流入昌隆铺，分为六坝，灌田一千四百余顷。"

《大清一统志》卷 106 "五涧水，在武威县东。十六国春秋秃发傉檀宏昌五年姚兴以凉州授傉檀，进次五涧，遂入姑臧。《水经注》武威清涧水，俗谓之五涧水。出姑臧城东，西北流，注马城河。《旧志》、祝穆《方舆胜览》源自番和县界，流入白海。今有杂木涧，在凉州卫东南七十里，源出天梯山，北流经上古城堡西，又东北径大河驿东，又北合黄羊川，折而西北流，入三岔河。其黄羊川在卫东南一百七十里，源出古浪雪山，有灌溉之利，盖即《水经注》五涧水也。按此水本在城东。自《寰宇记》谓出番和县界，《行都司志》遂以土弥干川当之，误。" "土弥干川水，在武威县西南五十里。《寰宇记》番和县有土弥干川，古匈奴为放牧之地。鲜卑语髓为土弥干，言此川土肥美如髓，故名。《行都司志》土弥干山涧，在凉州卫西南七十里，即五涧谷水。又有蹇占山口涧，在卫西一百五十里。旧《志》土弥干涧，自卫西南大口子北，流经卫西，又东北流，左合蹇占山涧，入三岔河。其蹇占山涧亦名涧水，源出永昌卫南雪山，东北流经炭山堡，又东经柔远驿，又东北合土弥干涧。"

上述几条资料对关键词条"土弥千川"中"千"字的写法，有的写成"干"字。按篆字"干"字为上∪下十，千字为上人下十，字形差异极小，颇易相混。我们见到的最早的清文渊阁本《四库全书》及清光绪金陵书局本之《太平寰宇记》中皆书为"土弥千川"，但在中华书局点校本《明史》及文渊阁《四库全书》之《甘肃通志》及《大清一统志》中"千"字都写成了"干"字。此字究竟为"千"或为"干"，或仍有待更多的资料才可以做出判断。不过汉代之骊靬之靬有千和干两个读音，或亦与之有关。

此外，《明史》之"土弥干川，即五涧水也"一语亦有可究处。我们找到的关于土弥千川的最早出处是宋《太平寰宇记》，此地名演变到明，成了土弥干，又有一名为五涧水。请注意"涧"与"千"音近，与"干"音远，或许可以证明，此字本应为"千"，是后人误写为"干"。而此"千"字，又可能来自于骊靬之"靬"。

就是说，土弥干之名至少部分与骊靬有关。

凉州卫系明洪武间改西凉州置，治所在今武威凉州区。《明史·地理志三》言，凉州之西有土弥干川，即五涧水，源出天梯山，下流与三岔河合。著名的天梯山石窟在今凉州区南 80 里中路乡境，该处之河，即黄羊河。因其不在番和（永昌）县境内，故似与此不侔。顾炎武《肇域志》永昌卫"东南有土鲁干山、长城山，凡七口"。同书凉州卫"土弥干川山口，在卫南一百里"。① 疑土鲁干即土弥干之讹。土鲁干山在永昌东南，土弥干川山之在凉州南，或指一山，《甘肃通志》为地方学者所编，其文字应较为确切。文云永昌渠在武威县西 70 里，由天梯白岭山的西把截口流出，入于土弥干川，从武威县城西南 50 里流入昌隆铺，分为六坝，灌田 1400 余顷。312 国道沿线永昌县有六坝乡，乡政府驻地在县城东 45 里，在凉州区西约 50 里。《永昌县志》云："六坝乡政府所在地古称通津堡，也叫通津寨。清朝前期，人口密集，与八坝堡、乐丰堡均为丝绸古道旅居集镇。后因同治战乱直到民国近百年间土地荒芜，村寨废墟，人烟稀少。"② 若此六坝即《甘肃通志》所言之六坝，则土弥千川即东大河之上游一段，其下止于分为六坝的昌隆铺。

但《大清一统志》辨析上述诸水说法，言五涧水即凉州区东清涧水的俗称，并判断黄羊川即《水经注》中的清涧水，《太平寰宇记》和《行都司志》以番和县的土弥千川当之，误。细玩诸书所述，应特别注意该河名永昌渠，其当在永昌县境无疑，石羊河自古及今都不在今永昌县的境内。故而武威城东有五涧水或名清涧水，即黄羊川。永昌县有土弥千川（水），在永昌县城东南，即东大河，土弥千川为东大河之上游一段。两者其实并不矛盾。

《五凉志》之永昌《水利图说》言："涧转口渠，在县东南三十里，一名涧水。涧水源出雪山，东北流经涧转山口出。计灌十四堡寨，共分九坝三沟。盛夏冰消水始足用。"③《永昌县志》称："东

---

① （清）顾炎武撰，谭其骧、王文楚、朱惠荣等点校：《肇域志·陕西行都指挥司·永昌卫·凉州卫》，上海古籍出版社 2004 年版，第 1532 页。
② 《永昌县志》，甘肃人民出版社 1993 年版，第 177 页。
③ 《五凉考治六德集全志·永昌县志》，第 374—375 页。

大河原名转涧口，属县境内第一条大河，发源于祁连山冷龙岭北麓。源头有两条主要支流，一是由老虎沟、干树湾沟、金洞沟、铁矿沟、倒腰沟、黑鹰沟、煤洞沟等汇集而成，名为直河，全长35公里；二是由二号塔树沟、夹皮河、大小东河、敖包沟、一棵树沟、大小柏沟、柳花沟、法拉沟、石佛崖沟等汇集而成，名为斜河，全长40公里。水支流正常来水直河大于斜河，汛期斜河大于直河，二支流于皇城滩铧尖处汇流，始称东大河。主河道因地形制约，宽几十米至千米以上，主流出山口流经东寨、南坝至六坝乡的南庄子附近，分南二岔，北一岔流入清河地区（汇流北沙河），全长67公里。"①

由东大河的介绍看来，所谓土弥千川，在今永昌县南界，其中部偏东为东大河自皇城滩流入县境的山口所在地，或因该河川系由土弥千山入境，故古称土弥千川。入今永昌县境后，分为九坝三沟，灌溉十四堡寨。东大河为灌溉所筑的九坝，主要分布于今县六坝、东寨两乡境。我们推测，土弥千即古骊靬的音讹，该川南为祁连山，西北为焉支山，符合匈奴"失我祁连山，使我六畜不蕃息。失我焉支山，使我妇女无颜色"之谣的地理条件，故土弥千川（骊靬川）本系匈奴牧地，西汉骊靬古城遗址或就在该川境。以《甘肃通志》之"永昌渠，在武威县西七十里，自（武威）城西南五十里流入昌隆铺，分为六坝"的限定，则骊靬古城或在今六坝乡一带。在永昌县城东六坝乡政府西南侧，有一名回归城的古城址。《永昌县志》言，该城"北靠甘新公路，俗呼'回归城'。城呈东西向，向西置门，门宽7米。城为长方形，但东南角收进，如瓦刀形。北边长238米，西边宽118米，南边由西向东长160米，有护城河。北边河长260米，宽12米；南边河长210米，宽11米；东边河长160米，宽12米；西边河长（包括吊桥河）200多米，宽8米。城墙为夯土版筑，残高3.5米，夯层厚14厘米。护城河外沿均用夯土墙筑成，墙宽60厘米。"② 县志作者断此城为"元代古城遗址"。但当地在新石器时期就有人类活动，而形成北滩马厂型遗址③，汉

---

① 《永昌县志》，甘肃人民出版社1993年版，第128页。
② 同上书，第732页。
③ 同上书，第726页。

唐又在丝绸之路交通干线之上，则就难以否定当地有汉唐旧城址。李并成对该城考察后说："城内城周遍布卵石，显然该城曾遭洪水淹没。地表散落遗物较少，见碎砖块、瓦块、黑釉瓷片等，约为夏元时期物品，但亦偶见红陶片、灰陶片等更早期的一些东西。其始建年代似应较夏、元更早。"① 看来该城的断代尚需更认真的研究，至少其夯层合乎汉城的标准。

　　六坝古城符合古籍中土弥干川的各种条件，位于永昌县东大河灌溉区中间，由六坝古城向南有大片草原，古代土肥草好，极适于畜牧，当为汉匈奴犁汗王的驻牧之地。况且其又位于汉长城以南，古丝绸之路河西走廊段蜂腰要道之上，今有 312 国道和甘肃东西高速公路通过，汉代此地南控青海羌族，北控匈奴，东西控扼内地至西域的一线道路，系军事战略要地。当公元前 78 年"属国千长义渠王骑士射杀犁汗王，赐黄金二百斤，马二百匹，因封为犁汗王"时，以这位勇猛的少数民族骑士率众守卫这一战略要地，从而在此设骊靬县就是自然而然之事了。

　　附言：继光学弟，与我同窗同学同门九年，关系融洽，50 多年来相互切磋很多。今逢学弟七十寿辰，谨以此文示贺。

---

① 《河西走廊历史地理》，第 85 页。

分享的幽默

——《世说新语》中精英阶层的谐趣

萧　虹[*]

要提笔撰写《世说新语》（以下简称《世说》）[①] 里的幽默，有必要先考究一下这个西方概念用于中国古代作品是否恰当。汉语"幽默"一词，是从英语 humour 翻译过来的，原意指各种有趣或令人开心的事物以及由它们引发的各种乐趣。但这种意义的幽默，中国古代是否存在？更确切点讲，中国六朝人是否也有幽默感并且以此为乐呢？如果我们接受对幽默这个最普遍的诠释，就有助于避免潜在的理论争论，可以直截了当得出答案：要是说幽默是为人提供欢乐一笑或莞尔一笑或捧腹大笑的东西，那我们就可以着手谈论这本著名经典的幽默；这本书一不讲大道理二不感情化，而是充满幽默的。《世说》既编于那个时代，又为当时的人们所乐见，故而对上文的发问，大可回答曰：然也。

背景和书源

数百年来《世说》一书广为流传，尤其在中国文人墨客之间。

　＊　萧虹，女，1939 年生，原籍江西省，现任澳大利亚悉尼大学中文系教授、博士生导师，主要研究方向为妇女问题。

①　本文《世说新语》的引文用余嘉锡所编《世说新语笺疏》的标准内文。汉语内文亦可由 Project Gutenberg 找到，网址如下：http：//www. gutenberg. org/etext/24047（accessed 10 January 2010）。

这些文人出身士绅或地主，经朝廷从中选拔后入仕为官。传统的社会地位序列中，士人地位最高，居农、工、商之首。

《世说》之流传普及，与书写材料变得容易获得关系密切；特别是蔡伦（50—121年）[①]发明造纸法以来，纸张可大量生产，方法更简易，价格更低廉。数百年中写作风格趋于多样化，也影响了文人的治学方式。[②]运笔于纸一度被小心守护，只能用于书写有益于治理国家与教化之类的文字，即史学和哲学的写作。到后来，文章写作分成种种类别，其中包括消遣性和志怪性文字。《世说》常被列入小说类，这种体裁虽然地位低微，却曾被认为对主政者治国或有裨益。[③]《世说》出现前后，此种体裁业已发展起来，以满足各种需求。

《世说》原意是供欲改善辞令的清谈客做参考，同时也通过风趣小品及机智对话，为读者提供愉悦，常被当作两种功能皆备的宝典。[④]它流传至今逾一千五百年，并非因为被列入科举必读书单，而在于读者的喜爱，以及在于为人们提供的纯粹愉悦。

编写《世说》的准确时间未见记载。范子烨称可能成书于公元439—440年前后；马瑟则认定为430年左右[⑤]，笔者与之不同，将《世说》编撰年份推后至435年；不过同意如下说法，即刘义庆初始提出许多编撰计划，而他及他的文学幕僚对编撰工作又未能全力以赴，致使《世说》的编撰可能直到439—440年才完成。[⑥]

如下事实可资判断：已知至少有一个版本出现于刘义庆所处的刘宋王朝（420—478年），该版本迅即风行于世；刘去世后的80

---

① 《后汉书》第78卷，第2513页。

② 清水茂：《纸的发明与后汉的学风》，见《清水茂汉学论集》，蔡毅译，中华书局2003年版。

③ 《汉书·艺文志》，见《汉书》，卷30，第1745页。原文"如或一言可采，此亦刍荛狂夫之议也"。

④ 这一见解其他人亦有同感，如杨勇《世说新语校笺》，第 iii 页；Richard R Mather（马瑟），Shih-shuohsin-yu: A New, Account of the World, Minneapolis: University of Minnesota Press, 1976. xiv；宗白华，《论"世说新语"和晋人的美》。

⑤ 范子烨：《世说新语新探》；马瑟：《世说》，第27页。

⑥ Lily Hsiao Hung Lee（萧虹），"A Study of Shih-shuo Hsin-yü"（"世说新语"研究），PhD Dissertation, University of Sydney, 1982, pp. 47-51.

年内，仿作和评注相继出现。① 其最佳评注为刘峻（462—521 年）
所作，刘还将《世说》赖以写作的各种书源，一并列出，并为晦涩
难懂的条目提供背景材料，以方便后世读者及学者阅读。此后各朝
代均有新的版本出现，常在同一朝代有多个刻本。

印刷术出现前的早期版本都有赖手抄。《世说》最早手抄本的
唯一残存者，年代可溯至唐朝，现为日本人所收藏；20 世纪该残卷
之照相版被带回中国。记载中最早之印刷本为宋代 1138 年的版本，
但已不存世。

现存最早的印刷本，亦为宋本，即前田氏本，藏于日本。该版
本有大量谬误，普遍认为国内今版（源于另一宋本），远优于前田
氏本。②

《世说》流传千年后，其普及之势头于元代趋缓。随着 1556 年
名为《世说新语补》之删节本出版，又重新兴盛起来。该书将原有
文字与后人风格类似的条目合并刊出。新本风靡一时，有危及原
《世说》之虞。幸而纵使新本火爆流传，原本仍存而未辍。18 世纪
原《世说》被收入朝廷敕令编纂之《四库全书》，保障了它的长远
留存。

《世说》不仅在中国境内流传，多年来日、韩等东亚国家，亦
出现无数仿本。据钱南秀③称，日本即有七种仿本。而在朝鲜的高
丽时代，以《世说》风格写成的作品，有李仁老的《破闲集》与崔
滋的《补闲集》。④

《世说》虽成书于 5 世纪，所本的书源年代更早。《世说》事实
上由 3、4 世纪之历史人物逸事与语录结集而成。篇章中反映了魏
晋时期士人的观念由儒家正统到道家玄学的重要转变。不少要人崇

---

① 《世说》，第二十五·3，余嘉锡：《世说新语笺疏》，第 780—781 页；马瑟：
《世说》，第 401 页。

② 有关《世说》内文的讨论，见杨勇《"世说新语"：书名，卷性，版本考》；马
瑟：《世说》，第 27—29 页；Lily Hsiao Hung Lee（萧虹），第 118—280 页。

③ Qian Nanxiu, "Daitō seigo: An alien analogue of the Shih-shuo hsin-yü", *Early Medieval China*, V. 4, (1998), p. 79.

④ Kim Jahn-hwang and Lily Xiao Hong Lee, "The Circulation and Study of Shishuo xinyu in Korea", *Early Medieval China*, V. 12 (2006), pp. 31-68.

尚玄学，并以其行止来表现老庄思想，而且常勾勒出道家思想与幽默间的紧密联系。①

历来都将刘义庆（403—444 年）当作《世说》作者，他是刘宋王朝（420—479 年）的临川王（临川在今江西）。后代的研究业已表明，该书是在刘的主持下，由手下文士编撰②，其读者则面向当时的文人。多数情况下，书中逸事趣闻不需另行给出背景材料，甚至人物全名亦付之阙如，只消写出其人官职、字号乃至昵称，读者即可知此乃何许人也。这种做法，令后世读者，尤其是西方读者，阅读内文十分困难。（理查德·马瑟的权威英译本，出版于 1976 年，提供了详尽的解释和参考资料，以帮助操英语人士了解其内容。）

刘义庆的叔父刘裕是刘宋王朝的开国君主，他的子侄都被封为王③，义庆袭封临川王，幼时即接受治理一方的训练，他的传记说他虽无文采，但对文章学问却颇有兴趣。成人后，被后来即位的皇帝即其从弟委以重任，命其管辖大片国土；他兼军务、政务于一身，日常事务必然繁忙。在《隋书·经籍志》中，义庆名下除《世说》外，还有其他卷帙浩繁之著作，多达数百卷。凡此种种，令后世学者怀疑《世说》是否是他亲自撰写的。鲁迅（1881—1936 年）揣想《世说》之真实编撰者乃是正史刘义庆传中提及的文学幕僚。④循此思路引导，笔者研究了四位幕僚之生平，依各人性格，及其中两位（何长瑜卒年约为 445 年，袁淑 408—453 年）的著作残篇，提出见解，认为二人著作展示出开放及玩世不恭心态，正是《世说》之特征；由此猜测，由他们参与编书，极有可能。⑤

《世说》可以粗略地看作野史、小传和道听途说之杂烩，它收罗了某些历史人物与事件颇具代表性的细节，这些细节的重要性虽不足以列入正史；然而因其揭示了人物内心深处的心理状况，和洞

---

① Shirley Chan 探索了这种联系，见 Jessica Davis and Jocelyn Chey, eds., *Humour in Chinese Life and Letters: Classical and Traditional Approaches*, Hong Kong: Hong Kong University Press, 2011, 第五章，确认《列子》里的道家幽默。
② Lily Hsiao Hung Lee（萧虹），Chapter 1.
③ 刘义庆生平之详情，可见 Lily Hsiao Hung Lee（萧虹），第 8—16 页。
④ 鲁迅：《中国小说史略》，人民文学出版社 1973 年版，第 44 页。
⑤ Lily Hsiao Hung Lee（萧虹），footnote 14.

察他们之间的互动，因而显得生动有趣。收录条目之原则，似视乎材料是否符合一般人喜闻乐见的条件，如果这个假定不错，幽默性的素材就在收罗之列。自另一视角观察，《世说》是一本关于人性之书，由各篇名称可明显看出，如"方正"、"任诞"、"俭啬"等，似欲体现人性之方方面面。若《世说》确想网罗各种角度下的人性，就绝少不了幽默。

各种文化都会有某一圈子内共享的笑话。有份希腊名为"philogelos"（爱笑之人）的抄本，其产生不早于 10 世纪；不过它同《世说》一样，包含了早至 3 世纪时期的材料。① 这本集子内拿文化人消遣的笑话，取笑了憨学生、律师、医生、教授等人。虽不知作者是何方神圣，可以推想为"下层市井阶级"所写。② 来自希腊拜占庭世界的此书，与《世说》的相似处，在于两者都描述受过教育的人，差异处在于《世说》作者本身就是文人，而非市井人物。显然西方绅士（如同中国的文士）早已钟情于阅读笑话书；稍后，16世纪出了本名为 *A Hundred Mery Talys*（《笑谈百则》）的书，在英国广为刊行，据说出于某教养甚高的人文主义团体之手③，一如《世说》之产生背景。它与《世说》亦有异同之处。Derak Brewer 观察了欧洲文艺复兴的谐谑书及类似《笑谈百则》的早期现代作品，说"对于分享此书及其寓意的群体来说，这类书籍促进了团体内的幽默感与和谐"，这点也适用于《世说》。不过，他接着的评论与《世说》所持的观点就大相径庭了，他说"笑话历来支持世间的不公，其中有普遍流行的民族笑话，形形色色反女权主义高见，对他人生理缺陷的嘲笑等"④。

---

① 笔者对 Jessica Milner Davis 这方面的资料及来自西方文化的其他例子，表示感谢。

② Jan Bremmer, "Jokes, jokers and jokebooks in Ancient Greek culture",（古希腊文的笑话，说笑话人及笑话书），in *A Cultural History of Humour*（幽默文化史），ed. Jan Bremmer and Herman Roodenburg, pp. 16-18.

③ Derek Brewer, "Prose jest-books mainly in the sixteenth to eighteenth centuries in England"（十六至十八世纪英国主要的谐谑散文集），载《幽默文化史》，社会科学文献出版社 2001 年版，第 97 页。

④ Brewer,《谐谑散文集》，社会科学文献出版社 2001 年版，第 90 页。

《世说》与笑话书

《世说》原旨不在编成笑话书，幽默只是主旨外的副产品。其本意是将一些优雅有趣的话语和逸事结集成书。编者之目标对准精英阶层，此中成员的品味与当时大众文化口味可能是相反的。中国自然亦有笑话书，《世说》编纂前约两个世纪，有本名为《笑林》的书面世，一般认为作者是邯郸淳（活跃于 220 年），此人是作家、书法家又是文字学家。曹魏立国时（221 年），邯郸淳荣获博士美衔。所著《笑林》原为三卷，久已亡佚，仅 29 条存世。① 它被归类为笑话书，而从书名及残存内容也明显可知，它的目的是制造幽默与笑料，集中于暴露人性的弱点及愚蠢的一面。《笑林》与《世说》主要区别是，该书条目中出现的人物是平头百姓，而《世说》的是士林精英；《笑林》笑话较为直白，更适合大众口味。故可推断《笑林》原为大众而编，《世说》则为文人雅士而编，两者间无相通脉络可循。

我们不妨臆测一下：为何《世说》留存至今，而《笑林》大部分已散佚？须知在旧时中国，一部作品之命运很大程度取决于文人，文士不仅是文章生成者，也是主要的消费者。若作品文字不常为文士所用，则容易消亡，历史上大量文本已经因此亡佚；反之则可历岁月之磨蚀而长久存在。

笔者曾在另处提出：《世说》之长期存在，在于它糅入不少早期类似风格的文章，成为储存此种文章的仓库。对《笑林》及其编者，我们所知不多，无法肯定是否曾发挥此项功能。

《笑林》现存残篇，是从早期所谓"类书"中淘出。这些"类书"是散佚古籍之宝库。18 世纪的学者率先从"类书"中淘出佚书的零碎片段，19 世纪此工作还有人零星地在做。20 世纪这方面著名的学者有鲁迅，他从许多古代作品的残篇中淘出许多古小说，编入《古小说钩沉》中。该书在他去世后列入全集第一版，于

---

①　鲁迅：《古小说钩沉》，浙江古籍出版社 2008 年版，第 53—59 页。

1938 年出版。

《世说》幽默之类型

编纂《世说》是基于一种假定，即总有某些书和书中内容，是文人圈内共同钟爱的，熟读经史的人，方能从中享受到其中乐趣。《世说》包含了许多"圈内"的笑料，供有文化优势的读者享用；也有雅俗共赏的笑话，人人均可欣赏。某些笑话产生于儿童和大人或男子和女人的对峙。有些条目调侃了人的弱点，特别嘲讽了 Brewer 提到的对乡下佬的奚落。有些笑话反映了玩世不恭的态度。

下面对幽默的分类与描述，介绍了本书包含的大致类型。有时各类型间有重叠，一则故事可同时以几种幽默方式出现。此外，幽默有时存在于人们的言谈，有时见于他们的举止，也有时是存在于两者的总和。

文人圈内的笑话

文人圈里的笑话是文士自编自享的，前提是言者和闻者之间，存在着一些共同熟悉的文本。笑话的"言者"（作者）不需要作任何解释和提示，读笑话的"闻者"即能忆起相关文字，体会幽默之妙趣。对南北朝时期或更晚的中国"言者"和"闻者"，他们共同熟悉的文本是指儒家经典，尤其是《诗经》、《书经》、《春秋》和《左传》。士人如欲谋求仕进，另需谙熟两本正史，即《史记》与《汉书》。他们虽不必能背诵，但应熟悉书中人物及事件。阅读笑话者如缺乏上述知识，又不能理解书中古汉语，将无法领略《世说》里的笑话。这类幽默在《世说》中十分典型，多次出现，至少也是众多条目中一个附带的一面，如下例。

有的情况下，引经据典恰到好处，会产生妙趣横生的幽默：

简文作抚军时，尝与桓宣武俱入朝，更相让在前。宣武不得已而先之，因曰："伯也执殳，为王前驱。"简文曰："所谓

'无小无大，从公于迈'。"①

简文帝②当抚军时，有次和桓温一起上朝，两人互相推让，多次之后还是桓温走在前面，于是他引用诗经的诗句："伯也执殳，为王前驱。"当时简文帝的身份是王子，兼任抚军，所以桓温引用得很恰当。简文帝对答也引用诗经句子："所谓'无小无大，从公于迈'。"体现出二人年龄的差距，也很巧妙。

对经典不熟的读者，要理解这则笑话会感到很困难；对于母语不是汉语的读者，翻译时虽已去除一些难点，仍会觉得十分艰深。因为须明白这两位是什么人，各持什么立场等。简文帝本名司马昱（320—372 年，在位为 372 年），逸事发生时是琅琊王，尚未登基；他代表了王室的利益。另一方面，桓温（312—373 年）是掌握军队、权势赫赫的大臣，怀有取晋室而代之的野心。双方的利益冲突暂时隐于表面之下。

上述条目中，双方的相处均小心翼翼。桓温摘引《诗经》句子，表示他作为封疆大吏对藩王的尊重。简文帝司马昱亦引用同一作品，指他走在桓温之前是勉为其难的，并欲在桓引导之下"从公"。（这里的"公"是史上有名的周公，武王儿子尚未成年时辅佐成王治理国家。）表面上，故事平淡无奇，仅是身份高与年龄长的双方，互相礼让（桓温年龄无疑长于司马昱）；然而结合当时政治背景，能体会到更深的含义及隐伏的敌意。桓温不想公开暴露其野心，故所选取的诗句表示忠诚，司马昱所选的诗，巧妙地透露出他意识到桓温以周公自居的篡位野心。阅者若能品咂故事中的微言大义，自当会心一笑。

另有一则故事，其中两人情况与上述相似，但做法迥异，不是自谦自贬，而以贬损对方为乐：

---

① 《世说》，第二·56；余嘉锡：《世说新语笺疏》，第 116 页；马瑟：《世说》，第 57—58 页。

② 其传记及其他在《世说》中出现的人物的小传，见马瑟《世说》书中的"小传"，第 488—611 页。

　　王文度、范荣期俱为简文所要。范年大而位小，王年小而位大。将前，更相推在前。既移久，王遂在范后。王因谓曰："簸之扬之，穅秕在前。"范曰："洮之汰之，沙砾在后。"

　　王坦之与范启，某次同时受简文帝邀请，范年长而位卑，王则相反。入室前两人多次揖让对方先行，延迟很久。结果还是王坦之走在后面，他打趣范说："簸之扬之，穅秕在前。"①范回敬道："洮之汰之，沙砾在后。"②

　　此处所引古文有些异样，首先是引文不确切，夹入了自撰的文字；其次，虽模仿《诗经》格式，但内容取自其他古文。各人所说的两句，十分巧慧，言辞优雅，易于误导读者（听者）以为真是载于《诗经》三百首中。此外，两人的句式对仗工整，音韵相押。固然此时骈俪文尚未兴起，可能苗头未显，但中国人对于诗词中的对仗工巧早已赞赏不已，爱好此道的骚人墨客，自然会对范启的捷对拍手叫好。

　　这种对答若不是出于饱学之士，而来自小儿口中，因了年龄的悬殊，会格外增添不少惊喜和快慰。在此，幽默为弱势的小儿一方加分，起到了平衡器的作用。

　　年轻人或下级的干脆利落和直截了当的回答，若是生动有趣，不只为长者或上级接受，而一语之恰当，会使满座皆欢。《世说》里这类为小读者所欣赏的好故事很多，如以下一则：

　　钟毓、钟会少有令誉。年十三，魏文帝闻之，语其父钟繇曰："可令二子来。"于是敕见。毓面有汗，帝曰："卿面何以汗？"毓对曰："战战惶惶，汗出如浆。"复问会："卿何以不

---

　　①　此为一则由孔颖达对诗经之注解改写过的，指粮食扬场时，先扬去穅秕。王坦之在此将范启比为先被扬弃的穅秕，而范将王比为淘米时沉在下面的沙砾。

　　②　《世说》，第二十五·46；余嘉锡：《世说新语笺疏》，第811页；马瑟：《世说》，第419页。

汗?"对曰:"战战栗栗,汗不敢出。"①

　　钟毓和钟会少年时名声远播。他们年龄十三时魏文帝听说
此事,命他们的父亲钟繇带来陛见。这时钟毓脸上出汗,文帝
问他为何出汗,钟毓答道:"战战惶惶,汗出如浆。"又问钟
会,为何无汗,钟会回答说:"战战栗栗,汗不敢出。"

两个孩子的回答都有韵律,宛若《诗经》里的诗句。钟毓的回
答有韵,钟会按同一形式,只是改动了韵脚,以便自己的句子也押
韵。两少年古雅的语句加上脱口而出的急智构成一种意外的惊喜,
对此阅者必定粲然一笑。
这类张口即来的应答,也会从下属发出,一样令人捧腹:

　　习凿齿、孙兴公未相识,同在桓公坐。桓语孙:"可与习
参军共语。"孙云:"'蠢尔蛮荆',敢与大邦为仇?"习云:
"'薄伐猃狁',至于太原。"②

　　习凿齿和孙绰原先互不相识,双方同时出席桓温一个集会。
桓嘱孙和习参军聊聊,孙就来了一句:"'蠢尔蛮荆',敢与大
邦为仇?"③习答道:"薄伐猃狁,至于太原。"④

需要说明,孙绰来自北方城市太原,而习来自接近南方的襄阳
(古称荆)。南方人的习凿齿,援引《诗经》,故意把孙绰与北方凶
残的族群扯在一起。双方都引用《诗经》,使南北方出生的两人,
借经典词句打起了口舌之战。

---

① 《世说》,第二·11;余嘉锡:《世说新语笺疏》,第71页;马瑟:《世说》,第
34页。
② 《世说》,第二十五·41;余嘉锡:《世说新语笺疏》,第809页;马瑟:《世
说》,第417页。
③ 《诗经·小雅·采芑》,178;因《诗经》版本极多,此处未列明页码及脚注,
此处之178指诗的序号。
④ 《诗经·小雅·六月》,177。

士人对经典学得滚瓜烂熟，引用古文是家常便饭，但出于正在被责罚的婢女口中，爆笑之力将更为强大：

> 郑玄家奴婢皆读书。尝使一婢，不称旨，将挞之。方自陈说，玄怒，使人曳箸泥中。须臾，复有一婢来，问曰："胡为乎泥中？"答曰："薄言往愬，逢彼之怒。"①

> 郑玄家中，奴婢都习经书。某次，郑玄使唤一个婢女不称心，要鞭打她。婢女还要分辩，郑更加来气，命人将她拖到泥泞地。少时，另一个婢女来到，见她如此，用《诗经·式微》②发问："胡为乎泥中？"该婢女也用《诗经·柏舟》③答道："薄言往愬，逢彼之怒。"

描写婢女可以引经据典，正是《世说》对社会鸿沟取宽松态度之明证。它允许在选择素材时收入极端形式的幽默，此种幽默利用"错置"，即引经据典、装模作样的神气与日常忙于琐事俗务两者的大不协调；故事营造出故作高深与平庸生活的强烈反差。阅者深谙古文出处、欣赏婢女怎样活用经典之余，定会莞尔一笑。

有的笑话并没有这么夸张，不涉及援引古文，也被划入文人圈内笑话之列；其中一类是挖苦文人趋赶时尚的，如下面的一则。故事涉及以怪癖闻名的顾恺之（约344—406年），此人是士大夫兼画家，曾被誉为国画之父。

> 人问顾长康："何以不作洛生咏？"答曰："何至作老婢声！"④

---

① 《世说》，第四·3；余嘉锡：《世说新语笺疏》，第193页；马瑟：《世说》，第94页。

② 《诗经·卫风·式微》，36。

③ 《诗经·卫风·柏舟》，26。

④ 《世说》，第二十六·26；余嘉锡：《世说新语笺疏》，第843页；马瑟：《世说》，第439页。

有人问顾恺之："您为什么不像洛阳书生那样吟诵诗句呢?"顾回答说:"我有必要像老婆子一样发嗡声吗?"

故事没有摘引古文,关键是让读者了解在晋朝士林中火爆一时的"洛生咏",其实鼻音浊重。这种笑话是文人圈的谈资,唯圈中人方知其奥妙。读者也明白顾恺之精于圈内调侃,他的著名画作《女史箴图》中亦可见一斑。①

另有一例圈内幽默如下:

高坐道人不作汉语,或问此意,简文曰:"以简应对之烦。"②

高坐和尚不讲汉语,有人问其缘故,简文帝答道:"他为了减少回答问题的麻烦。"

东晋时,不少印度和中亚僧人来中土传播佛教,中土士人对他们颇有好感,对他们的宗教、教义也感兴趣;这些外来人也常依附当地权势人物。例如,高坐和尚与宰相王导(276—339年)及其他东晋上层人物过从甚密,聚会主要活动之一是清谈。可以想象,好事的士人对胡僧的外貌、习俗乃至佛经精义的提问会雨点般袭来。高坐是西域(今中亚)来的地道的胡僧,他却未如其他胡僧一般学习汉语,他同东晋文士交谈都需经过通译。日后即皇帝位的简文,很风趣地认为高坐有意不学汉语,这是他不愿为愚蠢问题所扰而采取的务实办法。他的话就如一把双刃剑,既嘲笑了高坐,也嘲笑了当时的上层人物。

---

① 见 J. Michael Farmer, "Jia Nan-feng, Empress of Emperor Hui of Jin"(晋惠帝后贾南风),见 Lily Xiao Hong Lee and A. D. Stefanowska, eds, *Biographical Dictionary of Chinese Women: Antiquity through Sui 1600 BCE-618 CE*,(《中国妇女传记辞典:远古至隋卷(纪元前 1600—前 618 年》),第 302—307 页。
② 《世说》,第二·39;余嘉锡:《世说新语笺疏》,第 100 页;马瑟:《世说》,第 50 页。

雅俗共赏的笑话

幽默一般被认为是跟文化高度挂钩的，然而笔者以为，《世说》某些条目之幽默完全可以是凡人都能领会的。这些小故事是建筑在人类共同的弱点与愚蠢之上，不分民族、宗教信仰或国籍。一些笑话，表现的是弱势人群（儿童、妇女、社会底层）扫强势人群（成人、男子、社会高层人士）的面子。这些反映的是人的天性，并不专属于某朝代某时期之中国文化特性。这种大众型笑话，其中有些粗野和朴拙的人与事，常被那些自认有教养者引为笑柄。笔者将《世说》中这一类称为"乡下佬笑话"，也就是 Christie Davies 指出过的"举世皆有的类型"。①《世说》还有一些成人与儿童对答之笑话，被归入普遍的"幼对长笑话"类。同样，男女间的交往趣事，归入"男对女笑话"一类；其余则放到"异端怪癖"一类，这类笑谈中的主人公，公然展示其放纵不羁，人目之为怪诞举止，有时他亦是为了自身辩护。最后一类笔者认为是人性的瑕疵，包括五花八门的人性弱点。下面依次做讨论。

乡下佬笑话

魏晋之际（265—420 年），与皇帝有姻亲的少数权贵，炫富夸奢，显摆其豪华生活，《世说》不少篇幅描述这种斗富，令人咋舌。

东西晋之交约公元 317 年，因北方为异族占据，自北而南发生一场巨大的人口迁徙。东晋所在的江南地区，气候温润、土地肥沃，百姓生活较北方优渥，他们亦以文化教养较高自诩。早期移居的北方人，受到讲究生活的风气浸润，对南方的精致饮食比较了解；晚期过江者，新来乍到，人地生疏，被称为土包子文士。《世说》里有不少嘲讽新来者的笑话，下面是其中一则：

> 蔡司徒渡江，见彭蜞，大喜曰："蟹有八足，加以二螯。"

---

① 各国现存的笑话类型和分组方面的记述，参见 Christie Davies, *Ethnic Humour Around the World: A Comparative Analysis*（《世界各国的民族幽默：比较性分析》）和 *The Mirth of Nations*（《各民族的欢声笑语》）。

令烹之。既食，吐下委顿，方知非蟹。后向谢仁祖说此事，谢曰："卿读尔雅不熟，几为劝学死。"①

蔡谟过江后，见到一种沙蟹，大喜道："蟹有八足，加以二螯"，叫人煮熟来吃，吃过呕吐不止，衰弱不堪，才知道搞错。后来对谢尚说及此事，谢说："你没有精读《尔雅》，差点被祖先蔡邕写的《劝学篇》害死！"

蔡谟（281—356年），是东晋的士大夫，原籍河南黄土地带，算是北方人，恐未见过水产海鲜，一见小沙蟹就记起乃祖蔡邕（132—193年）的《劝学篇》中所言："蟹有八足，加以二螯"，就误认为螃蟹。其实《尔雅》载的是沙蟹，"似蟹而小"。

虽说《世说》这条有两句古文，但幽默在于南方人以为常识，北方人却茫然不知。蔡谟辨识螃蟹的书呆子气，加上他当成螃蟹大嚼的鲁莽举止，其可笑神情跃然纸上。

幼对长的笑话

若有人欲从中国古代文献中研究儿童，则《世说》不失为丰富的资料来源。② 书中儿童几乎个个自以为聪明。可能魏晋时期对机智应对的评价甚高；神童口齿伶俐尤其大受赞扬。这种情况之出现，可能是对东汉（25—220年）重烦琐考据的一种逆反。前文曾谈及钟毓兄弟在朝廷上的机敏谈吐，下面更摘引一则，以示其概貌：

晋明帝数岁，坐元帝膝上。有人从长安来，元帝问洛下消息，潸然流涕。明帝问何以致泣？具以东渡意告之。因问明帝："汝意谓长安何如日远？"答曰："日远。不闻人从日边来，

---

① 《世说》，第三十四·3；余嘉锡：《世说新语笺疏》，第911页；马瑟：《世说》，第480页。

② Richard B. Mather, "Filial paragons and spoiled brats: A glimpse of medieval Chinese children in the Shishuo xinyu"（《孝道和溺爱："世说新语"里中国古代儿童一瞥》），可作为一个例证。

居然可知。"元帝异之。明日集群臣宴会，告以此意，更重问之。乃答曰："日近。"元帝失色，曰："尔何故异昨日之言邪?"答曰："举目见日，不见长安。"①

　　明帝司马绍（在位323—325年）仅有几岁时，坐于父亲元帝（在位317—323年）膝上。有人从长安来，元帝司马睿询问洛阳方面消息，边听边泣，潸然泪下。孩子问父亲为何哭泣? 元帝告诉他东渡黄河的旧事，因而问孩子，你以为长安和太阳哪个远些? 明帝答道，太阳远，从未听说有人从太阳来，这是可以肯定的。元帝对孩子的回答感到惊喜。次日召集群臣饮宴，说了孩子的表现，再次问他同一问题，那孩子答道：太阳更近。元帝吃了一惊，面色都变了，问他为什么答案与昨天不一致，回答说，抬头能见太阳，不见长安哪!

　　晋元帝原是皇室的远房支脉，长安、洛阳都是他的故园，公元311年匈奴入侵北方，将晋帝掳去随之于317年杀害，晋室覆亡（是为西晋）。元帝时为琅琊王，统辖江南一带。因他是在世的唯一帝裔，被拥戴登基，成为东晋开国之君。东晋疆域主要在江南，自然怀念北方家园，听到长安来人，不禁落泪。
　　大凡家长向他人夸其子女，必然有元帝的感受，不过他们的孩子未必有明帝般的天赋，这小孩不仅能自圆其说，还保住了家长的颜面。

男对女的笑话
　　《世说》是最早为女性专辟一章的中国书（《列女传》一类训诫女子言行的书除外）。《世说》其余章节也有关于妇女的条目。这些条目的幽默文字，显示出对妇女的宽容与同情，其态度令人惊讶。事实上，儒学在魏晋时期由受尊崇而日见式微，对妇女的约束

---

　　①　《世说》，第十二·9；余嘉锡：《世说新语笺疏》，第90页；马瑟：《世说》，第298页。

有所松懈；她们的言语举止得以享有更多自由，从下面所引可见：

> 王夷甫雅尚玄远，常嫉其妇贪浊，口未尝言"钱"字。妇
> 欲试之，令婢以钱绕床，不得行。夷甫晨起，见钱阂行，呼婢
> 曰："举却阿堵物。"①

> 王夷甫（王衍），崇尚虚玄远俗境界，对妻子郭氏的贪财
> 和心地污浊很是恼火，故他口中从不言"钱"字。为了试验
> 他是否真正不贪，妻子命婢女用钱串将他的卧床围住，令王
> 不得出，王衍早晨起来，见钱串挡路，呼叫婢女："把那些东
> 西拿开！"

夫人郭氏（卒约 300 年）②，是晋惠帝（在位 290—306 年）妻
子贾后之表妹，利用她的权势卖官鬻爵，敛财无数。即使丈夫王衍
（256—311 年）③身居高位权势显赫，又是清谈的领袖人物，亦无
法遏制她贪婪之癖。王衍造出的"阿堵物"一词，成了一个典故，
在汉语中是钱的同义词。

复杂的人际关系中也能品出幽默，如下则故事：

> 诸葛令女，庾氏妇，既寡，誓云："不复重出！"此女性甚
> 正强，无有登车理。恢既许江思玄婚，乃移家近之。初，诳女
> 云："宜徙。"于是家人一时去，独留女在后。比其觉，已不复
> 得出。江郎莫来，女哭詈弥甚，积日渐歇。江彪暝入宿，恒在
> 对床上。后观其意转帖，彪乃诈厌，良久不悟，声气转急。女
> 乃呼婢云："唤江郎觉！"江于是跃来就之曰："我自是天下男

---

① 《世说》，第十·9；余嘉锡：《世说新语笺疏》，第 557—8 页；马瑟：《世说》，
第 281 页。

② 郭氏之名未见记载。有关她的资料，见《晋书》，卷 43，第 1237—1239 页，卷
53，第 1459 页。另可查阅 Lee and Stefanowska, eds, *Biographical Dictionary of Chinese
Women：Antiquity through Sui*, 1600 BCE-618 CE, 第 293—295 页。

③ 《晋书》，卷 43，第 1235—1239 页。

子，厌，何预卿事而见唤邪？既尔相关，不得不与人语。"女默然而惭，情义遂笃。①

诸葛恢女儿文彪是庾会妻子。新寡后誓不再嫁，她秉性正派，刚烈倔强，没法让她移步登车。然而诸葛恢答应把女儿嫁给江思玄（江彪），他把家搬到江家附近，且瞒哄他女儿：该搬家了。于是全家离去独留她在屋，等她发觉不妙，已无法外出。傍晚江彪来到，女子又哭又骂，闹得厉害，持续数天，才逐渐收声。江夜里进房，卧在对面床上，观察到她情绪稳定，就伪装发噩梦，久久不醒，又喊又喘，声气转急。最后文彪受不了，命婢女"唤醒江郎"。那江彪一跃而起，走近文彪说："我本是天下男儿②，做噩梦也不劳你来叫醒。不过既然你那么关怀，就不得不和我交谈。"文彪难为情地不作声，于是两人关系融洽起来。

故事表明，江彪是个颇有耐心之人，他没有强行运用丈夫的权利，而是小心翼翼，逐渐取得她的接纳；此人绝对可评为21世纪SNAG（新时代好男人）模范！这种温文尔雅的幽默，在小计谋的外衣下，巧妙地表达出德操，令阅读者泪珠与笑声齐飞。故事不仅趣味盎然，还说明中国在4世纪时，寡妇之父母不要女儿守节，反之要促其再醮。类似的故事《世说》中比比皆是。③

但寡妇守节之观念，随时间推移而日益普遍。其后数百年里，女子守节不嫁，不仅是夫家之期望，也是母家之荣光；这一切自然

---

① 《世说》，第二十七·10；余嘉锡：《世说新语笺疏》，第858页；马瑟：《世说》，第446页。

② 欲进一步讨论，可见萧虹《阴之德：中国妇女研究论文集》及 Dorothy Ko, Ja-Hyun Kim Haboush and Joan Piggott 所著 *Women and Cofucian Cultures in Premodern China, Korea, and Japan*（《前现代中国、朝鲜和日本的妇女与儒学》）。

③ 例如，《世说》第十九·29，寡妇的兄弟欲把她带回母家另嫁，但她与丈夫生前感情甚笃因而拒绝；《世说》第十七·8更令人惊奇，妇人的公公在儿子去世后，很同意儿媳再嫁。

形成一股必须遵从的社会压力。①

　　上述两则故事，妇女肯定不愿乖乖就范，结果都是受到捉弄。逗笑是针对妇女的，她们的志向被贬低、被忽视。两场男女性别之战里，男子似乎都赢得一局，不过也有不少失算的事例：

　　　　许允妇是阮卫尉女，德如妹，奇丑。交礼竟，允无复入理，家人深以为忧。会允有客至，妇令婢视之，还答曰："是桓郎。"桓郎者，桓范也。妇云："无忧，桓必劝入。"桓果语许云："阮家既嫁丑女与卿，故当有意，卿宜察之。"许便回入内。既见妇，即欲出。妇料其此出，无复入理，便捉裾停之。许因谓曰："妇有四德，卿有其几?"妇曰："新妇所乏唯容尔。然士有百行，君有几?"许云："皆备。"妇曰："夫百行以德为首，君好色不好德，何谓皆备?"允有惭色，遂相敬重。②

　　　　许允妻子是阮仲之女，阮侃之妹，容貌特丑。婚礼结束后，许允不入洞房，家人见到都为之担忧。正巧有客来访，新娘派婢女打探来客何人，婢女禀报说是"桓生"，就是桓范。新娘松口气说：不消发愁了。桓范定会劝新郎来洞房的。正如所料，桓范对许允说，阮家嫁来丑女必有缘由，不妨观察观察。许允回来，一见丑妇就扭头要走，新娘料到许允一走就不会回来，就拽住他的衣服下摆让他留下，许说："妇有四德，卿有其几?"新妇说："我只是少了'容'而已，然而士有百行，君有几?"许说自己全有，女子说："夫百行以德为首，君好色不好德，怎能说全有呢?"许允深深羞愧，转而相互敬重，遂成燕好。

---

　　①　欲进一步讨论，可见萧虹《阴之德：中国妇女研究论文集》及 Dorothy Ko, Ja-Hyun Kim Haboush and Joan Piggott 所著 *Women and Cofucian Cultures in Premodern China, Korea, and Japan*（《前现代中国、朝鲜和日本的妇女与儒学》）。

　　②　《世说》，第十九·6；余嘉锡：《世说新语笺疏》，第671—672页；马瑟：《世说》，第343页。

　　看来许允妻明白桓范是位可信赖的友人，他的忠告甚有见地，会打动新郎让他回到新房。这里笑点显然是丑娘子的狼狈处境，但她是机灵之人，靠自身智慧胜过那自命不凡的男人，笑到了最后。

　　也许故事中局势之扭转，在当时来说觉得逗笑，正因为一向男尊女卑的权力结构被改变了，这也可见《世说》具有使人惊叹的现代情怀，它抨击男人对清楚不过的事物，却往往看不到，而女人则更通情理。另有一则逸事涉及夫妻称谓，它表明魏晋时期，妇女把已得的宽松条件（笑谑地）运用到何等地步，当时记载的幽默故事对此有所反映。

　　魏晋时，妇女使用三种形式的第二人称代词。① 本故事涉及两种，一个是"君"，是男子对平辈的尊称，妇女亦可用于称呼丈夫；另一个是"卿"，是男性朋友间不拘礼的互称。下面的故事中，妇女用"卿"称呼丈夫，自然格外不妥。

　　　　王安丰妇，常卿安丰。安丰曰："妇人卿婿，于礼为不敬，后勿复尔。"妇曰："亲卿爱卿，是以卿卿；我不卿卿，谁当卿卿？"遂恒听之。②

　　　　王戎妻子常用"卿"来称呼王戎，王对她说："女人以'卿'称呼丈夫于礼不敬，以后别这样了。"他妻子说："亲卿爱卿，是以卿卿；我不卿卿，谁当卿卿？"后来王就习以为常了。

　　王戎③是位朝廷显赫大臣，故事说他无法迫使妻子遵从礼法；特别是这一事例，连同其他事例常被学者引用，作为当时女性之约

　　① 萧虹：《语言和自我评估：魏晋时期的妇女》，载《阴之德：中国 妇女研究论文集》，新世界出版社 1999 年版，第 51—70 页。
　　② 《世说》，第三十五·6；余嘉锡：《世说新语笺疏》，第 922 页；马瑟：《世说》，第 488 页。
　　③ 王戎（234—305 年）少时是竹林七贤中最年轻的一员，不愿做官，只爱清谈辩论（见下文刘伶条目）；但王戎后与朝廷合作，累官至太傅。

束有放松迹象的例证。①

《世说》中，男女间交往公开而直白，女性极少被作为性歧视笑话的对象。书中很少色情的玩笑，下面一则或迹近于此；即便如此，亦是出自皇帝之御口：

> 元帝皇子生，普赐群臣。殷洪乔谢曰："皇子诞育，普天同庆。臣无勋焉，而猥颁厚赉。"中宗笑曰："此事岂可使卿有勋邪？"②

> 元帝皇子诞生，普遍赏赐群臣，殷羡谢恩道："皇子诞生，普天同庆，臣无功劳，却得厚赏。"皇帝司马睿笑着说："生儿子这事，你哪能有功呢？"

异端怪癖的笑话

幽默也可当作自卫的武器，或表达藐视与不屑。《世说》所处的时代，个人权利的理念逐渐萌芽，因此往日认作怪诞的举止，其实可被目为个人主义的标志。下则故事中，是刘伶对讥讽其不讲礼法的行为所作的幽默应答，行动自由受到干涉的自卫。

> 刘伶恒纵酒放达，或脱衣裸形在屋中，人见讥之。伶曰："我以天地为栋宇，屋室为裈衣，诸君何为入我裈中？"③

> 刘伶多次因醉酒而自由放浪，不循礼法，有时脱衣裸身在房中。有人见到就讥笑他，刘伶却说："我以天地为屋宇，房

---

① 例如，Shimokawa Chieko, "Sesetu shingo ni mirareru joseikan"；Qian Nanxiu（钱南秀），*Spirit and Self in Medieval China：The Shih-shuo hsin-yü and its Legacy*（中国古代之精神与自我：世说新语及其传承）。Honolulu：University of Hawaii Press，2001，p. 141；萧虹：《语言和自我评估：魏晋时期的妇女》，第50—70页。

② 《世说》，第二十五·11；余嘉锡：《世说新语笺疏》，第791页；马瑟：《世说》，第407页。

③ 《世说》，第二十三·6；余嘉锡：《世说新语笺疏》，第732页；马瑟：《世说》，第374页。

室为衣裳，各位怎么进到我裤子里来？"

刘伶（221—300 年）是有老庄思想倾向的竹林七贤之一。刘伶以反传统、言行怪诞而著称。他宣称天地为栋梁屋宇，颇有道家天人合一的观念；这理念将人们由衣物、屋舍乃至城郭的渺小所在，移入宇宙的大环境。① 刘伶之友、同为竹林七贤之一的阮籍（210—263 年），其著作《大人先生传》②秉持的就是同一理念，因为这乃是道家思想③之主旨。与此类似的有在拜占庭与俄罗斯东正教教堂里宣布为圣徒的早期基督教圣愚。④ 他们将自由放任与幽默结合起来，有着种种离奇古怪的行止。

在更庸常的层面上，若家庭内缺乏应有的人际尊重，也能借幽默以行其道。以下故事里外甥对舅父不尊重，表现在其微言讽刺中，不过他的讥讽之言优雅而逗乐。

> 卫江州在寻阳，有知旧人投之，都不料理，唯饷"王不留行"一斤。此人得饷，便命驾。李弘范闻之曰："家舅刻薄，乃复驱使草木。"⑤

> 卫展在江州当刺史，对投奔他的亲朋故旧，并不款留，⑥只赠送草药"王不留行"一斤。那人收到立马驾车离开。卫的外甥李弘范听到这事，冷冷地说："我舅舅好刻薄，为了挡驾

---

① 《庄子》，第二章"齐物"。庄子一再将人提升到与天地造化同在的层次。

② 阮籍：《大人先生传》，见陈伯君编《阮籍集校注》，第 161—193 页，重点在第 161—166 页；亦可见 Donald Holzman, *Poetry and Politics：The Life and Works of Juan Chi, A. D. 210-283*（《诗歌与政治：阮籍（A. D. 210-283）生平及其作品》），第 185—266 页。Livia Kohn, *Early Chinese Mysticism：Philosophy and Soteriology in the Daoist Tradition*,（《中国早期的神秘主义：道家传统中的玄学和救赎理论》），第 101 页，描写了"大人先生"是永恒的宇宙生灵，不受世间条条框框之束缚。

③ 见 Shirley Chan 的讨论。

④ 见 Sergey A. Ivanov, *Holy Fools in Byzantium and Beyond.*（《拜占庭内外的圣愚》）。

⑤ 《世说》，第二十九·6；余嘉锡：《世说新语笺疏》，第 874—875 页；马瑟：《世说》，第 456—457 页。

⑥ 马瑟将此译为"他自己毫无娱乐可言"。

拒客，竟做到驱使草木。"

　　卫展的旧交原来期望主人能提供与原有生活水平相去不远的栖身之所，也许还有财帛馈赠。从文内的"都不料理"，可推测卫展根本不打算接纳，连最低规格接待也是限时的。中草药之名"王不留行"，字面上解释为"国王不挽留你的离开"，暗示卫展不想接待过久。

　　往下的故事转到一位文士对本阶层的尖刻嘲讽。他拿书作笑料，暗示自己腹中虽饱有诗书，但对现实丝毫无补。书本在中国古代文化中颇受尊崇，这种尊崇进而延伸成对读书人，即文士的尊重。公元前 4 世纪的哲学家庄子却是位务实家，他相信除非伴以普通常识，读书对平民大众的福祉毫无用场。《庄子》里有则类似笑话和《世说》相呼应：笑话里有个手艺人以嘲笑书本为乐。① 这里的主人公郝隆，也许由于对读书的幻灭，意识到书本之无用，儒生之追求不过徒劳。

　　　　郝隆七月七日出日中仰卧。人问其故？答曰："我晒书。"②

　　　　七月七日郝隆到炽烈阳光下仰面而卧。别人问他这样做的
　　　　原因，他答道："我晒书。"

　　旧俗于盛夏时即七月七日，曝晒被褥与衣物，驱除阴冷天气积存的潮气。家有藏书的人自然亦在日中晒书。据说郝隆身无长物，只有满腹学问，他唯有曝晒肚中诗书而已。这里带辣味的幽默是无物可晒的郝隆的自嘲。

人格瑕疵的幽默
旨在匡正错误的讽喻，即使不那么尖刻，在《世说》中也有

---

①　《庄子集释》，中华书局 2006 年版，第 217—218 页。
②　《世说》第二十五·31；余嘉锡：《世说新语笺疏》，第 803 页；马瑟：《世说》，第 413 页。

一席之地。大人物若言行有亏，也不免被别人议论和取笑。试看下例：

> 王丞相有幸妾姓雷，颇预政事纳货。蔡公谓之"雷尚书"。①

> 丞相王导有个宠爱的小妾雷某，常干预政事，接受贿赂。蔡谟称她为"雷尚书"。

这则讽刺小品矛头指向宰相，说他给小妾过多权力，凸显出权势人物常有的人性弱点和不智。各时代各地域之权势者，均不免患此类毛病。

更为难得的，是对可笑人物精心描绘，逐行逐幕地塑造这类狂怒者的滑稽形象，令人喷饭。见下条目：

> 王蓝田性急。尝食鸡子，以箸刺之，不得，便大怒，举以掷地。鸡子于地圆转未止，仍下地以屐齿碾之，又不得，瞋甚，复于地取内口中，啮破即吐之。②

> 王述天性急躁，有次吃鸡蛋，拿筷子向蛋扎去，没扎中就暴怒起来，把蛋扔到地上；鸡蛋还在地上旋转不已，他就从椅子上下来用木屐的齿来碾压，又没有踩中。王述火冒万丈，从地上拾起鸡蛋放到嘴里，咬破再吐出方肯罢休。

这类笑话绘声绘影、热闹非凡，《世说》中不多见。视觉性的幽默易于跨越文化与语言之界限。不论何处何人，闻之无不开怀大笑，无须注释与背景知识。世人的愚昧是普遍存在的，英雄的机敏

---

① 《世说》，第三十五·7；余嘉锡：《世说新语笺疏》，第 923 页；马瑟：《世说》，第 488 页。
② 《世说》，第三十一·2；余嘉锡：《世说新语笺疏》，第 886 页；马瑟：《世说》，第 465 页。

却不然。这里不禁记起西方描写 16 世纪意大利哑剧演员娴熟的表演，与此实有异曲同工之妙。这种哑剧表演历史悠久，不亚于中国旧剧的古老传统。①

翻译失趣之笑话

人所共知，笑话一经解说，就会失去其幽默价值，变得意兴索然。《世说》里有些笑话，需做的解释较前述笑话更多。即使费事不少，文化背景不同的读者读来仍莫名其妙。这种笑话可以归于"翻译失趣"一类。之所以失趣，不仅关乎语言，而在于对笑话所植根的文化土壤了解肤浅，听不出笑话的"包袱"。同样，因有某种忌讳编出的笑话，一旦处于无此种忌讳之文化环境，笑点顿时消失。

翻译这类笑话，需先解释该社会禁忌，还要指出哪些词犯忌，原因何在。经过如此这般一番，笑话究竟还值不值得讲、值不值得译？一开始笑话的感染力就消失无遗了。

《世说》中这种笑话亦为数甚多。为了让读者评判这种幽默是否基本丧失，下文一例可兹说明。

国人严格不用他人大名，朋友、熟人只呼其"字"或"小名"；若要开罪某人，最佳之途是当面说他父亲的名字或其中一个字。懂得这招，且用得恰当、巧妙，会被当作谈资备受追捧。

> 钟毓为黄门郎，有机警，在景王坐燕饮。时陈群子玄伯、武周子元夏同在坐，共嘲毓。景王曰："皋繇何如人？"对曰："古之懿士。"顾谓玄伯、元夏曰："君子周而不比，群而不党。"②

钟毓在宫里当差做黄门郎，机警有智，某次在晋景王（司

---

① 欲讨论弄臣和小丑的话题，可见 Jocelyn Chey, Andy Shui-lung Fung, Zhan Hang-Lun, Weihe Xu 在 Jessica Davis and Jocelyn Chey, eds., *Humour in Chinese Life and Letters* 中的文字。

② 《排调》之第三则《古之懿士》。

马师）宫里参加宴饮，在座的有陈群的儿子陈泰，武周的儿子武陔，那二人一起调侃钟毓。景王问："皋繇是怎样的人？"钟说："古代的懿士。"他接着对那二人说下去："君子是'周而不比，群而不党。'"

景王问话里，已经触犯到钟毓的父名"繇"，钟的回答则一石三鸟，不但包括景王的父名司马懿的"懿"字，也触及那两位父名里的"周"、"群"字，可谓妙答。

结论：《世说》的诙谐技巧

《世说》原本不作为幽默书来编写，严格说来，不能因运用了某种幽默技巧，就认为它们就是它的特色。只在分析某些条目的幽默时，能观察到该处运用了某种技巧。

产生幽默的关键手段是不协调：一是语言上的反差，二是场合的对比。不少例子把经典中的庄重语言用于平庸之处，甚至滑稽的场合。长幼之间的口舌之战，也能找到不协调，例如小孩占上风的条目，显示出对方既幼稚，思路又不清晰。文人圈内笑话例子最为明显，最精彩的应属婢女被拖进泥泞那个段子，她和另一婢女之问答，关于为何如此受罚，两人均摘引了古文。

悖论（"似非而是"）是构成《世说》幽默的另一方式，多见之于论争之中，使持论者取胜，但在仔细检查后我们会发现它其实不合逻辑。元帝儿子提出的命题，即太阳近于长安的论点，明显是这种悖论。它把聪慧儿童的快言捷语和取胜成人结合起来，打造出格外逗笑的故事。在哲学层面上，《世说》挑战了逻辑思维；它甚至是反逻辑的，让我们看到把逻辑颠倒过来是何等容易的事。这种幽默产生于出其不意，突然改变视角，甩下使人惊奇的结尾。

虽则在《世说》中常用嘲讽，有时是说笑话者用以针对他人，也有时用于他人反击说话人，但所用的口气不那么尖刻，批评也不过头。《世说》中温和而冷静的讥讽比比皆是，却与英国18世纪的讽刺诗人之恶意攻击不同。用讽喻表示不赞同的最佳例子，是卫展拒客被外甥讥诮为驱使草木之事。

明白这一主旨，就不会因《世说》未收入那些胡扯瞎闹、洋相百出的滑稽笑话而奇怪。描写王述吃蛋是个鲜有的特例。可以推想，挡了此类幽默的驾，是本书的名士读者们欣赏水平所致。至于涉及人体的色情和淫秽笑话，中国文化中本不陌生，如讲明代玩世不恭的文人徐文长（1523—1593 年）寻花问柳的笑话书中，不乏此类幽默。① 这种笑话在《世说》中全然付之阙如，被视为粗俗之作为读者及编者所不取。如前所述，唯一勉强算是伤风化的笑话，谈及殷羡对皇子诞生之功劳，那也是较为隐晦而且出自一言九鼎的帝王之口。

笑话的共同笑柄都是底层或弱者的代表人物，中外皆然。而《世说》并无这类歧视，除有关北方新南迁者的故事和其他一两则未摘于此处的故事之外。在南人与北人的互竞长短中，书中并未偏袒向某方，描写习凿齿和孙绰口舌之战说明了该点。有关外来者的笑话中，谈到西域胡僧那则，只是说他的智慧超过了东道主——中国士人。《世说》并不嘲笑少数民族或草根底层，如妇女、儿童与奴婢。若有挖苦奚落，是对准富人、权贵、大臣、学士与将军的。幽默具有颠覆性力量的观点，可能柏拉图对此思考过而归功于苏格拉底：笑话之真义乃是本着弱者的无知，因为他们被嘲弄了却无法还手。②

反映产生《世说》的社会现实，还有个自嘲的例子。这种幽默被当代社会认为是"政治正确"的，即合乎现代人的政治观点。故事人物所处的魏晋时期，迄止该书编撰时，政治上混乱不堪，朝代更迭频繁。因兵燹与动乱，旧的礼仪道德被弃置，旧的行为准则被修正以利于百姓存活。结果是民众观念更为开通，更讲求实际。人

---

① 明代的痞子才子徐渭。20 年代周作人将这些故事引入通俗文化，因而再度流行。有不少集本，主要涉及徐的机智谈吐与其放荡不羁态度。参见 Chang-tai Hung（洪长泰），*Going to the People: Chinese Intellectuals and Folk Literature* 1918—1937（中译本：《到民间去：1918—1937 年的中国知识分子与民间文学运动》），第 84—89 页。

② 柏拉图，Philebus, 49b。

性之光得以从旧仪轨的碎片间闪现。《世说》书中的幽默，显得开明而没有偏见，完全符合逻辑。从性别层面考量，《世说》是讲求平衡的；一方面讥笑妇女，贬低其为催化改革而做出的努力，另一方面，也嘲笑男子观念死板、自以为是与软弱等缺陷。透过书中的幽默，甚至可瞥见一批受过良好教育、有独立见解的巾帼强人。《世说》以这一风格，显示了对权势的不敬态度，视礼仪、旧俗为无物。它的幽默笔调，允许它蔑视传统社会那套成人和男性的优越地位，它反复描写妇女、儿童在争论中占上风。顾恺之嘲笑风靡士林和官宦阶级的"洛生咏"，是对时俗大胆批评的典型。李充对乃舅讽刺，大胆越过旧礼法后生尊重长者的界线。王戎之妻拒绝停止称夫婿为"卿"，直接挑战了规范夫妻关系的礼仪。尤其明显的，朝廷上的气氛亦如此宽松，元帝可就殷羡的声明（说他在皇子诞生一事上无功而受礼）大开玩笑。能把这样一则笑话收入一本若非亲王亲自出马，至少也在他的资助下编成的书，此事也表明时代的自由氛围。竹林七贤受道家思想浸润，其中一员的刘伶的"裸形"行动及为此作的一番辩解，肯定是不敬的终极表现。这类讽刺是会引起冲突的，因为它质问且抨击了现有体制。

虽然有的《世说》笑话可雅俗共赏，但多数幽默还是最好在文人圈内分享。它们是文人创作的，文人享用起来无须另外解说和注释。魏晋士林及其后继者，已经使《世说》一书存世流传，历一千五百年有余；而它的读者——不限于懂汉文的读者——正把它扩散至其他东亚国家，时下更向全世界传播开去。

文臣知兵：宋仁宗朝真枢密

——田况

张其凡[*]

　　宋仁宗（1022—1063 年在位）在位 42 年，是北宋在位时间最长的皇帝。宋仁宗朝，是一个人才辈出的时代。宰相如王曾、文彦博、庞籍、富弼、韩琦等人，均号称名相，元朝史臣即说："宋之贤相，莫盛于真仁之世。"① 千古清官典范包拯，"铁面御史"赵抃，"庆历四谏官"王素、余靖、蔡襄、欧阳修，名将狄青，后来成为北宋一代名相的有王安石、司马光等人，均崛起于此时，科学家有燕肃，数学家有贾宪，毕升发明活字印刷，丁度、曾公亮主编兵书大典《武经总要》，欧阳修主盟文坛，大倡"古文运动"，实行诗风变革。宋词勃兴，晏殊、柳永等人成为词坛大家。学术方面，则有"儒学复兴运动"，"学统四起"，"宋初三先生"胡瑗、孙复、石介崛起，成为宋学先驱，开创了宋代理学。在这群星璀璨的时代，各方面的杰出人才不胜枚举。

　　所以，苏轼曾有言："仁宗之世，号为多士，三世子孙，赖以为用。"②

　　正因如此，田况在宋仁宗朝虽然官至枢密使高位，在西北和益

---

　　* 张其凡，男，1949 年 8 月生，1981 年 7 月获得中国社会科学院研究生院历史学硕士学位，现任暨南大学中国文化史籍研究所研究员，博士生导师，宋史研究会副会长。主要研究方向为五代史、宋史、历史文献。

① （元）脱脱：《宋史》卷 310 "论曰"，点校本，中华书局 1977 年版，第 9784 页。
② （宋）吕中：《大事记讲义》卷 10，点校本，上海人民出版社 2014 年版，第 210 页。

州也颇有治绩，却仍旧默默无闻，不大为人所知。幸亏他传下来一本《儒林公议》，在宋人说部中颇具价值，常被引用，故而尚有人知其姓名。

田况（1005—1063年），字元均，宋仁宗天圣八年（1030年）进士，嘉祐二年（1057年）官拜枢密使，嘉祐八年（1063年）二月去世。一个月后，三月，宋仁宗也谢世了。宋仁宗生于宋真宗大中祥符三年（1010年），仅比田况小五岁。故田况可称是一位与仁宗朝相终始的大臣。

关于田况，迄今尚无专门研究之论著。极力搜索，仅有年谱一种：许闻渊编《宋田枢密使况年谱》（以下简称"许谱"），台湾商务印书馆1988年出版。翻检许谱，其内容除年谱外，有附录七种：《宋史·田况传》；田氏有关传记：（1）田延昭墓志铭；（2）田况墓志铭；（3）田况神道碑铭。友朋书函，共七篇。友朋赠诗，共三首。田氏言行逸事，共十条。田氏著作：（1）皇祐《会计录》；（2）《内帑》；（3）《儒林公议》二卷；（4）《金严集》。田氏传记有关书目，列有十种，包括范仲淹田延昭墓志铭、《宋史·田况传》、《东都事略·田况传》、《弘简录·田况传》、《史略·田况传》、《中国人民大辞典·田况史略》、王安石《田况墓志铭》、范纯仁《田况神道碑铭》、范祖禹《（田况夫人）富氏墓志铭》、《宋史·田况传》。

许谱首次搜索了史料，按年编排，使我们可以大致了解田况一生的情况，对于田况研究，功不可没。但许谱也存在一些问题：一是所有史料，均未注具体出处，如范仲淹田延昭墓志铭，即未注出《范文正公集》卷十四，年谱各条亦未一一注明史源。二是在年谱内，仅偶引李焘《长编》之文，多引《续资治通鉴长编》之文，《宋会要辑稿》则未见引用，附录相关书目中，竟连《中国人名大辞典》亦列入，令人感到作者并非正规史学工作者，尚缺史识。三是未曾细读丛书集成排印稗海本《儒林公议》之误，仍以丛书集成本列入附录内。仅此三点，也使许谱的参考价值大打折扣。而且，限于体例，许谱也未能对于田况事迹加以评述。因此，兹钩稽史料，详加考察，以探究田况其人其事，弥补其缺。

一　家世

据田况的墓志铭、神道碑与《东都事略》及《宋史》本传①记载，田况的祖上，原是京兆府（今陕西西安）世家②，其曾祖田祐，举家迁至冀州信都（今河北冀县），遂为河北人氏。据范仲淹为田况父亲田延昭所写墓志铭③记载，石晋割"山后八郡"后，辽军"岁侵两河间"之际，田况曾祖田祐"被迁于卢龙，署之以官"。于此可知，田祐是在后晋（936—947 年）期间成为大辽官员的，居住在幽州卢龙军。"复治产云中，而货殖焉。"田祐的生卒年，已不可考。

田祐之子田行周，生卒事迹不可考。他"能干父之蛊，其家益显"。在辽国活得更滋润了。在辽国生活期间，田行周于宋太祖开宝五年（972 年）生下了儿子田延昭。④ 田延昭即是田况的父亲。

田延昭墓志铭载，田延昭"少称才武，抱气重诺，有燕赵之风义。事耶律，得亲信左右，常从而南牧。帐下多掠获汉家士民，俾公尸之，公默计之曰：'汉人，吾曹也，驱之如犬羊，非有罪辜，将孥戮于虏中。'乃纵之，夜亡者千计。此德于人多矣。公亦自负，谓：'大丈夫胡能老于异域哉！'"因父母尚在，不得脱身。

宋真宗景德元年十二月，公历已是 1005 年了，辽军大举南下攻宋，田延昭亦在辽军中。当时，辽将"以生口数百"交给田延昭掌管。这些宋朝百姓，哀告田延昭曰："是皆何罪，而使就死地？"田延昭闻之不忍，至夜间，"悉纵去"。此时，田延昭已 34 岁，曰："考妣既葬，吾其归欤。""乃匿身草莽，会夜则负斗而奔。"投奔宋朝。"既达朝廷，真宗悯然嘉之，补职于三班。"

不久，宋与辽签订了"澶渊之盟"，宋辽间恢复和平局面。田

---

① 这四种史料的详情，请参后文田况仕宦简表之注语。
② 范仲淹太子右卫率府率田公墓志铭云："其先雁门人。"
③ 《范文正公集》卷 14。
④ 范仲淹太子右卫率府率田公墓志铭曰："公讳绍方。"年谱则云："父绍方，字延昭。"不知何据？许谱文中则称"延昭"。

延昭一家遂成为宋朝人户，居住在开封府。

　　田氏家族离开家乡京兆府迁徙，盖因晚唐时期，京兆府长安一带，战事频仍，民不聊生，故而被迫背井离乡的。至田祐时，辽军入侵，又被掳北去，成了辽国幽州卢龙军的民户。田祐、田行周、田延昭三代生活于辽国，混得很不错，当了官，颇获亲信任用。但他们始终不忘故国，终于乘澶渊会战之际，脱身南归，回到了故国。田祐、田行周，则葬得了辽国境内。

　　1005 年的"澶渊之盟"，是宋辽关系史上划时代的大事。盟约结束了宋初以来的宋辽战争。此后"百年无事"，宋辽之间，一直维系着和平局面。盟约对于田家也是划时代的大事，由此田家重归中原，成为大宋子民，田况方能在宋朝首都开封呱呱坠地。

　　由于这样的家世背景，因此田况熟悉辽国情况，了解边情，日后能在河北和西北建功立业。如果时光飞逝，到了南宋初年，田家就属于"归正人"了，被双方争夺，不免受到歧视。但是，北宋前期，并无如此称呼，朝野内外也不大有人注意到这种家庭背景，更不要说借题发挥了。宋太宗朝的宰相宋琪，不仅从辽国归来，而且还是辽朝的进士，也没有妨碍他当上宰相。[①]田况还是在宋朝的土地上出生的呢，官至枢密使高位，也就不足为奇了。

　　田况的父亲田延昭，庆历三年（1043 年）田况任陕西宣抚副使时，被授予太子右卫府率府率，监琼林苑金明池，以便田况奉养，史称"士大夫荣之"。田延昭死于庆历五年（1045 年），享年 74 岁。归宋时 34 岁。

　　田延昭归宋后，"以其勇果，屡委军甲，捕外方寇，所谓巡检者，至则盗息，民得安堵"。大中祥符中，延昭主管邠州之峡口寨时，曾击败入侵之"龙水郡蛮寇"，"自是终公之任，不敢内寇"。而"州将害其功，不以上闻"，遂不获奖赏。田延昭说："吾自虏还汉，获从王事足矣，乌敢为功哉！"史称延昭"为人沉悍笃实，不苟为笑语"，"性刚直，未尝曲于人，然明恕少怒"。

　　田延昭共生了八个儿子，田况是他长子，其下依次是：渊、

　　①　详见《宋史》卷 264《宋琪传》。

潩、泀、浃、洸、泳、小字宝哥。他还生了三个女儿，分别嫁给海州东海令张震、辰州理掾高焘、鄂州咸宁令张子方，"皆以妇道称于宗族"。八子中，"沃潩幼亡"，最幼之子在田延昭去世时尚幼，故只有小名。八子中，田况是官做得最大的了。其母李氏也因此而被追封为庆国太夫人。

田况的母亲李氏，在天圣八年（1030 年）田况高中进士后不久去世，赠福昌郡君，年龄不详。如归宋时 30 岁，则去世时就近 60 岁了。

田况死后，葬于阳翟（今河南禹城），其家居于开封，遂为开封人。

二　决定人生的两次考试

公元 1005 年，田况出生在开封。这一年，是宋真宗景德二年。

因为居住在首都，又正值"澶渊之盟"后太平无事之时，田况的青少年时期便有了很好的学习环境和学习条件。史称他"少卓荦有大志，好读书，书未尝去手，无所不读，盖亦无所不记。其为文章，得纸笔立成，而闳博辨丽称天下"。其父田延昭虽是武将，但十分重视儿子的学习，他尝诲督诸子曰："吾以汉有圣人之风，故脱身以归。今教汝诗书，趋圣人之道，使汝辈有立，吾将鼓歌以终天年，岂病其不达耶!"田况科举高中，与其父的诲督是分不开的。

（一）天圣八年贡举考试

据墓志铭、神道碑记载，田况首次参加科举考试，未能录取为进士，"赐同学究出身"，但田况拒绝接受，表示要继续参加考试。①

---

① "同学究出身"，即"同学究科出身"。"学究科"为诸科之一，诸科亦分为"及第"与"出身"两种。不能"及第"者，授"出身"。田况授"同学究出身"，是在"进士及第"与"进士出身"、"诸科及第"之后的第四等，表明他成绩差，是末等，故其不受。

　　按，宋仁宗天圣年间，仅在天圣二年（1024 年）、五年（1027 年）、八年（1030 年）举行过三次科举考试。史未明言田况是何年授"同学究出身"，但也未言他两次参加考试或曾缺考。田况是天圣八年考中进士的，故其参加考试，授"同学究出身"，当在天圣五年。①

　　天圣五年落榜后，田况苦读三载，终于在天圣八年考中进士，走上仕途。

　　天圣八年正月，朝廷举行隆重的科举考试。

　　正月十二日，以资政殿学士晏殊权知贡举，御史中丞王随、知制诰徐奭、张观权同知贡举。这一年的礼部考试第一名，即省元，是后来大名鼎鼎的欧阳修。礼部奏上的合格进士共有 401人。② 三月十一日，仁宗御崇政殿，试礼部奏名进士。这一年，仁宗 21 岁。

　　乾兴元年（1022 年）二月仁宗即位后，因年幼（13 岁），一直是刘太后实际执政，故用年号"天圣"，意为二圣人之意。到了天圣八年，仁宗已成年。三年后的明道二年（1033 年）三月，刘太后去世，仁宗亲政。而天圣八年科举，是刘太后执政期间最后一次科举，下一次的科举，要到景祐元年（1034 年）了。因此，在刘太后执政期间的三次科举中，这一次应是宋仁宗发言权最大的一次。

　　殿试的三月，宰相是吕夷简，参知政事是薛奎、陈尧佐、王曙，枢密副使是姜遵、范雍、夏竦，枢密使无。由此可知，此时朝政全由宰相吕夷简把持，可与其颉颃的宰相、枢密使均未授人。

　　三月十一日殿试，出题三道："藏珠于渊"赋，"博爱无私"诗，"儒者可与守成"论题。在考试中，还出了一点小事故："进士欧阳修等以'圣题渊奥'，上请帝宣谕。久之，仍录所出经疏示之。"试题连文学大师欧阳修也看不懂，可见其深奥了。

　　考试中，"命翰林学士章得象等三十五人于崇政殿后各设幕次，

---

　　①　许谱亦将田况首次参加科举考试定在此年。然许谱云田况被授"同进士出身"，不知何据，墓志铭、神道碑乃作"同学究出身"。

　　②　《宋会要辑稿》选举一之一〇，影印本，中华书局 1957 年版，第 4235 页。

封弥誊录，考校编排等等"，结果录取了 249 人，状元是王拱辰。249 人分为四等，第一、二、三等共 200 人，并赐及第。第四等 49 人，赐同出身。

三月十三日，试诸科，得九经徐摭以下 573 人，并赐及第、本科出身。进士与诸科合计，共取及第、出身者 822 人。至此，天圣八年贡举结束。①

此年贡举，礼部奏名进士有 401 人，连同出身在内，才录取 249 人，录取率约 62%。如以进士及第 200 人计，录取者仅一半。考中进士，可谓不易。

墓志铭、神道碑及《宋史》本传，俱云田况"遂中甲科"。

按，此年进士及第者 200 人，分为第一、二、三等，即甲、乙、丙科。田况"中甲科"，当在进士第一等中。据《宋会要辑稿》选举二之七记载四月初二日诏：

> 新及第进士第一人王拱辰为将作监丞，第二人刘沆、第三人孙抃为大理评事，并通判诸州；第四、第五人为大理评事并签书节度判官事；余至第二甲，并铨注职官；第三甲以下皆判司簿尉。

据墓志铭、神道碑记载，田况"补江宁府观察推官"，接近第四、五人授官。这也从另一侧面证实，田况确实是高中"甲科"。

宋彭百川《太平治迹统类》卷 28《祖宗科举取人》记载，王拱辰以下依次为：刘沆、孙抃、蔡襄、田况、石介、欧阳修；二甲：田师锡、元绛、刘元俞、孙甫、唐介、尹原。"上三名并金判"。田况应是一甲第五名了。

"江宁府观察推官"，从八品，这是田况踏上仕途后的第一个差遣。这一年，他 26 岁。

---

① 《宋会要辑稿》选举七之一五，第 4363 页；《文献通考》卷 32"选举五"，影印本，中华书局 1986 年版，第 305 页；《续资治通鉴长编》卷 109，第 2537 页；《宋史》卷 9"仁宗一"，第 188 页。

（二）景祐五年制科考试

天圣八年高中甲科后，田况出任"江宁府推官"①。不幸，"以母丧罢去"。"除丧，补楚州团练推官。""用举者，监转般仓。"何人所"举"，史籍阙载。按《宋史》卷298《马亮传》载，田况为童子时，马亮遇之，曰："是后必大显。"马亮为太宗时进士，真宗时已历任知州，仁宗时官至工部尚书、知亳州。他的女婿，即是仁宗朝有名的宰相吕夷简，"世以亮为知人"。推荐田况的，也可能是这位三朝老臣。

后来，"迁秘书著作佐郎"，这是一个正八品的官。

总之，从天圣八年（1030年）到景祐五年（即宝元元年，1038年）的九年间，田况辗转迁移，一直在地方为官，直到"迁秘书著作佐郎"，才回到朝廷。秘书著作佐郎，虽官品不高，但属于馆阁清职，于升迁极为有利。

回到朝廷后不久，机会又来了，景祐五年，朝廷举行制科考试，田况参加了"贤良方正能直言极谏"科考试，一举得中，从此，改变了仕途徘徊的状态。这一年田况34岁。

制科考试，是限京朝官参加的，与贡举是分开进行的。

仁宗朝的制科，又特具意义。宋人说："太祖以来，则进士得人为盛。仁祖以来，则制科得人为盛。"②

吕中《大事记讲义》卷10《试制科行贡举》载：

> 天圣七年（1029年）闰二月，复制科等科，以待京朝官；又置书判拔萃科，以待选人；高蹈丘园、沉沦草泽、茂材异等三科以待布衣；武举以得方略勇力之士，然后天子亲策试之。
>
> 八年（1030年）六月，即田况高中甲科的那一年，书判拔萃得余靖、尹洙。七月，直言极谏科得何詠，茂材异等得富

---

① 墓志铭、神道碑，唯《宋史》本传作"江陵府"，当误。许谱沿《宋史》作"江陵府"。

② 《大事记讲义》卷10，第209页。

弼，后均成为名臣。

宝元元年（1038 年）八月，贤良方正得田况、张方平。

嘉祐六年（1061 年），策制科，得王介、苏辙。

由是可知，制科在仁宗朝具有何等重要地位。而田况是这个制度于天圣七年恢复后第二批录取者。这对于田况的仕途，是决定性的。

宝元元年六月十三日，命御史中丞晏殊、翰林学士宋祁、知制诰郑戬、直史馆高若讷赴秘阁，考试制科。事出凑巧，天圣八年田况考中进士，主考官是晏殊；此次参加制科考试，主考官竟然又是晏殊。命运使然，田况注定要在晏殊手中出人头地？

七月廿七日，仁宗御崇政殿，试"贤良方正能直言极谏"科。参加考试的共有三人：太子中允田况、秘书省校书郎张方平、茂材异等进士邵亢。结果，田况策考入第四等，张方平入第四次等，邵亢不入等。① 诏田况为太常丞，通判江宁府②；张方平为著作佐郎、通判睦州。

田况通过参加制科考试被录用，官职升了一个档次。太常丞，从五品，上州通判是正七品，而且是州府的副长官。巧得很，田况又回到了初次任职的江宁府，但身份和地位已大不相同了。

田况是天圣七年恢复制科考试后第二批制科入等者。自此，田况摆脱了仕途徘徊的状况，从 1038 年通判江宁府后，在仕途上就比较顺畅了。

三　仕宦简历

自 1030 年高中甲科入仕，至 1060 年以太子少傅致仕，田况为官 30 年。

---

① 此据《宋会要辑稿》选举一〇之二二，第 4422 页；《长编》卷 122，第 2876 页云："亢与宰相张士逊连姻，报罢。"

② 《宋会要辑稿》选举一〇之二二，原作"宣州"，墓志铭、神道碑、《东都事略》本传、《宋史》本传、《续资治通鉴长编》俱作"江宁府"。"宣州"当误。

　　在地方，他做过江宁、楚州的推官、判官，监过仓，在基层流
连徘徊四年之久。1038 年"贤良方正科"入第后，迅速蹿升，在
地方任过江宁通判，陕西经略安抚司判官、副使，当过庆州、秦
州、渭州知州，还到过河北，任提举河北便籴粮草，知成德军，真
定府、定州路安抚使。最后一任地方官是知益州（今四川成都）。
在地方任职共约 12 年。

　　在地方官任职期间，田况曾四次回朝任职。考制科前，第一次
是早年在地方任职期间，曾回朝任秘书省著作佐郎约两年。庆历元
年第二次回朝，任右正言、判三司理欠凭由司、权修起居注，遂知
制诰、判国子监。第三次自陕西回朝，于庆历三年十一月任知制
诰、判三班院。第四次还朝是自益州，皇祐二年（1050 年）闰十
一月，任枢密直学士、权三司使，加龙图阁直学士、翰林学士。这
一年，田况 46 岁。此后，他再未出过朝，直到嘉祐五年（1060
年）56 岁，以太子少傅致仕。四次共计在朝廷任职约 14 年。还有
两年为母守丧，两年为父守丧，共四年时间尽孝了。

　　田况为官 30 年，12 年在地方，14 年在朝廷，抛却守丧四年不
计，在朝时间约占 55%，在地方任职时间 45%（见表 1）。

表 1　　　　　　　　　　　　田况仕宦简表

职任	任职年月	任职年龄	任职时间	史源	备注
江宁府观察推官	天圣八年（1030 年）	26 岁	数月	墓志铭、神道碑、《宋史》本传	高中甲科后授官。
以母丧守制	天圣八年	26 岁	守丧三年	同上	三年是三个年头，实际两年
调楚州团练推官（判官）	明道元年（1032 年）	28 岁	二年	同上	此三职连书，无任职年月，姑依三年一任（实际二年）计
监转般仓	景祐二年（1035 年）	30 岁	二年		
迁秘书省著作佐郎	景祐四年（1037 年）	32 岁	二年		

续表

职任	任职年月	任职年龄	任职时间	史源	备注
以太子中允应制科"贤良方正能直言极谏"	宝元元年（1038 年）六月十六日	34 岁		墓志铭、神道碑、《长编》卷122、《宋会要辑稿》选举一○之二二至三四	
太常丞、通判江宁府	同年七月廿七日		约二年	同上	
直集贤院、陕西经略安抚司判官、参都总管军事	康定元年（1040 年）八月	36 岁	十四个月	《长编》卷128，墓志铭，神道碑，《宋会要辑稿》兵八之二一，《宋会要辑稿》选举三三之五	从陕西经略安抚使夏竦辟，副使范仲淹、韩琦
赐绯	同年十一月				
右正言、判三司理欠凭由。权修起居注，遂知制诰、判国子监	庆历元年（1041 年）九月甲戌（28 日）①	37 岁	约二年	《长编》卷133、墓志铭、神道碑	知制诰不知何时任
陕西宣抚副使	庆历三年（1043 年）八月	39 岁	四个月	《长编》卷140、墓志铭、神道碑	
权知庆州	同年九月			《长编》卷143	
与宣抚使韩琦赴阙，仍任知制诰、判三班院	同年十一月		九个月	《长编》卷145、墓志铭、神道碑	

① 许谱系于庆历二年，误，盖未见《长编》卷一百三十三记载也。

续表

职任	任职年月	任职年龄	任职时间	史源	备注
提举河北便籴粮草	庆历四年（1044 年）七月十三日	40 岁	一个月	《长编》卷 153、墓志铭、神道碑	
龙图阁直学士、知成德军，充真定府、定州路安抚使	同年八月十四日		四个月		
奏保州平	同年九月三日				
升起居舍人	同年九月九日				
徙知秦州，为秦凤路都总管、经略安抚使	同年十二月二十七日		十个月		
遭父丧	庆历五年（1045 年）七月三日	41 岁	两年	田延昭墓志铭、《长编》卷 157、墓志铭、神道碑	按丧制，守丧三年，应到庆历七年
诏起复，辞	同年八月九日				
得终丧	同年十二月				
服除，以枢密直学士为泾原路兵马都总管、经略安抚使，知渭州，转尚书礼部郎中①	庆历七年（1047 年）十一月	43 岁	约一年	《长编》卷 161、《宋会要辑稿》职官七七之五、墓志铭、神道碑、《宋史》本传、《金石萃编》华岳题名	

续表

职任	任职年月	任职年龄	任职时间	史源	备注
迁右谏议大夫、知益州，充益、梓、利、夔兵马钤辖，右谏议大夫	庆历八年（1048年）四月②	44岁	两年	《宋史》本传，墓志铭，神道碑，《长编》卷167、卷164	详见正文
迁给事中，召守御史中丞，充理检使	皇祐二年（1050年）十一月	46岁	未任	墓志铭、神道碑、《长编》卷167	未上任即改三司使
枢密直学士、权三司使，加龙图阁学士、翰林学士	同年闰十一月		三年	墓志铭、神道碑、《宋史》本传、《长编》卷169	给事中官职仍存
礼部侍郎、三司使	皇祐五年（1053年）九月	49岁	约半年	墓志铭、神道碑、《宋史》本传、《长编》卷175	著皇祐会计录上之
权枢密副使	至和元年（1054年）二月	50岁	四年四个月	墓志铭、神道碑、《宋史》本传、《长编》卷176	
检校太傅、枢密使	嘉祐三年（1058年）六月七日	54岁	约一年	墓志铭、神道碑、《宋史》本传、《长编》卷187	同时任命富弼昭文相，韩琦集贤相，宋庠枢密使、同平章事
因病罢为尚书右丞，观文殿学士兼翰林学士	嘉祐四年（1059年）五月二十三日	55岁	约十个月	《长编》卷189	
以太子少傅致仕③	嘉祐五年（1060年）二月	56岁	三年	《长编》卷191	

续表

职任	任职年月	任职年龄	任职时间	史源	备注
宋仁宗不豫	嘉祐八年（1063年）三月十一日	59岁		《宋史》卷12、《长编》卷198、墓志铭、《隆平集》本传、《东都事略》本传、《宋史》本传	
卒，赠太子太保④	同年二月十三日				
宋仁宗崩于福宁殿，享年五十四岁	同年三月二十九日				

注释：

①田况知渭州时间，史无明文。据《长编》卷161，庆历七年十月，田况已是知渭州。《长编》卷157载田况是在庆历五年十二月"得终表"的。守孝三年，当于庆历七年复出。《金石萃编》华岳题名：庆历丁亥仲冬望，枢密直学士田况被命赴泾原。丁亥即七年。可见田况是庆历七年十一月十五日赴渭州上任的。

②知益州时间，史无明文。《长编》卷167载皇祐元年（1049年）十月，因渍井监蛮内寇平定事，赐知益州田况"敕书奖谕"。则田况任知益州必在皇祐元年十月前。按《宋会要辑稿》蕃夷五之二一、二二，皇祐元年二月，田况已以知益州身份处理清井监蛮内寇事，则其任职必在二月前。又因田况乃皇祐二年（1050年）十一月"召守御史中丞"的，按惯例，其任知益州当已三年，如此则庆历八年田况当已知益州。而田况知渭州在庆历七年，史料未言田况是任职未几即调任知益州的。明嘉靖《四川总志》卷4《成都名宦》亦云"庆历中知益州"。《长编》卷164载，庆历八年四月，知益州、刑部郎中程戡落枢密直学士，知凤翔府。田况应在此时接任知益州。故系田况知益州于庆历八年四月。

③墓志铭、《隆平集》与《东都事略》及《宋史》本传均作"太子少傅"，唯神道碑作"太子太保"。

④《隆平集》、《东都事略》及《宋史》本传、《长编》均作"太子太保"，而墓志铭、神道碑作"太子太傅"。

表内史源简称（后文亦用此）：

墓志铭：宋王安石《临川文集》卷九十一"太子太傅致仕田公墓志铭"。四部丛刊初编缩本。

神道碑：宋范纯仁《范忠宣公文集》卷十六"太子太保宣简田公神道碑"。宋集珍本丛刊影印元刻明修本，2004年。

《长编》：宋李焘《续资治通鉴长编》，中华书局点校本，2004年。

《宋史》：元脱脱等《宋史》，中华书局点校本。

《隆平集》：宋曾巩撰，中华书局点校本。

《东都事略》：宋王称撰，台北文海出版社影印清刻本，1967年。

《金石萃编》：清王昶编，扫叶山房本。

四　地方政绩

田况在地方任职 12 年，主要到过三大地区：一是宋辽边境的河北，二是宋夏边防前线的陕西，三是号称难治的四川。他在这三个地区都颇有治迹，表现出"知兵"的特长。

（一）陕西治誉

田况曾三次为官陕西，均有治迹。

1. 康定年间

第一次是康定元年（1040 年），田况自江宁府通判任上回朝时，仁宗本拟任为谏官，"方是时，赵元昊反，夏英公（竦）、范文正公（仲淹）经略陕西，言臣等才力薄，使事恐不能独办，请得田某自佐。以公为其判官，直集贤院，参都总军事。"① 田况时年36 岁。

康定年间，宋朝曾出动大军猛烈攻击西夏，结果先后遭遇三川口、好水川、定川寨三大败仗，作为陕西经略安抚使的夏竦备受责难。

作为助手和参谋人员，田况在任职期间主要做了三件大事。

一是庆历元年（1041 年）二月，田况以判官身份上言，反对出兵攻打西夏。

康定元年（1040 年）十二月，依从陕西经略安抚副使韩琦"所画政策"，"诏鄜延、泾原两路取正月上旬同进兵入讨西贼"。两府大臣都同意，只有枢密副使杜衍反对。②

田况应是在接到诏命后上疏的。田况在疏中首先说："韩琦等人奏、画攻守二策，以禀胜算。其守策最备，可以施行，不意朝廷使用攻策。"接着，列举了"不可者七"，即攻策不可施行的七大理

---

① 王安石：《田公墓志铭》，载《临川先生文集》卷 91，第 569 页。
② 《长编》卷 129，康定元年十一月乙巳条，第 3062 页。

由，建议："乞召两府大臣定议，但令严设边备，若更有侵摭，即须出兵邀击，以摧贼势。""乞密降朝旨下都部署司。"①

田况所言七大理由是从陕西边防现状出发，很有针对性的，具有很强的说服力，"于是罢出师"②。这是田况第一次表现出他"知兵"的特长，并且受到朝廷赏识。

二是庆历元年五月，田况以判官身份上兵策十四事，系统、详细地论述陕西边防事宜。这是田况对于陕西边防的纲领性建议，见载于《长编》卷132、《国朝名臣奏议》卷132、《历代名臣奏议》卷325等处，史称："又言所以治边者十四事，仁宗多见听用。"③

三是调整陕西边防政策，诏诸路各置招抚蕃落司，以知州、通判或主兵官兼领之。

六月，用田况之言，诏陕西路部署司，自今西贼犯塞，方得出兵掩击诸族，以牵其势，自余毋得擅行侵略。

七月，用田况之言，命秘书丞、通判同州蒋偕与环庆路都监王怀端同招抚蕃落。

从田况之议，中书、枢密院言，蕃部归降者给闲田处之，奏可。④

庆历元年（1041年）九月，田况回朝任右正言后，仍然关心陕西之事，十一月，田况上疏言及在镇戎、原、渭一带大兴营田之事。

庆历三年（1043年）三月，田况上言接待西夏使者事。⑤

2. 庆历三年

田况第二次赴陕西，是在庆历三年（1043年）七月，田况是年39岁。

庆历三年七月十九日，命参知政事范仲淹为陕西宣抚使，"仲淹乞更选近臣一员同往，每事议而后行，庶几无失"。结果拖了近

---

① 详见《长编》卷131，庆历元年二月丙戌条，第3095—3098页。

② 《长编》卷131，庆历元年二月丙戌条，第3098页；《宋史》本传。

③ 王称：《东都事略》卷74《田况传》。

④ 以上见《长编》卷132，庆历元年五月至七月，第3122、3139、3150、3154页。

⑤ 以上见《长编》卷134，庆历元年十一月乙卯条，第3197页；卷140，庆历三年三月乙酉条，第3358页。

半个月，八月二日，命知制诰田况为陕西宣抚副使。① 九月戊子（二十四日），知庆州出缺，又命田况权知庆州（今甘肃庆阳）。此次任命田况知庆州，是因原知庆州滕宗谅遭到陕西四路经略安抚招讨使郑戬、监察御史梁坚等人弹劾，移知凤翔府，故知庆州出缺。范仲淹及谏官欧阳修都上疏为滕宗谅辩解，田况到庆州后，极力为滕宗谅辩解："见滕宗谅别无大段罪过，并燕度生事张皇，累具奏状，并不蒙朝廷报答，又遍作书，告在朝大臣，意欲传达于圣听，大臣各避嫌疑，必不敢进呈况书。"当年十月，欧阳修在为滕宗谅辩解时说："其田况累次奏状，并与大臣等书，伏望圣慈尽取详览。田况是陛下侍从之臣，素非奸佞，其言可信。又其身在边上，事皆目见，必不虚言。"② 然而，虽经范仲淹、欧阳修几次上疏力谏，结果滕宗谅还是在庆历四年（1044 年）正月责知虢州。③

田况任陕西宣抚副使后不久，枢密副使韩琦"以仲淹已作参政，欲自请行"，得到批准，范仲淹回朝，韩琦出任陕西宣抚使，与田况搭档。④

田况此次赴陕西，时间不长，其职务即被解除。庆历三年十一月己巳（五日），陕西都转运使、起居舍人、天章阁待制孙沔为礼部郎中、环庆路都部署、知庆州。

十一月庚寅（二十六日），诏陕西安抚使韩琦、副使田况赴阙。

田况的第二次陕西之行，就这样结束了。

3. 庆历四年至庆历八年间

庆历四年（1044 年）十一月，田况以龙图阁直学士、起居舍人知秦州（今甘肃天水）。⑤ 这是他第三次到陕西为官。

庆历五年（1045 年）八月三日，田况父亲去世。八日，"诏起复。况固辞。又遣内侍持手诏敦谕，况不得已，乞归葬阳翟，托边

---

① 《宋会要辑稿》职官四一之一八，第 3175 页；《长编》卷 142，庆历三年八月丙申条，第 3415 页。
② 《长编》卷 144，庆历三年十月甲子条，第 3487 页。
③ 同上书，第 3488、3489 页注。
④ 《长编》卷 142，庆历三年八月癸丑条，第 3421 页。
⑤ 《长编》卷 153，庆历四年十二月，第 3725 页。

事求见，并请终丧，上恻然许之。"庆历三年七月，诏："自今三司副使以上，非任边寄而遭父丧，并听解官终制，仍以月俸续之。"太常礼院又曰："三年之丧，人道之至大也，请不以文武品秩高下，并听终丧。"①"帅臣得终丧，自况始。"因破例，直到此年十二月，田况才"得终丧"。②田况知秦州，至此告终，为时十个月。

田况为父持丧三年，直到庆历七年（1047年）。《宋会要辑稿》职官七七之五载：

> 七年十月三日，诏令田况召见。况言，襢制未满，欲依起复例服饰，又缘不带起复官。诏服素纱巾黑带入见。

此次入见，田况被任为知渭州（今甘肃平凉）。《长编》卷161载：十月戊午（十七日），诏判大名府贾昌朝、判邠州程琳、知秦州梁适、知永兴军叶清臣、知渭州田况，各举京朝官一人换右职。说明田况已就任知渭州。《长编》卷161载，庆历七年九月甲戌（三日）降引进使、眉州防御使、知渭州，张亢领果州团练使，知磁州。则田况显然是接张亢任的，在九月间当已下诏，故十月十七日，已在任。而出发赴渭州，则到"仲冬"——十一月了。

据《金石萃编》华岳题名，田况是在庆历丁亥（七年）仲冬望日在华山题名的，则《长编》卷161在十月已记载田况是知渭州，正好一致。

此次渭州任职，时间不长。因为据《宋会要辑稿》蕃夷五之二一、二二、《长编》卷166载："皇祐元年二月，梓夔州路兵马钤辖司言，淯井监蛮万余人内寇，诏知益州田况发旁郡士卒，令梓夔路钤辖宋定亲捕讨之。四月，夷人平。"则田况在皇祐元年二月前，已到任益州。

田况在益州颇有治迹，蜀人将他比作张詠，则田况在蜀时间当不短。《长编》卷169云"况在蜀逾二年"。皇祐三年（1050年）

---

① 《长编》卷142，庆历三年七月甲戌条，第3398页。

② 《长编》卷157，庆历五年八月丙辰条，第3796页；《宋会要辑稿》职官七七之五，第4135页。

十一月，田况已自知益州召回，任命为权御史中丞。故田况至少应在庆历八年十月前已出任知益州。《长编》卷 164 载，庆历八年四月，程戡罢知益州，改任知凤翔府，田况调任知益州，当在此时。如此，则田况在渭州也仅只一年而已。

这次任职陕西，田况先后出任知秦州与知渭州，因为父丧守制两年，故总共不到两年。

其间事迹，见载于史册者甚少。仅见《长编》卷 154 载，庆历二年二月戊子朔，分遣内臣往诸路选汰赢兵，李焘云，这可能是采纳了田况于元月上疏请汰诸路兵之言。

皇祐元年二月，权三司使华清臣在上对时说道："诏问辅翊之能，方面之才，与夫帅领偏裨，当今孰可以任此者。臣以为不患无人，患有人而不能用尔。今辅翊之臣，抱忠义之深者，莫如富弼；为社稷之固者，莫如范仲淹；谙古今故事者，莫如夏竦；议论之敏者，莫如郑戬。方面之才，严重有纪律者，莫如韩琦；临大事能断者，莫如田况；刚果无顾避者，莫如刘涣；宏远有方略者，莫如孙沔。"此时，作为陕西边防的"方面之才"，田况已以"临大事能断"，与韩琦、刘涣、孙沔并列，成为西北栋梁。[①]

（二）保州平叛

在地方上，除在陕西和四川任职外，田况还在保州（今河北保定）任过职，其时间是在两次赴陕西之间，任务是平叛。

在河北和保州任职，是田况的临时差遣，前后不过三个月，真正平叛只有一个月而已。但是，保州平叛展现了田况处理突发事变的能力。

庆历四年（1044 年）七月辛未（十三日），命知制诰田况提举河北便籴粮草。其原因是："河北告兵食阙。"[②]

八月五日，枢密副使富弼为河北宣抚使，修饬边备。这是和田况任务相辅的差使。

---

① 《长编》卷 166，皇祐元年二月辛巳条，第 3988—3991 页。
② 《长编》卷 151，庆历四年七月辛未条，第 3665 页；墓志铭。

八月戊戌（九日），枢密院言保州兵乱，诏遣入内供奉官刘保信驰往视之。富弼尚未行，"委弼措置"。庚子（十一日），命知制诰田况往保州城下，相度处置叛军，仍听便宜从事。癸卯（十四日）以田况为龙图阁直学士、知成德军（今河北正定），充真定府、定州路安抚使，全权负责保州之事。①

八月二十七日，田况言："保州沿边人户，多扇言军贼作乱，引契丹军马入界。以臣所料，必有人固欲动摇边民。乞下沿边安抚司，密乞捕辑，法外施行。"从之。②

关于保州兵变事，《长编》卷151，第3676页载之甚详。《宋会要》兵一〇之一五，第6926页记载清晰扼要，谨录于下，以明其情况。

> 云翼军仁宗庆历四年八月，枢密院言，保州云翼军今月五日闭城作乱，先遣内侍刘保信驰往视之。即命知制诰田况往州城下处置叛军，得以便宜从事。以步军副都指挥使李昭亮将其兵。时方遣枢密使富弼为河北路宣抚使，二府以兵官未有统领，即令富弼兼程至城下统其节制。而再降敕榜招安，仍令况等且引兵退，选人入谕城中以祸福。二十五日，况与昭亮遣右侍禁郭逵入城晓谕，叛军缒城下者约二千余人，相次遂开城门。令杨怀敏部领军马入城。其元凶造逆兵士四百二十九人，声言令归本营。比点名入营，用力抢拥大井中，并尽杀戮。其伤残军民，即抚存之。于是况等上其功五等，诏并赏之。

九月三日，"田况奏保州平"。此次保州云翼军，是因为"廪赐不均"引发叛乱的，杀死了保州城内通判及以下不少官吏，据城拒命。田况指挥宋军，不到一个月即平定了叛乱，表现了他的才干。田况因此升为起居舍人。

但是，田况坑杀降卒四百余人的行为，未免残酷，虽然朝廷下令

---

①　分见《长编》卷151，庆历四年八月，第3674、3677、3683页；《宋史》卷11"仁宗三"，第218页。

②　《宋会要辑稿》兵一一之二〇，第6947页。

褒奖，但士大夫颇有非议。宋史本传云："保州之役，况坑杀降卒数百人，后大用之，然卒无子。"其论赞云："乃坑降卒，弗忌阴祸。"

（三）益州安蜀

田况治理地方，政绩最著者，当推治益州（今四川成都）时。

田况在庆历八年（1048 年）四月后调任知益州，时年 44 岁。他是在渭州当了一年的知州后，调任益州知州的。皇祐二年（1050 年）十一月，田况即奉召还朝。其间，在益州三年，实际只有两年时间。

宋初以来，知益州最为著名者，当推张詠。而且不仅治蜀，在其所掌之州郡，张詠均有善政。① 田况对张詠十分仰慕，钦佩无已。在《儒林公议》一书中，共有 104 条记载，其中共有八条记述张詠事迹，专门记载张詠在益州的就有两条。经查，专记太祖者五条，专记太宗者十条，专记元昊者五条。也就是说，《儒林公议》记载张詠的条目数量仅次于太宗，而比太祖多。其余提及的大臣，多不过三条，少仅一条而已。这也说明张詠为蜀事迹给田况留下了深刻影响。

田况在益州的事迹，见载于《长编》者甚少。《长编》卷 166，第 3988 页载，皇祐元年二月，梓夔路钤辖司言，清井监蛮万余人内寇，诏知益州田况发旁郡卒，令梓夔路钤辖宋定亲讨捕之。至四月，夷人平。② 七月二十八日，为表彰平定清井监蛮，赐知益州田况、梓州路转运使何知至敕书奖谕，梓州路钤辖宋定以下赏赐有差。③ 这是田况知益州后的第一件大事。

皇祐元年八月三日，田况言，乞将养马务见管黎州买到第二等马，计纲发赴陕西转运司交割，就近支配。阙马兵士，诏令陕西转运司相度，如堪配填诸军，即令分配，不堪支与诸军，并支拨与马铺。④

① 详见拙文《张詠事文考述》，载《张乖崖集》，点校本，中华书局 2006 年版。
② 又见于《宋会要》蕃夷五之二一至二二。
③ 《长编》卷 167，皇祐元年七月癸丑条，第 4008—4009 页。
④ 《宋会要辑稿》兵二四之一七，第 7187 页。

　　黎州乃今四川汉源县北清溪镇东北，与西南夷有马之贸易。毕竟曾在陕西多次任职，凊井监蛮刚平定，田况就考虑以马匹支援陕西了。当然，他还是留下了第一等马，只调拨第二、第三等马赴陕西，这样既不削弱四川的军事实力，又支援了陕西边防。

　　离开四川后，田况仍然关心四川事宜。皇祐三年（1051 年）三月，田况上书言：

　　　　凊井监夷人，连年以围监城，水陆不通，伤害人命。始因监户负晏州夷人钱，殴伤斗落妹，致夷众愤怒，欲来报怨。知泸州张昭信劝谕，既以听服，而本监服縶。婆然村夷人细令寺杀长宁州落占等十人，是以激成叛乱。本路及益州路钤辖司合官军洎白芳子弟近二万人援之，战没者甚众，兵民饥死者殆千余人。盖由本监不得人致此。请自今令转运、钤辖司举官为知监、监押，代还日特迁一资。

　　朝廷听从了田况的建议。[①] 有意思的是，宋会要载此事，田况虽是权三司使，却记为"前知益州"，而《长编》载此事，删去"伤害人命"至"是以激成叛乱"一段，称田况为"龙图阁学士"。全宋文编者不查，自《长编》引此奏，故亦漏去一段。当应从《宋会要辑稿》，而注《长编》以为参考方是。

　　虽然史籍记载田况治蜀的具体事迹不多，然《长编》卷 169，在田况自益州调回朝廷时有一段评语：

　　　　益州自李顺、王均再乱，人心易摇，守臣得便宜从事，多擅杀以为威。虽小罪，犹并妻子徙出蜀，至有流离死道路者。况在蜀逾二年，拊循教诲，非有甚恶，不使东迁，蜀人尤爱之，以继张詠。（第 4064 页）

---

　　① 《宋会要辑稿》蕃夷五之二二，第 7777 页；《长编》卷 170，皇祐三年三月乙丑条，第 4084 页。

李焘注云此据田况本传。墓志铭亦有记述，大略与《长编》同，而神道碑为详，现录于下：

> 蜀经王均、李顺之乱，人易动。先是，许守将以便宜，多专杀立威，虽小罪，或并徙其妻子出蜀。以故，老幼死道路，丁壮逃而为盗者甚众。公至，首询问民间疾苦，视贫弱不能自存者振业之，先教诲，后刑罚，果桀恶，然后致之法，蜀人安之。奏减三司市布，增常平岁余，以备凶歉。蜀大饥，人无殍亡。论者以公治蜀，大略有张忠定公之风。治状闻，玺书褒谕。

在蜀逾两年，田况也留下了不少诗文。

据《全宋文》，田况的文章有《益州增修龙祠记》、《浣花亭记》、《古栢记》、《进士题名记》、《张尚书写真赞》等五篇，均是在成都所写。此次均收入本书作为附录。

田况在成都留下的诗歌也不少，最有名的是成都邀乐诗21首并序。这21首诗，自元旦开始，至冬至结束，长短不一，包括元日、初二、初五、上元、二十三日、二十八日、二月二日、八日、寒食（出城）（清明前二日）、寒食（开西园）、三月三日、九日、二十一日、三月十四日（建道场）、乾元节（仁宗生日，四月十四日）、十九日、伏日（六月十九日）、七月六日、十八日、重阳（九月九日）、冬至共21个节日。"元日"诗开首说："岁历起新元，锦里春意早。诘旦会朋采，群游候驺道。"最后一首"冬至"诗的最后四句是："高会纵嬉游，丰岁愈繁盛。兴众县欢欣，寄情于俚詠。"

21首邀乐诗，反映了田况与成都市民共度节日的欢乐气氛，也反映了田况体察民情的治理方法。

田况还有一首题琴台诗传世，是为司马相如故里题咏的，也是适应当地民俗之作。

田况的遗诗，本书亦悉数收入附录。

田况对益州的情感，还反映他对巴蜀士人的举荐上。这些举荐，是在他离开四川到朝廷任职后，反映出他对四川的眷念。

见于史籍的田况推荐的第一位，是益州乡贡进士：成都士人房庶。

皇祐三年（1051 年），当时修制大乐，"两制议未决"，时任三司使的田况言，房庶通音律。"驿召进见"，于十二月廿七日封为试校书郎，并下令按房庶所言选律、尺、籥等乐器。结果，"所言尺律与众论不合，赐袍笏装钱还之"。①

第二位是布衣张愈。

张愈，成都双流人，史称他"通经术"，善属文，性淡泊，屏居林泉，以养生治气为事，尤深于太玄，著发隐三篇、讲疏四十五卷。枢密副使田况上其发隐，特录之。至和元年（1054 年）十二月，任命张愈为本州助教。张愈辞不就。结果只好于嘉祐四年（1059 年）十一月赐张愈"冲退处士"之号。②

第三位是甲科进士代渊。

代渊字仲颜，永康（今四川都江堰）人。天圣三年（1025 年）举进士甲科，授秦州清水县主簿，不赴，退居青城山，以著书为乐。庆历初，知制诰王拱辰按抚两川，遣书欲起之，托疾不往见。累迁太常丞。皇祐四年（1052 年），前知益州田况复表所著周易指要二十卷，朝廷优加两官。然终不乐仕。所谓"加两官"，乃是于五月二日，以太常丞致仕代渊为祠部员外郎。③ 值得注意的是，田况此次为代渊献书时，在权三司使任上，但《宋会要》记载，却与皇祐三年田况言湁井监事时相同，均作"前知益州"。不知是强调田况与益州的关系，还是其他原因。

总之，出任益州的两年多时间，是田况历史上一段光辉的岁月，也是他在地方从政业绩最大的地方。田况在地方上政绩较多的另一个地方，则是陕西。若仅从任职时间来说，在陕西为官时间是最长的。

---

① 《宋会要辑稿》选举三四之三七，第 4793 页；《长编》卷 171，皇祐三年十二月甲辰条，第 4121—4124 页。

② 《长编》卷 177，至和元年十二月甲寅条，第 4297—4298 页；卷 190，嘉祐四年十一月，第 4599—4600 页。

③ 《宋会要辑稿》选举三四之三七，第 4793 页。

综合田况的地方政绩，可以看出，他熟谙边防事务，善于弭乱，可谓知兵的地方官。

五 为官朝廷之功业

田况一生中，有四次在朝廷为官。第一次是早年任秘书省著作佐郎，那是一个正八品的"储才"之职，但没有留下什么记载。

第二次回朝任职，在庆历元年（1041 年）九月二十八日，田况以太常丞、直集贤院出任谏官右正言，至庆历三年（1043 年）八月出任陕西宣抚副使，田况在朝两年。在此期间，田况除任右正言外，"判三司理欠凭由司、权修起居注，遂加制诰、判国子监"①。

第三次回朝，是庆历三年（1043 年）十一月，至四年（1044 年）七月，共计九个月。

第四次是皇祐二年（1050 年）回朝，由三司使做到枢密使。下面逐次叙述。

（一）第二次回朝

在此期间，田况见载于史籍的事迹主要有五项。一是言陕西边事，二是参与科举之事，三是同议裁减浮费，四是议军队将士之事，五是维护礼仪制度。

1. 言陕西边事

田况是个很有责任心的官员，一朝任职，始终关心。对于刚任职归来的陕西边防事宜，尤为究心。

庆历元年十一月，田况在任右正言后首次言陕西事，上奏要求，在镇戎等地大兴营田。《长编》卷 134 载，其内容如下：

> 镇戎、原、渭，地方数百里，尝被西贼寇钞，无复农作。今竭关中之力，耗都内之钱，才可赡延州、保安军粮刍之费，

① 墓志铭；神道碑；《长编》卷 143，庆历三年八月丙申条，第 3415 页。

若更供亿他路，则邦计危蹙可忧。臣谓宜以贼马所践，无人耕种之地，大兴营田，以新拣退保捷军每五百人置一堡，等第补人员，每三两堡置营田官一员，令以时耕种，农隙则教习武艺，以备战斗。今老弱罹杀害，而壮者悉被驱虏，将来纵有归业，皆家赀荡然，不能自耕。其田土并官为收买之，如愿复旧地者，以官所种田亩半给之。庶几农田不荒，而边计可纾也。

庆历三年三月，他又上言①：

西夏遣使贺从勗等持书至关，将许入见。自昊贼叛命以来，屡通书。今名分未定，若止称元昊使人，则从勗未必从；若以伪官进名，则是朝廷自开不臣之礼。宜且令从勗在馆西就问之。

元昊的"名分"，与陕西边事息息相关，田况自然关心。作为右正言来说，这些有关外交礼仪的事本来与他不大相关的，他却很留意。

2. 参与主持科举考试

天圣八年（1030 年），田况参加科举考试，高中甲科。未曾料到，12 年后，他自己作为弥封官，也参与了主持科举考试。这是他第一次，也是唯一一次参与主持科举考试。田况一榜的状元王拱辰也列名其中，为同知贡举。

庆历二年（1042 年）正月十二日，以翰林学士聂冠卿权知贡举，翰林学士王拱辰、苏绅，知制诰吴育，天章阁待制高若讷并权同知贡举，龙图阁直学士孙祖德、直集贤院田况封弥卷首，天章阁侍讲杨中和，集贤校理陈经，国子监直讲范镇、李峋、孙锡，太子中舍卢士宗，大理寺丞宁轲、张宗言、邹定、吴奎、赵仅，大理评事葛闳充考试官。

正月十八日，以直集贤院、知谏院张方平、集贤校理欧阳修考

---

① 《长编》卷140，庆历三年三月乙酉条，第3358页。

试知举官亲戚举人。

此次考试，礼部奏名进士共 577 人，榜首（省元）是杨寘。①

三月十五日，仁宗御崇政殿，亲试礼部奏名进士。出题三首："应天以宝不以文"赋，"吹律听凤鸣"诗，"顺德者昌"论题。结果，录取 436 人，分为五等，237 人及第，122 人出身，73 人同出身，状元仍是杨寘。前九名依次是杨寘、韩绛、王珪、陈洙、王安石、吕公著、苏颂、傅尧俞、吕夏卿。

翌日，试特奏名进士，出题两道："亲将征关外"诗，"五帝宪老不乞言"论题，得刘嘉正以下 322 人，并赐五经、同礼三傅学究出身，授诸州长史、文学。

十七日，试诸科，得九经以下及第并同出身者 407 人，又赐特奏名进士，诸科 364 人同出身，补诸州长史、文学。②

宋仁宗即位以来，至庆历二年，举行了科举考试六次，前五次省元与状元均不是同一个人。这第六次，出了奇迹，杨寘"初试国子监、礼部皆第一"，及殿试，又是第一，连中三元，宋仁宗也"喜动颜色"，"公卿相贺为得人"。杨寘"授将作监丞、通判颍州"。结果却很不幸，"未至官，持母丧，病羸卒，无子"。庆历四年（1044 年），诏赐其家钱五万，米麦各五十斛，绢五十匹。③

田况第一次也是唯一一次参与主持科举考试，出了一个连中三元的状元，轰动一时，似乎田况也与有荣焉。但结局却如此悲惨，变化之大，令人瞠目。及第后逢母丧，此情又和田况自己相似，田况应该很有感慨的了。

似乎这一年田况和科举考试很有缘。七月，考试制科。

七月十一日，命翰林学士吴育、权御史中丞贾昌朝、直集贤院张方平就秘阁考试制科。育等上钱明逸、齐唐论六首。

---

① 《宋会要辑稿》选举一九之一〇、一一，第 4567、4568 页；二二之四，第 4597 页；一之一〇，第 4235 页。按，其中"孙祖德"一九之一〇作"龙图阁学士"，二二之四则作"龙图阁直学士"。似以后者为当。《长编》卷 135，庆历二年正月丁巳条，第 3214 页。

② 《宋会要辑稿》选举七之一六，第 4363 页；《长编》卷 135，庆历二年三月乙丑条，第 3228 页。

③ 《长编》卷 135，庆历二年三月乙丑条，第 3228 页。

八月六日，帝御崇政殿，试"才识兼茂明于体用"殿中丞钱明逸、"贤良方正直言极谏"处州军推官齐唐。……明逸考入第四次等，唐不入等，诏以明逸为太常博士、通判庐州。齐唐初命"权处州军事推官"，田况上疏，"请复升两使推官"，唐特授许州节度推官。因为齐唐未入等次仍被升官，所以在九月又下诏：自今带职县官应制科，不及三考者，亦许取应。①

3. 同议裁减浮费

庆历二年四月戊寅（五日），命权御史中丞贾昌朝、右正言田况、知谏院张方平、入内都知张永和与权三司姚仲孙同议裁减浮费。② 据《大事记讲义》卷11"省财费崇节俭"云，此次任命的原因是："时西兵不解，财用益屈"③。这是三司的事，却派了员谏官去帮忙。

4. 议军事

庆历二年四月，右正言田况言，朝廷择任将帅，以备北敌，乃用杨崇勋、夏守赟、高化等，中外物情，深未允协，恐误机事。诏各选通判、幕职官往佐助之。④

六月，侍御史鱼周询劾奏判河阳、护国节度使、右仆射兼侍中张耆典藩无状，乞令就京师私第养病。诏择人代还。右正言田况请罢张耆将相之任，使以散官就第。⑤

庆历三年（1043年）七月，田况乞选诸路军，不堪战者为厢军，云："若谓兵骄久，一旦澄汰，恐致乱，则去年韩琦汰边兵万余，岂闻有乱者哉！"⑥

田况所言之事，不外乎是选将拣兵，希望能提高军队战斗力。

5. 维护礼仪制度

庆历二年九月，命宰臣吕夷简判枢密院事。既宣制，黄雾四

① 《宋会要辑稿》选举一○之二四、二五，第4423—4424页；《长编》卷137，庆历二年九月辛丑条，第3290页。

② 《长编》卷135，庆历二年四月乙亥条，第3233页。

③ 《大事记讲义》，点校本，上海人民出版社2014年版，第223页。

④ 《长编》卷135，庆历二年四月丙申条，第3239页。

⑤ 《长编》卷137，庆历二年六月，第3280—3281页。

⑥ 《长编》卷145，庆历三年十二月，第3520页。

塞，风霾终日，朝论甚喧。参知政事王举正言二府体均，判名太重，不可不避也。右正言田况复以为言，夷简亦不敢当。夷简改兼枢密使。① 当时吕夷简权势灼天，田况却敢于捋虎须，并终使事情转机。

十一月，通判雄州、太常博士梁茜，契丹使萧偕入境，接伴使未至，而梁茜"遂引至京师"。知谏院田况劾其不俟命，梁茜徙通判德州。② 这次履行谏官职责，也和外交有关，维护外交礼仪。

庆历三年（1043 年）八月，田况为谏官鸣不平，"诏送两制详定"，此后，"令日赴内朝"。③ 这是维护谏官礼仪。

田况"尝面奏事，论及政体，帝颇以好名为非，意在遵守故常"。田况退而著论上之。此论见载于《长编》卷 142，第 3416—3417 页，又见于《宋史》卷 292《田况传》，成为著名的好名论。

（二）第三次回朝

庆历三年八月，田况第二次赴陕西任宣抚副使，仅三个月，便在十一月与宣抚使韩琦一道赴缺，结束了第二次陕西之行，第三次回朝任职。

回朝后，田况仍为知制诰，判三班院。自此至庆历四年七月，田况在朝廷时间共九个月。这一期间，见载于史册的田况事迹大致有四项。

其一是庆历四年二月议解盐法，韩琦时为枢密副使，与知制诰田况"皆请用"汝州知州、太常博士范祥之策。结果命范祥"驰传与陕西都转运使程戡同议解盐法"④。

其二是庆历四年四月，判国子监王拱辰、田况、王洙、余靖等言："今取才养士之法盛矣，而国子监才二百楹，制度狭小，不足以容学者，请以锡庆院为太学，茸讲殿，备乘舆临幸。以潞王宫为

---

① 《长编》卷 137，庆历二年九月乙巳条，第 3290 页。

② 《长编》卷 138，庆历二年十一月丁酉条，第 3326 页。

③ 《长编》卷 142，庆历三年八月戊戌条，第 3415—3416 页。

④ 《长编》卷 146，庆历四年二月乙未条，第 3523、3524 页；《宋会要辑稿》食货二三之三八，第 5193 页。

锡庆院。"从之。① 太学面积得以扩大。

其三是同月，边奏契丹修天德城及多建堡寨。知制诰田况意敌蓄奸谋，乃上疏请求仁宗"愿因燕闲，召执政大臣于便殿，从容赐坐，访逮时政，专以敌患为急"②。这是要防患于未然。

其四是同年五月，知制诰田况上疏，言赐元昊茶不可以大斤，"臣乞陛下特召两府大臣共议，保得久远，供给四夷，中国不困，则虽大斤不惜。若其为患，如臣所料，不至妄言，即乞早议定计。"③

田况参与的四件事，第一、四两事是有关陕西与西夏事务的，第二事有关国子监建设，第三事是有关宋辽关系的。除了国子监事是因田况兼判国子监为其本分事外，其余三事似乎都不是知制诰分内之事。

（三）第四次回朝

皇祐三年（1051年）田况自益州知州任上，召还朝廷，自此在中央任职，直至嘉祐五年（1060年）致仕，共11年，而且在致仕前一直在升迁。这是田况第四次回朝为官。此次回朝后，田况先后担任了三个职务：一是三司使，二是枢密副使，三是枢密使。

1. 任三司使

皇祐三年十一月，田况本来是奉旨回朝权御史中丞的。但他尚未回到朝廷，闰十一月，资政殿学士、尚书左丞王举正便被任命为以本官权御史中丞。因此，田况回朝后，改命为枢密直学士、权三司使。这一上任，便当了四年，才得以升迁。在权三司使期间，田况还任"翰林学士兼龙图阁学士、给事中"。皇祐三年闰十一月至皇祐五年九月，田况一直"权三司使"；皇祐五年（1053年）九月，田况升为礼部侍郎、三司使。礼部侍郎是正三品下，田况此时已升为三品大员，又身任"计相"了。即便如此，田况还保持着清醒的头脑，表现得很谦让。史称："旧制，三司使内朝班学士之右，

---

① 《长编》卷148，庆历四年四月壬子条，第3589页。
② 《长编》卷148，庆历四年四月庚申条，第3593—3594页。
③ 《长编》卷149，庆历四年五月甲申条，第3613—3615页。

独立石位，殿门外亦班其上。"至是，田况"以观文殿学士王举正二府旧人，固推之"。结果，十月，仁宗下诏："三司使田况班内朝依石位，如门外序班，即在观文殿学士之下。"① 结果大大缓和了与同僚的关系。

任权三司使与三司使的四年间，田况所做的最大的事，便是编撰皇祐《会计录》。

皇祐二年（1050 年）十二月，田况甫上任，即上皇祐《会计录》六卷。②

关于编纂皇祐《会计录》的缘由，墓志铭曰：

> 天下财赋，自景德中尝会计，至是公始复钩考出入虚实之数。盖岁入多于景德而所出亦倍，公以谓天子恭俭无妄费，而有司用度乃如此，其弊不革，则殚民匮国日益以甚，顾非主计者所得专。则为皇祐会计录六篇上之，并乞颁示二府，冀人主知其故，而与执政图之。上览之嘉叹。

皇祐《会计录》虽未能流传至今，但其序言，尚保存于《皇朝文鉴》卷87，《全宋文》收入，本书亦收入附录二。由此，尚可窥知其内容之一二。

对于皇祐《会计录》，南宋学者吕中评议说："皇祐之录，不上于田况，则所出多于所入，其谁知之？"③

除编撰皇祐《会计录》外，见载于史册的三司使田况之事迹，尚有几项。

其一是建议，慎重选择常遭"蛮族"袭扰的四川淯井监知监。此事田况已在知益州时详述，此不赘。

其二是力挺范祥的盐法。

---

① 《长编》卷175，皇祐五年十月丙申条，第4236页；《宋会要辑稿》仪制三之二三、二四，第1883页。
② 《大事记讲义》卷9，第197页；《宋史》卷203"艺文二"，第5106页。
③ 《大事记讲义》卷6，第131页。

皇祐三年十二月，包拯自陕西还，上言称赞范祥在陕西推行盐法，"此诚国家大利"，要求任命范祥为本路转运副使，专门制置解盐。三司使田况原本支持范祥，此时，"亦请久任祥，俾专其事"。结果，度支员外郎范祥为陕西转运副使，仍赐金紫服以宠之。①

其三是推行增税法。

《长编》卷172，第4133页载：

> 皇祐四年二月己亥（二十三日），时河北多盗，蔡挺以选知博州（今山东聊城），申饬诸县严伍法，访得尝为盗贼者数人，贷其宿负，补为吏，使察知诸偷所在，每发必得之。且言均博平、聊城两县税，岁增钜万。田况为三司使，上其法，行之诸路。然大抵增税，百姓苦之。

2．升任枢密副使

至和元年（1054年）二月壬戌（二十八日），枢密副使、给事中孙沔罢，三司使、礼部侍郎田况为枢密副使。② 这一年，田况50岁。在任枢密副使期间，见载于史册的田况所为之事，仅有两件。

至和三年（1056年）九月庚寅（十一日），命宰臣富弼摄事于太庙，枢密副使田况于皇后庙，枢密副使程戡于奉慈庙。辛卯（十二日），恭谢天地于大庆殿，大赦，改元嘉祐。丁酉（二十八日），加恩百官。③

嘉祐二年（1057年）五月癸未（八日），命枢密副使田况提举修殿前、马、步军司编敕。④ 这可以说是枢密院分内之事。

3．任枢密使

嘉祐三年（1058年），田况54岁，升任枢密使，达到了他一生

---

① 《长编》卷171，皇祐三年十二月戊戌条，第4120页。
② 《长编》卷176，至和元年二月己未条，第4254页；《宋史》卷211"宰辅二"，第5475页。
③ 《长编》卷184，嘉祐元年九月庚寅条，第4447页。
④ 《长编》卷185，嘉祐二年五月癸未条，第4478页。

官职的顶峰。

六月，二府进行了一次大调整。中书：首相文彦博罢，次相富弼为昭文相，韩琦升为集贤相。参知政事是王尧臣、曾公亮。枢密院：宋庠为枢密使、同平章事，田况为枢密使，枢密副使乃程戡、张昇。①

田况第四次回朝后，一路顺风，几年间即升至枢密使高位，"公在常选数年，遂任事于时，及在枢密为之使，又超其正，天下皆以为宜。顾尚有恨公得之晚者"②。

田况与首相富弼有亲，史称："与富文忠公（弼）少相友善，夫人即文忠公女弟也。迨公为枢密使，而文忠公实为上相，同时道行，位冠百僚，搢绅不以为二公荣而相资，以为天下福也。"③

田况为枢密使整一年，其间见载于史笔的仅有嘉祐三年六月言交趾所贡异兽事，认为不当称"麒麟"，以免"为蛮夷所诈"。④

"当是时，上数以天下事责大臣，慨然欲有所为。"⑤ 但是，疾病向田况袭来，他未进一步建功立业。"公即被疾，下至闾巷，咸戚嗟听伺，冀公复起。"⑥

田况升至枢密使，正是春风得意，"大臣进拜多以次迁，公始超其列，人皆知上属任意笃，不久公且相矣"。⑦ 却不幸，突然得病，一直不见好转，拖了近半年，田况一再上章求去位，才在五月罢去枢密使之职。田况在枢密使任上整整一年，刨除因病请辞的半年，实际任职仅半年而已，也不可能有多少作为。

嘉祐四年（1059 年）五月，枢密使、礼部侍郎田况暴中风喑，久在病告，十上章求去位。丙辰（二十三日），罢为尚书右丞、观

---

① 《宋史》卷 211 "宰辅二"，第 5478 页。
② 墓志铭。
③ 神道碑。
④ 《宋会要辑稿》蕃夷七之三〇，第 7854 页；《长编》卷 187，嘉祐三年六月丁卯条，第 4515 页；《宋史》卷 12 "仁宗四"，第 242 页。
⑤ 墓志铭。
⑥ 神道碑。
⑦ 同上。

文殿学士兼翰林侍读学士，提举景灵宫。①

墓志铭载此事曰：

> 嘉祐三年十二月，暴得疾，不能兴。上闻悼骇，敕中贵人、太医问视疾，加损辄以闻。公即辞谢求去位。奏至十四五，犹不许，而公求之不已。

神道碑曰：

> 是年十二月，暴得疾，不能兴。上闻愧骇，亟敕太医诊视，中贵候问加损，相望于道。公辞求去位，章凡十五上，犹赐告不许，公意愈坚。

嘉祐五年（1060 年）二月丁丑（十八日），田况为太子少傅致仕。②

至此，田况走完了他 30 年的仕宦生涯。

致仕四年后，嘉祐八年（1063 年）二月十三日，田况去世，赠太子太保，谥宣简。③

至此，田况走完他的人生道路，享年 59 岁。

范纯仁在神道碑末总结田况一生的宦迹云：

> 自为小官，未尝私谒执政。器宇恢然，常以天下自任，识者知其必至公辅。在谏职，于小事未尝言，独引大体启迪上心。凡欲人主总揽威权，分别贤不肖，抑侥幸，明赏罚，以救时弊。当是时，仁宗锐意太平，数咨访大臣以天下事其所兴为，公建明为多。

---

① 《长编》卷 189，嘉祐四年五月壬子条，第 4566 页；墓志铭，神道碑，《宋史》本传，《隆平集》卷 11《田况传》，《东都事略》卷 70《田况传》。《长编》、墓志铭、《宋史》本传作"尚书右丞"，而神道碑、《隆平集》、《东都事略》则作"尚书左丞"。
② 同上。
③ 同上。

对田况在朝廷的作为，王安石曰："当是时，上数以天下事责大臣，慨然欲有所为。盖其志多自公发。公所设施，事趣可功期成。因能任善不必己出，不为独行异言以峙声名，故功利之在人者多，而事迹可记者止于如此。"这说明，田况在朝为官贡献甚大，但他不求名利，淡泊名声，所以可记事迹不多，以致声名不彰。

六　为人及影响

（一）影响

田况父亲田延昭，于庆历五年去世，其官职是个小小的"太子右卫率府率"，但为其写墓志铭者，竟然是庆历三年发动"庆历新政"而名震中外的范仲淹。范仲淹叙其缘由是："某尝与公会于丹阳，见公气貌话言，刚而质，毅而恭，使人信而爱之；又与经略（指田况）之游旧矣，俾序而铭云。"在铭中，又写道："公教其嗣，挺国之器。厥后既隆，又寿而终。天子赗焉，大夫吊焉。非积德而胡然！"范仲淹的推崇之情，跃然纸上，可见田况当时为人尊崇。

田况去世后，墓志铭为大名鼎鼎的王安石所撰，神道碑则由范仲淹之子范纯仁撰写，亦是名臣。即此两端，即使在当时也算是个大人物了。

王安石在墓志铭中说："某少也与公弟游，而公所进以为可教者也，知公为审。"故为田况写墓志铭。在铭中，他称颂道：

> 于宋继显，自公攸始。奋其华蕤，配实之美。乃发帝业，深宏卓炜。乃兴佐时，宰任调铒。文驯武克，内外随施。亦有厚仕，孰无众毁。公独使彼，若荣豫已。维昔皇考，敢于活人。传祉在公，不集其身。公又多誉，公宜难老。

范纯仁在神道碑中写道：

窃惟庆历、嘉祐之际盛矣，君明臣贤，相与讲图治功。而公以高文大策进预国论，出入要显，遂总机政。某幼侍先君，熟公之貌。及长，又得公出处终始之大节为最详，乃不敢辞。

铭曰：

克生宣简，为时贤臣。其贤维何，于时有陈。秉哲蹈仁，有煜其文。于皇仁宗，俊乂盈朝。发策大庭，公维董、晁。乃司边画，荒秽以薅。乃理邦财，公私以饶。遂都庙堂，谋谟枢极。帝曰休哉，维吾夔、稷。文经武服，无施不当。帝畴公劳，方倚为相。

熙宁宰相王安石、元祐宰相范纯仁，均在为其写墓志铭或神道碑，极力称颂田况，可知田况在当时影响是很大的，得到了士大夫们的交口赞誉。宋史本传与四库提要，对田况也是颇为赞颂的。

《宋史》卷292《田况传》论曰：

况有文武才略，言事精畅，然欲惩兵骄，乃坑降卒，弗忌阴祸。惜哉！

清纪昀四库全书总目卷140子部小说类一称田况"无标榜门户之私，'公议'之名，可云无忝矣。""绝无党同伐异之见，其心术醇正，亦不可及。"

在宋仁宗朝的大臣中，田况不算特别突出。但在枢密使这个岗位上，田况却是表现出色的一位，可谓真枢密了。

（二）为人

田况的为人，事例不多，墓志铭等史籍均有记述。

墓志铭曰：

公行内修于诸弟尤笃，为人宽厚长者。与人语，款款若恐不得当其意。至其有所守，人亦不能移也。自江宁归，宰相私使人招之，公谢不往。及为谏官，于小事近功有所不言，独常从容为上言，为治大方而已。范文正公等皆士大夫所望，以为公卿而其位未副，公得闲辄为上言之，故文正公等未几皆见用。当是时，上数以天下事责大臣，慨然欲有所为。盖其志多自公发。公所设施，事趣可功期成。因能任善不必己出，不为独行异言以峙声名，故功利之在人者多，而事迹可记者止于如此。

神道碑曰：

公仁厚长者，貌称其心。与人言，谆谆款密，唯恐失其意，而其中有以自守巍如也。友爱诸弟，人无间言。自为小官，未尝私谒执政。器宇恢然，常以天下自任，识者知其必至公辅。在谏职，于小事未尝言，独引大体启迪上心。凡欲人主总揽威权，分别贤不肖，抑侥幸，明赏罚，以救时弊。当是时，仁宗锐意太平，数咨访大臣以天下事其所兴为，公建明为多。与富文忠公少相友善，夫人即文忠公女弟也。迫公为枢密使，而文忠公实为上相。同时道行，位冠百僚，搢绅不以为二公荣而相贺，以为天下福也。公既被疾，下至闾巷，咸戚嗟听伺，冀公复起，而公竟以疾薨矣。

《隆平集》：

况之为人，宽厚明敏，与人若无不可，而非义不可干也。于天下事，小利近功则置而不论，所及必朝廷先务而可以利民者。

《东都事略》本传曰：

况为人宽厚明敏，与人若无不可，而非义不可干也。于天下事，小利近功则置而勿论，所及必朝廷先务而可以利民者。

《宋史》本传曰：

> 况宽厚明敏，有文武材。与人若无不可，至其所守，人亦不能移也。其论天下事甚多，至并枢密院于中书以一政本，日轮两制馆阁官一员于便殿备访问，以锡庆院言广太学，兴镇戎军、原渭等州营田，汰诸路宣毅、广捷等冗军，策元昊势屈纳款，必令尽还延州侵地，毋过许岁币，并入中青盐，请戮陕西陷殁主将随行亲兵。其论甚伟，然不尽行也。

从上述传记中，我们可以看到，田况是一个仁厚长者，聪明机警，又意志坚定，尤擅长军机边事这些枢密院该掌之事，又临事能断，有很突出的才干，可谓宋仁宗朝一能吏。

七　著述及价值

田况的著述，《隆平集》卷4，云："有奏议三卷，著好名、朋党二论。"

《东都事略》卷70《田况传》云："尝著好名、朋党二论，有奏议三十卷。"

《宋史》卷292《田况传》云："有奏议三十卷。"

《宋史》卷203，第5106页载：田况皇祐会计录六卷。

卷208，第5355页载：田况文集三十卷。

第5364页载：田况策论十卷。

综而论之，《隆平集》所记有误，或佚一"十"字。如是，田况著作，共有三种：《田况文集》（奏议）30卷，《策论》10卷，皇祐《会计录》6卷。时至今日，可惜都不存在了。《隆平集》与《东都事略》提及的"好名"、"朋党"二论，"好名论"尚存，见于《长编》卷142等处；"朋党论"则未见。

　　《宋诗纪事》记载，田况有《金严集》，并收入集中数首诗。但
遍检诸书，未见有《金严集》的著录。不知厉鹗从何而来。其所收
五首诗，均见《成都文类》。

　　田况遗留至今的著作，主要即是《儒林公议》两卷。本书不见
于宋元书目，然确为田况所撰。《适园藏书志》云："是书之作，当
在守蜀之际。"《儒林公议》所记事，似以"吕夷简、王曾同在相
府"条为最晚，二人罢相，据《宋史》卷 211 "宰辅二"，第
5460—5461 页，乃在景祐四年（1037 年）四月，与公议所叙相合。
此时，田况已在朝廷，任枢密直学士、龙图阁学士、翰林学士、权
三司使。即是说，《儒林公议》的写定，当在田况权三司使之时。
景祐五年（1038 年），田况即升三司使了。故此书之完成不在益
州，而在开封。

　　《儒林公议》二卷，共计 104 条，上卷 64 条，下卷 40 条。

　　书中提及的人物，至少有 56 人。次数较多的有：宋太宗（九
次），张詠（八次），元昊（六次），太祖、范仲淹（五次），真宗、
王曾、契丹（四次），富弼、曹彬、杨亿（三次），李汉超、丁谓、
伪蜀、石介（两次），其余一次提及的有：韩琦、德明、唃厮啰、
耶律阿保机、仁宗、陈彭年、孙奭、冯元、卢多逊、吕蒙正、雷德
骧、王嗣宗、卞衮、王子舆、夏竦、张知白、明肃太后、吕夷简、
薛奎、李迪、寇准、谢绛、范讽、张洎、范雍、冯拯、孔道辅、宋
祁、李昉、刘筠、周启明、徐铉、马亮、曹利用、种世衡、程羽、李
淑、李嗣源、宋禧、安重论、叶清臣、郑戬等人。还提及"京都国子
监"、天书、诏贤良方正、成都、宋卒等事件、城池。

　　其中，有关辽国的人、事共计约 8 次，提及西夏的有 10 次，合
计 18 次，约占全书条目的 17%。在一般宋人笔记中，记载辽、夏
事迹，本书是较多的。这与田况自北边归宋的家世，历任陕西边防
职务有关。《儒林公议》中有关辽与西夏的记述，研究者常见引用，
可见其价值。

　　其书中所记张詠事，当系其在益州任内所听闻。王曾、韩琦、
富弼、孙奭、冯元、吕夷简、薛奎、宋祁、叶清臣、郑戬等人，均
是田况的上司、同僚，国子监事乃其判国子监时熟知，而其未经历

之太祖、太宗及其时群僚之事，亦系听闻，尚不止于三传四传之闻。加以其为宽厚长者，是故，《儒林公议》所记诸事，多有所据，翔实可信，允称宋人说部中之翘楚，极具价值。

八　结语

宋初以来，逐渐任用文臣出任掌管军政的枢密院的长官，人数日多。但是，这些文臣知兵者少，多在枢密院无大作为，其任职在更多时候成为进身之阶。田况却不然。

田况，一个生于"澶渊之盟"签订年代的人，一个因为盟约才成为大宋臣民的人，有幸生活在北宋政治最为宽松的仁宗朝，通过进士科，通过仁宗朝具特殊功效的制科，仕途通达，逐步升腾，最终官至枢密使，而结束其政治生涯。他虽是文臣，但善于解决地方和中央军机事务，是称职的枢密院长官。在仁宗朝灿若群星的人才群里，作为枢密使，他占据了一席之地。

宋仁宗朝42年，共有枢密使21位，依次是曹利用、曹彬、钱惟演、张耆、杨崇勋、王曙、王曾、晏殊、夏竦、高若讷、杜衍、贾昌朝、王贻永、宋庠、庞籍、狄青、王德用、韩琦、田况、张昪、富弼。其中，贾昌朝、夏竦、高若讷、宋庠两度任枢密使。此外，尚有六位知枢密院事，依次是：王德用、盛度、夏守赟、王鬷、晏殊、宋绶。

知院事不论，枢密使中，王曾、晏殊、杜衍、贾昌朝、宋庠、庞籍、韩琦、富弼等八人，后均官至宰相，只能在"相业"中探讨了。而曹利用、曹彬、钱惟演、张耆、杨崇勋、王贻永、狄青、王德用等八人，或为武将，或为外戚、近臣，曹利用、张耆、杨崇勋、狄青均在《宋史》卷290同传，未能算是真正的文臣枢密使。于是，只余下王曙、夏竦、高若讷、田况、张昪五人，分别在《宋史》卷286、卷283、卷292、卷288、卷318有传。比较而言，王曙与田况算是比较称职的文臣枢密使。巧得很，两人都治蜀有名，能够与宋代治蜀第一人的张詠相提并论的。

　　宋仁宗朝的人才，既有定策宰相、文坛盟主、理学先驱，还有大清官、真御史、真谏臣等。熟谙边防与军机事务，善于解决兵戎纠纷，供职枢密院，由副使而正使，直至致仕，可算是尽心尽力了。知兵的田况，堪称"真枢密"。

从吐蕃部落迁徙看吐蕃
王朝时期的人口

朱悦梅*

关于吐蕃王朝时期的人口问题，由于资料的匮乏，相关研究并不多，专门研究西藏人口的《中国藏族人口与社会》中仅略微涉及，没有完整的考论；权威著作《中国人口史》[①] 中，吐蕃王朝时期的人口亦是付之阙如；王克先生撰文对吐蕃人口进行了研究，对吐蕃周边地区不同部族及其人口进行了详细的统计。[②]

从吐蕃悉补野家族的崛起和兴盛到吐蕃王朝建立，再到 842 年吐蕃王朝因内讧而分裂，在吐蕃腹地的人口数量并不是一成不变的。人口的变化可以从几个方面考虑，一是吐蕃统一王朝内部部族自身的人口变化，如自然灾害造成的人口减少等；二是吐蕃将相邻部族纳入王朝体系后，人口的新变化，如苏毗、羊同、吐谷浑、诸羌等部族的归属，不断增加并扩大吐蕃王朝的人口数量；三是从吐蕃人口的迁徙，特别是吐蕃王朝时期军事移民引起的人口变化。其中，人口兼并引起的人口变化又可分为两部分，其一为对邻近具有民族共同体特征的部族的兼并，其二是在占领区对汉族及其他民族，如南诏诸蛮的占领，并一度对相当数量人口的军事控制，关于

———————

  * 朱悦梅，女，1969 年生，博士，西北民族大学历史文化学院教授，四川大学博士生导师。

  ① 葛剑雄主编，冻国栋著：《中国人口史·第二卷·隋唐五代时期》，复旦大学出版社 2002 年版。

  ② 王克：《藏族人口史考略》，《西藏研究》1985 年第 2 期，第 67—69、65 页。

前二种，笔者已专文论述。① 本文拟在先贤研究的基础上，从文献中所涉及的丰富的吐蕃本土军事部落迁徙的资料，对吐蕃王朝时期的人口做一分析，以为吐蕃王朝人口研究提供另一角度的思考。

要强调的是，统计吐蕃分布于青藏高原周边地区的人口可以说是不可能的，这里借助文献所载的零星的吐蕃部族的资料进行人口分析显然是很不够的，在人口数据与资料严重匮乏的情况下，姑且以这种方法来尽可能地发掘一点吐蕃人口的信息，以为今后对这一问题的进一步研究提供一点帮助，从某种程度上讲，也是不得已而为之的办法。

一   吐蕃分裂后留驻青藏高原
周边地区的吐蕃部族

吐蕃王朝中期，有相当一部分人口分布在青藏高原周边的军事锋线上，这条锋线横亘西域、河西走廊、关陇地区、川西山区、西洱河地区等等。吐蕃王朝分裂后，大部在处于前线的吐蕃军队并未撤回，而是留居原地。如在原唐陇右道、关内道都有大批滞留不归之吐蕃军队以部族的形式留居当地，这部分人口，一方面，为吐蕃人口研究提供了一种角度；另一方面，又对晚唐五代宋以及后世的民族分布格局以及汉藏民族融合都产生了极大的影响，可为后世藏族人口研究提供有益参考。

（一）陕西四路驻留的吐蕃部族

吐蕃势力在安史之乱中进入唐都长安，此后在唐关内道部分地区长期驻留，到五代宋时尚有许多吐蕃部族定居下来。这些地区在北宋时都被划入陕西四路，其中鄜延、环庆二路以党项为主，而秦凤、泾原二路则以吐蕃为主，且有生熟户之分："接连汉界、入州

---

① 分别见朱悦梅《吐蕃王朝本土人口研究》，待发表；朱悦梅《吐蕃王朝占领区人口研究》，《兰州学刊》2009 年第 8 期，第 24—30 页。

城者谓之熟户，居深山僻远、横过寇略者谓之生户。"① 文彦博曾说
"秦凤、泾原沿边熟户番部比诸路最多"。治平年间（1064—1067
年），四路大小部族共有 1330 个，其中秦凤、泾原②二路就有 800
多个，约占四路部族的四分之三，仅秦凤路十三寨就有部族 632
个，其中大部族 123 个，小部族 509 个。

驻秦州的吐蕃部族有：尚波于部，大石、小石族，安家族，王
泥猪部，大马家、小马家二族，朵藏、枭波二族，默星族，郭厮敦
部，者龙族，俞龙潘部，药令族，离王族，他斯麻族，陇波族，厮
鸡波族，空俞族，鬼留家族，药家族，颇忠族，隆中族，下家族，
樊诸族（居秦凤之地），野儿和尚族，唃厮啰部（居秦州西面筚篥
城），延厮铎部（居秦凤），张朴令狐部（秦州东路弓门寨界），李
宫八族（居秦州西），迈凌错吉族，策拉部等。③

驻渭州的吐蕃部族有：大卢、小卢十族（潘原县西北），党宗
族，绰克宗部（原属凉州六谷联盟，后徙居龛谷），王家族（水洛
城之西），延家族八部落，狸家族，妙娥族（在镇戎军境），麻毡族
（《续资治通鉴长编》④ 译作"玛展族"），党留族（《长编》译作
"当罗族"），锋厮那部，卫狸族，章埋族（在渭州之武延川），贱
遇族（居镇戎军西北之萧关），马藏族（在镇戎军西），咩逋族
（在镇戎军西），西鼠族（与咩逋族同居镇戎军西北之萧关），剥波
族（居德顺军静边寨），格隆族，熟嵬族（居镇戎军），苏温罗族
（居水洛城属德顺军），李奇济部，叶市族（又写作伊实，有叶市、
潘、保、薛等四族，居地在镇戎军），伊普才迗三族（居镇戎军），
裕勒萨部（居治平寨，属德顺军），角撒部（德顺军静边寨界熟户），
烟景云部（属德顺军），沙克精谷、讷支蔺毡、张族、党令征、鱼角
蝉等部族。

① 《宋史》卷 264《宋琪传》，中华书局 1977 年版，第 9129 页。
② 庆历四年（1044 年），宋朝分陕西沿边为秦凤、泾原、环庆、鄜延四路，秦凤
路相当于唐时陇道和关内道陇、岐、泾、原、会灵等州。泾原路相当于唐关内道西北部
诸州。
③ 部族名称及其文献出处详见于汤开建《五代宋金时期甘青藏族部落的分布》，
本文一并略去，不再赘引。
④ （宋）李焘：《续资治通鉴长编》，以下简称《长编》。

　　泾州（今甘肃泾川县北）也有吐蕃部族留居。泾州是吐蕃攻唐的重要军事交通路线，亦为吐蕃人留居较多之地。如张绍志部，拨藏族（《长编》卷81误为"藏才族"，在原、渭二州界），斯多伦部（赵珣《聚米图经》作"撒陀龙部"），野龙十九族，折密桑、下杏家、角撒、樊家、折平（居泾原）、密克默特生户六族等部族。

　　原州（今甘肃平凉市）地区吐蕃的族帐也较多，如康奴族（原州柳泉镇），明珠族，灭臧族，野狸族（《新唐书》、《新五代史》之《党项传》均将"野利族"作党项大姓），折密桑族（泾原路熟户，具体住地不详），水令逋族，大虫族（居地近原州彭阴县），羊喔族（居原州靖安寨北），巴沟族（居"原州界"），生户六族（居泾原），下杏家族（居泾原），那龙部（"泾原路生户"），拽罗钵、鸠令结部（居泾原），向家族（原州平安寨），密克默特族（属泾原路），小遇族（居环州石昌镇），阿克节部（居德顺军治平寨）等族。

（二）陇右道驻留的吐蕃部族

1. 秦州吐蕃部族

　　陇右道秦州地区（今甘肃天水市），宋时是吐蕃的重要聚居地，"吐蕃族帐四路惟秦号最盛。"[①] 可见的部族有：尚波于部（亦作"尚巴约"部，活动在秦州夕阳镇），党令征部（旧在秦州境，后割属通远军），大石、小石、安家、裕勒凌、野儿和尚、隆中、默星、王泥猪、大小马家、丁家、朵藏、枭波、廓厮敦、赏样丹、者龙、俞龙潘、离王、陇波、他厮麻、厮鸡波、空俞、鬼留、药家、李宫、颇忠、延厮铎、张族（又称"张香儿族"，实可称张家族，世居古渭），掌乌族（居古渭州），鱼角蝉部（居古渭州吹莽城）等部族。

2. 兰、会州吐蕃部族

　　兰州的吐蕃部族有巴令谒三族，鬼波给家二十二族（在兰州东南），懒家族（在兰州东南），诸路族（在鬼谷，属兰州），章家族

---

① （宋）韩琦：《韩魏公集》卷11《家传》，丛书集成新编第74册，第176页。

（小夹谷亦在兰州东南）、谒龙族（马咸山，在兰州南面）、乞当族（在马咸山）、马波族（在兰州与通远军之间）、刑家族（居"纳迷水"，属兰州）、公立族（与马波族居地相近）、注丁、擦令归二族（兰州东南）、汪家族（属禹藏郢成族，为兰州、通远军一线吐蕃）、李巴占部，阴坡族（居兰州境）、绰克宗、汪洛施族（属熙河还是兰会，不详）等族。

禹藏六族即"裕勒藏六族"，是会州的吐蕃大族。① 花麻即"禹藏花麻"，另外还有汪家、遇四族等也都在会州地区居住和活动。

3．狄道、河州吐蕃部族

狄道，北宋置熙州，居有星斯珪部，李奇崖部，温布察克置部，固密族，沈千族（居熙州结河），杓吹逋族，兰山族，蒙罗角族，抹耳水巴族（熙州乞神平亦城），玛勒族，鄂特凌部（当居武胜军），兀冷部，结彪部（居熙河路木宗城），突门族，托硕（居武胜军），结吴叱腊（又写作结斡恰尔）、康藏星罗结二部（居武胜军），吹斯伞王阿噶（居武胜军）等部族，另外还有密栋族、隆博等族也都在熙州地区居住和活动。

河州吐蕃部族有：剡毛、鬼马卢、耳金、星罗述四族，岱尔族，乔家族（在洮州之西，河州西南），布沁巴勒族（居河州宁河寨），郎家族（河州大族），常家族（在洮、河州之间），咱家族（约在河州境），赵家族（河州属羌赵家族），杓家族（去河州百余里），摩雅克族（去河州百余里），耸昌厮均部（河州大族），日脚族（居河州定羌城），巴勒斯丹部，羊家族（居河州南川寨近侧），芐黎五族，冷鸡朴部等部。另有日珠、何郎业贤、伦布宗、磋藏、丹贝、叶公、章罗、谒兰冬、铎精诸族也都居住、活动在河州地区。

4．洮、岷二州留居之吐蕃部族

岷州有哈鲁（结）、厮纳、蕃城、凌珪四大族，另外还有瓜家族、青龙族（在岷州绰罗川），本琳沁，固密，辖乌察，固云沁巴，衣彪族，逋撒孝赠部（《曾公遗录》作"庞通撒孝赠"），

---

①　《长编》卷342，元丰七年正月丁未条。

容、李、龙三族，结布部（在河、岷州交界的摩宗城）等均在岷
州居住和活动。

洮州（治今甘肃临潭）有大族巴毡角部亦作"巴珍觉"部，巴
毡角是木征弟，系唃厮啰族属。[1] 此外，还有密垒、强扬等族，逋
撒孝赠，把羊族，卦斯敦，默锡勒罗密克部（洮州大族），巴凌，
厮结部（包括罗斯结、贝斯结二族，居洮州铁城界），卦斯敦部
（《东都事略·王韶传》作"郭厮敦"）等部族均系洮州蕃部。

扎实庸咙部（控制了以积石军驻地溪哥城为中心的黄河以南），
鬼章部（又名青宜结鬼章，其地约在积石军境），木波部（其地北
接洮州、积石军，南境已至黎、雅二州，在陇逋与庞拜之间，当亦
在积石军境内），庄浪四族（折门、臧门、逋门、拜门四族，亦作
吹折、密臧、陇逋、庞拜四族，居地均在积石军），章罗、谒兰冬、
铎精族（积石州）等部。

5. 阶、叠、宕州吐蕃部族

阶、叠、宕州均是吐蕃重要的聚集地区，有众多吐蕃部族在这
里居住和活动。《宋史·理宗纪》："阶、岷、叠、宕十八族降。"
《昭忠录》："汪世显麾下回回、西夏、十八族之不归附者，敌甚畏
之。"《鹤林集》卷20："交秦、巩；三军不结，而结十八族。"
《蜀文辑存》卷82："已至渭节村，风节村，十八族多已投拜。"
《元史·百官志》称"岷州十八族"。十八族为大族，散居洮、岷、
叠、宕一线。

阶州武都郡，本白马氏之地，西魏置武州，唐代宗大历年间陷
于吐蕃。唐宣宗大中三年（849年）收复后，改为阶州。阶州蕃部
包括：陇逋族（亦为"陇卜族"，是迁徙不定部族，居住在阶州峰
贴峡，《宋会要辑稿》既载叠州有陇逋族[2]，又载有西海陇逋[3]），
大罗苏木嘉族，毋家族，戡陀孟迦十族等部族。

叠州合川郡，山多重叠，秦汉魏晋时，为诸羌据有，后周西逐
诸羌，始统有其地，置州。北宋时有叠州城（治今甘肃迭部），在

① 《宋会要辑稿》蕃夷六之九。
② 《宋会要辑稿》兵一九之三九。
③ 《宋会要辑稿》蕃夷六之二五。

洮州界，熙宁十年收复。《金史·完颜纲传》称古叠州"有四十三族、十四城，三十余万户"，反映了这一地区吐蕃部落的居住情况。在这一带活动的蕃部有钦令征部（《长编》作"策凌扎卜"部），浪黎厮江，毋家，梦阿郎，青厮逋、心拶二族，彭布锡卜萨，鲁黎族，策凌扎卜部（《东都事略·王韶传》作"钦令征"），萨底族等。

宕州怀道郡（治今甘肃舟曲），重峦叠嶂，为诸羌之地。这一带活动的蕃部有彭布锡卜萨部（叠、宕一带），梦可郎部（阶州宕昌界）等部。

6. 鄯州吐蕃部族

鄯州在北宋置有湟（今青海乐都）、鄯（今青海西宁）二州，为宋代西北吐蕃的最大聚集区，也是宋代吐蕃政治、经济、文化的中心区。《宋史·兵志》言："盖鄯、湟乃西蕃之二小国，湟州谓之邈川，鄯州谓之青唐，与河南本为三国，其地滨河，多沃壤。"包括湟、鄯、廓三州的青唐国辖境广远，部族甚众，崇宁三年（1104年），宋收复三州时，湟州归顺户口十余万，鄯州归顺户30余万，廓州归顺户20余万，开拓疆境幅员3000余里，"共招降到首领二千七百余人，户口七十余万"①。足见这一地区吐蕃部族繁盛。

邈川系古湟中之地，元符二年（1099年）收复，建为湟州，政和元年（1111年）改为乐州。东北控夏国右厢、甘、凉一带，西接青唐（今青海西宁），部族繁盛，形势险要。这里的吐蕃大族有：亚然家族（又作"雅仁结族"，湟州吐蕃大族），齐暖，多罗巴（《摘文堂集》卷5作"齐勒巴"，居地不明），聂农，浪家、禄厮结、乞平、尹家四族，潘罗溪、漆令、六心、朴心、归丁、丹波秃令结、结药特、郎阿章，缅什罗蒙、杓鲁新，辖木沁扎实锡喇卜族（居地不明），策凌博（居地不明），珪罗族（与"鬼驴"音近，似即藏文 mgo-log，《长编》译"鬼驴"作"郭罗克"，居湟、鄯）等族均在这里居住与活动。

鄯州，故青唐城，元符二年（1099年）陇拶降，建为鄯州，仍

---

① （清）黄以周等《续资治通鉴长编拾补》卷23，崇宁三年四月庚午条。以下简称《长编拾补》。《九朝编年备要》卷26载："幅员疆域五千余里，计二十万户。"

为陇右节度，元符三年（1100年）放弃，崇宁三年（1104年）收复，建陇右都护府，改为西宁州。宗哥族是北宋中期河湟地区影响最大的一个部落，初隶凉州六谷吐蕃联盟，李立遵为首领时，势力发展迅速，号称"劲兵数万"，全盛时，"聚众数十万"，后因李立遵与唃厮啰不和，势力衰弱，宗哥族也随之衰微。唃厮啰族亦作"嘉勒斯赉族"，是以唃厮啰命名的吐蕃大族。唃厮啰系吐蕃赞普苗裔，后从西域移至移公城，又被李立遵略取至河州。与李立遵分裂后，徙居邈川，后又徙居青唐建立吐蕃政权。此外，还有洗纳、心牟、陇逋三族（居于青唐至青海之间），容鲁族（居积石军），钦厮鸡部（在鄯州胜宗城），习令波（又作"木令波"、"本令波"，居鄯州龙支城），青归族（又译作"青贵族"），山南族（居鄯州安儿城），阿装部（居鄯州西林金城），吹厮波族（居近青海），仲也族（似属青唐蕃部）。

7. 廓州吐蕃部族

廓州（今青海尖扎）唐末陷入吐蕃，宋元符二年（1099年），以廓州为宁塞城，弃后收复，仍为廓州。青丹谷部系吐蕃大族，此外还有葩俄族，邈龙、拘掠等族，洛施军令结（居结罗城），溪丁朴令骨，鲁遵（《长编》作"罗遵"）等部族在这里居住与活动。

（三）河西道所见吐蕃部族

唐代河西是吐蕃重要的占领区，大批的吐蕃部落居此，至五代高居诲经河西时，从灵州渡河乃至于阗地，途中还"往往见吐蕃族帐"。凉、甘、瓜、沙、灵五州均为吐蕃重要居地，文献中有记载的部落有不少。

居凉州的吐蕃部族有：野马、暨龙二族，吴福圣腊部，当尊部，阎藏部，潘毒石鸡部，逋速鹕鹦部，折逋族，沈念般部（居凉州阳妃谷），六谷部，崔悉波部，督六族，诺族，宁族，邦族，星多族，的流族，周家族，样丹族，罨延族等。居灵州者有：宗家族（居灵州而属西凉），裕勒榜族，灵武五部、来离八族等。

二　人口数据资料的统计与分析

留居汉地的吐蕃部族，有些势力较大，如宗哥族在李立遵为首领时，号称"劲兵数万"，全盛时"聚众数十万"，其余大部分都是较小部族或小部族的联盟，如前引崇宁三年（1104年）宋收复湟、鄯、廓三州时，湟州归顺户口十余万计，鄯州归顺户30余万，廓州归顺户20余万，"共招降到首领二千七百余人，户口七十余万"。① 以2700余首领辖70余万口，则每一小部平均260口。

文献中关于吐蕃部族的人口信息还可以找到许多，能够反映出留居中土的吐蕃部族的一些情况。以下就吐蕃部族资料中有人口信息的加以统计。

大、小卢十部系渭州潘原县西北之吐蕃大族，咸平三年（1000年），延州钤辖张崇贵等破"大卢、小卢等十族，禽获人口、羊马二十万"②。

"蕃部俞龙珂在青唐最大"③，熙宁四年（1071年）八月，俞龙珂率其族十二万口举族内附，赐姓名包顺。按，12万口这蕃部俞龙珂当是大部族。

明珠族，《长编》卷138，庆历二年（1042年）十月戊辰条载："原州属羌明珠灭臧二族兵数万。"按，兵数达数万，口数当在10万左右，则明珠族亦为大部族。

野狸族，《资治通鉴》卷276称，天成二年（927年）六月壬辰条："康福……至青刚峡，遇吐蕃野利、大虫二族数千帐。"按，二族有数千帐，按每帐4口计，则亦在10万左右。

水令逋族，《宋史·张守约传》："以荫主原州截原寨，招羌酋水令逋等十七族万一千帐。"可知，水令逋族居原州截原寨一

---

① 《长编拾补》卷23，崇宁三年四月庚午条；《九朝编年备要》卷26载："幅员疆域五千余里，计二十万户。"
② 《长编》卷47，咸平三年十月丙寅条。
③ 《宋史》卷328《王韶传》，中华书局1977年版，第10579页。

线，水令逋率十七族万一千帐，可见为原州大族。按，17 族有帐 11000，则口数可达 44000 左右，则每族平均 2600 口左右，属大族。

生户六族，《长编》卷 103，天圣三年（1025 年）九月乙卯条："泾原路钤辖司言：生户六族首领潘征等二千余帐内附。"按，6 族 2000 余帐，8000 余口，则每族平均 1300 余口。亦属大族。

拽罗钵、鸠令结部，《宋会要辑稿》蕃夷六之六云："泾原路经略司言：西蕃首领拽罗钵，鸠令结等二人，前后共招呼过顺汉、不顺汉蕃部共三百余帐归投西界。"①按，2 部计 300 余帐，合 1200 口。

麁波给家二十二族：《长编》卷 316，元丰四年（1081 年）九月乙未条："［李宪］驻兵女遮谷……降麁波给家等二十二族首领，凡千九百余户"。按，22 族合 1900 余户，约近 8000 口，平均每族 350 口左右。

注丁、擦令归二族：《长编》卷 319，元丰四年十一月己亥条："兰州招到西使城界归顺西蕃注丁、盏令归等三（三当为二之讹）族大首领厮多罗潘等三百余户，千三百口。"按，此 2 族共户 300 余，口 1300，平均每族 600 余口。

温布察克置部：《长编》卷 240，熙宁五年（1072 年）十一月乙丑条："知熙州李韶言：招纳穆楞川东玛尔巴一带大首领温布察克置等及所部首领三百八十七人。"按，该部首领 387 人，当非小部。

鄂特凌部：《长编》卷 232，熙宁五年四月丙寅条："招纳洮河、武胜军一带蕃部鄂特凌等千余人。"

兀冷部：《曾公遗录》卷 7："熙河部族兀冷……率其家属、邻里二百余口归汉。"按，200 余口是一个较小的部族。

羊家族：《长编》卷 400，元祐二年（1087 年）五月癸丑条："围河州南川寨……胁从杓、羊家二族六千余口。"按，2 族 6000 余口，当为大族。

————————

① 此事又见《宋史》卷 14《神宗本纪》。

冷鸡朴部：《宋史·苗授传》："知河州，副李宪讨生羌于露骨山，斩首万级，获其大酋冷鸡朴，羌族十万七千帐内附。"

剡毛、鬼驴、耳金、星罗：元丰四年（1081年）十一月十九日，"兰州节次招到西使监军司管辖夏国西蕃剡毛、鬼驴、耳金、星罗述等四部族大首领蕃钤辖药熟等二百三十余户，二千余口。"① 按，4部有户230余，口2000余，合每族500余口。

衣彪族：《宋会要辑稿》蕃夷六之三一："岷州管下衣彪族首领当征结等四十户投西蕃结口兀捉。"该族户40，合不到200口，当为小族。

鬼章部（又名青宜结鬼章），为河南吐蕃大酋，其子结斡磋，其孙毕斯布结。《长编》卷513，元符二年（1099年）七月丙寅条："新归顺西蕃大证见毕斯布结使首领钦彪阿成将文字投汉，愿将部族地土，献与汉家，所管地分，西至黄河，北至克鲁克、丹巴国，南至隆科尔结一带，东至庸陇城、额勒济格城、丹巴城至斯丹南一带，甚有部族人户，见管蕃兵六千一百四十人。"该部兵士6140人，户数下限为6000，上限为24000之间，当为大部。

鲁黎族：《长编纪事本末》卷140："入洮州南境，逼鲁黎诸族，共首领结毡迎拒官军。"《金史·完颜纲传》："鲁黎族帅曰冷京，据古叠州，有四十三族，十四城，三十余万户。"鲁黎为叠族大族其首领有结毡、冷京、耳骨延、青宜可等。按，鲁黎族帅领有43族，共30余万户，合120万口，平均每族人口近30000，均颇具规模。

亚然家族（又作"雅仁结族"），是湟州吐蕃大族，《九朝编年备要》卷9载："授唃斯啰、温逋奇官，邈川亚然家二部首领也。"唃斯啰与李立遵不和，曾徙居邈川，宋廷授其为保顺军节度使，仍兼邈川大首领，其实温逋奇是亚然家族最早的首领。至温讷支郢成四时，仍为河湟地区大族，"住河州之北，所管二十八部族，有兵约六万四千人，西接董毡，南距黄河勺家族，东界掊家族，北邻夏

---

① 《宋会要辑稿》蕃夷六之一六。

国"①。按，亚然家族辖下 28 族，兵员有 6400 人，则户数当在 6400 至 25600 之间。

结药特部：《长编》卷 402，元祐二年六月丙午条："以邈川首领结药为三班奉职。结药位次温溪沁，统众五千。"按，结药特部人口 5000，亦为大部。

蔕俄族：《长编纪事本末》卷 140 引《青唐录》："廓州招降到大首领洛施军令结并蔕俄族阿撒四等计一千余人，管户二十万。"按，蔕俄族有小头领 1000 余人，管户 200000，相当平均每族管户 200，口 8000。

邈龙、拘掠等族：《长编纪事本末》卷 139："廓州邈龙、拘掠等族五千余众。"按，此处 5000 余众，当为几个小族所共管。

这些数据可大致反映人口与部族的关系问题，即大的部族有人口数万、十数万乃至二十万，从上引鲁黎族、亚然家族的情况看，大的部族下往往又辖若干小的家族，这些家族也有大小之分，人口数少则 200 左右，多则近 8000。这些数据尚不能代表所有部族的人口情况，往往历史记载中出现的较为重要的群体的人口数量才能于史籍中得到反映，更多只有名号而无户口数据的部族恐怕人口数量更小。但这里有人口数据的相对较大的部族，人口总和粗算下来有近 200 万，再将上列部落中有名称而未附人口数据的那些部落计算在内，可以粗略地说，吐蕃因军事活动由本土移出而居留在唐土的人口数恐超出吐蕃人口的一半，除去新融入的非吐蕃族人口，则吐蕃军事移民的人口数与前面分析的情况基本一致。

三　吐蕃外迁人口与本土人口的关系

赤松德赞时期，"在噶丹强巴林殿（慈氏兜率洲）修建了伏魔具光佛母的光明塔等。五塔内没有装藏物，就此赞普问堪布。堪布答道：'据说摩揭陀国门前，达茹则多塔中，有摩揭陀阿阇世王之

---

① 《宋会要辑稿》蕃夷六之九。

缘分如来佛舍利，摩揭陀升一驮。' 赞普赤松德赞为了请来那些佛舍利，调集吐蕃所有的兵马，在桂氏所管辖的帕里约定时间，阿阇黎担任向导，带领吐蕃骑兵去印度，行至巴姆贝塘扎营，有十四万骑兵"[1]。这里的"十四万骑兵"是一个有价值的数据。

考虑赤松德赞时期，吐蕃王朝在西域、河西走廊、关陇地区、剑南西川、南诏地区均有兵力分布，故这里的 14 万骑兵，又是所谓"调集吐蕃所有兵马"，基本上可以认为是几大锋线之外，吐蕃腹地及其周围地区能够征集到的兵马。

作为远征军，其士兵的调集当不会在 16 岁至 60 岁的范围内全部取用，而当以青壮年为主，如此，姑且以平均 4 户出 1 兵来计算，则 14 万军队至少应有 56 万户、224 万口的基础。如此算来，再加上吐蕃派往西域、河陇、剑南、西川等地的军队，总数当与上述相当。反之，吐蕃有一半强的人口留守本土，而近一半的人口分布于广阔而漫长的对唐作战锋线上，当为一种合理的、可以接受的状况。

此外，王忠先生据德格版《贤者喜宴》指出四如共有军士462400 人。[2] 此军士数据的统计基础，当为吐蕃王朝所建立的暗军、红证、红证军、白证的征集制度，因此，包括的对象除可直接进入战场的青壮年男丁外，还包括有禁卫军、预备役等，如此推测不误，则以 4 户出的兵的比例恐不尽合适。前已提到，从文献资料可知，在西北地区各部族中，有 1 户 1 兵、4 户 1 兵的情况出现，吐蕃采纳何种，当视吐蕃王朝的社会条件而定。鉴于吐蕃王朝建立之初，部落组织是一种集军事、政治、生产于一体的管理形式，[3]这种军政体制下，兵员的征召比例当更大些，若取 2 户出 1 军士，则 46 万余兵源的户数至少为 100 万，再以户均 4 口算来，吐蕃王朝的人口数在 400 万左右。

---

①　汉译文参见黄颢译《贤者喜宴》，《西藏民族学院学报》1982 年第 2 期，第 44 页。

②　王忠：《新唐书吐蕃传笺证》，科学出版社 1958 年版，第 8 页。

③　王尧、陈践：《吐蕃兵制考略——军事部落联盟剖析》，《中国史研究》1986 年第 1 期，第 118—127 页。

四　结语

通过对藏文古文献所载有关人口信息的分析，大致可以认为，吐蕃王朝时期，包括青藏高原主体部分在内的吐蕃本土地区，人口应在 300 万至 400 万之间。

学术界常谓吐蕃王朝约有人口 1000 万，既包括了吐蕃本土人口，也涵盖了吐蕃新占领区的人口，指的是二者的总和。到清代雍正年间（1723—1735 年），西藏地区只有人口 200 多万，然而到 1951 年时，西藏地区的人口仅约 120 万。① 雍正年间及 1951 年的统计数字表示的是西藏地区的藏族人口。藏族人口由吐蕃王朝时期的近 400 万减少为雍正时期的 200 万，乍看起来是一种锐减，其实非也。从前文的人口推算可知，吐蕃王朝中期在青藏高原的腹地吐蕃人聚居地区，人口亦仅剩 200 多万，其余近一半的人口分布在青藏高原周边地区的吐蕃对外（主要是唐朝）的军事锋线上，到吐蕃王朝瓦解后，分布于军事锋线上的吐蕃军事部落大部留居原地，至今在川甘地区的藏族居民仍有对祖先"不接到赞普命令不得返回"的传说，并自称为"噶玛洛"（bkav-ma-log）。留居在今青、川、陕、甘、滇的吐蕃部族，相当数量受当地社会文化的影响，并进一步与当地民族同化，也有部分聚居者仍保留着吐蕃人的生活习俗，形成今天藏民族的分布格局。而新中国成立后藏民族 200 万人口的数量，系吐蕃王朝时期形成的藏民族共同体的一种延续，是青藏高原自然环境下生存状态的一种惯性发展，并不是非正常的锐减。

---

① 牙含章：《西藏历史的新篇章》，四川民族出版社 1979 年版。

成吉思汗早期事迹年代钩考

陈得芝[*]

多年前我在《成吉思汗墓葬所在与蒙古早期历史地理》一文中曾对成吉思汗祖先迁居"三河之源"的年代及其十代后裔的活动地域和大致时间作了粗浅探索。据拉施都丁说，始祖母阿兰果火的时代大约在他编纂《史集》（14世纪初）之前400年，则其感天光所生孛端察儿（成吉思汗十世祖）时代约为10世纪初。又根据《史集》记载札剌亦儿部（《辽史》阻卜札剌部）在克鲁伦河被契丹击溃，残部逃入莫孥伦（成吉思汗八世祖母）牧地引发冲突，杀害莫孥伦及其诸子事件，大约与《辽史·萧达凛传》所载统和十五年（997年）"敌烈部杀详稳而叛，遁于西北荒，达凛将轻骑逐之，因讨阻卜之未服者"有关联。据此判断，莫孥伦幼孙海都（成吉思汗六世祖）幸免于难后多年，重新集聚部众征服札剌亦儿部，"形势寖大"，时代当在11世纪前期，上距十世祖（四代）孛端察儿大约100年，下至成吉思汗诞生（1162年）约一个半世纪（六代）。海都长子拜姓忽儿的长子屯必乃薛禅（见《秘史》）是成吉思汗六世祖，《史集》称之为屯必乃汗，《元史·速不台传》称"敦必乃皇帝"，无疑是元皇室抬高其直系祖先地位的写法；次子名察剌孩·领忽（《元史·宗室世系表》作察剌合宁昆），"领忽/宁昆"即辽

---

* 陈得芝，男，1933年11月3日生。南京大学历史系教授，曾任元史研究室主任，南京大学学术委员会委员。1979年当选为中国中亚文化研究协会理事，中国蒙古史学会理事，1983年当选为中国元史研究会副会长。

朝属部官号"令稳",察刺孩之子想昆·必勒格［《世系表》作直孥斯,注"今太丑兀秃（即泰赤乌）其子孙也"］,"想昆"即辽朝大属部官号"详稳",说明父子都有辽朝所授属部官衔,时代约为11世纪中后期,和《辽史》所载大康十年（1084年）"萌古国遣使来聘"①或可对应。泰赤乌氏成为成吉思汗兴起前蒙古部最有势力的氏族,当与其族长曾担任辽朝任命的部族官有关。

记载成吉思汗生平的第一手史料《元朝秘史》,纪年仅始于鸡儿年（1201年）,《圣武亲征录》的纪年始于次年"岁壬戌"（1202年）,《元史》同。《史集》称:"由于在成吉思汗和他父亲的时代里,星相家不会通过观察星相的方法来确定时间,史家们没有记载年月日,故他降生的日期、时辰无从确定。"他根据成吉思汗去世的确切时间即猪年（公元1227年）秋第二月,以及"尽人皆知"的成吉思汗享年72岁的说法,推算他诞生于回历549年（也是猪年,公元1155年）。但大多数学者都相信《圣武亲征录》和《元史》的记载是准确的,即成吉思汗享年66岁,应生于公元1162年。②

由于《圣武亲征录》和《元史·太祖本纪》的纪年都始于壬戌（1202年）,《元朝秘史》纪年也仅早一年（1201年）,成吉思汗早年经历的年代有许多模糊不清之处。《史集·成吉思汗纪》说从成吉思汗13岁丧父的回历563年即鼠年（1168年）到回历590年即虎年（1194年）成吉思汗41岁,"这段时期成吉思汗的生平事迹不能逐年详细获知,只好简述";此篇之末有比较详细的"编年纪要",回历591年（1195年）起逐年记事,比前三种史籍所载年代多出六年。但是这四种主要史料都存在难以避免的缺陷,这就是直到蒙古文字被创立（1204年灭乃蛮之后）起,才可能用文字来记

---

① 王国维《萌古考》指出,史家于敌国来使则书"聘",属国则书"贡"。《辽史》仅梁、唐、周、宋四国书"聘",后晋、北汉、西夏甚至南唐皆书"贡",漠北诸部更不用说,唯此萌古书"聘",盖编者元人,以示蒙古之先与辽世为敌国也;其于达旦亦书"聘"者,盖修史者不知达旦与蒙古之别,以为亦蒙古之先也。

② 周清澍《成吉思汗生年考》（《元蒙史札》,内蒙古大学出版社2001年版,第411—428页）对几乎所有史料和不同说法（包括伯希和主张的1167年丁亥诞生说）都作了详细辨析,已成定论。

录发生的重要事件，此前的史事则是书吏（必阇赤）根据讲述者的记忆写下来。加以当时蒙古人对经历的年代，甚至自己的年岁都不大在意（当时访问蒙古的宋人赵珙说："彼俗初无庚甲"，仅以草青为一岁，也不知自己所生月日春秋），自然不可能留下准确年代的记录。至于祖先事迹，则全凭代代口传的故事来写。亦邻真先生指出，编纂《秘史》的草原史家"无力驾驭纷乱的史实材料，年代上的错乱不止一二处，不同时期的同类事件裹在一起说，结果与史实有不小出入"，提供素材的口述者杂乱无章地讲述回忆起来的往事，编纂的必阇赤记录下来再进行整理，总难免有阴差阳错之处①。

　　那么，我们是否毫无办法理出这期间比较确切的年代系列呢？敝见以为是有可能的，因为成吉思汗早年经历的事件中，有几个准确的年代可以作为标尺，用来安置年代模糊的史实。首先是成吉思汗诞生于1162年，经学者审慎研究，已可确定。其次是成吉思汗第三子窝阔台生于1186年，有《元史·太宗本纪》的明确记载，而窝阔台有同母所生大姐火臣别吉，大哥术赤，二哥察合台，暂按相隔两年往前推算，察合台生于1184年，术赤生于1182年，火臣生于1180年。这样看来，《蒙古源流》说成吉思汗17岁（1178年）迎娶孛儿帖就比较可信，可以作为第三个年代标尺（但幼子拖雷晚至1198年才出生②）。这样，我们就可以把父亲也速该死后，他与母、弟（哈撒儿、合赤温、斡赤斤各相差二岁，妹帖木伦更小）被泰赤乌氏欺凌，其父部属离弃，母子在斡难河故地（即诞生

---

　　①　亦邻真：《元朝秘史畏兀儿字复原本·前言》，内蒙古大学出版社1987年版。
　　②　拖雷的出生年岁则有疑问。《秘史》第214节记成吉思汗赏赐功臣孛罗忽勒（博尔忽）时回叙他救护拖雷之功，说当年他消灭塔塔儿部，杀尽比车辖高的塔塔儿人，有个人逃走，因饥饿找食蹿进成吉思汗母亲的帐房，恰好才五岁的拖雷走进来，被此人夹在腋下欲加杀害，孛罗忽勒之妻见状喊叫并抢掉他的刀子，者台、者勒蔑赶来杀死那个塔塔儿人。成吉思汗灭杀塔塔儿人事发生在1202年，其时拖雷五岁，则应生于1198年，比老三窝阔台出生晚了13年，难以理解；同时，拖雷长子蒙哥确定生于1208年（1259年去世，享年52岁），此年拖雷才11岁，似未至生子年龄。《秘史》第186节载，成吉思汗灭克烈部（1203年）后，将王汗弟札阿敢不的次女莎儿合黑帖尼赐拖雷为妻。如拖雷生于1198年，此时才六岁，不过《史集》的确记载成吉思汗在他年幼时就给他娶了莎儿合黑帖尼为妻，从拖雷素以健壮强悍著称看，他11岁生子是有可能的。

地朵栾盘陀一带）艰难度日，稍长大又被泰赤乌氏抓去囚禁，逃脱后逆着斡难河走到乞沐儿合河（斡难河上游南支流，清《乾隆内府舆图》齐母尔喀河，今图呼腊赫河）找到母弟，然后迁居桑沽儿河古连勒古之地等一系列故事的时间都依次安置于 1178 年之前。《秘史》记叙在古连勒古生活稳定后才迎娶孛儿帖，然后有孛斡儿出、者勒蔑来投靠，势力逐渐壮大，又迁到（扩展到）客鲁涟河上游一带。接着是蔑儿乞人来袭，抢走孛儿帖，遂求助当时漠北最强的克烈部主脱斡邻勒（因 1196 年助金朝灭塔塔儿叛部，被授予王号，遂称王汗）和札答兰氏族长札木合，共同进攻蔑儿乞，抢回孛儿帖，此时长子术赤出生，则此役当发生在 1182 年之前不久。《秘史》第 106 节说铁木真与王汗、札木合三方联合攻打蔑儿乞，从他的百姓中起兵一万参战，可见此时已羽翼渐丰。

《秘史》在上述攻蔑儿乞之役夺回被掠孛儿帖夫人后，接着讲述铁木真随札木合同在豁儿豁纳主不儿（其地当在斡难河中游）驻营，友好相处一年半，在准备移营时发现札木合有猜忌排斥之意，就离开自行迁走（往斡难河上游方向），途中许多部人来投，在乞沐儿合河扎营会合，然后迁驻古连勒古。在这里，他被推举为汗，地盘扩展到克鲁伦河—土兀剌河间的萨里川。《秘史》详细生动记述的这一重要事件却不见于《圣武亲征录》和《史集》的记载，从随后发生的他与札木合—泰赤乌联军的"十三翼之战"看来，他能集结到十三营人马（主要是三世祖合不勒汗后裔各支亲族及婚亲）对抗三万敌军，说明有可能被推举为乞颜—孛儿只斤氏族长。《蒙古源流》记载，铁木真 28 岁己酉（1189 年）于克鲁伦河北郊即汗位，指的当即此事，从年代看也颇符合①，可以作为第四个年代标尺。

铁木真被推举为"汗"后不久，发生了与札木合的争端，导致

---

① 元泰定帝三年，察合台后裔喃答失所立《重修文殊寺碑》说成吉思汗即位之年生次子察合台，则应在其弟窝阔台出生的 1186 年之前。但此前经历的诸事件［父亲部属叛离，被泰赤乌氏捕囚，辗转迁徙，成婚，蔑儿乞来袭，求助王汗、札木合攻打蔑儿乞（长子术赤生于此时），从依靠札木合一年半到分离，自主发展］应经历一段较长时期，察合台出生于"即位"之年的说法可能是察合台后裔为抬高先人地位的故意附会。

规模颇大且很激烈的"十三翼之战"。《圣武亲征录》、《史集》都说札木合战败，但是《秘史》却说成吉思汗被札木合"推动着"退到斡难河的哲列涅峡谷。从此后其族人在斡难河举行宴会［与合不勒汗长子的后裔主儿勤（禹儿乞）氏发生冲突］看，他确是被迫放弃了好不容易建立的桑沽儿河域古连勒古之地，退到原先所居斡难河上游山地中。"十三翼之战"是成吉思汗兴王进程中的大事，但具体年代却不见记载。从他整顿本氏族内部（削弱长支主儿勤氏势力），并利用札木合和泰赤乌贵族骄横且不体恤部众的弱点，通过让利施恩、善待部众之类手段来笼络泰赤乌阵营的部众，于是有照烈部、巴阿邻部前来归附，势力进一步壮大，地盘又达到克鲁伦河上游和撒里川一带看来，这段休整估计历时数年。

第五个准确年代是《金史》记载的浯勒札之役：明昌七年（1196年）。十三翼之战前后的一段期间，蒙古高原北部势力最强的克烈部首领脱斡邻勒与其弟、叔发生内斗，遭到其西邻强部乃蛮的攻击，被迫出走西夏、回鹘，最后到西辽投靠古儿汗，居留一年多，从西域返回，穷困潦倒地到达古泄兀儿湖（当在克鲁伦河上游南，今蒙古中戈壁省曼达勒戈壁），铁木真派部属去接待，自己也从克鲁伦河源前往迎接，从民众中征收物资接济他。《史集》记载此事发生在回历592年即龙年（1196年）春。脱斡邻勒收集部众，克烈部随即复兴。紧接着就是当年夏金完颜襄丞相进剿阻卜（已发现的九峰石壁碑作"北术孛"）叛部（即塔塔儿），追到浯勒札河（蒙古国东方省乌尔札河），铁木真约同脱斡邻勒前往夹攻，灭此部塔塔儿。据此追溯十三翼之战当发生在12世纪90年代前期，而三种史料记事年代不明（多是后文穿插回叙）的事件，如克烈部内争，王汗出逃，亡命西辽（十三翼之战未得王汗支援，大约是因王汗自顾不暇），这一大段故事就可以安置在1196年之前几年。

浯勒札之役后，《秘史》只记述了他与本氏族长支主儿勤氏的内斗，夺取其营地阔朵额·阿剌勒（后为成吉思汗大斡耳朵所在地），兼并了这支祖辈从部众中挑选最有胆、有勇、有技能、有豪气的人组成的主儿勤氏，杀了亲族中最有地位有势力的首领薛扯、泰出。亦邻真先生在《成吉思汗与蒙古民族共同体的形成》这篇杰作中，论成吉思汗历经艰难困苦，利用各种机智诡诈甚至残酷无情手段，联此击彼，进而消灭曾经的联盟者乃至亲族，终于成为强大政权的创立者。他将这些史实置于蒙古族从部落联盟发展到阶级社会过程中进行分析，十分透彻。这是历史向新阶段进程中的阵痛，斗争的残酷性并不贬低成吉思汗在结束长期的各部纷争，建立统一游牧政权的伟大功绩。我只想在这里补充一点：因浯勒札之役帮助金朝消灭了叛乱的属部塔塔儿，金朝授予他"札兀惕忽里"（Ja'ut-quri，见《秘史》第134节，第179节作察兀惕忽里 Cha'ut-quri，《圣武亲征录》作"察兀忽鲁"）官号以赏其功。Ja'ut/Cha'ut 是 Ja/Cha 的复数形式，此名即辽、金皇朝对北境属部的称呼"乣"①。忽里 quri 一词当即《金史·百官志》所载"统数部者曰忽鲁"②。他把金朝授予的官职看得很重要，后来他责备投靠王汗的亲族阿勒坛（堂叔）、忽察儿（堂兄）说："休教人议论你们只不过依仗着［我］察兀惕忽里"，可见"诸乣统领"的金朝封官大大提升了他在本部的权威。

我们知道，中原皇朝早就向北方民族首领授予各种官号，这些官称被作为其历史发展的组成部分吸收进他们的语言中。最常用有唐朝授予突厥、室韦部落长的"都督"官号，有些拥有此官号者的后裔部落即以此为名，如室韦之塔塔儿部为首分支 Tutuqliut（《见《史集》，《秘史》作都塔兀惕 Duta'ut）就来自"都督"官号③；辽金朝授予蒙古部首领"令稳"（小部族长，来自汉语"令公"）、"详稳"（大部族长，来自汉语"相公"）官号，成吉思汗六世祖海都次子察剌孩·领忽（令稳），察剌孩之子想昆（详稳）·必勒格④，就成为孛儿只斤蒙古部最有势力的一支，即泰赤乌氏（Tayi-chi'ut）贵族。泰赤乌名称的来源，学界有不同看法，这里略申管见。《秘史》明初汉译本中拥有太子称号者多人，如克烈部忽儿察

---

① 参见蔡美彪《乣与乣军的演变》，载《元史论丛》第二辑，中华书局 1983 年版。
② 参见贾敬颜《圣武亲征录校本》注释。
③ 参见韩儒林《读〈史集·部族志〉札记》，载《穹庐集》，河北教育出版社 2000 年版，第 311—324 页。
④ 参见伯希和、韩百诗《圣武亲征录译注》，第 5、24、334 页。

忽思汗之子台帖木儿太子，蒙古孛儿只斤部的合不勒汗子合答安太子以及成吉思汗的伯父（把儿坛之子）捏坤太子。在罗卜藏丹津《黄金史》（抄录了《秘史》的大部分内容）中，这些"太子"称号一律写作 taisi，有学者据此认为应是汉语"太师"（辽代给部族长的官号之一），乃谓泰赤乌部名来自"太师"，即"太师之部"。不过察剌合·领忽及其子想昆·必勒格都没有"太师"官号，而且《秘史》（明初音译本）所载称"太子"者都是部落长之子，并非部落首领。成吉思汗早年也被称为太子，《圣武亲征录》记载，十三翼之战后，他利用泰赤乌贵族"内无统纪"，部众不满，就采取让利施恩的手段来笼络，"泰赤乌部众苦其长非法，相告曰：太子衣人以己衣，乘人以己马，安民定国，必此人也。因悉来归"。这件事也见于《史集》记载，相应于"太子"的波斯原文作 زاده تموجین پادشاه（pādshāh‐zāda Temūjīn 王子铁木真）[①]。证以《史集》记载，可见明初《秘史》的原文汉译作"太子"是正确的，当时的译者应该知道早先蒙古贵族曾借用中原皇子的"太子"称号来称呼部族长之子。明初退出中原的北元政权仍用此号，明中期以后汉文史籍中常见本是来自"太子"的蒙古称号被转译为"台吉"，而且广泛地用为黄金家族子孙的称号，各为所受封国之主[②]。孛儿只斤蒙古部最早获中原皇朝封号的是海都次子察剌孩·领忽（即辽朝小部族官"令稳"），察剌孩之子名想昆·必勒格（"想昆"即辽朝大部族官"详稳"），他们的年代大约可以和《辽史》所载道宗太康十年（1084 年）"蒙古国遣使来聘"相对应。由于当上中原皇朝的命官，所以泰赤乌氏成为蒙古部中最有势力的贵族。我以为泰赤乌氏之名应来自汉语的"太子"，而不是来自封赠部落长的"太师"官号，而且克烈部和蒙古部首领都不见有获得"太师"封号的记载。

　　让我们回到前文所讨论的成吉思汗早年经历。兼并本部最强的

---

① 见《史集》德黑兰刊本，第 333 页。
② 参见达力扎布《北元政治制度的演变及其历史分期》，载《明清蒙古史论稿》，北京民族出版社 2003 年版，第 82—100 页；薄音湖等编校《明代蒙古汉籍史料汇编》第二辑，内蒙古大学出版社 2000 年版。

长支主儿勤氏，杀了有资格和他争位的薛扯、泰出，使他坐稳了乞颜—孛儿只斤氏联盟长的位子，下一步就是如何在诸部纷争的时局下向外扩展势力。第一个目标是有深仇大恨且在遭受克烈部、蒙古部联军的打击后已趋于衰微的蔑儿乞部，于莫那察山击溃其部长脱脱，所获战利品甚丰，分献王汗（分享战利品似是草原贵族联盟的规矩）。《圣武亲征录》记载这次战役于浯勒札之役的"次年秋"，《史集》则给出具体年代：回历 593 年蛇年（1197 年），两者完全相合。接着王汗也出兵进攻蔑儿乞长脱脱，至捕兀剌川（今色楞格河下游、恰克图旁之布拉河），所获皆自取。《史集》记载此事于回历 594 年马年（1198 年）。

此后，蒙古文、汉文、波斯文三种史籍记载的事件年代基本一致。

"大礼议"与嘉隆万改革

——《正德十六年》自序

田　澍[*]

一　选题的缘由

正德十六年（1521 年）是永乐以后明代历史上最不平凡的一年。

朱元璋建立明朝之后，在明代历史上发生了一系列重大事件。其中"靖难之役"、"大礼议"无疑是两件影响最大的事件。所以要谈永乐以后的明朝之事，正德十六年大礼议是首要考察的问题。

我对明史的研究，起于对明代内阁的关注。1986—1989 年在西北师范大学攻读硕士学位期间，于 1987 年在黑龙江大学召开的明史国际学术讨论会上聆听了黄仁宇先生的精彩演讲，对我影响很大。黄先生观察问题的视角和充满激情且理性的发言，给我留下了深刻的印象。第一篇发表的学术论文是 1989 年与我的硕士生导师郭厚安先生合作刊登于甘肃社会科学院主办的《社会科学》杂志上的《对张居正权力之剖析》，独立发表的第一篇论文是 1990 年在《北方论丛》上的《明代内阁新论》，是硕士论文的浓缩。这两篇论文的发表对我的明史研究具有重要的意义，决定着此后学术发展的路径。

---

[*] 田澍，1964 年生，甘肃通渭人。教授、博士生导师。现为西北师范大学副校长，甘肃省重点学科历史学学科带头人，历史学分委员会主席，中国明史学会副会长。

　　1993 年考入中国社会科学院研究生院之后，在选定博士论文题目时，导师蔡美彪先生认为晚明社会研究薄弱，可有所作为。但由于自己当时对晚明历史不甚熟悉，故向蔡先生提出研究张居正，认为张居正研究还需亟待加强，有许多问题值得重新思考和进一步深化。先生听后表示同意，但他提出研究张居正必须先要认真研究嘉靖朝历史，如此，才能以更宽阔的视野来审视万历首辅张居正。当时对蔡先生的这一提示还不甚理解，便带着疑虑之心转移重点，开始真正用心研读嘉靖朝文献。

　　长期以来，学界对嘉靖朝的评价不高，大多以否定为基调。作为年轻学者，也深受他人论著的影响，对嘉靖朝没有好感。在许多问题上人云亦云，以讹传讹。但在潜心阅读相关资料时，深深感到大礼议对嘉靖朝历史的巨大影响，认为是认知嘉靖历史的最佳切入点。这样对大礼议的关注成为我研究的重点，也成为自己撬开嘉靖历史大门的一个支点。

　　传统的观点认为，以非常方式即位的明世宗应该感激杨廷和等老臣，嘉靖政治应该由杨廷和等人来控制，所谓"嘉靖新政"也只有由杨廷和等人来推行。世宗因"大礼议"而排斥杨廷和等老臣是嘉靖政治的不幸。在这种理念支配下，相当一部分学者对嘉靖政治予以悲观的评价，"腐败"、"黑暗"、"混斗"成了这一时期的代名词。但随着明史研究的不断深入，对嘉靖政治全盘否定的学风被一部分学者所摒弃，他们开始从诸多方面对嘉靖历史予以重新反思，形成了一股嘉靖历史研究的潮流。因为不认真反思嘉靖历史阶段，就难以客观地认知嘉靖至明末特别是隆庆和万历时期的历史特点。

　　尽管世宗是以特殊方式继承皇位的，但这并不意味着明代的皇权体制发生了重大变革。武宗的猝死的确给当时的臣民带来了极大的恐慌，但这不足以说明当时的政局已经失控。朱元璋与朱棣建立的高度专制主义中央集权在这一非常时期仍然起着决定性的作用。任何势力都不可能单独擅权，太后不得干政，宦官与阁臣相互制约，阁臣与九卿百官缺乏隶属关系，凡此等等，确保了皇权运行时的稳当非凡，不论皇位是否空缺，不论皇帝是否理政，这一格局都无法改变。这应是认识明代历史特别是正德、嘉靖之际历史演变的一个基本框架。无视这一宏观背景，对个别事件一味放大，任情发挥，难免只见树木，不见森林。

二　大礼议的积极作用

大礼议最后以世宗和张璁等人的胜利而告结束。就世宗最后取胜而杨廷和最终失败的原因需要认真探讨，并予以严肃对待。有些人认为大礼议中世宗的胜利是专制皇权高压或皇权强暴的结果，此论失之偏颇。在明代，并不是所有皇帝个人的意愿最后都能实现，被否决的案例俯拾皆是。对世宗能在"大礼议"中取胜的原因，仅用皇权因素解释是片面的。"大礼议"绝不是简单的礼仪之争，而是一次政治斗争，它是武宗生前拒绝立嗣所导致的必然结果，也是武宗生前不按礼法办事必然要付出的代价。完全无视武宗与"大礼议"的关系和武宗遗诏的相关规定，而以所谓亘古不变的僵化仪礼观来大谈世宗所面临的具体而又特殊的"大礼"并深陷其中的学风必须予以改变。否则，武宗生前群臣极力要求他从同宗中选立皇嗣的种种言行就变得毫无意义了，他们的诸多担心也就是杞人忧天了。指望杨廷和等人不费吹灰之力而轻易地弥补武宗的种种失误，迫使世宗乖乖就范，显然是想当然的一厢情愿。事实上，大礼议所具有的确立世宗权威和组建新的人事结构的政治功能是其鲜明的特征。通过大礼议，世宗获得了双赢的结果：一方面他取得了议礼的胜利，这是为其尊严而战；另一方面组建了自己能够控制的人事格局，这是为其皇权而争。杨廷和集团是武宗猝死后皇位空缺时期所形成的一个特殊势力，他们试图借助"大礼议"向世宗的皇权挑战。而世宗为了维护皇权，必须借助大礼议将其清除。不论人们对杨廷和集团是同情，还是崇敬，都绝不能无视此时日臻完善和日益巩固的皇权体制。换言之，明代皇权在这一时期并未衰落，朝臣不具备单独向皇权挑战的时机和能量。无视这一基本前提，一味地凸显他们的德行和事功是本末倒置，无助于对这一时期历史的客观认知。在当时的体制下，在没有必然把握取胜的前提下，杨廷和要把自己漏洞百出的大礼观强加于世宗头上，本身就是一步险棋。一旦付诸言行，将不可收拾，必须为此付出代价。而与皇帝形同水火的对抗，已经将其送上绝路。杨廷和等人缺乏基本的政治风险控制能力，离开嘉靖政坛只是时间早晚的问题。尽管有人因此而极其厌恶世宗的皇权而予以严词声讨，但对现实的政治却无可奈何，人们只有通过放大杨廷和在这一短时期的所谓"功绩"和突出世宗对杨廷和集团的镇压而慰藉心灵（同情杨廷和者，对杨廷和排斥乃至暗杀张璁等人的行为视而不见，再三回避，是明史研究中的一大怪现象）。在明代皇权体制下，如果杨廷和集团强迫世宗接受其大礼观，那才是明代历史的一大变态。

钦定大礼之后，世宗重用张璁等"大礼新贵"是"嘉隆万"政治变革的真正开端。在杨廷和等人依照惯例草拟的世宗即位诏书中提出了"兹欲兴道致治，必当革故鼎新"的主张，并在世宗即位后做了一些力所能及的针对武宗败政的除弊活动，这是明代皇位更迭时的惯例和常态，而非真正的革新活动。大礼之争使杨廷和与世宗的关系难以调和，得不到皇帝的全力支持，杨廷和等人也就不可能从事所谓的"革故鼎新"了。要杨廷和在与世宗皇帝的对抗中推行变革，那只不过是痴人梦呓罢了。所以，一味地搜罗和放大杨廷和在正德、嘉靖之际的"事功"，只能说明杨廷和在得不到皇帝支持下的无能。人们不必因杨廷和的离去而万分悲伤，明代历史进程更不会逆转。

杨廷和最大的政治功劳就是在武宗猝死后按照明朝的基本制度协调各方势力迅速选定新帝并确保其顺利登基，而不是依照惯例在新帝即位之初的所谓"革新"。不论在武宗时期，还是世宗时期，杨廷和都无法与皇帝建立互信关系，故他不可能有效地对明朝政治产生积极影响。

嘉靖三年（1524年）钦定大礼具有划时代的意义，其以下积极作用是不容忽视的：一是树立了世宗的独立、自尊和自信意识，使其能将注意力转移到革新活动方面；二是击碎了杨廷和集团，清除了前朝弊政得以延续的传统势力，标志着杨廷和时代的结束，为重建嘉靖政治新秩序奠定了良好基础；三是树立了世宗的皇帝权威，组建了君臣互信的新的人事格局，使革新具有了可靠的组织保障。

三 "大礼议"是明代改革的起点

中国古代社会的改革不是彻底颠覆的代名词，更不是革命，而是在各王朝根本体制框架内最大限度的自上而下的自我更新，即在继承中相对务实的部分批判、部分否定和部分创新。当然，任何一个封建王朝都不可能是静止不变的，而是时时处在不断变化之中，但对这一变化不能随便冠以"改革"之名。就明朝而言，明代历史在洪武、永乐体制的构架中处于动态的变化之中，同一皇帝在其前后期的施政有所不同，不同皇帝自然也有施政理念的差别，但由于父死子继基本模式的保障，新旧皇帝之间的政治断裂度不太明显，故不能将这些现象不加分析地称之为"改革"。那么，如何确定明朝的改革期呢？毋庸置疑，要进行改革，就必须首先形成改革的条件，但这个条件不是在平和的环境中一夜之间形成的，而是在激烈的甚至是惊心动魄的内部斗争中形成的。就明代改革而言，应在洪武、永乐之后的明代历史长河中断裂度相对大的时段观察从事改革的条件。相对于父死子继的即位模式，兄终弟及模式与前朝的断裂度相对要大一些。在这一时期内，先后出现了三次兄终弟及的即位模式，即朱祁钰（代宗）之于朱祁镇（英宗）、朱厚熜（世宗）之于朱厚照（武宗）和朱由检（思宗）之于朱由校（熹宗）。在以上三种情形中，朱祁钰与朱祁镇、朱由检与朱由校皆为同父兄弟，又与朱厚熜与朱厚照同堂兄弟不同。很明显，后者的断裂度更大，更具改革的可能性。

但要把改革的可能性转化成现实性，仅仅是正常的"兄终弟及"也是难以完成的。因为改革的前提之一是对前朝乃至前几朝行政的批判与反思，甚至是部分的否定。而要达到这一目的，必须经历一次痛苦的政治撕裂和较为彻底的人事变动。换言之，改革与人事变动具有密切的关系，没有较为彻底的人事变动，就不可能在王朝体制之内进行有效的改革。所以仅仅是皇帝的变更还不足以形成改革的充分条件，同时还必须形成与皇帝变更相适应的新兴力量。当然，这种相互匹配的改革条件绝不是某一个或某一种势力的人为导演所能实现的，而是要经过特殊事件的洗礼才能具备。明朝在正德十六年（1521 年）因明武宗的暴亡而促使了改革最佳条件的出现。

武宗死后的政治震荡集中反映在"大礼议"之中。前已述及，大礼议的核心是明世宗朱厚熜能否改换父母的争论，争论的结果是世宗不能改换父母，世宗与孝宗是伯侄关系，与武宗是堂兄弟关系，标志着孝宗—武宗帝系的彻底断裂。随着这一问题的解决，承载前朝乃至前几朝弊政的杨廷和及其追随者被世宗彻底清除，而与前朝弊政无甚瓜葛的张璁、桂萼等中下层官员迅速崛起，在短时期内取代了杨廷和集团，组建了新君新臣全新的人事格局。世宗对张璁说："君臣之际，固不可不严，此在朝之当慎，他处则犹家礼然。汉文帝之召见贾生，因语久而为之前席，今亦称美。故君臣不交，治功安成？卿夙夜在公，敬君尽礼，昨见退逊太过，恐非辅臣之于君者。夫何谓辅导大臣？与他臣不同，故曰'导之训教，辅以德义，保其身体'。此则不可以在朝之制相与明矣。今后凡会议，或卿有所入奏，无拘时而来，面相计处，庶裨交修。俟朕性志有定，方可广接他人，庶有所酌别贤否耳。"正嘉之际人事更迭的彻底性和全新的人事组合是明成祖之后明代历史上独有的现象。所以说，大礼议是明代改革的起点，世宗借助大礼议清除了孝武时期的遗老遗少，培植了新兴势力，完全改变了皇位更迭之际旧臣退出政坛的模式。换言之，杨廷和集团在大礼议中彻底翻船，不可能再掀风浪，更不可能东山再起。明世宗通过大礼议彻底粉碎杨廷和集团是中国古代历史上统治阶级内部成功清除旧势力的一次典型案例。这是一个奇迹，自然孕育着新的政治气象，必然伴随着政治变革。

大礼议开创了一个新的时代。没有大礼议，就不会形成从事变革的条件。不可否认，大礼议大大伤害了世宗与武宗之间的感情，也因此拉大了世宗与武宗乃至孝宗朝政治的距离，这就为嘉靖朝的政治变革创造了客观的、难得的改革机遇，使改革由可能性变成了现实性。这是认识明代改革必须正视的关键节点，也是认识张居正行为的基点。

就永乐以后的明代历史而言，大礼议无疑是一场政坛巨变。不论人们对议礼双方持何种态度，有一点是要必须承认的，那就是杨廷和集团的彻底崩溃和张璁等新兴势力的迅速崛起。而这样一次重大的人事更迭必须伴随着一场重大的政治改革。孝—武帝系的彻底断绝所引发的不仅是庙制等纯礼仪的变革，而且是全面的政治革新。也就是说，世宗在全力进行礼制创新的同时，也会积极推行重大的政治变革。只强调前者，而无视后者，显然是偏颇的。世宗把变革的矛头直接指向杨廷和集团，尽一切可能清除杨廷和集团是嘉靖革新的核心内容之一。由于大礼议最终按照武宗遗诏的明确规定承认了世宗与兴献王的父子关系，成为不可更改的基本原则，决定着此后明代历史的走向。

对于世宗来说，从事变革的动力来自他与张璁等人的自信。武宗去世后，政坛自然是由其培植的势力控制，杨廷和自然是武宗势力的代言人。从湖北安陆成长起来的、年仅 14 岁的朱厚熜单枪匹马地前往京城继位，无疑势单力薄，弄不好便成为杨廷和集团的傀儡。杨廷和集团在大礼议中的狂妄和嚣张也充分说明了他们根本不把嘉靖皇帝放在眼中。他们在大礼议中公然违背武宗遗诏，强词夺理，非要强迫世宗改换父母，再次证明了他们对嘉靖皇帝的蔑视。换言之，大礼议就是杨廷和集团嘲弄世宗、蔑视世宗的集中反映。他们瞧不起嘉靖皇帝的出身，认为只有改换父母，才能由"小宗"变成"大宗"，抬高嘉靖皇帝的身份，取得合法的继承权。然而，少年朱厚熜以充分的自信拒绝改换自己的出身，他坚持自己只是兴献王朱祐杬的儿子和宪宗皇帝的孙子。在世宗看来，藩王朱祐杬的儿子也能当皇帝，明朝的皇位是祖宗遗留下的皇位，而不是孝宗遗留下的皇位。换句话说，就是祖宗之天下，而非孝宗之天下。在大礼议中，给人耳目一新的就是世宗的自信和敏锐，他始终未上杨廷和的圈套，不被杨廷和所宣称的"纲常"所迷惑，更没有被吓倒，而是从事实出发，敢于创造历史，最后以独立的姿态君临天下。朱东润先生论道：在英宗、世宗、神宗、熹宗等年轻继位的明代皇帝中，"世宗最能干，即位不久，大权随即到手"。嘉靖皇帝通过大礼议击碎了强大的杨廷和集团，清除了施政的障碍，自然会以极大的自信从事变革。作为年少皇帝，世宗敢于担当的品格和不畏前朝旧势力的勇气是从事变革的根本保证。也就是说，嘉靖皇帝所表现出的自信、无畏与强势是改革必备的条件。

就张璁等人而言，其变革的动力来自于树立自我形象的需要。在中国传统政治中，有一种奇特的现象，一方面人们反对论资排辈，主张用人不拘一格；另一方面又对新兴势力抱以怀疑，极尽诬蔑之能事。张璁在大礼议中不怕杨廷和集团的围攻和暗杀，挺身而出，打破一言堂，将大礼议引向正常的争论轨道，并主导着大礼议的发展方向，这没有无畏的勇气和超众的见识是不可能做到的。然而，在大礼议中，杨廷和集团像瞧不起世宗一样瞧不起张璁等人的身份，攻击张璁是为了自己的升迁而讨好、"迎合"世宗。为了回应这一恶意的诬蔑之词，在钦定大礼议之后，张璁等人便通过改革行为来回应杨廷和集团的攻击，以树立良好的形象。张璁等人在大礼议中经受住了杨廷和集团大肆攻击和报复的考验，这一特殊的经历练就了从事变革的品质。健康的改革不可能只靠皇帝，也不可能依靠张璁等几位朝臣，而是来自于君臣的合力，取决于可控的政局。世宗与张璁等人的合力构成了嘉靖革新的强大动力，世宗借助大礼议击败杨廷和集团而绝对掌控政局，这就意味着这场革新是健康的、持久的。换言之，嘉靖革新之所以能够展开，关键在于推动这场革新的君臣皆来自于前朝政治势力之外，与前朝弊政没有多少瓜葛，也较少思想负担，有足够的勇气和锐气来担当革新重任。特别是大礼议公开了双方的矛盾，故世宗与张璁等人在推行革新时不再遮遮掩掩。相反，改革的目标之一就是清除杨廷和集团，并通过整肃科举、倡行三途并用、整顿学政、力行官员的双向流动、整饬言路、清除翰林院积弊、裁革冗滥、革除镇守中官、限革庄田、推行一条鞭法等措施，最大限度地清理了100余年来的明朝积弊，开启了变革潮流。正是由于嘉靖前期形成了君臣变革的群体力量，故在命名明代变革时，不应采用个人命名法，而应采用年号命名法。尽管张璁等人先后退出嘉靖政坛，但因世宗仍在，故变革不会因张璁等人的退出戛然而止。特别是由于嘉靖皇帝是万历之前明朝在位最久的帝王——长达45年，所以革新活动一直能够延续，如一条鞭法仍在继续推行、宗室俸禄的裁革在嘉靖后期有新的举措，这是明朝不同于其他王朝变革的关键之处，也是明代改革特点的集中体现。

四　余论

以张璁为主线而不是以杨廷和为主线来研究嘉靖政治是自己不同于传统学风之所在。这一视角的改变会带来许多新的认识，完全可以纠正已有的错误观点。在大礼议中，杨廷和集团的惨败和张璁等人的崛起是正常的人事更迭，实现了嘉靖朝政治利益的最大化，应予以充分肯定。只有在这个前提下，才能探讨嘉靖政治的相关问题；也只有在这个基础上，才能谈论永乐以后明代改革的问题。

长期以来，谈及明代改革，大部分人只谈所谓"张居正改革"，把明代改革仅仅理解成首辅张居正的十年改革。后来韦庆远先生打破了这一狭隘之论，提出了"隆万大改革"，并进行了系统的论述。这一观点彻底否定了用"张居正改革"代替明代改革的片面认识，是张居正研究的一大进步，也是明史研究的一大进步！但韦先生谈"隆万大改革"是在全面否定嘉靖政治的基础上进行的，在笔者看来，是不符合史实的。在韦先生生前，我曾利用在湖南石门和南京等地召开的数次明史国际学术研讨会之机，同韦先生单独多次讨论这一问题。作为后学，我向韦先生阐明了自己的观点，韦先生表示理解和支持，并鼓励我坚持继续探索，完善观点。尽管我们学术观点不同，但韦先生是我非常敬仰的前辈学者。学术只有在平等条件下进行理性讨论才有意义，正确的就要坚持，错误的就要放弃，不明白的就要探究，有争议的就要交流。可惜的是，韦先生不久后离开了我们，使明史学界失去了一位可敬的长者，使我失去了一位能够促膝交谈的师长！

在前人研究的基础上，我首次提出并较为系统地论述了"嘉靖革新"，又提出了"嘉隆万改革"的观点。认为只有如此，才能比较清晰地认识张居正行政行为的特点。也只有这样，才能真正认识明代改革的特征，解释明代政权延续长久的原因。因为任何一场真正的改革活动绝不是 10 年或几年的短期行为，也不是某一个人的自导自演。只有将明代改革看成 60 年较长时段的政治活动，才能认识改革的复杂性和艰难性。在宪宗以后的明朝诸帝即位诏书中，穆宗即位诏书文字最少，罗列长达 45 年的嘉靖朝弊政款数也最少，这足以说明嘉靖改革的巨大效果。但对此奇特现象，学界无人关注，更无人能够给予合理解读。当然，这是一味地批评和丑化嘉靖政治的学者所无法回答的一个问题，更是他们不愿面对的一个问题。

在继续思考大礼议、嘉靖革新、嘉隆万改革等诸多问题的基础上，我将把主要精力转到对张居正相关问题的研究上，将张居正置于明史特别是嘉靖革新的大背景下予以全方位研究，以使对张居正的认识趋于客观，并总结出深刻的教训。学术研究贵在求实，对历史人物的研究不是评价高不高的问题，而是实不实的问题。随着视角的转换，对张居正的评价肯定会发生变化。这种变化不是为了贬低张居正，而是为了反映真实的张居正。很显然，在嘉靖革新视野下，必定打破对张居正一味美化的观念。对张居正的研究，其目的不是为了美化或丑化，而是为了揭示历史的真实，总结历史经验。但目前对张居正的研究，既没有讲清他的政绩和行政特点，也没有探明他成败的真正原因，即研究的深度和广度远远不够，还需下气力做深入研究。

大礼议深深影响着嘉靖以来明代历史的走向，只有以大礼议为主线充分肯定世宗和张璁等人的议礼行为，充分认识大礼议的积极意义，才能认清明代中后期历史的重大转型和发展路径，才能认清明代改革的特点。本书就大礼议对明代政治的重大影响以及与嘉隆万改革的密切关系进行了较为深入的探讨，提出了完全不同于传统认识的观点，旨在提供批评的靶子，引起学界对大礼议与嘉隆万政治的全新思考，推动明代中后期历史研究的深入发展。作为一家之言，需要在争论中不断扬弃与完善，真心期待读者不吝赐教！

（田澍著《正德十六年——"大礼议"与嘉隆万改革》由人民出版社于 2013 年 12 月出版）

关于明代泰州学派王艮
"艮"字读音的讨论

方志远[*]

明代泰州学派王艮之"艮",长期以来约定俗成地被读为"八卦"之一"艮"卦的"gen"。但一直心存疑虑:字义固然可以作"八卦"之一的"艮"解释,但读音是否仍然应该是"银"的异体字"艮"——"yin"。带着这个疑问,撰就一文,发表在2013年2月20日《光明日报》。后有王继如先生的质疑文章,刊于3月8日《光明日报》。几天后,我做出回应,《光明日报》于5月23日刊出。但正如友人吉林大学吴振武教授、人民日报社尹选波教授所说,这一问题也许是无法得出结论的,因为我们现在已经无法知道当时的人们是怎么处理王艮由"王银"之"银"到"王艮"之"艮"的读音的,而讨论也只是求其可能性与合理性,以及提出考虑问题的思路。

一 关于明代泰州学派王艮"艮"字读音的思考

"艮"为"八卦"、"六十四卦"之一,象形山。古读"古恨

———————————

　＊　方志远,男,1950年2月生,博士,教授。1994年8月加入民进党。现任江西广播电视大学校长,曾任江西师范大学历史文化与旅游学院院长,民进中央委员、民进江西省委会副主委,全国人大代表、中国历史学会理事、江西省历史学会会长。2002年6月任民进江西省委会副主委。曾任省政协委员、省人大常委。

切"，去声，现代汉语读音为"gen"，第四声。

　　之所以把这个字单独提出，是因为它牵涉到明代著名学者、泰州学派创始人王艮。

　　黄宗羲《明儒学案》说："阳明先生之学有泰州、龙溪而风行天下，亦因泰州、龙溪而渐失其传。"比起"龙溪"王畿，"泰州"学者更有一番景象，更有一种聪明，而这种聪明却是常人"不可到处"。所以《明儒学案》记王畿，尚归于"浙中王门学案"；而于泰州，为明其独树一帜，直称"泰州学案"。

　　作为泰州学派的创始人王艮，早已被研究者定位为"哲学家"或"思想家"。所有当代中国大陆及港台地区、欧美出版的中国哲学史、中国思想史及宋明理学史著作，都不会忘记王艮。既然是哲学家或思想家，那么，他的名字当然应该是有深意、有内涵的。所以，人们也就理所当然地将王艮的这个"艮"和八卦的这个"艮"联系在一起，读为"gen"。一切都是约定俗成，学者在著作中无须为读音作注，教师向学生讲述时也不需要做解释，直接就说成是"艮"卦的"艮"，没有任何人提出质疑。

　　但问题是，王艮的这个"艮"果真应该理所当然地读"gen"吗？王艮的名字就一定是要和卦象联系在一起吗？凡是"哲学家"、"思想家"，他们名字就一定是不同凡响、一定是另有深意吗？其实未必。

　　阳明门人钱德洪、王畿等人所编《阳明年谱》记：正德十五年九月，王阳明（守仁）在江西巡抚衙门讲学，有"泰州王银服古冠服"请见。经过一番舌战，王银为王阳明的学问所折服，请执弟子礼。阳明"易其名为艮，字以汝止"。（《王文成全书》卷33《年谱二》）

　　晚明大儒刘宗周《人谱类记》复述了这个故事，特别提出："心斋初名银。是日，阳明易银为艮。"（《人谱类记》卷上《体独篇》）

　　黄宗羲与王阳明同乡，又师事刘宗周，与王学有极深的渊源，《明儒学案》自然表现出对王学的极大"同情"，而于王艮，更多了几分景仰。故《明儒学案》记王艮往南昌见王守仁，绝口不提"王银"，更删去了王阳明为王银更名事。

但是，《明史·儒林传》的《王艮传》却恢复了被黄宗羲删去的这个环节，兹录相关文字及王艮的出身如下：

> （王）艮字汝止，初名银，王守仁为更名。七岁受书乡塾，贫不能竟学。父灶丁，冬晨犯寒，役于官。艮哭曰："为人子，令父至此，得为人乎？"出代父役，入定省惟谨。艮读书，止孝经、论语、大学，信口谈说，中理解。有客闻艮言，诧曰："何类王中丞语？"艮乃谒守仁江西，与守仁辩。久之，大服，拜为弟子。明日告之悔，复就宾位自如。已心折，卒称弟子。（《明史》卷283《儒林传二·王畿传附王艮传》）

此后的各种有关著述，特别是当代有关王艮的著述，大抵是依据上述材料。从这些材料中，以及同时代钱德洪、罗洪先、唐顺之及稍后的王世贞、邹元标等人的记载，我们可以对王艮的情况做一个最简洁的概括：

"王艮"本名"王银"，其父为两淮盐场的灶户，同时也是小盐商。王银自幼是父亲煮盐、卖盐的帮手，虽然随身总是带着书，读书的范围却只限于《孝经》、《论语》、《大学》等。但是，读书不多的王银，却极具悟性、极爱思考、极喜辩论。成年后阅历日广，聚众讲学，从学者尽农工商贾、贩夫走卒。在得知王阳明在江西讲学且其说与己相似后，王银于正德十五年前往南昌，寻找王阳明进行驳难。经过数番舌战，极有悟性但毕竟是"野路子"和"绿林手段"的王银，被同样极有悟性、同样有野路子和绿林手段但又是"科班出身"且身居高位的王阳明所降服，成了王门弟子。王阳明为王银更名，改"银"为"艮"，并取了一个"汝止"的表字。

在理清了这个过程之后，我们可以回到作为哲学家或思想家的王艮的这个"艮"字，到底该读"gen"还是"yin"。

在中国的古字中，"艮"至少有四种读音，代表着不同的意义，兹逐一用现代汉语读音标出。

其一："gen"，第四声。此为易经卦名，又为方位名。（余解从略）

其二："gen"，第三声。形容性格耿直、语言粗俗。

其三："yin"，第二声。此为"银"之异体字。

其四："min"，第二声。此为"民"之异体字。

王阳明为王"银"改名，去"金"为"艮"，完全有可能是把这个"艮"视为八卦之一的"艮"。象曰："艮，止也。时止则止，时行则行。动静不失其时。其道光明。"（《周易·第五十二卦》）故王阳明以"汝止"为王艮（银）的字，这应该说是有深意的。

但是，在既没有广播电视，更没有互联网的明代，难以想象王艮自己或他的老师王阳明、弟子徐樾等人会向大众发布一个书面声明：王"银"先生已更名为王"艮"，此"艮"为八卦中之"艮"，故当读"gen"。特别是那些早已经知道"王银"大名的追随者，更需要获取这一更正信息。否则，大家岂不全读错了？

所以，能够作出的解释或许应该是这样：王阳明及王艮自己既有可能把这个"艮"视为八卦之"艮"，也有可能把"艮"作为"银"之异体字之"艮"。但不管是哪一种可能，其读音应该仍然是"银"，或作为银之异体字之"艮"："yin"。而王阳明之所以将王"银"改为王"艮"，完全有可能是因为二者为同音，形体改了，但读音仍然不变。

事实上，这个我们今天提出来讨论的问题或者在当时并不成问题。从王艮自己来说，在书信中可以易"银"为"艮"。但在与人的谈论中，无论"银"或"艮"，都应该自称"yin"而非"gen"，否则，岂不让人听不明白？

而当时的人们，无论是书面还是口头，自称时多习惯用"某"。而友人则多称其字号，如对王艮，动辄"心斋"、"汝止"，而难见用"艮"或"银"。如友人罗洪先的祭文为《祭王心斋文》（《念庵集》卷 17）、弟子林春逢人必称"吾师心斋"（唐顺之《荆川集》卷 10《墓志铭·吏部郎中林（春）东城墓志铭》），等等。至于泰州学派诸传人，徐樾、颜钧、何心隐、罗汝芳，更莫不如此。

时至今日，学人于王艮早无香火之情，故均直书、直呼"王艮"。这就使这个本来可能不存在的问题凸显出来，因为要读出"艮"的发声来。由于大体上带着和黄宗羲一般的"士大夫"感情，过于重视作为八卦之一的"艮"的丰富内涵，所以人们几乎不提"王银",并且将"艮"字读成"gen"而非"yin"。这样,就使一位来自于社会最底层的极具天分、让所有读书人所有身居高位者都刮目相看的平民思想家,平凡到和一般士大夫出身的思想家一样缺乏特色,而这恰恰不是明朝人的作风。因为在明朝人看来,出身卑微并不丢人。邹元标《书心斋先生语略后》云:

> 或问邹子曰:"泰州崛起田间,不事诗书,一布衣何得闻斯道卓尔?"予曰:"惟不事诗书一布衣,此所以得闻斯道也。盖事诗书者,理义见闻,缠缚胸中,有大人告之以心性之学。彼曰:'予既以知之矣。'以泰州之天灵皎皎,既无闻见之桎梏,又以新建明师证之,宜其为天下师也。"(《愿学集》卷8《杂著》)

是出身的卑微,成就着王艮的伟大。所以钱德洪、刘宗周皆不讳王艮之为王银,相比之下,黄宗羲却显得有些小家子气。

所以提出这个问题,提出应该恢复王"艮"的本来读音"yin",既是因为以讹传讹已久而人皆忽略,更是为了指出一个事情的本源:王艮本名王银,这个"银"是其作为灶户和盐贩的父亲取的名字,代表着这个家庭或家族发家致富的希望。这个王银本来就来自于最底层的凡夫俗子之中,它的学说完全来自于社会实践和自身感悟,都是凡夫俗子听得懂、悟得到的人生信条。

王阳明之改"王银"为"王艮",已经在对这位底层思想家进行"修正";黄宗羲虽然敬重王艮的"体悟"功夫,却希望抹去他曾经的卑微。今日之研究者,无疑在继承王阳明和黄宗羲的事业,继续对王艮修正。王"艮"之读"gen"而不读"yin",正是这种继承的结果。

附记:

本文的写作,缘于2010年3—7月在台湾成功大学为客座教授期间,5月14日傍晚在成大雨荷舞水餐厅与"中央研究院"黄进兴院士"茶余饭后"的讨论,并得到成大历史系陈玉女教授的鼓励和帮助。在此致谢。

二 关于泰州学派王艮"艮"字读音的再思考

十分感谢王继如先生对拙文《关于泰州学派王艮"艮"字读音的思考》(《光明日报》2013 年 2 月 20 日)提出的质疑(《泰州学派王艮的"艮"不能读"银"》,《光明日报》2013 年 3 月 8 日),他的质疑,促使了我对这一问题的再思考。

坦率地说,对于文字学特别是古文字学,我没有任何研究,所以对王艮"艮"字读音的思考也不是从文字学出发,而是从王艮的出身、经历、更名及当时的社会状态出发,这也是历史学者习惯的"路数"。

自步入史坛开始,我也一直把王艮的"艮"读为"gen"。因为几乎所有的字典、词典,特别是师友们在说到王艮时,都无一例外把王艮之"艮"读为"gen",把它视为"八卦"的卦象之一。

疑问开始于 1995 年。当时受一家书商的邀请,撰写《王阳明传》(后以《旷世大儒——王阳明》为名,2000 年由河北人民出版社出版)。为了写这个传记,比较仔细地读《王阳明全书》,特别是其中的《传习录》和《阳明年谱》,加深了《明史·王守仁传》所记载的王艮本名叫王"银"而非王"艮"的印象。《阳明年谱》对于王银到南昌见王阳明的场景描述得比《明史》更详细、生动:

> (正德十五年九月)泰州王银服古冠服,执木简,以二诗为贽,请见。先生异其人,降阶迎之。既上坐,问:"何冠?"曰:"有虞氏冠。"问:"何服?"曰:"老莱子服。"曰:"学老莱子乎?"曰:"然。"曰:"将止学服其服,未学上堂诈跌掩面啼哭也?"银色动,坐渐侧。及论致知格物,悟曰:"吾人之学,饰情抗节,矫诸外。先生之学,精深极微,得之心者也。"遂反服执弟子礼。先生易其名为"艮",字以"汝止"。(《王阳明全书》卷 34《年谱二》,上海古籍出版社 1992 年版)

钱德洪等人修《阳明年谱》,王艮也有参与;《阳明年谱》修成时，王艮还健在。所以，这段记载的真实性是没有问题的，不但王艮本人认可，而且还有陈九川、夏良胜、万潮、欧阳德等众多的见证人。

如果孤立地讨论王艮名"艮"、字"汝止"，将王艮之"艮"视为卦象，读"gen"音，是毫无疑问的。事实上，即便知道王艮本名王银，并且也知道是王阳明为其更名，由于先入为主的原因，也未必会对王艮"艮"的读音，以及它和"银"的关系作太多联想。我就是一个例证。所以尽管已经有了疑虑，但在《旷世大儒——王阳明》中，仍然采用成说，并作了以下的叙述："'艮'为八卦中的一卦，代表山，巍然挺拔，不依不附，这符合王银的性格；但也要有所收敛，应适可而止，所以叫'汝止'。"

但也正是在写《王阳明传》的过程中，我越来越强化了一个观念：中国历史上的伟大思想家，无论是老子、庄子，还是孔子、孟子，无论是程颐、程颢，还是朱熹、陆九渊，他们的核心思想几乎都是在社会实践中产生和形成的。对于时时强调"事功即学问"、宣称自己的学说要让"凡夫竖子"听得懂的王阳明，尤其是这样。所以，对事物的思考更注重它的过程。

由此而加深了对王艮之"艮"读音的疑惑：字面上改"银"为"艮"固然方便，口头上如何改？是否需要宣布，王银从此以后不叫王银（yin），而叫王艮（gen）？以当时的传播方式，对于在农工商贾中有广大粉丝群的王银先生，几乎不可能。更何况在这个粉丝群中，有大量目不识丁的贱夫走卒、盐丁灶户，这该怎么办？所以我开始有了一个假设，是否"艮"也可以读作"银"？是否字面改为王"艮"，口头称呼仍然是王"银"？

这个假设曾在各种场合向朋友们请教，其中也包括我在《关于泰州学派王艮"艮"字读音的思考》附记中所说的在台湾向"中研院"史语所黄进兴院士、成功大学历史系陈玉女教授的请教。黄、陈二友认同我的基本思路，同时也提出需要加以完善。因为当时我主要是作"义"和"理"的推测，而缺乏"字"和"音"的支持。他们认为，如果在古文字中，"银"和"艮"是同音，这个问题就可以解决了。

黄进兴院士为我鼓劲：希望尽快看到文章，我去美国的时候，将就这一观点向我老师（余英时教授）请教。而第二天，陈玉女教授帮我搜寻到了"艮"的四种读音。

关于"艮"的第一、二两种，即 gen 的第四声、第三声的读音和释义，拙文《关于泰州学派王艮"艮"字读音的思考》已论及，亦载各种字典、词典，此不赘述。

关于"艮"的第四种读音和释义，即作为"民"的异体，见秦公辑《碑别字新编》，文物出版社（北京）1985 年版第 15—16 页（全书 24—25 页），五画，"民"字，在"隋范高墓志"中，"民"刻作"艮"，"艮"为"民"之异体。但是，是否因为"刻工"不识字或粗心，误将"民"刻成了"艮"？因为这种事情在古代乃至当代的石刻、木刻及印刷品中是经常发生的。而这却是异体字出现的很重要原因。

关于"艮"的第三种读音和释义，即作为"银"的异体并读为"银"，见于许慎《说文解字》。宋徐铉增释《说文解字》（大徐本）卷 14 上"金"部云："银：白金也。从金，艮声，语巾切。"清段玉裁注《说文解字》卷 14 上"金"部亦云："银，白金也（按：注略）。从金，艮声（语巾切，十二部）。"

无论是徐释还是段注，有一点是明确的："银"和"艮"同音。在"艮"的读音中，"银"为其中一种。甚至应该说："银"之读为"yin"，是因为借用了"艮"的读音，而"艮"的这种读音，就是"yin"。之所以这样说，是因为例证太多了。

仍据徐铉增释本《说文解字》的"金"部。该部共收 200 字左右，以前八字为例：金、银、镣、鋈、铅、锡、鈏、铜，金除外，银已见上文，其余六字如下：

镣："白金也。从金，寮声，洛萧切。"读为"寮"（liao）。

鋈："白金也。从金，芙省声，乌酷切。"读为"芙"（wo）。

铅："青金也。从金，㕣声，与专切。"读为"㕣"（yuan）。

锡："银铅之间也。从金，易声，先击切。"读为"易"（xi）。

鈏："锡也。从金，引声，羊晋切。"读为"引"（yin）。

铜："赤金也。从金，同声，徒红切。"读为"同"（tong）。

可见，在古文字中，所有"从金"即以"金"为偏旁的字，都是借用正字的音。"认字认一边，不用问先生。"民间流传的这个认字诀窍，用来印证以"金"为偏旁的字，几乎无一失误。

仍然存在疑问的是"银"和"锡"，因为《说文解字》在卷14下"金"部释"银"、释"锡"时，"艮"、"昜"的标音分别是"语巾切"（yin）、"先击切"（xi），但在卷8"匕"部解"艮"、卷9下"昜"部解"昜"时，标音则分别为"古根切"（gen）、"羊益切"（yi）。由此也留给了古文字学家一个新的题目："艮"的各种读音，比如，读"银"、读"艮"，孰先孰后？还有，"昜"是否和"艮"一样，应该多种读音和释义？它们的本义应该是什么？也许这些问题早已被文字学家们所解决，只是因为我孤陋寡闻不知道而已。

下面是徐铉增释《说文解字》和段玉裁注《说文解字》的书影（见图1），原文分别参见上海古籍出版社影印《四库全书》第223册第349页、《说文解字注》第702页（1981年版）

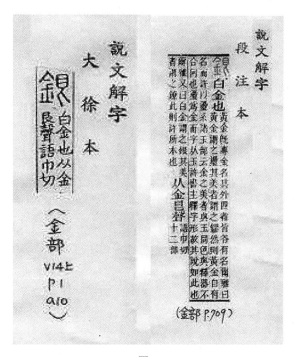

图1

除了释义和读音，特别值得关注的还有"艮"的字形，可能对于破译它的原义和原音有帮助。

《康熙字典》采用了《说文解字》中"银"字的"语巾切"的读音和"白金"的释义。但由于《康熙字典》主要的功能是"说文"而非"解字"，所以没有引用《说文解字》中关于"银"字"从金"的结构和"艮声"的读音，但这不能说明《康熙字典》否认了"艮声"的读音，正如它没有否认"从金"的构成一样。其他的词典、字典也可以作如是观。

正是基于这些理由，也许还有更充分的理由，所以（台湾）"教育部"《异体字字典》（2004 年 1 月正式第五版、学术网络 11 版）在"06 画·021·匕部"序号 A02109 - 013、字号 A03424"艮"字下标明了"艮"字的四个读音和四种释义，第三、四种即我在《关于泰州学派王艮"艮"字读音的思考》一文中引出的为"银"、"民"的异体字。下为网上书影（见表 1），查寻网页为：http：//dict. variants. moe. edu. tw. com，为了节省版面，缩小了字号、压缩了行距，同时把繁体转变为简体：

表 1

字号	A03424	正字		【艮】艮-00-06
音读	（一）ㄍㄣ　（二）ㄍㄣˇ　（三）ㄧㄣˊ　（四）ㄇㄧㄣˊ			
释义	（一）ㄍㄣ 易经卦名： 八卦之一。卦形为☶。象征山。 六十四卦之一。艮（　）下艮（　）上。象动静不失其时，则其道光明。 方位名。指东北方。后汉书.卷五十二.崔骃传："遂骞翼以委命兮，受符守乎艮维。"章怀太子.注："艮，东北之位。"唐.欧阳詹.栈道铭："秦之坤，蜀之艮，连高夹深，九州岛之险也。" 姓。如汉代有艮当。二一四部首之一。 静止。易经.艮卦.象曰："艮，止也。" 坚固、坚硬。广雅疏证.卷一下.释诂："艮，坚也。"疏证："说卦传云：'艮为山，为小石，皆坚之义也。'今俗语犹谓物坚不可拔曰艮。"			

字号	A03424	正字	【艮】艮-00-06	
	（二）《ㄣˇ 　　食物坚韧不脆。如："艮萝卜不好吃。" 　　耿直的。如："这个人真艮！" 　　衣饰简略无华彩。如："他的衣物一向都是这么艮的。" 　　语言粗率、不婉转。如："他的话太艮了。" （三）｜ㄣˊ 　　"银"之异体。 （四）ㄇ｜ㄣˊ 　　"民"之异体。				

如果脱离王银的"银"而孤立地解读王艮的"艮"，没有任何理由把"艮"读成"银"。但如果从王银的"银"出发来解读王艮的"艮"，则这个由"银"去"金"而留下的"艮"，无疑是"从金艮声"的"艮"了。因为王阳明当年就是把王银的"银"去"金"而留下"艮"的。其实，这也涉及一个研究理路的问题：到底是从事物的起源和过程来思考它的结果，还是就结果本身来讨论结果？

看来，"传统文化"不仅像王继如先生所说的那样，没有在王阳明和王艮那里失落，而且还由从两千年前的《说文解字》到21世纪的《异体字字典》等一批文献保存下来。

其实，即使包括《说文解字》在内的所有字书、词书都没有关于"艮"和"银"的读音的联系，阳明、心斋师徒在这个事情上是否可以来一番"通假"？根据他们的性格，是完全有可能的。如果连这点勇气和灵性都没有，又哪里会有风靡天下的阳明学派，更毋论可以"赤手搏龙蛇"的泰州学派。而且，中国许多汉字的多种字形、读音和释义不也就是这样创造出来的吗？借用鲁迅的话，地上本没有路，走的人多了，也便成了路。

或许是因为我在前文中没有把"银"与"艮"的字源关系说清楚，特别是没有说明"艮"字四音的出处，从而导致了王继如先生和其他读者可能产生的疑问，在此表示真诚的歉意。不过也正是因为王先生提出的质疑，促使了我对这一问题做进一步的思考和阐述，谨在此表示谢意。

附记：

近日，蒙中国政法大学邓庆平博士告知，她和赵世瑜教授收集河北蔚县的石刻资料，识录后出版了《蔚县碑铭辑录》（广西师范大学出版社 2009 年版），其中有大量碑刻的捐资题名都将"施银"写作"施艮"。以"关帝庙重修祠房碑记"为例，碑端题刻即"计开施艮善人"。该碑共刻"施艮善人"119 位，其中有 15 处刻为"施银"，有 107 处刻为"施艮"。此处"艮"即"银"的异体字。其实，此类碑刻各地几乎随处可见。

原载：2013 年 5 月 23 日《光明日报》

附：泰州学派王艮的"艮"不能读"银"

王继如

《光明日报》2 月 20 日理论·史学版发表了方志远先生的《关于泰州学派王艮"艮"字读音的思考》，提出应该恢复王"艮"的本来读音"yin"。我以为这种说法在语言文字学上是没有根据的。

根据当前比较权威的《汉语大字典》，艮有三个读音，一是 gèn，为八卦之一，又是六十四卦之一，由此产生停止、静止等意义。二是 hén，牵引义。三是 gěn，生硬、坚硬等义，在方言中使用（《汉语大字典》第 3378 — 3379 页，崇文书局和四川辞书出版社 2010 年联合出版）。未见有读成"银"或"民"的。《康熙字典》"艮"字则仅列二音，一为古恨切，即今天的读音 gèn，一为胡恩切，即今天的读音 hén（见该书未集下艮部），同样未见有读成"银"或"民"的。在《广韵》中，艮只有一个音，就是上引的古恨切。在《集韵》中，艮除了古恨切之外，多了一个胡恩切的音，也见上引。同样未见有读成"银"或"民"的。因此，要将"艮"

字读成"银",在字音和字义对应的层面上,是找不到根据的。

而从中国传统的人名和其字相对应的层面上来看,倒是能确定"艮"是该读 gèn 的。王艮,字汝止。《易·艮》的卦象是二山相叠,象曰:"艮,止也。时止则止,时行则行。"王阳明给王银改名作王艮,字汝止,正说明是用卦名来读这个"艮"字的,也就是读作 gèn 的。

方文说:"王阳明及王艮自己既有可能把这个'艮'视为八卦之'艮',也有可能把'艮'作为'银'之异体字之'艮'。但不管是哪一种可能,其读音应该仍然是'银',或作为银之异体字之'艮':'yin'。而王阳明之所以将王'银'改为王'艮',完全有可能是因为二者为同音,形体改了,但读音仍然不变。"

方文的意思,是要对王艮名字的读音作纠正以突出其草根性,然而这种纠正却产生了违背文字音义相应的谬误。说王阳明和王艮将"艮"字读作"银"是毫无根据的,在他们那里,传统文化不至于如此失落。

方文说:"王阳明之改'王银'为'王艮',已经在对这位底层思想家进行'修正'。"这是很对的。王阳明对这个名字作"修正"改作"艮"有什么含义?今天已难以明晰。但艮卦有止欲之意,详见《周易注疏》及今人黄寿祺、张善文撰《周易译注》第 430 页(上海古籍出版社 1992 年版)。王阳明是否有止"银"字之欲利之意,不得而知。然而王艮主张良知现成之说,有云:"只心有所向,便是欲;有所见,便是妄。既无所向,又无所见,便是无极而太极。良知一点,分分明明……,圣神之所以经纶变化而位育参赞者,皆本诸此也。"(《王心斋全集》卷五《尺牍·与俞纯夫》)"良知"前一段话,简直就是对艮卦的"艮其背,不获其身;行其庭,不见其人,无咎"的注释。"艮其背"两句,就是说私欲在未显露时就抑止住,不让身体直接面对。这里,不难看出王阳明给他改名的影响。

(原载:2013 年 3 月 8 日《光明日报》)

说明:王继光教授是我尊敬的学长,今值继光教授七十寿辰,西北民族大学历史文化学院尊师重道、弘扬学术，编撰《王继光教授七十诞辰庆寿纪念文集》，索稿于我，甚感荣幸。兹将这两篇稿子和王继如先生的质疑文章一并提交，希望能够得到有兴趣的同行垂教。

论明代留京藏僧的社会功用

陈　楠[*]

一　明初礼遇藏族僧人及藏僧东来

明代有大批藏传佛教僧人留住京师（主要是北京）寺院，成为京师佛教僧团中一个特殊的组成部分。藏僧留住京师，一方面是明朝廷因怀柔藏人的政治需要而推行"因其俗尚，用僧徒化导"政策的一种体现，另一方面则与皇帝个人特别是成祖以后中期诸帝对藏传佛教的宗教崇信有着密切的关系。

明代藏僧留住京师始于洪武时期。明太祖在立国之初就对藏族僧人给予极其优渥的礼遇。因为藏族地区是全民信奉佛教，各教派的领袖人物往往又是雄踞一方的实力集团的首领，藏传佛教高僧在其社会中所起的作用举足轻重，这一点是汉地僧人无法企及的。明太祖深深了解这一点，于是下大力气招徕藏族高僧，给他们以荣宠的封号，丰厚的赏赐，"以西番俗尚浮屠，故立之以来远人也"[①]。

为说明明朝初年藏传佛教在内地的传承与影响情况，下面录引几段明太祖对藏族僧人的几篇敕诰：

* 陈楠，女，1953 年 12 月出生于内蒙古自治区，哲学博士。现为中央民族大学历史系教授，博士生导师。学术研究专长为民族史（藏族史）、宗教（佛教）。
① 《明太祖实录》卷 250，洪武三十年二月条。

护持朵甘思乌思藏诏①

大矣哉，大觉金仙。行矣哉，出无量，历阿僧，下兜率，生梵宫。异哉雪领之修，世人过者乎？天上人间，经劫既广，忍辱愈多，方成佛道，善被人世，法张寰宇。人有从斯道者，天鉴神扶，身后同游于佛境。若违斯道而慢佛者，则天鉴神知，羁因地狱，与鬼同处，直候拂石劫尽而方生。其斯忧乎？苦乎？一念同佛，则百祸烟消，化为诸福。今朵甘思、乌思藏两卫地方诸院上师，踵如来之大教，备五印之多经，代佛阐扬，化凶顽以从善，启人心以涤愆。朕谓佛为众生若是，今多院诸师亦为佛若是，而为暗理王纲，与民多福。敢有不尊佛教而慢诸上师者，就本处都指挥司如律施行毋怠。

谕善世禅师板的达敕②

禅师自西方来，朝夕慕道，务在济人利物。朕观禅师之立志也，努力甚坚，其岁月之行也甚深，故得诸方施供，善者顶礼，恶者欢心。前者东达沧海而礼补陀，旋锡钱塘而暂禅天目，西游庐岳，中国之名山，遂禅师之意已达，复来京师，驻锡钟山之阳，日禅岩穴。禅师之所以玄中仰观俯察，志在神游八极，惟神天昭鉴。迩者朕建陵山前，闻禅师欲徙禅他往，被无知者所惑，乃曰非旨不前，是致踌躇。朕今敕禅师：凡欲所向，毋自猜疑，当飞锡而进，锡止而禅，乐自然之天地，快清净之神魂，岂不道成也哉！

赐番僧端月监藏护持敕③

佛教始于西域，流传至于中华，今千余年矣。盖为时有智僧出世，谈天人妙果，智慧者闻之，益加崇信，愚痴者闻之，

---

① 《高皇帝御制文集》卷1（明嘉靖十四年刻本）。
② 《高皇帝御制文集》卷7。板的达即班智达，梵文 pandita 之译音，意为佛教大学者。
③ 《明太祖实录》卷85，洪武六年十月。

莫不豁然警悟。呜呼！佛之愿力有如是乎？尔番僧端月监藏修
行有年，今来朝京师，特赐敕护持。凡云游坐禅，一听所向，
以此为信，诸人毋得慢忽其教，违者国有常刑。故敕。

　　分析上述几段史料，可以推知早在洪武初年就有许多藏族僧人
来内地云游，他们得到朝廷的特许，可以随意游历内地名山佛刹，
驻锡安禅，授徒传教。从而有许多藏僧长久居于内地，甚至建立自
己的寺院道场。据《明实录》记载：洪武十八年，"建鸡鸣寺于鸡
鸣山，以祠梁僧宝公，命僧德瑄住持。瑄卒，道本继之。初，有西
番僧星吉监藏为右觉义，居是山，至是，别为院寺西以居之"①。
　　鸡鸣寺是明代南京八大寺之一，也是明成祖迁都之前留京藏僧
主要的挂锡之处。在明朝初年，明太祖礼遇藏传佛教僧人，最根本
的原因是为招抚藏区僧俗上层，进而治理广大藏区。正如《明史》
中所言："因其俗尚，用僧徒化导为善，乃遣使广行招谕。"② 至于
对藏传佛教，至多也是觉得有些新鲜好奇，表示尊重而已，并没有
什么信仰的成分。
　　永乐时期，一方面，明朝廷与藏传佛教各派及其僧团之间建立
了更为广泛和密切的联系，交往也更加频繁，出于治理藏区的政治
需要而大封藏族僧人；另一方面，明成祖本人对藏传佛教的礼遇也
不仅出于政治目的，而且兼有宗教信仰的因素。在这种背景条件
下，朝廷对藏僧在宗教、政治以及经济等各方面所给予的优待也越
来越多，致使藏族僧人为名利所诱惑，都争先恐后地踏上东来内地
的朝觐之路。早在明成祖未登基前当燕王用兵北方之时，就受到了
许多藏传佛教的影响，闻知乌思藏地方尚师哈立麻（即噶玛巴五世
活佛）"有道术"，心下里仰慕已久。俟其即位，多次派人重礼相
迎，至永乐四年将噶玛巴五世活佛得银协巴迎至京城，封为大宝法
王，"领天下释教"。其后又陆续邀请藏传佛教萨迦派、格鲁派的高
僧东来内地，封授自法王至禅师等各种等级的名号。永乐一朝，先

① 《明太祖实录》卷176，洪武十八年十二月丁巳。
② 《明史》卷331《西域传》三。

后封授了大批藏传佛教僧人。《明史》记载："初，太祖招徕番僧，本借以化愚俗，弭边患，授国师、大国师者不过四、五人。至成祖，兼崇其教，自阐化等五王及二法王外，授西天佛子者二、灌顶大国师者九、灌顶国师者十有八，其他禅师、僧官不可悉数。"①

二　宣德朝以后留京藏僧概况

及至宣宗宣德年间，继续了成祖推崇藏传佛教的政策，对藏族僧人更加礼遇优待。留住京师的藏僧越来越多。明人笔记中就有"宣宗末年，入居京师各寺者最盛"的说法。② 由于京城各寺藏僧人数持续增加，朝廷相应的开支也越来越大。留住京城的藏僧不仅人数众多，而且等级也多，不同的等级享受的待遇也不一样。史书记载，自宣德朝以来，"住京番僧，曰大慈法王、曰西天佛子、曰大国师、曰国师、曰禅师、曰都纲、曰剌麻，俱系光禄寺支持。有日支酒馔一次、三次，又支廪饩者，有但支廪饩者"③。

宣德十年（1435 年），英宗即位，英宗执政之初，提倡节俭，凡事都要本着"减省"的精神。礼部许多大臣对朝廷过于优待藏僧早就心存异议，趁此机会，马上向皇帝奏议裁减留京藏僧。礼部尚书胡濙奏议裁减留京藏僧人 691 人，第二年即正统元年（1436 年），礼部奏议再减 450 人。这两次相加总共有 1141 人之多。准许留住的藏僧自然继续享受朝廷供奉，被裁减的藏僧本该一律离开京城回到原籍，但英宗本人对裁减藏僧态度并不是很坚决。所以正统元年礼部第二次议减留京藏僧时，英宗"命大慈法王、西天佛子二等不动，其余愿回者听，不愿回者，其酒馔廪饩康光禄寺定数与之"④。这实际上是让藏僧本人决定去留，朝廷并不进行干预。对于明英宗裁汰藏僧态度不坚决一事，一般将其归咎于英宗也非常崇信藏传佛

---

① 《明史》卷 331《西域传》三。
② （明）沈德符：《万历野获编》卷 27，中华书局 1959 年版。
③ 《明英宗实录》卷 17。
④ 《明英宗实录》卷 17。

教的缘故。其实不然，朝臣奏议裁减藏僧，主要着眼于财政开支，也担心京城内过多的藏传佛教活动对传统的中原文化有所影响。但作为皇帝，英宗则更清楚，对待藏僧态度如何涉关广大藏区的安定与否。因而他所谓的"减省"原则原本不是要用在这方面的。

继英宗之后，明代宗、明宪宗、明孝宗及明武宗都是崇佛的皇帝，对藏传佛教又都有浓厚的兴趣，特别是明宪宗和明武宗更是沉溺其中。因此，到成化年间，留京藏僧的人数又大幅度增加。据记载，仅成化二年一次度藏僧人数就达 3400 人之多！①

据成化二十一年（1485 年）礼部尚书周洪谟所奏，当时仅大慈恩、大能仁及大隆善三处寺庙就有藏僧千余人之多。其中有许多是有法王、佛子、大国师等名号的高级僧侣，按照明朝廷的规定，凡有法王、佛子、大国师名号的藏僧，都由朝廷颁赐金印，其日常用度相当于王公贵戚，这笔开支太大了！另外，由于喇嘛僧人的特殊地位和优厚的待遇也引虚妄投机分子贪图获利，一旦设法混迹其中，不独生活有保障，还能得到社会各方面的尊崇。因而至成化年间，京城藏僧中就有一部分是属于"汉人冒滥为之者"。汉人冒充藏僧大概有几种原因：或是由于"百姓逃避差役多令子弟从学番教"，或是由于藏僧"多诱中国军民子弟收以为徒"；而朝廷对藏僧隆厚的优待，也吸引一些汉人"习为番教，以图宠贵"。在留京藏僧人数不断增多、朝廷开支日益扩大的情况下，汉人"冒滥"的现象也引起了一些官员的注意，并促使朝廷在成化初年进行了一次清理，并作出规定：凡依止番教的汉地人士，已经取得度牒的就不予追究，还没有取得度牒的则一律清出。从今以后，汉地人士一律不许依止番教。② 但在成化年间，汉地人士习学番教现象并未得到有效控制，可以说是有章不循，屡禁难止。后来成化二十一年礼部尚书周洪谟奏请皇上清理"冒滥"番僧时，宪宗只不过敷衍批答：今

---

① 《明宪宗实录》卷 273，成化二十一年十二月癸卯条："喇嘛国师札思巴宗奈乞度藏僧。礼部欲遵成化二年例，以三千四百名数度之。上命礼部遣官督僧录司验其果系番人给度，毋容冒滥。"

② 《明宪宗实录》卷 59，成化四年十月庚戌条。

后"汉人冒为之者必罪不宥"①。从这些记载可以看出，宪宗后期对藏传佛教崇信有加，不可能认真进行清理裁汰，对于"冒滥"番僧日渐增多的现象也是睁一眼、闭一眼。

在明孝宗即位初年，礼部便急不可待地上疏说：

> 上传升大慈恩等寺法王、佛子、国师等职四百三十七人，及喇嘛人等共七百八十九人，光禄寺日供应下程并月米，及随从、馆夫、军校动以千计。多诱中国军民子弟，收以为徒。请一切禁革，命法王、佛子降国师，国师降禅师，禅师降都纲，自讲经以下革职为僧，各遣回本土、本寺或边境居住。仍追夺诰敕、印信、仪仗，并应还官物件。内降职留为大慈恩等寺住持者五人，革职留随住者十人。集汉人习学番教者，不拘有无官职度牒，俱发回原卫有司当差。如隐冒乡贯自首改正者，许换与度牒。②

从这段记载可知，在成化末及弘治初年，留京藏僧中有法王、佛子、国师等名的总共有437人，一般喇嘛则有789人，另外再加上仆役随从等又不下千把人。孝宗初即位，在礼部官员的坚持下，对京城主要藏传佛教寺院的留住人数进行了一次大规模裁减，而且僧人的名号等级也大多受到贬抑。其中被裁减的藏区各地的僧人一律回到原来的寺院或边境地区的寺院，凡是内地汉人冒充藏僧者，一经查出，不论僧职高低，一律强令还俗，回原籍卫所充当官差军役。

这次大刀阔斧地裁汰藏僧确实收到很大成效，许多留京藏僧不得不暂时离开京城，但等风声一过，又陆续悄悄潜回京城。针对这种情况，弘治四年（1491年）有司再次劾查，并奏请孝宗皇帝，再逐藏僧，孝宗颁旨："番僧留一百二十八人，余悉遣之"③。

---

① 《明宪宗实录》卷260，成化二十一年正月己丑条。
② 《明孝宗实录》卷4，成化二十三年十月丁卯条。
③ 《明孝宗实录》卷48，弘治四年二月丁巳条。

明宪宗的儿子明孝宗在明朝的 16 位皇帝中，还算是一个比较勤政，有些作为的皇帝。特别是在即位之初，对京城"番僧冒滥，升赏糜费数多"的状况表示重视，先后于成化二十三年（1487 年）和弘治四年（1491 年）对留京藏僧进行了一次力度很大的裁减。最终除 128 人继续留住外，其余均被发遣出京。但由于治理藏区的特殊需要，加之孝宗本人也崇信藏传佛教，后来在整治京城番僧问题上也是执行不力，初上台时实行的各项政策大都不能持久，留京藏僧的人数也逐渐有所递增。因而史书批评他"初政渐不克终"①。

在弘治年间，有一位名叫领占竹的藏僧先被罢黜回籍，后又旨批允许回京，由此可见孝宗对留京藏僧态度之变化。

明武宗即位后，掀起了明朝宫廷中崇奉藏传佛教的一个高潮，以故"番僧复盛"。尽管史籍中有关正德朝留京藏僧的人数没有记载，但以武宗对藏传佛教沉溺和对藏僧眷顾的程度，留京藏僧的人数应有相当规模。

明世宗执政后，倡导"革故鼎新"，留京藏僧亦为其"革故"的对象。即位伊始，世宗就诏令：凡"正德元年以来传升、乞升法王、佛子、国师、禅师等项，礼部尽行查革，各牢固枷钉，押发两广烟瘴地面卫分充军，遇赦不宥"。其后，世宗又采取崇道排佛的宗教政策，"崇道教，益黜浮屠，自是番僧鲜至中国者"，因此，嘉靖时期，留京藏僧人数锐减。此后，直到明末，尽管仍有藏僧留住京师，但人数极为有限。

三　明代留京藏僧的主要社会功用

自明中期以后，藏族僧人居留京城逐渐增多，庞大的经费开支曾造成朝廷的负担，朝野上下也对此颇有微词。但事实上，自宣宗以来各朝容留藏僧居留京城并给予优厚待遇，其根本出发点仍然着眼于广大藏区的安定与否，在这方面，居京藏僧起着不可替代的重要作

---

① 《明史》卷 180《张弘至传》。

用。考察起来，明代留京藏僧的社会功用至少有以下几个方面。

第一，译写朝廷文卷及写经、译经。

景泰元年（1450 年），即土木堡之变的第二年，景帝曾因礼部尚书胡濙奏请，于当年四月丙子"升译写西番字番僧坚参列、都纲善师俱为右觉义，番僧参竹札失、答儿麻失里俱为都纲，仍于翰林院办事。并赐番僧也失星吉护持，都纲剌瓦札巴坚粲敕谕、印信。俱从太子太傅兼礼部尚书胡濙奏请也"①。这条史料表明居有留京城的藏族僧人在朝廷翰林院供职，办理汉藏文书翻译事务，由于工作突出，礼部尚书胡濙特别奏请朝廷给他们升迁加赏。

景泰七年（1456 年），代宗皇帝还为褒奖藏僧完成藏文大藏经抄写工作，提升一批藏族僧人为国师、禅师等职，"命番僧领占罗竹、绰巴藏卜为灌顶国师，舍剌也夫、桑结远丹、坚参列罗竹、聪密罗竹、扎失远丹绰俱为国师，三竹扎失为禅师，簇克林巴、扎失兀则尔、扎失巴俱为右讲经，坚参领占、昆令远丹罗竹俱为左觉义，锁南班丹、官绰领占、锦敦坚参、班丹藏卜、交斡藏卜、扎失三竹、绰吉领占、公哥宁卜俱为都纲，端岳领占等五十二人俱为剌嘛，给图书、印、帽、袈裟。以写番经成也"②。

第二，出使乌思藏等藏区，执行朝廷对藏区政教首领封赐宣抚事宜。

在明朝前期，即洪武、永乐、宣德时期，朝廷每每派遣使团赴乌思藏等各藏区，其具体使命主要是封赐宣抚藏区各部政教首领，而执行这些使命的往往都是宫廷宦官。与此同时，朝廷有时也会差派驻在京城的藏族僧执行一些特殊使命，有时是协助宦官使臣担任翻译联络工作。景泰三年受封为"大智法王"的安多藏僧班丹扎释就曾在永乐年间多次奉旨出使乌思藏地区，在延请噶玛巴得银协巴入朝一事上功不可没。宣德十年（1435 年），宣宗皇帝敕修班丹扎释所驻锡的大隆善寺，并为其雕刻紫檀木等身坐像一躯。此躯坐像"披袈裟袒右臂，结印于胸前，光头圆脸，丰面大耳，颇有光彩"③。

---

① 《明代宗实录》卷 191，景泰元年四月丙子条。
② 《明代宗实录》卷 272，景泰七年十一月戊辰条。
③ 参见陈楠《大智法王考》，《中国藏学》1996 年第 4 期。

按班丹扎释木雕像原存北京西城护国寺护法殿，"文化大革命"时移至故宫，后又移至北京法源寺，至今保存完好。雕造木像事足以证明明朝皇帝对大智法王班丹扎释的高度宠幸和隆重礼遇，这在明代众多的藏族高僧中，是绝无仅有的殊荣。这是彰奖他对祖国统一及民族团结所作的突出贡献。在寺中所藏《西天佛子大国师班丹扎释寿像记》碑文中记录了班丹扎释的不朽功绩：

> 永乐间，征之赴阙，馆留京寺，对扬称旨，尝偕近臣陪送大宝法王远抵其国，道力所致，神物护持，涉历山川，略无险□□□，太宗皇帝嘉叹久之，授以僧录司阐教，赐予甚隆。继而屡奉使命，往还西域，远夷率服，边境无虞师之。以慈化物，佑□□□国推诚之。至凯庸可得窥测也哉。宣宗皇帝践祚之初，加以今号，金章宝诰，特宠之吁，何其□□。敕修大隆善寺，师所居丈室遂撤，而新立之，所费之资□□□。①

及至明朝中期，因为逐渐有许多藏族僧人常驻京城，他们多次往来于藏区与内地，熟悉两方面情况，同时又可适应高原气候条件，更容易克服交通不便、路途遥远带来的许多困难。由于这些因素，自成化以后，朝廷经常派遣京城藏僧出使乌思藏等藏区，执行朝廷对藏区政教首领封赐宣抚事宜。

成化十三年，礼部曾为出使藏区完成使命的驻京藏僧请赏：十二月癸卯，"礼部奏：'大能仁寺都纲舍刺藏卜并静修弘善大国师锁南坚参等，奉命往临洮等处回，各献马、驼等物。都纲等如讲经例给赏。其国师无赏例，今加赏彩段一表里。上等马每匹加赏纻丝一匹，驼只如回回例，每只彩段三表里。'从之"②。

至明武宗正德年间，由于皇帝对藏传佛教僧人的特别宠信，派遣驻京藏僧充任朝廷赴藏区使命更趋频繁。

正德二年八月，"遣大慈恩寺都纲札巴也失充正使，大能仁寺

---

① 国家图书馆金石部《西天佛子大国师班丹扎释寿像记》拓片。参见黄颢《在北京的藏族文物》，民族出版社1993年版，第36页。

② 《明宪宗实录》卷173，成化十三年十二月癸卯条。

都纲锁南短竹充副使，赍诰敕、赏物，往封灵藏赞善王端竹坚昝"，同时还派遣十名京城喇嘛与之同行。札巴也失以"远赍赏赐，徒从稀少，不便防护"为由，乞请再增加从员，最后皇帝又增派了十名喇嘛作为随员。

正德十三年，"遣大护国保安寺番僧觉义领占札巴等充正、副使，率其徒二十七人入乌思藏国，封其酋为阐教王"。充当朝廷使者除了可以得到朝廷例行的一些赏赐外，外派藏僧也会趁机寻求更多经济利益。领占札巴等人请求朝廷提供马匹及快船30只，用以"贩载食盐，为入番买路之资"。因为入乌思藏封授事朝廷已安排妥当，户部不准许札巴等人的额外要求，依明朝法律，私自贩载食盐是犯法的。但武宗偏袒札巴等人，特别准许他们的请求。后来在出使过程中，"札巴等在途科索亡厌，州县驿递俱被凌轹。至吕梁，群殴管洪主事李瑜濒死"①。

正德年间，由于皇帝对藏僧的特别优宠，也使得有些藏僧有恃无恐，不守法度、寻衅恣事时有发生。至嘉靖年间，由于世宗皇帝好道不好佛，几乎未再任用京城藏僧出使藏区。仅有的一次发生在嘉靖后期。

嘉靖四十二年，由于乌思藏阐化王请求袭封王号，"上以故事，遣番僧远丹班麻等二十二人为正、副使，以通事序班朱廷对监之"。但此次京城藏僧出使事宜也不顺利，由于途中远丹班麻等人产生矛盾，不受朱廷对的管束，朱廷对回朝后向礼部报告远丹班麻一行在途中"肆为骚扰"。礼部因此向皇帝奏请："自后诸藏请封，即以诰敕付来人赍还，罢番僧勿遣。无已，则下附近藩司，选近边僧人赍赐之。上以为然，令著为例。封诸藏之不遣京寺番僧，自此始也。"②

第三，随军出征"抚化"。

在朝廷外派军队处理边境纠纷或地区叛乱等军政事务时，有时也会见到藏族僧人的踪影。特别是在信仰藏传佛教的少数民族或边塞地方，朝廷常会利用藏族僧人从中斡旋以化解矛盾，作为军事行

---

①　《明武宗实录》卷164，正德十三年七月丙午条。
②　《明世宗实录》卷526，嘉靖四十二年癸卯条。

动的补充方式，藏僧的作用是不可替代的，有时甚至可以收到事半功倍的效果。

如明宪宗成化八年，川西松潘地区发生叛乱事，朝廷派军前去平定，事后论功行赏时就有随军出征藏僧因功劳而得到升赏的事：

成化八年（1472 年）正月丁巳，"录征剿长沟等寨番贼功，升镇守松潘署都指挥佥事尧或为实授都指挥佥事，四川按察司副使沈琮、布政司右参议李衍督阵、督饷俱给赏。斩首三颗及阵亡官军五十四人，升一级。斩首二颗及被创官军四十五人，俱加赏。斩首一颗及当先官军五十五人，随军抚化剌麻国师、禅师二人，俱给赏"①。

至嘉靖后期已废止委派京城藏僧充任使臣到藏区执行公务。但有时遇到具体问题时，也有破例情况。如万历九年（1581 年），占据青海地区的蒙古俺答汗表示归顺明朝后，曾向朝廷"请讨番僧"，当时执政的首辅大学士张居正"诏前番僧坚参扎巴等往"，并命令他们"事完仍回"。万历九年九月庚寅，"番僧坚参扎巴等四员名，自虏帐传经还。上多其有化导属（夷）之功，赏禅衣、坐具及僧服、靴袜等物有差"②。

第四，为皇帝、宫廷做祈福禳灾佛事。

由于各朝皇帝的扶持，明中期京城藏族僧人数量增加，藏传佛教寺院兴盛，这其中自然有更好地实施朝廷"多封众建"的治藏政策、更好地掌控藏区的因素，但也不排除朝野上下对藏传佛教崇信的缘故。明朝大多数皇帝都十分亲近藏传佛教，前期以明成祖为代表，中期则以武宗皇帝为代表。京城藏僧的一项经常性任务就是为皇帝、宫廷做些祈福禳灾的佛事。

早在永乐朝时，就延请乌思藏大宝法王在南京为大行皇帝和皇后举行大规模超荐法会。此后宫廷内外崇信藏传佛教之风气盛行。至成化年间，京城常住藏僧很多，每遇节庆之时，举办藏传佛教法会更是习以为常。那些被封为法王、西天佛子大国师、灌顶国师等名号的藏僧备受朝廷礼遇，出入宫廷，显赫一时。《明实录》记载：

① 《明宪宗实录》卷 100，成化八年正月丁巳条。
② 《明神宗实录》卷 116，万历九年九月庚寅条。

"西僧以秘密教得幸，服食器用僭拟王者，出入乘棕舆，卫卒执金吾杖前导，达官贵人莫敢不避路。每召入大内诵经咒，撒花米赞吉祥，赐予骈蕃，日给大官酒馔牲饩者再，锦衣玉食者几千人。中贵人见则跪拜，坐而受之，法王封号有至累数十字者。"①

明孝宗弘治十二年（1499年），"时清宁宫新成，有旨命大能仁等寺灌顶国师那卜坚参等设坛作庆赞事三日"。当时朝廷大臣中有许多人坚决反对，大学士刘健等人上疏说："佛老异端，圣王所禁。中世人主崇尚尊奉者，未必得福，反以得祸载在史册，其迹甚明。我朝之制，虽设僧道录司，而出入有清规，斋醮有定数。未闻于宫闱之内建立坛场，聚集僧道，有如此者。……伏望速颁严诏，将所建番坛即时撤去，各寺胡僧尽行斥出，使宫闱清肃，政教休明。……"大学士刘健的上疏得到了许多朝臣的支持，但孝宗皇帝仍然坚持举行庆赞法会，并回答朝臣上疏曰："卿等言是，但宫殿新成，庆赞亦先朝永乐以来旧典，其置之。"②

明武宗崇信藏传佛教达到登峰造极的程度，他师从京城各大番寺藏僧学习藏文，习练藏传佛教密宗法事，"于佛经、番语无不通晓，宠臣诱以事佛"，于是京城大慈恩寺、大能仁寺等寺番僧皆得以宠幸。武宗还自封为"大庆法王"，铸法王金印一颗，并给自己颁发敕诰。他还在紫禁城修建一个修炼密宗的道场——豹房，与京城保安寺大德法王绰吉我些儿等藏僧杂处其中，"是时，上（武宗）诵习番经，崇尚其教，常被服如番僧，演法内厂，绰吉我些儿辈出入豹房，与诸权贵杂处"③。

由于上述诸种因素，藏传佛教在明代京城曾兴盛很长时间，明代北京的喇嘛寺院有十余所，较为著名的有大隆善寺、大慈恩寺、大能仁寺、保安寺、西域寺、真觉寺、兴教寺等。当时居留北京的藏僧究竟有多少人，也没有一个详细的统计数字，据各种记载分析，最盛时应有几千人之多。如此众多的喇嘛寺院及藏族僧人，构成了明代京城文化内容的重要组成部分，而藏传佛教中的某些仪轨

① 《明宪宗实录》卷54，成化四年四月庚戌条。
② 《明孝宗实录》卷155，弘治十二年十月戊申条。
③ 《明武宗实录》卷121，正德十年二月戊戌条。

习俗也逐渐在宫廷内乃至民间流传、渗透。据明人笔记记载：当时宫中英华殿、隆德殿、钦安殿都供奉西番佛像，由近侍司掌灯烛香火，万寿圣节及正旦、中元日于番、汉经厂内悬幡设帐以"做好事（即做佛事）"外，还要在隆德殿内"跳步叱"。① 至于在宫廷内请藏僧们举行祈福、祝寿、祭祀、祛灾避邪等法事活动更是家常便饭、屡见不鲜了。

由于藏族地方特殊的历史文化背景，尊崇藏传佛教，礼遇喇嘛僧人成为明代历朝皇帝制定治藏政策的一个基本格调。从明洪武年间开始，招徕藏族喇嘛高僧东来内地便成为朝廷经常性的事情，由于有朝廷的种种优待及物质保证，这些来自雪域高原的喇嘛僧人逐渐驻留京城，建寺传教，久而久之，明代京师留住有大批藏传佛教僧人。毋庸讳言，由政治需要逐渐又引发上至皇帝下至平民百姓对藏传佛教不同程度的崇信，从而满足皇室及上层人士宗教生活的需求成为留京藏僧活动的重要内容和显著特征，另一方面大量的留京藏僧照例享受朝廷供奉一直成为朝廷的沉重负担。更兼明中期皇帝政务荒怠和朝纲不举，朝野上下对留京藏僧事多有抨击，谈起喇嘛僧人往往有一种"欺罔惑世"和"縻财蠹政"的不良印象。但客观而论，留京藏僧在明朝廷治藏的政治和政策层面仍发挥有积极作用。

---

① （明）刘若愚：《酌中志》。

胡惟庸党案再考

陈梧桐[*]

一

胡惟庸党案是明初的一大要案。此案初发于洪武十二年（1379年），翌年明太祖朱元璋以"谋危社稷"等罪名诛杀胡惟庸等人。洪武十九年（1386年）将罪名升级为"通倭"，二十三年（1390年）再升级为"通虏"和串通李善长谋反，又先后诛杀了李善长等一大批功臣宿将。整个案件持续十余年之久，诛杀三万余人，对明初的政治产生了重大的影响。

洪武十三年（1380年）胡惟庸被诛杀时，朱元璋并未公布案犯的供状。直到洪武二十三年（1390年）李善长被诛杀后，才命令翰林院官将案犯的供状辑成《昭示奸党录》三编，"冠以手诏数千言"[①]，陆续予以公布。后来，《昭示奸党录》佚失不存，仅在钱谦益《太祖实录辨证》、潘柽章《国史考异》诸书中录存个别段落，朱元璋洪武二十三年（庚午年）的手诏即所谓"庚午诏书"，也只

    * 陈梧桐，男，1935 年 11 月生，福建省安溪人，中共党员。1958 年毕业于厦门大学历史系，曾任高等教育出版社、人民教育出版社编辑，中央民族大学教授，北京师范大学历史学院"985 工程"特聘教授。兼任中国明史学会理事、中国民族史学会理事、中国农民战争史研究会理事、北京市历史学会理事、朱元璋研究会顾问。

    ① （清）潘柽章：《国史考异》卷二之一二，载徐蜀编《〈明史〉订补文献汇编》，北京图书馆出版社 2004 年版，第 505 页。

在祝允明的《野记》中留下残篇，"首尾阙略，仅存其半"①。迫于严酷的专制统治，时人对此案又大多未敢加以记载，即使有个别著述涉及此案，记述也极为简略，只扼要叙述案件的处理结果而未及具体的案情。例如，曾任朱元璋帐前黄旗先锋、后来长期担任下层军职的俞本，在永乐初年撰写的《纪事录》（今存明天启刻本易名为《明兴野记》）中，对胡惟庸党案的记述只有简短的两段文字：

> 是年（洪武十三年），……左丞相胡惟庸、右大夫陈宁，擅权坏法，俱伏诛于玄津桥，掘坑丈余，埋其尸，次日复出之，支解于市，纵犬食之。录其家资，以妻子分配军士，子弟悉斩之，连及内外文武官员数万人，凡十五年间党名始悉。减中书省，升六部，广都府，以十二行（省）改为承宣布政使司，改御史台为都察院，分为十二道，以（大）都督府改立左、右、中、前、后等军之名，以詹徽为都御史，所奏无不允者。上以应天府所属上元、江宁二县之民与胡惟庸为党，将男妇长幼悉屠之。②
>
> 是年（洪武二十五年）某月，……国老太师韩国公李善长为逆党事，伏诛，妻女子弟七十余人口悉斩之，连及延安侯唐胜宗、吉安侯陆仲亨，俱令自缢。③

因此，时过境迁之后，整个案件的真实面貌变得模糊不清。许多史籍叙述胡惟庸党案，除根据当时遗留下来的一鳞半爪的记载，更多的是出于自己的主观臆测。这样，一家一种说法，就出现了许多互相抵牾的观点。比如，是谁最先告发胡惟庸，有云奇告变与涂节、商暠告变两种不同的说法。云奇告变之说，最早见于唐枢的《国琛集》，雷礼的《国朝列卿记》卷1《胡惟庸传》曾加以征引，

---

　① 黄云眉：《明史考证》第4册，中华书局1984年版，第1114页。

　② （明）俞本：《明兴野记》卷下，载［美］陈学霖《史林漫识》附录三，中国友谊出版公司2001年版，第451页。

　③ 同上书，第457页。按：俞本将李善长被诛系于洪武二十五年，实误，应系于二十三年。

其文曰：

> 太监云奇，南粤人。守西华门，迓胡惟庸第，刺知其谋逆。胡诳言所居井涌醴泉，请太祖往观。銮舆西出，云虑必与祸，急走冲跸，勒马衔言状。气方勃萃，舌駃不能达。太祖怒其犯，左右挝捶乱下。云垂毙，右臂将折，犹奋指贼臣第。太祖乃悟，登城眺顾，见其壮士披甲伏屏帏间数匝，亟返棕殿，罪人就擒。召奇则息绝矣。太祖追悼奇，赐赠葬，令有司春秋祀之。墓在南京太平门外，钟山西。①

而《明史》则主涂节、商暠告变之说，谓：

> （洪武）十二年九月，占城来贡，惟庸等不以闻。中官出见之，入奏。帝怒，敕责省臣。惟庸及（汪）广洋顿首谢罪，而微委其咎于礼部，部臣又委之中书。帝益怒，尽囚诸臣，穷诘主者。未几，赐广洋死，广洋妾陈氏从死。帝询之，乃入官陈知县女也。大怒曰："没官妇女，止给功臣家。文臣何以得给？"乃敕法司取勘。于是惟庸及六部堂属咸当坐罪。明年正月，涂节遂上变，告惟庸。御史中丞商暠时谪为中书省吏，亦以惟庸阴事告。帝大怒，下廷臣更讯，词连宁、节。廷臣言："节本预谋，见事不成，始上变告，不可不诛。"乃诛惟庸、宁并及节。②

类似彼此相左的记载，不胜枚举，令人莫衷一是。

针对这种状况，明清以来的许多史学家，纷纷搜寻有关史料，进行细致的排比考订，力图廓清历史之迷雾，探明胡案之真相。明末清初的钱谦益、潘柽章，分别撰有《太祖实录辨证》、《国史考异》，都曾对胡案做过深入的考辨，做出过重大的贡献。如钱谦益通过考证，指出"云奇之事，国史（指《明实录》）野史，一

---

① （明）唐枢：《国琛集》卷下，丛书集成初编本。
② （清）张廷玉等：《明史》卷308《胡惟庸传》，中华书局1974年版，第7907—7908页。

无可考"，"国史于善长一狱，不胜舛误"①；潘柽章也确证，云奇之事是"凿空说鬼，有识者所不道"，"《实录》书李善长罪状，凡三变其说，前后各不相蒙"，实不足信。② 1934 年 6 月，吴晗在《燕京学报》第 15 期发表的《胡惟庸党案考》，更将胡案的研究向前大大推进了一步。此文广泛吸收前人的研究成果，对搜集到的大量史料重新进行审核、甄别和考订，指出"云奇事件出于中人附会"，"所谓通倭通虏都是'莫须有'的事"，"《实录》纪李善长狱事，尤暧昧支离，使人一见即知其捏造"。③ 此文还指出，洪武年间兴起的几次大狱，都是出于明太祖"巩固君权"的需要。④ 后来，吴晗 1962 年 11 月在中央高级党校举办明史讲座，又进一步指出，朱元璋与胡惟庸的矛盾"是君权与相权之间的矛盾"，胡案是这种矛盾全面爆发的产物。⑤ 1965 年 2 月出版的《朱元璋传》第四个本子，又重申了胡案为"皇权与相权"矛盾斗争产物的观点。⑥ 吴晗上述的这些论断有理有据，很有说服力，得到了明史学界大多数学者的认同。这是吴晗对胡案研究的一大贡献，应该给予充分的肯定。

但是，吴晗的翻案有点过头。《胡惟庸党案考》一文，不仅否定胡惟庸被诛后追加的通倭、通虏、串通李善长谋反的罪名，而且连他死前毒死刘基、贪污受贿、朋比为奸，特别是谋反的罪行也都一并推翻，把整个胡惟庸党案都说成是彻头彻尾的大冤狱。这却是有悖于历史事实，令人难以赞同的。有的学者根据吴晗此文的考证，进而认定"胡惟庸谋反的故事是编造的"⑦。这种说法，显然无助于彻底弄清胡案的真相，深入了解明初的历史，从而也无法对胡案的作用和影响作出全面客观的评价。因此，本文拟就吴晗的这部

---

① （清）钱谦益：《太祖实录辨证》三、四，载《钱牧斋全集》第 3 册，上海古籍出版社 2003 年版，第 2172、2135 页。

② 《国史考异》卷二之一四、三之一，载《〈明史〉订补文献汇编》，第 507、517 页。

③ 《胡惟庸党案考》，载《吴晗史学论著选集》第 1 卷，人民出版社 1984 年版，第 477、468、464 页。

④ 同上书，第 480 页。

⑤ 吴晗：《明史讲座》，中华书局 2005 年版，第 36 页。

⑥ 吴晗：《朱元璋传》，生活·读书·新知三联书店 1965 年版，第 251 页。

⑦ 吕景琳：《洪武皇帝大传》，辽宁教育出版社 1994 年版，第 361 页。

分考证文字再做一番新的考证，提出个人的一些看法。不当之处，祈请方家正之。

二

胡惟庸毒死刘基，事见《明史·刘基传》：

> 基在京病时，惟庸以医来，饮其药，有物积腹中如拳石。其后中丞涂节首惟庸逆谋，并谓其毒基致死云。①

但是，吴晗却说胡惟庸毒死刘基，系受朱元璋之命，罪责在朱元璋而非胡惟庸。《胡惟庸党案考》一文写道：

> ……胡惟庸之毒基，确受上命，所以刘基中毒后，虽质言情状，亦置不理。并且派人看他会不会死，直到确知他必定要死，方派人送他回家。我们看汪广洋之死是为涂节告发，胡惟庸之被罪，也和刘基死事牵连，但在宣布胡氏罪状时，却始终没有提起这事。由此可见"欲盖弥彰"，涂节之所以与胡惟庸骈戮东市，其故亦正在是。②

吴晗提出这些论断的依据是什么呢？他认定胡惟庸毒死刘基系受朱元璋之命，根据是《明史·胡惟庸传》的记载：

> 御史中丞刘基亦尝言其（胡惟庸）短。久之基病，帝遣惟庸挟医视，遂以毒中之。③

但是，这段文字仅仅是说刘基病重时，朱元璋令胡惟庸带御医

---

① 《明史》卷128，《刘基传》，第3781页。
② 《吴晗史学论著选集》第1卷，第460页。
③ 《明史》卷308《胡惟庸传》，第7906页。

前往探视，并没有说朱元璋令其下毒。遍检其他史籍，也不见有类似记载。按这段文字前后的文义，显然是说，胡惟庸因刘基"尝言其短"，怀恨在心，遂乘朱元璋令其挟医往视之机，"以毒中之"。叫医生下毒的命令，并非出自朱元璋而是胡惟庸。

说"刘基中毒后，虽质言情状，（明太祖）亦置不理。并且派人看他会不会死，直到确知他必定要死，方派人送他回家"，吴晗的依据是黄柏生《诚意伯刘公行状》的记载：

> 洪武八年正月，胡丞相以医来视疾，饮其药二服，有物积腹中如卷石，公遂白于上，上亦未之省也，自是疾遂笃。三月，上以公久不出，遣使问之，知其不能起也，特御制为文一通，遣使驰驿，送公还乡，居家一月而薨。①

这里的"公遂白于上"，仅言刘基告诉朱元璋"胡丞相以医来视疾，饮其药二服，有物积腹中如卷石"，说的是服药后的状况，并未明言是胡惟庸叫医生故意给他下毒。"上亦未之省也"，这里的"省"字是省悟的意思，是说朱元璋听了刘基关于服药后病情恶化的诉说后，没有省悟到是胡惟庸令医生给他下毒的结果，而不是不予理会的意思。下文的"上以公久不出，遣使问之"，是说朱元璋因久不见刘基出门，遣使探视，问问他的病情，并没有看他会不会死的意思；"知其不能起也……遣使……送公还乡"，是说朱元璋得知刘基病重，难以康复，便遣使送其还乡调养，也没有确知他必定要死，方才派人送他回家的意思。

说"宣布胡氏罪状时，却始终没有提起这事（指毒死刘基事）"，依据的是胡惟庸被诛杀的第二天即洪武十三年（1380年）正月初七日，朱元璋对文武百官宣布其罪状的那个谕词：

> （洪武十三年正月）己亥，胡惟庸等既伏诛，上谕文武百官曰："朕自临御以来，十有三年矣。中间图任大臣，期于辅

---

① （明）黄柏生：《诚意伯刘公行状》，（明）刘基：《诚意伯文集》卷首，四部丛刊本。

弼，以臻至治。……岂意奸臣窃持国柄，枉法诬贤，操不轨之
心，肆奸欺之蔽，嘉言结于众舌，朋比逞于群邪，蠹害政治，
谋危社稷，譬堤防之将决，烈火之将然，有滔天燎原之势。赖
神发其奸，皆就殄灭。……"①

这里列举的胡惟庸罪状，都是高度概括的大罪，没有细数其具
体罪行。但一项高度概括的大罪往往是由几项具体罪行综合概括而
成的。胡惟庸诬陷、毒死刘基的罪行（胡惟庸诬陷刘基的罪行容后
细述），既可归入"窃持国柄，枉法诬贤"之罪，也可归入"蠹害
政治，谋危社稷"之罪，不能因为朱元璋宣布的罪状没有具体到毒
死刘基之事就把它排除在外。因此，朱元璋在其他场合，就曾提到
过胡惟庸的这一罪行，如胡惟庸被诛后，朱元璋曾多次召见刘基次
子刘璟，回忆自己同刘基的交往，说：

    ……后来胡家结党，他（刘基）吃他（胡惟庸）下了蛊
（毒）。只见一日来和我说："上位，臣如今肚内一块硬结怛，谅
着不好。"我派人送他回去，家里死了。后来宣得他儿来问，说
道胀起来鼓鼓的，后来泻得鳖鳖的，却死了。这正是着了蛊。②

至于说涂节之所以与胡惟庸骈戮东市，是由于毒死刘基系受朱
元璋之命，也与史实不符。《明太祖实录》对此有明确的记载：

    （洪武十三年正月）戊戌，群臣奏胡惟庸等罪，请诛之。
于是，赐惟庸、陈宁死。又言："涂节本为惟庸谋主，见事不
成，始上变告，不诛无以戒人臣之奸宄者。"乃并诛节。余党
皆连坐。③

-----

① 《明太祖实录》卷129，洪武十三年正月己亥，台北："中央研究院"史语所
1962年校勘影印本。按：吴晗称此宣布胡惟庸罪状之谕词发布于"胡惟庸诛后数日"（《胡
惟庸党案考》，载《吴晗史学论著选集》第1卷，第452页），实误，应为诛后次日。
② （明）刘仲璟：《遇恩录》，纪录汇编本。
③ 《明太祖实录》卷129，洪武十三年正月戊戌。

可见，吴晗否定胡惟庸毒死刘基之罪，把它推到朱元璋身上，都出于自己的主观臆测，是缺乏史料依据的。

毋庸讳言，朱元璋对刘基是有一个从信任、器重到怀疑、猜忌的过程。朱元璋初起之时，势孤力弱，亟须分化、瓦解敌对势力，以充实、壮大自己的实力，尤其是急需吸收一些见多识广的儒士来为他出谋划策，因此对来自敌对阵营的归附者都抱着欢迎态度，"不以前过为过"①。起义初期，朱元璋就记取李善长劝他效法刘邦"豁达大度，知人善任"②的建议，开始礼贤下士，网罗人才。龙凤二年（1356 年）攻占集庆改名为应天（今江苏南京）后，着手营建江南根据地，他宣布"贤人君子有能相从立功业者，吾礼用之"③，更是大张旗鼓地招引人才，尤其注意礼聘高层次的饱学之士。第二年十月，朱元璋亲率大军出征浙东，十二月攻占婺州，召见、聘用了许元、叶瓒玉、胡翰、吴沉、戴良、徐原、范祖干、王冕、叶仪、宋濂等一大批浙东儒士。朱元璋返回应天后，胡大海又于龙凤五年（1359 年）十一月，攻破处州，儒士叶琛出降，在青田老家隐居著述的刘基也被迫出见，胡大海将他们送往应天，推荐给朱元璋。朱元璋召见后，"出银碗、文绮赐之，而遣还金华"④。后来，处州总制孙炎向朱元璋举荐刘基、叶琛和章溢，朱元璋特遣宣使樊观"赍币礼征聘"⑤，叶琛和章溢前来应聘，但刘基不肯出山。刘基是江浙行省处州路青田县南田武阳村（今属浙江文成县南田镇岳梅乡武阳村）人，14 岁入郡学，博通经史，于书无所不窥，尤精象纬之学。至顺年间，他年方二十三，即高中进士，除高安县丞，有廉直声。行省辟为掾史，因与幕官论事不合，拂袖而去。起为江浙儒学副提举，"又以疾谢事"⑥。至正十一年（1351 年）方国珍在海上起兵反元后，他参与庆元防务。继而调任江浙行省都事，

---

① 《明太祖实录》卷 28 上，吴元年十二月丁未。

② 《明史》卷 127《李善长传》，第 3769 页。

③ 《明太祖实录》卷四，丙申年三月庚寅。

④ （明）苏伯衡：《苏平仲文集》卷 3《缪美传》，四部丛刊本；《明太祖实录》卷 11，壬寅年三月癸亥。

⑤ （明）刘辰：《国初事迹》，借月山房汇抄本。

⑥ （明）刘基：《诚意伯文集》卷 14《送钱士能至建州知州序》，四部丛刊本。

助行省左丞招安方国珍。招安事毕，据黄柏生《诚意伯刘公行状》载，刘基被元廷执政者"羁管"于绍兴。① 至正十六年（1356年）复为行枢密院经历，与院判石抹宜孙守处州，以拒方国珍。而据杨讷的考证，刘基招安事毕，是因"盗起瓯括间"才"辟地之会稽"，后还守处州，则是为"谋括寇"即平息处州境内的民变的。② "处为郡，山谷联络，盗贼凭据险阻，辄窃发，不易平治。宜孙用基等谋，或捣以兵，或诱以计，未几皆歼殄无遗类。"③ 至正十八年（龙凤四年，1358年）十月，朱元璋亲率大军出征浙东，攻打兰溪，逼近婺州，石抹宜孙"遣胡深等将民兵数万往赴援，而亲率精锐为主殿。兵至婺，与大明兵甫接，即败绩而还"④。此后，两军对垒于樊岭、黄龙之间。作为石抹宜孙的幕下士，刘基参与了抵御朱元璋军队的策划。及至翌年春夏之间，他见时局已不可为，石抹宜孙的幕下客也多已散去，才弃官归里。⑤ 返回青田老家后，刘基反省过去，思考未来，著《郁离子》以明志，书中借郁离子之口表示："仆愿与公子讲尧、禹之道，论汤、武之事，宪伊、吕，师周、召，稽考先王之典，商度救时之政，明法度，肆礼乐，以待王者之兴。"⑥ 朱元璋派人往聘，刘基"自以仕元，耻为他人用"⑦，婉言谢绝。朱元璋再命孙炎派人去请，刘基回赠一把宝剑，还是不肯出山。孙炎"以为剑当献天子，斩不顺命者，人臣不敢私，封还之"⑧，并写了一封洋洋数千言的长信，反复说明利害，非要他出来不可。陶安和另一浙东名士宋濂也分别赠诗劝说，刘基这才勉强出山。龙凤六年（1360年）三月，他奉命与宋濂、叶琛、章溢一起来到应天，暂住孔子庙学。他背负"仕元"的包袱而"不能无芥于

---

① （明）黄柏生：《诚意伯刘公行状》，《诚意伯文集》卷首。
② 杨讷：《刘基事迹考述》，北京图书馆出版社2004年版，第23—84页。
③ （明）宋濂等：《元史》卷188《石抹宜孙传》，中华书局1976年版，第4310页。
④ 同上。
⑤ 杨讷：《刘基事迹考述》，北京图书馆出版社2004年版，第58—71页。
⑥ （明）刘基：《郁离子·九难》，学津讨原本。
⑦ （明）宋濂：《宋文宪公全集》卷34《都事孙君墓铭》，四部备要本。
⑧ 《明史》卷289《孙炎传》，第7411页。

心"①，处于忐忑不安的惶恐状态。但朱元璋却热情接待，说："我为天下屈四先生耳"，"卿等其留辅予矣"。并下令在自己住所西边筑礼贤馆以处之，宠礼甚至。刘基为朱元璋的谦恭下士态度所感动，即针对朱元璋"四海纷纷，何时定乎"的提问，"陈时策一十八款"。② 通过接触与观察，朱元璋觉得刘基不仅才智突出，而且诚实可靠，遂将他留在身边，不担任具体职务，充当谋士顾问，"任以心膂，运筹帷幄"。朱元璋迷信星占方术，刘基精通象纬之学，常将一些深思熟虑的谋划，托诸神秘的启示，以适应朱元璋的心理需求，两人的关系日趋密切。朱元璋有事常找刘基商量，并要他"有至计，勿惜尽言"。"每召基，辄屏人密语移时"。刘基也"自谓不世遇，知无不言。遇急难，勇气奋发，计画立定，人莫能测。暇则敷陈王道。帝每恭己以听，常呼为老先生而不名，曰'吾子房也'"。③

　　但是，待到吴元年（1367年）击灭张士诚，即将举兵北伐、推翻元朝、创建新朝之时，朱元璋便不再重用刘基了。因为此时天下即将易手，作为新王朝的开创者，朱元璋需要重新拾起"忠君"思想作为维护封建统治的思想武器。在他看来，刘基应聘之后，尽管效忠于自己，但他毕竟有过仕元的经历，不宜为臣民所效法。故在吴元年，便只命刘基为太史令，寻拜御史中丞兼太史令，不复充当谋士顾问。洪武元年（1368年）登基称帝，也只让刘基继续做御史中丞，洪武三年（1370年）七月兼任弘文馆学士。这些官职都没有什么大的实权，不能参与国家大事的决策，只能做些诸如卜宅相土、营建都城、清理狱囚、制定律令、编纂历书等具体工作。刘基"性刚嫉恶"，往时朱元璋对此尚可容忍，现在刘基未改其耿直的秉性，"与物多忤"④，不仅得罪一大批淮西勋贵，受到他们的排挤、陷害，而且也引起朱元璋的不满，受到他的猜忌、怀疑。洪武元年（1368年）八月，就发生了刘基因祈雨不应而还乡为民的事件：

① 《诚意伯文集》卷15《送宋仲珩还金华序》。
② （明）宋濂：《国初礼贤录》上，载邓士龙辑，许大龄、王天有主点校《国朝典故》上册，北京大学出版社1993年版，第115页。
③ 《明史》卷128《刘基传》，第3778—3782页。
④ 同上书，第3781页。

京城自夏至秋不雨，有司祷求不应。太祖曰："在京法司及在外巡按御史、按察司冤枉人，以致天旱。"差人提问京畿巡按御史何士弘等，太祖命捆缚于马坊。又谕中书省、御史台及都督府言事。次日，御史中丞刘基言三事。一曰"出征阵亡、病故军妻数万，尽令寡妇营居住，阴气郁结"；二曰"工役人死，暴露尸骸不收"；三曰"张士诚投降头目不合充军"。太祖曰："寡妇听其嫁人，不愿者送还乡里探亲，工役人释放宁家，投降头目免充军役。"旬日仍不雨，太祖怒曰："刘基还乡为民……"①

刘基要求停办的三件事，是朱元璋出的主意，或是由他批准施行的，这自然引起朱元璋的不快，但为求雨，又不得不批准执行。但停办之后，仍然不雨，朱元璋便将其削职为民，《明史》记为"帝怒。会基有妻丧，遂请告归。"② 十一月底，朱元璋又将刘基召回京师，恢复御史中丞官职，并"赏赐甚厚，追赠公祖、父，爵皆永嘉郡公"③。洪武三年五月，李文忠率领明军攻占应昌，逐走元嗣君爱猷识理答腊。六月，捷报传至京师，百官相率拜贺，朱元璋却命礼部榜示："凡北元捷至，尝仕元者不许称贺。"④ 当年七八月间，便免去刘基的御史中丞之职，只任弘文馆学士，这又给刘基一个沉重的精神打击。但当年十一月大封功臣，朱元璋鉴于刘基"能识朕于初年，秉心坚贞，怀才助朕，屡献谋，驱驰多年，其先见之明，比之古人，不过如此"，还是封他为诚意伯，"食禄二百四十石，以给终身"⑤。刘基虽然已不再担任职事，但对朱元璋的封爵还是由衷地感恩，并继续关注大明的江山社稷。此时，根据朱元璋的诏令，在其家乡临濠（今安徽凤阳）的中都营建工程，正在紧锣密鼓地进行。洪武四年正月，当朱元璋令"作圆丘、方丘、日月社稷山川坛

---

① 《国初事迹》；谈迁：《国榷》卷3，洪武元年八月丁丑，中华书局1958年版，第371页。

② 《明史》卷128《刘基传》，第3780页。

③ 《诚意伯刘公行状》，载《诚意伯文集》卷1。

④ 《明太祖实录》卷53，洪武三年六月壬申。

⑤ 《封刘基诚意伯诰》，载《诚意伯文集》卷1。

及太庙于临濠，上以画绣，欲都之"时，刘基仍从整个大明王朝的
利益出发，表示反对，说："中都曼衍，非天子居也。"① 洪武四年
（1371 年）二月，刘基因服下胡惟庸所派医生开的药方而病重，朱
元璋将他送回老家调养，临行前还叮嘱朱元璋说："凤阳虽帝乡，
非天子所居之地，虽已置中都，不宜居。"② 所有这些，自然会引起
朱元璋的猜忌和不满。洪武年间的礼科给事中陈汶辉，就曾在一个
奏疏中指出：

> 今勋旧耆德，咸思辞禄去位，而缁流恬夫，乃益以谗间。
> 如刘基、徐达之见猜，李善长、周德兴之被谤，视萧何、韩
> 信，其危疑相去几何哉？③

不过，不管朱元璋如何怀疑和猜忌，刘基自出山以来，在政治
上一直对朱元璋忠诚不贰，恭谨有加，并为朱元璋夺取天下贡献许
多计策，如劝说朱元璋脱离小明王自立、先图友谅后灭士诚、在应
天以伏兵邀取友谅，在鄱阳湖激战后移师湖口击灭友谅以及随后攻
取士诚、北伐中原、成就帝业，朱元璋依计而行，皆"略如基
谋"④。而在经济上，刘基不贪不占，生活上也十分检点，没有什么
出轨的行为。即使是在告老还乡后，刘基仍然十分谨慎，"惟饮酒
弈棋，口不言功。邑令求见不得，微服为野人谒基。基方濯足，令
从子引入茅舍，炊黍饭令。令告曰：'某青田知县也。'基惊起称
民，谢去，终不复见"⑤。刘基固然有"仕元"的问题，但毕竟较
早就省悟过来，之后又屡立大功，朱元璋虽然不再予以重用，却也
没有将其置于死地的理由。江西临川人危素，至正元年（1341 年）
任元经筵检讨，后累官至礼部尚书、中书省参知政事，二十五年出
为岭北等处行中书省左丞，不久弃官居房山。二十八年（洪武元

---

① 《国榷》卷 4，洪武四年正月庚寅，第 437 页。
② 《明太祖实录》卷 99，洪武八年四月丁巳。
③ 《明史》卷 139《李仕鲁传》，第 3989 页。
④ 《明史》卷 128《刘基传》，第 3779 页。
⑤ 同上书，第 3781 页。

年）闰七月，明军将抵燕，元顺帝北逃，淮王帖木儿不花监国，起之为翰林学士承旨。八月，明军进入大都，危素出降。洪武二年正月，应召至应天，被朱元璋授为翰林侍讲学士，次年兼弘文馆学士。过了一年，御史王著等劾奏危素为"亡国之臣，不宜列侍从"，朱元璋遂"诏谪居和州，守余阙（驻守安庆之元淮南行省左丞，至正十八年该城被陈友谅攻破，他自刎以殉元。朱元璋得安庆后，诏立庙祭祀，以彰其'忠'）庙"①，并没有把他处死。危素是在余阙庙里待了一年后，才羞愤而逝的。刘基在元朝担任的官职比危素低得多，归附朱元璋早得多，功劳也大得多，朱元璋更没有理由将他置于死地。所以，朱元璋始终没有动过杀害刘基的念头。

胡惟庸对刘基则怀有刻骨的仇恨，非置之死地而后快。起因是刘基反对胡惟庸任相。洪武初年的中书左丞相李善长，因系朱元璋的大同乡，投奔朱元璋较早，"涉历艰难，勤劳薄书"。朱元璋称帝后，认为"我既为家主，善长当相我，盖用勋旧也"②。但李善长文化程度不高，"外宽和，内多伎刻"③，"有心计而无远识"④，并不是丞相的最佳人选。朱元璋曾萌生换相的念头，找刘基商量过此事。他提出中书右丞杨宪、陕西参政汪广洋和太常寺卿胡惟庸三个人选，征求刘基的意见。刘基说"宪有相才无相器"，汪广洋"褊浅殆甚于宪"，胡惟庸"譬之驾，惧其偾辕也"。朱元璋听后说："吾之相，诚无逾先生。"刘基当然知道自己有过"仕元"的污点，朱元璋绝对没有用他为相的可能，但他还是诚挚地加以推辞："臣疾恶太甚，又不耐繁剧，为之且孤上恩。天下何患无才，惟明主悉心求之，目前诸人诚未见其可也。"⑤刘基的这番讲话，彻底打消了朱元璋换相的念头，也阻滞了胡惟庸的升迁之道。洪武四年（1371年）正月，李善长因病致仕，右丞相徐达正以大将军身份备边北

---

① 《明史》卷 285《危素传》，第 7315 页。
② 《国初事迹》。
③ 《明史》卷 127《李善长传》，第 3771 页。
④ （明）朱国桢：《皇明开国臣传》卷 2《韩国李公》，载《皇明史概》下册，江苏广陵古籍刻印社 1992 年版，第 1761 页。
⑤ 《明史》卷 128《刘基传》，第 3780 页。

平，不与省事，朱元璋才以汪广洋为右丞相，胡惟庸代汪广洋为左丞相。洪武六年（1373 年）正月，汪广洋因"无所建白"①，被贬为广东行省参政，朱元璋一时找不到合适的丞相人选，胡惟庸以左丞的身份独专中书省事。他使尽浑身解数，极力逢迎巴结朱元璋，"晨朝举止便辟，即上所问，能强记专对，少所遗，上遂大幸爱之"②，才于当年七月被擢升为右丞相，至洪武十年（1377 年）九月升任左丞相。胡惟庸因此恨死了刘基，在独专省事之后，便命老吏诬告已退休的刘基与民争夺有"王气"的谈洋想作墓地：

> 初，公言于上："瓯括间有隙地曰谈洋，及抵福建界曰三魁，元末顽民负贩私盐，因挟方寇以致乱，累年民受其害，遗俗犹未革，宜设巡检司守之。"上从之。及设司，顽民以其地系私产，且属温州界，抗拒不服。适茗洋逃军周广三反温、处，旧吏持府县事匿不以闻，公令长子琏赴京奏其事，径诣上前而不先白中书省。时胡惟庸为左丞，掌省事，因挟旧忿欲搆陷公，乃使刑部尚书吴云林老吏讦公。乃谋以公欲求谈洋为墓地，民弗与，则建立司之策，以逐其家，庶几可动上听，遂为成案以奏。赖上素知公，置不问。省部又欲逮公子狱，上时已敕琏归，及奏，上曰："既归矣，免之。"公入朝，惟引咎自责而已。③

关于这个事件，祝允明《野记》的记载更详：

> 刘诚意屡白上，汪广洋不堪相，胡惟庸必乱政，上未见从。刘屡乞归，久而得请，且有密旨，令察其乡有利病于民社者潜入奏。括有谈洋，斥而不卤，豪酋数辈即为之场灶，私煮海贩利，聚为大寇，益肆劫掠。刘疏其事，请建巡检司其地而籍其酋为醢丁，令子尚宝琏上之。上纳其奏，遣琏归，将见施行。

① 《明史》卷 127《汪广洋传》，第 3774 页。
② （明）王世贞：《胡惟庸》，载焦竑辑《献征录》卷 11，上海书店 1987 年版，第 382 页。
③ 《诚意伯刘公行状》，载《诚意伯文集》卷首。

惟庸辈闻之怒，谓中外章牍悉由中书，刘虽勋旧，既已休闲，不应私有陈请，其安得不入政府而径彻宸览。言于上，请究其事，且请以琏付法司，上曰："朕已遣之矣。"海酋知之，相结为计，通于惟庸。走阙下言："刘某善相地，以此土踞山面海，有王气，搆图欲空民居，假以立公署而规攘为己有，则将居之，以当异符。且其地本不可为巡司。"上下之有司，惟庸等因请加以重辟，上不报。久之，为手书谕刘，历言古之君子保身之福，作孽之祸，及君臣相待之义，词甚详，末言念卿功，姑夺其禄而存其爵。(先是，刘虽闲居，犹给禄。)刘得书即诣阙谢恩，讫，遂居京师不敢归。久，始求赐还，上已洞释前疑，从之。复手书慰之，语极尊隆，方以周公。刘归，未几而卒。①

　　胡惟庸借口刘基违反"中外章牍悉由中书"的规定，使吏讦基，请加以重辟，非置之死地不可。但朱元璋心里明白，刘基绕过中书省臣奏事是根据他的密旨，故"置不问"，并没有要杀刘基的念头，后手书谕刘，"姑夺其禄而存其爵"。刘基被迫于洪武六年（1373 年）七月入朝谢罪，不敢再返回老家。胡惟庸心有不甘，升任右丞相之后，便于洪武八年（1375 年）正月趁刘基病重而朱元璋命其遣御医往视之机，暗中令御医给他下毒，使他中毒而亡。就连刘基的长子刘琏也不放过。刘基死后，出任江西行省参政的刘琏，即"为惟庸党所胁，堕井死"②。

　　杨讷的近著《刘基事迹考述》，认为刘基既不是朱元璋也不是胡惟庸毒死的。他援引宋濂的《恭题御赐文集后》一文，证明刘基离京前"并无异常症状"，"看不到刘基有中毒的迹象"，"只要不能确定刘基中毒，同样不能推断胡惟庸下毒"。他还从时间上进行推断，说："若是胡惟庸下毒，时间必在刘基离京之前，《行状》、《实录·刘基传》也讲胡惟庸下毒在正月。然而刘基到四月十六日才去世，如果真是中毒，如何尚能存活两个半月以上？"他的结论

---

① （明）祝允明：《野记》一，载《国朝典故》上册，第 504—505 页。
② 《明史》卷 128《刘基传》，第 3782 页。

是，刘基"应属病故"①。但是，这个考证并不能令人信服。第一，
先说刘基如果中毒何以能存活 70 多天的问题。众所周知，毒药有
急性与慢性两大类型，急性毒药服下之后即刻发作，很快毙命；慢
性毒药服后使人慢性中毒，在数日、数月甚至数年之后才发作毙
命。胡惟庸及其派遣的御医当然懂得，如果给刘基开的处方掺入急
性毒药，服后立即毙命，其毒杀刘基的阴谋不是很快就败露了吗？
因此，他们便掺入慢性毒药，让刘基服后慢性中毒，拖段时间才发
作而亡，而不致被人察觉。第二，刘基离京返家之前，并非"无异
常症状"。刘基对朱元璋诉说"饮其药二服，有物积腹中"，就是一
种异常症状。只不过这种症状初发时，在外表体貌上表现得不是那
么明显，但也不是一点痕迹都没有。宋濂见过刘基后，说他"有霜
露之疾"②，朱元璋给刘基的《御赐归老青田诏书》，说他"今也老
病未笃"③，就是慢性中毒初始时的反映，只是由于他们不知道这是
胡惟庸命医下毒所致，所以说是"霜露之疾"、"老病未笃"罢了。

　　事实证明，胡惟庸毒死刘基，既有明确的动机，又有具体的行
动，如果没有发现新的史料，此案是难以推翻的。

三

　　吴晗否认胡惟庸有贪污受贿的罪行，依据是《高皇帝文集》卷
16《跋夏珪长江万里图》的记述，称："文中有指摘惟庸受赃语，
不过尽他所能指摘的也不过是一幅不甚著名的图。"④ 但细读朱元璋
的这篇跋文，我们无论如何也得不出吴晗的结论。

　　朱元璋的《跋夏珪长江万里图》，全文分为两部分。第二部分
是跋文的重点，记述该图描绘的风景、艺术成就和跋文作者的观
感。第一部分是引言，交代此图的来历，文谓：

---

①　《刘基事迹考述》，第 153—157 页。
②　《宋文宪公全集》卷 17《恭题御赐文集后》。
③　《御赐归老青田诏书》，载《诚意伯文集》卷 1。
④　《胡惟庸党案考》，载《吴晗史学论著选集》第 1 卷，第 462 页。

洪武十三年春正月，奸臣胡惟庸权奸发露，令诸司捕左右小人，询情究源。良久，人报左相赃贪淫乱，甚非寡欲。朕谓来者曰："果何为实，以验赃贪？"对曰："前犯罪人某被迁，将起，其左相犹取本人山水图一轴，名曰夏珪《长江万里图》。"朕犹未信，试遣人取以验。去不逾时而至。吁！微物尚然，受赃必矣。傍曰："乃夏珪之亲笔也。"①

这里交代夏珪的《长江万里图》，是左丞相胡惟庸从"前犯罪人某"手中勒索去，并从查抄的胡惟庸赃物中找到的。正如朱元璋所说："微物尚然，受赃必矣。"仅此一图，就足以证明胡惟庸的贪污受贿罪行。但此文是图跋，只交代该图的来历即可。它不是查抄胡惟庸赃物的清单，不可能也无必要详细罗列胡惟庸的全部赃物。因此，这篇跋文只能说明胡惟庸确有贪污受贿的罪行，而不能说明胡惟庸一生只贪污了"一幅不甚著名的图"。

其实，胡惟庸一生何尝只贪污了"一幅不甚著名的图"。他早年在地方上做官，手脚就不干净。胡惟庸是定远人，曾在元朝做过小官。龙凤元年（1355 年）在和州投奔朱元璋，任元帅府奏差，寻转宣使。龙凤三年（1357 年）除宁国主簿，寻升知县。龙凤十年（1364 年），迁吉安府通判。龙凤十二年（1366 年），擢湖广按察佥事②，整整做了十年的地方官。吴元年（1367 年），经大同乡、左相国李善长的推荐，擢升为太常少卿，寻转为太常寺卿，成为一名中央大员。据李善长家奴卢仲谦等人的揭发，为了报答李善长的推荐，"惟庸以黄金三百两谢之"③。而"据《昭示奸党录》所载招辞，有云龙凤年间，举荐惟庸为太常司丞，以银一千两、黄金三百两为谢者。此太师火者不花之招也"④。到洪武三年（1370 年），升

---

① （明）朱元璋撰，胡士萼点校：《明太祖集》卷 16，载《跋夏珪长江万里图》，黄山书社 1991 年版，第 388—389 页。
② 《明太祖实录》卷 129，洪武十三年正月戊戌。
③ 《明太祖实录》卷 202，洪武二十三年五月庚子。
④ 《太祖实录辨证》4，载《钱牧斋全集》第 3 册，第 2133 页。

任中书省参知政事，跨入权力中枢的门槛。

胡惟庸跨进中央机构、权力中枢门槛的关键筹码，是黄金三百两（或白银一千两、黄金三百两）的贿金，这可不是一个小数目。众所周知，明朝文武官员的岁俸制度是洪武四年（1371年）正月才制定的。

而在明朝建立之前，由于战争频繁，经济凋敝，财政十分困难，国家根本发不出官俸，在攻占应天后，只得听从武官"开垦荒田，以为己业"，文官"拨与职田，召佃耕种，送纳子粒，以代俸禄"。① 不论是武官垦荒作为己业的田地，还是文官所受的职田，都是召佃耕种，收取田租充作俸禄，其数量史籍没有明载。吴元年（1367年）之前，胡惟庸在地方任职，先是做了七年的正七品的知县，再做了二年的正六品的通判，而后做了一年的正五品的按察佥事，估计他从职田上收取的租米也就仅够维持一家人的温饱，而没有多少盈余。但他一下子却能拿出起码是三百两的黄金向李善长行贿，说明他为官并不清廉，不是向百姓横征暴敛，就是贪污公帑，收受贿赂。否则，怎能拿得出这笔巨款？

独专省事特别是出任丞相之后，胡惟庸的贪欲更是恶性膨胀。大搞权钱交易，"大内货赂"。史载，他"私擢奏差胡懋为巡检，营其家事。由是四方奔兢之徒趋其门下，及诸武臣谀佞者多附之，遗金帛、名马、玩好，不可胜数"②。上述他收取某个罪犯的《长江万里图》，就是一个有力的佐证。明代史籍，说胡惟庸"憸而贪"③，一点也不冤枉。

四

吴晗承认胡惟庸有"树党"行为④，但又说"庚午诏书所指的

---

① 《国初事迹》。
② 《明太祖实录》卷129，洪武十三年正月甲午。
③ （明）黄金：《魏国公徐公达》，载《献征录》卷5，第143页。
④ 《胡惟庸党案考》，载《吴晗史学论著选集》第1卷，第462页。

'枉法朋比'，《明史》所记无事实可证"①。这种说法，从逻辑上讲，本身就自相矛盾。中国古代的"党"，不是指现在意义上的政党，而是指为了谋取私利而结合起来的小集团。既然是为谋私利而树党，必然要依附、勾结同类，排斥、打击异己，树党就与朋比紧密相连，故有朋党之称。而无原则的朋比，必然要越出法律的界限，出现枉法的行为，胡惟庸自然也不例外。

胡惟庸通过行贿手段调到太常寺后，对李善长感激不尽，"因相往来"②。他不仅将自己的侄女嫁给李善长侄子李佑，与之结为亲戚，作为自己向上爬的阶梯和保护伞，还极力帮助李善长打击非淮西籍大臣。当时，李善长为了维护自己的权势，正利用乡土、宗族关系，拉拢淮西勋贵，排挤非淮西籍大臣，营建以自己为核心的淮西帮派。吴元年，山西阳曲人、御史中丞杨宪，与检校凌说、高见贤、夏煜一起，合力攻击李善长"无宰相才"，朱元璋也一度想换相，认为"杨宪可居在（相）位"。胡惟庸闻讯，急忙找李善长，说："杨宪为相，我等淮人不得为大官矣。"要他设法加以阻止。后来，杨宪唆使侍御史刘炳劾奏汪广洋"不公不法"，李善长即劾奏杨宪"排陷大臣、放肆为奸"等事。③朱元璋令群臣按问。洪武三

---

① 《胡惟庸党案考》，载《吴晗史学论著选集》第 1 卷，第 461 页。按：查《野记》所存"庚午诏书"残篇，仅有"若李韩公，前后封以五等，而善长心谋不轨，党比胡（惟庸）、陈（宁）"之语，无"枉法朋比"之词（《国朝典故》上册，第 501—502 页）。"枉法"、"朋比"之词，见于洪武十三年正月初七朱元璋对文武百官宣布胡惟庸罪状的谕词（《明太祖实录》卷 129，洪武十三年正月己亥）。

② 《明史》卷 127《李善长传》，第 3771 页。

③ 《国初事迹》借月山房汇抄本对这个事件的记载如下："太祖尝曰；'杨宪可居在（相）位。'宪数言李善长无大材。胡惟庸谓善长曰：'杨宪为相，我等淮人不得为大官矣。'宪因劾汪广洋不公不法，李善长奏排陷大臣、放肆为奸等事。太祖以极刑处之。"金华从刊本与金声玉振集本的文字，与此相同。钱谦益《太祖实录辨证》三，征引这段史料后，谓"故知尽发宪奸状及诸阴事者，善长也"（《钱牧斋全集》第 3 册，第 2120—2121 页）。然许大龄、王天有主点校的邓士龙辑《国朝典故》所收之《国初事迹》，文字与借月山房汇钞诸版本略有不同。其中，除"杨宪可居在位"一句作"杨宪可居相位"外，"宪因劾汪广洋不公不法，李善长奏排陷大臣、放肆为奸等事"一句作"宪因劾汪广洋不公不法，李善长排陷大臣，放肆为奸等事"，"李善长"三字之后无"奏"字（《国朝典故》上册，第 89 页），不知是邓氏刊本原文如此，还是点校本的疏漏。

年（1370年）七月，"宪辞伏，遂与炳等皆伏诛"①。

清除杨宪之后，李善长等淮西勋贵又把矛头指向浙东名士。浙东名士刘基、宋濂、叶琛、章溢等在朱元璋进军浙东时先后归附，他们都具备较高的文化素养，知兵识礼，富于谋略，为朱元璋扫灭群雄、创建大明王朝做出卓越的贡献，也引起淮西勋贵的忌恨。在明朝建立前，以武定天下，淮西将臣尚不觉得这些浙东文人的威胁，明朝建立后，要以文治天下，淮西勋贵不免感到恐慌，生怕满腹经纶的浙东名士会取自己而代之，成为朝廷依靠的重臣。而这批浙东名士之中，叶琛和胡深早在明朝建立前已殒于战阵，王祎又于洪武五年（1372年）出使云南遇害，宋濂则为人小心谨慎，凡事与世无争，淮西勋贵便把矛头指向刘基。特别是李善长，更是非欲除之而后快。早在明朝建立之前，李善长就多次想加害刘基：

> （某日）上适以事责丞相李善长，宪使凌悦（说）因弹之。公（刘基）为上言："李公旧勋，且能辑和诸将。"上曰："是数欲害汝，汝乃为之地耶？汝之忠勋，足以任此。"公叩头曰："是如易柱，必须得大木然后可。若束小木为之，将速颠覆。以天下之广，宜求大才胜彼者。如臣驽钝，尤不可尔。"上怒遂解。②

洪武元年（1368年）五月，朱元璋赴汴梁部署进兵大都事宜，命李善长与刘基留守应天。刘基以御史中丞之职，严惩李善长亲信李彬的贪纵犯法行为。李善长等人遂交相进谗，合力攻击刘基：

> 帝幸汴梁，基与左丞相善长居守。基谓宋、元宽纵失天下，今宜肃纪纲。令御史纠劾无所避，宿卫宦侍有过者，皆启皇太子置之法，人惮其严。中书省都事李彬坐贪纵抵罪，善长素暱

---

① 《明太祖实录》卷54，洪武三年七月丙辰。

② 《诚意伯刘公行状》，载《诚意伯文集》卷首；《明史》卷18《刘基传》，第3780页。

之，请缓其狱。基不听，驰奏。报可。方祈雨，即斩之。由是
与善长忤。帝归，诉基僇人坛壝下，不敬。诸怨基者亦交谮
之。①

　　李善长等人的合力进谗，不免使朱元璋心生疑虑。接着就发生
了前面提到的刘基求雨不应的事件，激怒了朱元璋，刘基因而被削
职返乡，至十一月才被召还，恢复原职。不过，李善长在洪武三年
（1370 年）便病倒了，翌年正月致仕，最终也未能置刘基于死地。
后来，胡惟庸独专省事，因刘基反对他任相而怀恨在心，便嗾使老
吏讦基。此举虽使刘基失掉岁禄，但仍未能置刘基于死地。于是，
在升任右丞相后，就趁刘基病重之机，暗中令御医下药毒死刘基，
从而实现为自己和李善长清除宿敌的意愿。
　　如果说在李善长致仕之前，胡惟庸主要是投靠、巴结李善长，
依仗李善长的扶持来扩大自己的权势的话，在李善长致仕之后，特
别是自己独专省事乃至任相之后，胡惟庸则利用乡土关系，极力拉
拢、巴结淮西将臣，结党营私，排斥异己，组成以自己为核心的小
帮派。第一开国功臣徐达，就是他积极拉拢的对象：

　　　　胡惟庸为左丞相，恃而贪。以达元勋贵重，欲内好。达恶
　　之，反赂达阍者福寿，使为间以图达。福寿发之，达亦不问，
　　惟时时为上言："惟庸不可过委，过委必败。"②

　　胡惟庸还极力拉拢因违法乱纪而遭到朱元璋惩处的淮西武将，
如濠人陆仲亨、五河人费聚等：

　　　　吉安侯陆仲亨自陕西归，擅乘驿传。上怒责之，曰："中
　　原兵燹之余，民始复业，籍户买马，艰苦甚矣。使皆效尔所
　　为，民虽尽鬻子女，买马走递，不能给也。"责捕盗于代县。

―――――――――

① 《明史》卷 128《刘基传》，第 3780 页。
② （明）黄金：《魏国公徐公达》，载《献征录》卷 5，第 143 页；《明史》卷 125
《徐达传》，第 3730 页。

平凉侯费聚，尝命至苏州抚绥军民。聚不任事，唯嗜酒色。召还，责往西北招降达达，无功，上亦责之。二人惧。惟庸阴以权利胁诱二人，二人素憨勇，又见惟庸当朝，用事强盛，因与往来。久之益密。①

淮西勋贵的核心骨干李善长，自然成为胡惟庸极力拉拢的重要对象。李善长在洪武三年（1370年）受封为韩国公，"时封公者，徐达、常遇春子茂、李文忠、冯胜、邓愈及善长六人，而善长位第一"②。封公受赏之后，他"既富贵极，意稍溢，上始微厌之"③，于洪武四年（1371年）病退。但朱元璋并未完全失去对他的信任。翌年李善长病愈，仍命其督建中都宫殿，洪武七年（1374年）复命督迁江南民14万人至凤阳屯田，并擢其弟李存义为太仆寺丞，李存义子李伸、李佑为群牧所官。洪武九年（1376年），又将临安公主嫁给其子李祺，拜为驸马都尉，与其结为亲戚。虽然公主下嫁仅过一月，有人上告："善长狎宠自恣，陛下病不视朝几及旬，不问候。驸马都尉六日不朝，宣至殿前，又不引罪，大不敬。"④ 但朱元璋只削减李善长岁禄一千八百石，寻又命与李文忠总中书省、大都督府、御史台，同议军国重事，督建圜丘。由于李善长在明初政坛的重要地位和影响，胡惟庸久"谋欲善长为己用"，于洪武十年（1377年）九月将反谋密告其婿父李存义，让他阴说李善长参与，"善长中坐默然而不答"。过了十天，胡惟庸命其旧人杨文裕再去劝说李善长，"许以淮西地封王"，李善长说："这事九族皆灭"，没有应允。到十一月，胡惟庸又亲自往说李善长，李善长"犹赵趄未许"。洪武十二年（1379年）八月，李存义再三往说，李善长乃云："我老了，你每等我死时自去做。"⑤ 李善长虽然最终没有参与谋反，但也没有告发其谋，这就埋下了洪武二十三年（1390年）

---

① 《明太祖实录》卷129，洪武十三年正月甲午。
② 《明史》卷127《李善长传》，第3771页。
③ 《左丞相李善长》，载《献征录》卷11，第376页。
④ 《明史》卷127《李善长传》，第3771页。
⑤ 《太祖实录辨证》四，载《钱牧斋全集》第3册，第2131—2132页。

牵连胡案被杀的祸根。

对一些非淮西籍的臣僚，胡惟庸也设法加以笼络，拉到自己一边。如湖广茶陵人陈宁，元末做过镇江小吏，后投奔朱元璋，累官至中书省参知政事，洪武三年（1370年）坐事出知苏州。此人有些才气，但性特严酷。在苏州督征税粮，欲事速集，竟令左右烧铁烙人肌肤，人称"陈烙铁"。寻改任浙江行省参政，未行，经胡惟庸推荐，召为御史中丞。后升任右御史大夫、左御史大夫。及居宪台，益尚严酷。"上切责之，不改。其子孟麟，亦数以谏，宁怒，杖之数百至死。上深恶其不情，尝曰：'宁于其子如此，奚有于君父耶！'宁闻之惧，遂与惟庸通谋。"① 陈宁从此成为胡惟庸帮派的一名核心骨干，并拉了同在御史台共事的中丞涂节入伙。又如江西金溪人吴伯宗，洪武四年（1371年）廷试第一，授礼部员外郎，与学士宋讷等同修《大明日历》。当时"胡惟庸方用事，欲人附己。伯宗性刚直，不肯与之相降屈；惟庸衔之。八年，竟坐忤，惟庸中伤以事，谪居凤阳"。后来，吴伯宗上书论时政，"因言惟庸专恣不法，不宜独任以事，恐久为国患，辞甚剀切"。朱元璋得奏，"即召还，赐袭衣钞锭，奉使安南"②。

胡惟庸的同党，还有高邮名士汪广洋。钱谦益曾经指出：

> 据《昭示奸党录》诸招，广洋实与惟庸合谋为逆，而上但以坐视兴废诛之。盖此时胡党初发，其同谋诸人，尚未一一著明也。③

潘柽章经考证也指出：

> 余考（洪武十三年）正月癸卯诏云："丞相汪广洋、御史

---

①　《明太祖实录》卷129，洪武十三年正月甲午；《明史》卷308《陈宁传》，第7909页。

②　《明太祖实录》卷161，洪武十七年四月乙未；《明史》卷137《吴伯宗传》，第3945页。

③　《太祖实录辨证》三，载《钱牧斋全集》第3册，第2126页。

大夫陈宁昼夜淫昏，酣歌肆乐，各不率职，坐视废兴，以致胡惟庸私搆群小，夤缘为奸，因是发露，人各伏诛。以广洋与陈宁并称，则太祖之罪状广洋者至深切矣。而手敕但摘其佐朱文正、杨宪已往之过，绝不及惟庸事，岂狱词未具，不欲讼言耶？"①

汪广洋为高邮人，元末举进士，流寓太平。朱元璋率部渡江，召为元帅府令史，江南行省提控。后历任行省都事、中书右司郎中、江西参政。洪武元年（1368年），山东平，命理行省。当年十二月由山东行省参政召为中书省参政，翌年复出为陕西行省参政。"三年，丞相李善长病，上以中书无官，召广洋为左丞。时杨宪以山西参政先被召入为右丞，广洋至，宪恶其位轧己，每事多决不让，威福恣行。广洋畏之，常容默依违，不与较。宪犹不以为慊，欲逐去之，嗾使御史刘炳等奏广洋奉母不如礼，以为不孝。上初未之知，因以敕切责，令还高邮。宪恐其后复入，又教炳奏迁之海南。上觉其奸，乃复召广洋还，宪坐是诛。冬十一月，进封广洋忠勤伯。四年，丞相李善长以老辞位，乃拜广洋为右丞相，以参政胡惟庸为左丞。广洋居位，庸庸无所建明。六年正月，以殆职迁广东行省参政。逾年，召为左御史大夫。十年，复拜右丞相。"② 胡惟庸在洪武三年（1370年）正月召任中书参政，翌年正月升任左丞，六年（1373年）七月升任右丞相，十年（1377年）九月再迁左丞相。汪广洋与胡惟庸在中书省多年共事，并多年同在相位，估计他是在这个时期受胡惟庸拉拢而成为其同党的。不过，由于《昭示奸党录》今已不存，我们已无法了解此中的详情。

胡惟庸枉法朋比、结党营私，上述事实都是明证。而这些事实，《明史》皆有记载。但吴晗却说：胡案是在"李善长狱后数年方发觉，此时当不能预为周纳"③。言外之意，胡惟庸枉法朋比、结党营私的这些罪证，都是在洪武二十三年（1390年）李善长牵连

① 《国史考异》卷二之一一《〈明史〉订补文献汇编》，第503—504页。
② 《明太祖实录》卷128，洪武十二年十二月。
③ 《胡惟庸党案考》，载《吴晗史学论著选集》第1卷，第461页。

进胡案被杀后数年方被发觉、不能作为洪武十三年（1380 年）胡惟庸党案的罪证，否则就成了"预为周纳"。但事实是，上述胡惟庸的诸桩罪证，大多是在胡案初发之时即被发觉，如胡惟庸勾结李善长、拉拢陈宁、贿徐达阍者以图达、诬陷乃至毒死刘基、发杨宪"奸状"致其被杀、以事谪吴伯宗于凤阳等。任何案件的审理，只要据以定性的关键罪证确凿，便可作出判决，而非等到其他类似的罪证全部凑齐不可，这是司法审判的一个常识问题。

五

吴晗还否定胡惟庸有谋反罪行。《胡惟庸党案考》一文，曾援引钱谦益《太祖实录辨证》卷 3 据《昭示奸党录》第三录的供词概述胡惟庸谋反罪状的文字：

> 自洪武八年以后，惟庸与诸公侯约日为变，殆无虚月。或候上早朝，则惟庸入内，诸公侯各守四门；或候上临幸，则惟庸扈从，诸公侯分守信地。皆听候惟庸调遣，期约举事。其间或以车驾不出而罢，或以宿卫严密不能举事而罢，皆惟庸密遣人麾散，约令再举。见于《奸党三录》者，五年之中，朝会者无虑二百余。①

接着写道："考《太祖本纪》胡惟庸以洪武六年七月壬子任右丞相，十年九月辛丑改左。其时惟庸正被恩眷，得太祖信任。"说从洪武八年（1375 年）起胡惟庸就开始策划谋反，显然难以令人信服。因此，吴晗认为："据《奸党录》言，则不特《实录》所记惟庸诸谋叛动机为子虚，即明人诸家所言亦因此而失其立足点。"②

《胡惟庸党案考》一文，还否定促成胡惟庸决心起事谋反的动

---

① 《太祖实录辨证》卷 3，载《钱牧斋全集》第 3 册，第 2126—2127 页。
② 《胡惟庸党案考》，载《吴晗史学论著选集》第 1 卷，第 464 页。

机。文中援引史籍的两种不同记载，一是《明史·胡惟庸传》转述《明太祖实录》卷129的记载：

> 会惟庸子驰马于市，坠死车下，惟庸杀挽车者。帝怒，命偿其死。惟庸请以金帛给其家，不许。惟庸惧，乃与御史大夫陈宁、中丞涂节等谋起事，阴告四方及武臣从己者。①

一是王世贞《胡惟庸》一文的记述：

> 会其家人为奸利事，道关榜辱关吏，吏奏之，上怒，杀家人，切责，丞相谢不知乃已。
>
> 又以中书违慢，数诘问所由。惟庸惧，乃计曰："主上鱼肉勋旧臣，何有我耶！死等耳，宁先发，毋为人束，死寂寂。"②

然后写道："同样的是叙述同一事件，并且用同一笔法，但所叙的事却全不相符，一个说是惟庸子死，一个说是惟庸家人被诛。"③ 作者未明言何种说法正确，何种说法错误，或者两说皆错，但言外之意非常明确，那就是两说既然不相符合，就都不可信。因为紧接着，作者这样写道："根据当时的公私记载……在胡案初起时胡氏的罪状只是擅权植党"④，"我们找不出有'谋反'和'通倭''通房'的具体记载，……到了洪武二十三年后胡惟庸的谋反便成铁案"⑤。意思是说，在洪武十二年（1379年）九月胡惟庸被捕入狱直到第二年正月被杀，朱元璋并未给他加上谋反的罪名，后来编造所谓通倭、通房和串通李善长谋反的罪状，直到洪武二十三年（1389年）后才将胡惟庸的谋反弄成铁案。这样，胡惟庸的谋反罪，从动机到行动就都被一笔勾销了。如果再加上吴晗对胡惟庸

---

① 《明史》卷308《胡惟庸传》，第7907页。
② 《胡惟庸》，载《献征录》卷11，第382页。
③ 《胡惟庸党案考》，载《吴晗史学论著选集》第1卷，第463页。
④ 同上书，第478页。
⑤ 同上书，第463页。

毒死刘基、朋比为奸、贪污受贿等罪行的否认，胡惟庸党案也就成为彻头彻尾的大冤案，胡惟庸就成为百分之百的冤死鬼了。

但是，吴晗的这番考证，却存在许多明显的漏洞。第一，其所引钱谦益概述胡惟庸谋反罪状的话，出自《昭示奸党录》第三录。胡惟庸党案的《昭示奸党录》与后来蓝玉党案的《逆臣录》性质相同。吴晗在《朱元璋传》中说："胡案有《昭示奸党录》，蓝案有《逆臣录》，把用刑讯所得的口供和判案详细记录公布，让全国人都知道他们的'罪状'。"① 这句话说对了一半，另一半却说错了。朱元璋为《逆臣录》所写的《御制逆臣录序》，谈到该书的内容及编撰目的时就讲得十分清楚："特敕翰林，将逆党情词辑录成书，刊布中外，以示同类，毋得再生异谋。"② 书中只辑录刑讯案犯所得的口供，而未录载判案的经过和判决的结果。因此，我们遍检《逆臣录》和《太祖实录辨证》诸书录存的《昭示奸党录》个别段落，都尽是案犯的口供而未见有只字的判词。《昭示奸党录》既然同《逆臣录》一样，是案犯口供的汇编而不是司法机构的判决书，某个案犯的口供出现与事实不符甚至荒唐怪诞的现象，那是极为正常的。我们不能据此就推断"《实录》所记惟庸诸谋叛动机为子虚"，进而认定"明人诸家所言亦因此而失其立足点"。

第二，促成胡惟庸谋反的具体动机，明代史籍有惟庸子死与惟庸家人被诛两说，吴晗咬定这两个事件是"同一事件"，既然是同一事件却有两种说法，因而全不可信。但是，吴晗未能说明为何这两件事是同一件事，也就是说，促成胡惟庸谋反的只能是一件事而不能是两件事？他更未能论证这两件事是否存在？事实上，迄今为止，我们还未见到有哪位史学家找出确凿的史料否定这两件事的存在。既然如此，这两件事都可能成为胡惟庸谋反的导火索。诸多史籍在记述胡惟庸谋反时，由于各自掌握的史料不同，有的只提到这件事，有的只提到那件事，这是完全可以理解的。

---

① 吴晗：《朱元璋传》，生活·读书·新知三联书店1965年版，第253页。
② 王天有、张何清点校：《逆臣录》，北京大学出版社1991年版，序第2页。

第三，《胡惟庸党案考》一文，完全回避明代史籍中有关胡惟庸策划谋反的某些具体史实。如《明太祖实录》的如下记载：

> （吉安侯陆仲亨、平凉侯费聚）尝过惟庸家饮酒。酒酣，屏去左右，因言："吾等所为多不法，一旦事觉，如何？"二人惶惧，计无所出。惟庸乃告以己意，且令其在外收辑军马以俟。二人从之。又与陈宁坐省中，阅天下军马籍。令都督毛骧取卫士刘遇宝及亡命魏文进等为心膂，曰："吾有用尔也。"①

这段史料反映了胡惟庸策划谋反的某些具体情节。其中，胡惟庸与陈宁"坐省中，阅天下军马籍"尤值得注意。明初的军队册籍是归大都督府（洪武十三年正月析为五军都督府）掌握，其他衙门包括中书省都不能过问。史载："祖制五府军，外人不得预闻，惟掌印都督司其籍。前兵部尚书邝埜向恭顺侯吴某（即吴克忠）索名册稽考，吴按例上闻。邝惶惧疏谢。"②邝埜是在明英宗正统年间担任兵部尚书的，可见直到明前期，连主管军政的兵部尚书都不许查阅军队册籍。但胡惟庸居然将大都督府掌管的军队册籍弄到中书省衙门，与陈宁一起查阅。而查阅天下军马籍的目的，不正是为调动军马进行谋反做准备的吗？《胡惟庸党案考》一文，既然是专门考证胡案的真假问题，显然是不应回避如此重要的史料的。

此外，该文虽也征引某些反映胡惟庸"谋为不轨"的史料，但又极力遮掩其"谋为不轨"的罪行。如朱国桢辑《皇明大事记》载：

> （洪武二十八年）十一月，上谓翰林学士刘三吾等曰："朕自即位以来，累命儒臣历考旧章，自朝廷下至臣庶，冠婚丧祭之仪，服舍器用之制，各有等差，著为条格，俾知上下之分。而有奸臣胡惟庸等擅作威福，谋为不轨，僭用黄罗帐幔，饰以

---

① 《明太祖实录》卷 129，洪武十三年正月甲午。
② （明）陈衍：《榱上老舌》，丛书集成初编本。

金龙凤纹。迩者逆贼蓝玉越礼犯分，床帐护膝，皆饰以金龙，又铸金爵为饮器，家奴至于数百，马坊廊房悉用九五间数。苏州府民顾常，亦用金造酒器，饰以珠玉宝石。僭乱如此，杀身亡家。"①

在明代，龙凤纹饰属皇帝专用，玄、黄、紫三色也为皇家专用，官吏军民的衣服、帐幔均不得使用。"凡帐幔，洪武元年，令并不许用赭黄龙纹文。"② 胡惟庸"僭用黄罗帐幔，饰以金龙凤纹"，联系到他后来的谋反，显然不是一般意义上的逾制僭侈问题，而是包藏政治野心的图谋不轨行为。但是，《胡惟庸党案考》一文在征引这段文字时，却轻描淡写地说："太祖和刘三吾的谈话中，胡惟庸的罪状，也不过只是擅作威福和僭侈。"③

第四，吴晗说胡案初起时，当时的公私记载没有通倭、通虏的罪状，这话符合实际；但说当时的公私记载没有谋反的罪状，却与史实不符。前面征引的朱元璋在诛杀胡惟庸次日向文武百官宣布的胡氏罪状中，就有"谋危社稷"四个字，"谋危社稷"指的就是谋反，属于不在常赦之列的十恶大罪之首。《大明律》卷1、卷18，对"十恶"大罪中的谋反罪，都明确注明："谓谋危社稷。"④ 吴晗虽曾征引朱元璋的这段谕词⑤，遗憾的是他没有弄清"谋危社稷"一词在明代法律中的真正含义，却说找不出有谋反的具体记载。

透过明代史籍的一些零碎记载，人们可以看出，胡惟庸的谋反是既有动机也有策划，并有具体的行动，要想一笔抹杀，又谈何容易。

---

① （明）朱国桢：《皇明大事记》卷9《高皇帝御制及纂辑诸书》，载《皇明史概》中册，第1010页。
② （明）申时行等修：万历《明会典》卷62《礼部·房屋器用等第》，中华书局1989年版，第396页。
③ 《胡惟庸党案考》，载《吴晗史学论著选集》第1卷，第452—453页。
④ 怀效峰点校：《大明律》卷1、18，辽沈书社1990年版，第3、133页。
⑤ 《胡惟庸党案考》，载《吴晗史学论著选集》第1卷，第452页。

六

　　胡惟庸究竟是如何走上谋反之道的，胡案又是如何发生的呢？

　　胡惟庸是个私心极重，"憸而贪"的人物。他的贪欲，不仅止于对钱财的追求，更表现在对权力的追逐上，因为在阶级社会，权力可以转化为钱财，权力越大，钱财就越多。为了满足自己的贪欲，他什么奸邪卑劣的手段都使得出来，根本不顾忌道德和法律的底线。因此，当他踏进权力中枢的门槛，特别是独掌中书省事之后，经过多年的经营，利用乡土关系拉拢淮西勋旧，和门下的故旧僚佐结成一个小帮派，觉得羽翼已经丰满，政治野心便无限膨胀起来。不仅"专肆威福，生杀黜陟有不奏而行者。内外诸司封事入奏，惟庸先取视之，有病己者辄匿不闻"①，根本不把皇帝放在眼里；而且"僭用黄罗帐幔，饰以金龙凤纹"，公然觊觎皇帝的宝座。

　　胡惟庸的骄恣擅权，一意专行，直接损害到皇权的利益，这是朱元璋绝对不能容忍的。他的末日，很快也就到来了。

　　贫苦农民出身的朱元璋，原本也存在浓厚的乡土、宗族观念。起义期间，他主要依靠同自己有密切的乡里、宗族关系的淮西将臣打天下。明朝建立后，不仅给予淮西将臣大量封赏，使之成为王朝的新贵，还在洪武二年（1369年）九月下诏在其家乡营建中都，希望能和这些淮西勋贵一道衣锦还乡，共同巩固明王朝的统治。但是，在洪武八年（1375年）四月初，当中都的营建"功将告成"，朱元璋赶往中都准备"验工赏劳"时，却发生了营建工匠用"厌镇法"对繁重的工役发泄不满的事件。四月底，他返回南京，又得知刘基已在本月中旬去世的消息。朱元璋不禁想起刘基两次反对营建中都的意见，开始重新审视他所倚重的淮西勋贵和定都凤阳的决策。

　　朱元璋登基之后，在重用淮西勋贵的同时，也曾采取一系列措施，对他们严加防范。第一，在中书省和六部安插非淮西籍的官

---

　　① 《明太祖实录》卷129，洪武十三年正月甲午。

员，以监视、牵制淮西勋贵。如在中书省，曾任命非淮西籍的胡美、王溥、杨宪、汪广洋、丁玉、蔡哲、冯冕等出任平章政事、左右丞和参知政事，汪广洋还一度出任丞相，六部尚书更是以非淮西籍为主。① 第二，制定各种礼制和法令，对淮西勋贵严加约束。如洪武五年六月做铁榜申诫公侯，明确规定：凡公侯之家，非特奉旨，不得私役官军，不得强占官民山场、湖泊、茶园、芦荡及金、银、铜场、铁冶，不得侵夺他人田地、房屋、孳畜，不得私托门下，影蔽差徭，不得接受诸人田土及投献物业，否则将受到严厉的处罚，直到斩首。② 第三，起用一批心腹亲信如高见贤、夏煜、杨宪、凌说、丁光眼、靳谦、毛骧、耿忠、吴印、华克勤等，充当检校，监视臣僚的各种活动。他们严密"察听在京大小衙门，官吏不公不法及风闻之事，无不奏闻太祖知之"③。

但是，这些措施对淮西勋贵并没有起到真正的约束作用。淮西勋贵往往自恃劳苦功高，又是皇帝的同乡，不仅极力排挤、打击非淮西籍的大臣，而且屡屡逾礼越制，肆无忌惮地追逐财富和权力。洪武二年（1369年）十二月，朱元璋在大赏平定中原及征南将士之功时，即曾批评右副将军冯胜在山西泽州之役中，"与平章杨璟妄分彼此，失陷士卒"；陕西平定后，大将军徐达和右副将军李文忠被调回京议功赏，命其代大将军权镇庆阳，总制各镇大军，他生怕自己得不到赏赐，竟然"擅自班师"，"时当隆冬"，"致士卒冻馁"④，并使元将扩廓帖木儿乘机"纵游骑掠平凉、巩昌北鄙人畜，大为边患"⑤。洪武三年（1370年）十月，朱元璋大封功臣时，又狠狠批评了一些淮西大将的违法行为：

> 如御史大夫汤和，与朕同里闬，结发相从，屡建功劳，然

① 《明史》卷109，《宰辅年表》，第3306—3309页。（明）王世贞撰、魏连科点校：《弇山堂别集》卷46至51，《中书省表》、《六部尚书表》，中华书局1985年版，第873—964页。

② 《明太祖实录》卷74，洪武五年六月乙巳。

③ 《国初事迹》。

④ 《明太祖实录》卷47，洪武二年十一月己酉。

⑤ 《国榷》卷3，洪武二年十一月甲辰，第401页。

嗜酒妄杀，不由法度；赵庸从平章李文忠取应昌，其功不细，而乃私其奴婢，废坏国法；廖永忠战鄱阳时，奋勇忘躯，与敌舟相拒，朕亲见之，可谓奇男子，然而使所善儒生窥朕意向，以徼封爵；佥都督郭子兴，不奉主将之命，不守纪律，虽有功劳，未足掩过。①

此后，类似的违法事件仍不时发生。在中都营建期间，淮西勋贵不仅加紧排斥、打击非淮西籍大臣，而且公然违反禁令为自己营建第宅。洪武五年（1372年）朱元璋决定在中都为六公二十七侯建造第宅之前，武定侯郭英等人即私自役使营建中都的将士替自己建造私室，为此而遭到朱元璋的斥责："朕命军士往临濠造宫殿，汝等又役之为私室，岂保身兴家之道哉！"②后来，江夏侯周德兴也"恃帝故人，营第宅逾制"③。朱元璋因此受到很大的触动，意识到乡党并不都是忠诚可靠的，如果在凤阳建都，淮西勋贵利用家乡盘根错节的乡里、宗族关系扩张势力，势必对皇权构成严重的威胁。觉得刘基临回乡前所叮嘱的"凤阳虽帝乡，非天子所居之地，虽已置中都，不宜居"，含义实在深刻。朱元璋于是决心抛弃乡土、宗族观念，在返回南京的当天，诏罢中都役作。当年九月，下诏改建南京的大内宫殿，彻底抛弃营建中都的计划。朱元璋从此未再返回凤阳老家，他的用人之策，也从倚重淮西勋贵逐步转向五湖四海。

与此同时，随着自己逐渐坐稳了龙椅，朱元璋又开始思谋如何改革国家机构，以强化封建专制中央集权的问题。洪武初年的政权体制基本袭自小明王的宋政权，而宋政权基本是仿照元朝的体制建立起来的。元朝的国家机构，在中央设中书省总理全国政务，最高长官中书令是一个名义上的虚衔，不常设。中书令下设右、左丞相（蒙古习俗尚右，右在左上）为实任丞相，"令缺，则总省事，佐天

---

① 《明太祖实录》卷58，洪武三年十一月丙申。
② 《明太祖实录》卷69，洪武四年十一月壬申。
③ 《明史》卷132《周德兴传》，第3861页。

子，理万机"①。丞相之下设平章政事、右左丞、参知政事为副相。在地方设行中书省，作为中书省的分出机构。行中书省的建制与中书省的建制相仿，中书省设什么官职，行中书省也设什么官职，中书省统管全国的军政、民政、财政，行中书省则统管地方的军政、民政、财政，"凡钱粮、兵甲、屯种、漕运、军国重事，无不领之"②，号称"外政府"，职权极重。后期四处兵起，地方军政首领各自为战，往往擅权自专，不听朝廷指挥，形成分裂割据的局面。朱元璋是从小明王封授的江南等处行中书省平章政事起家的，他文檄用宋政权的龙凤纪年，"然事皆不禀其节制"③，行中书省俨然是个独立王国。这正好为朱元璋借助小明王旗号发展自己的势力提供了方便，所以他对这种体制颇为赞赏。但是，随着军事上不断取得进展，他又担心部下效而仿之，对自己闹起独立。果不其然，在龙凤十年（1364 年）朱元璋称吴王前后，臣僚越礼犯分的事即时有发生，龙凤八年（1362 年）甚至发生淮西骁将邵荣的谋反事件，次年又发生另一淮西骁将谢再兴叛降张士诚的事件。这不仅引起朱元璋的警惕和忧虑，同时也使他认识到这种政权体制的弊端，说："元氏昏乱，纪纲不立，主荒臣专，威福下移，由是法度不行，人心涣散，遂至天下骚乱。"④ 不过，当时战事频繁，尚无暇进行改革。

洪武建国之后，臣僚特别是淮西勋贵违法乱纪的事件层出不穷，促使朱元璋进一步探究这种体制弊端的症结所在。洪武三年（1370 年）十二月，儒士严礼等上书言治道，朱元璋即曾就元朝的兴亡得失，与侍臣展开一场讨论：

　　上退朝御西阁，因览礼所上书，谓侍臣曰："汝等知古今，达事变，且言元氏之得天下与所以失之故。"或言世祖君贤臣忠以得之，后世君暗臣谀以失之；或言世祖能用贤而得之，后

① （明）宋濂等：《元史》卷85《百官志》一，中华书局1976年版，第2121页。
② 《元史》卷91《百官志》七，第2305页。
③ （明）高岱撰、孙正容、单锦珩点校：《鸿猷录》卷2《宋事始末》，上海古籍出版社1992年版，第29页。
④ 《明太祖实录》卷14，甲辰年正月戊辰。

世不能用贤而失之；或言世祖好节俭而得之，后世尚奢侈而失
之。上曰："汝等所言，皆未得其要。夫元氏之有天下，固由
世祖之雄武，而其亡也，由委任权臣，上下蒙蔽故也。今礼所
言'不得隔越中书奏事'，此正元之大弊。人君不能躬览庶政，
故大臣得以专权自恣。今创业之初，正当使下情通达于上，而
犹欲效之，可乎？"①

　　在朱元璋看来，要实现天下大治，君主必须"躬览庶政"。所
谓"躬览庶政"，顾名思义，即指君主要临朝预政，亲自过问和处
理国家大事。朱元璋认为，君主如不"躬览庶政"，大臣就会专权
自恣。不过，朱元璋所说的"躬览庶政"，还有更深一层的含义，
即主张进一步扩张皇权，强化专制的中央集权，地方集权于中央，
中央集权于君主，以便君主能完全按自己的意志办事。

　　依照这个改革思路和方案，朱元璋首先着手地方行政机构的改
革，以便消除地方割据的威胁。洪武八年（1375 年）十月，将地
方军事机构都卫改为都指挥使司，以长官都指挥使"掌一方之军
政，各率其卫所以隶于五府，而听于兵部"，"序衔布、按二司
上"。②翌年六月，改行中书省为承宣布政使司，以长官布政使"掌
一省之政，朝廷有德泽、禁令承流宣播，以下于有司"③，即主管民
政和财政。再加上"掌一省刑名按劾之事"④ 的提刑按察使司，原
来的行中书省职权便一分为三，互相制约，并各自向朝廷负责，集
权于中央。

　　接着，朱元璋就着手谋划中央行政机构的改革。朱元璋认为，
中书省的制度妨碍君主"躬览庶政"，而丞相的设置更容易导致
"大臣专恣"，说："昔秦皇去封建，异三公，以天下诸国合为郡县，
朝廷设上、次二相，出纳君命，总理百僚。当是时，设法制度，皆
非先圣先贤之道。为此，设相之后，臣张君之威福，乱自秦起，宰

---

① 《明太祖实录》卷 59，洪武三年十二月戊辰。
② 《明史》卷 76，《职官志》五，第 1872 页。
③ 《明史》卷 74，《职官志》四，第 1839 页。
④ 同上书，第 1840 页。

相权重，指鹿为马。"① 随着地方机构的改革，地方的民政、财政、军政和司法监察大权集中到中央，中书省的权力因而扩大，胡惟庸更是"专肆威福"，相权和皇权的矛盾更加尖锐。朱元璋于是又采取一系列措施来限制和削弱中书省的职权。洪武九年（1376 年）闰九月，下令裁汰中书省的平章政事和参知政事，"惟李伯昇、王溥等以平章政事奉朝请者仍其旧"②。这样，中书省只留下右丞相胡惟庸和右丞丁玉，而丁玉已在当年正月率师至延安防边，到七月才返回京师，中书省实际上只留胡惟庸一人在唱独角戏。第二年五月，又令李善长与亲甥李文忠共议军国重事，"凡中书省、都督府、御史台、悉总之，议事允当，然后奏闻行之"③。六月，"诏军民言事者，实封达御前"，又"命政事启皇太子裁决奏闻"。④ 至此，中书省的权力已受到极大削弱，君权得到了极大加强。九月，擢升胡惟庸为左丞相，命汪广洋为右丞相，又将丁玉调任御史大夫，将中书省的佐理官吏全部调空。洪武十一年（1378 年）三月，更告谕礼部："胡元之世，政专中书，凡事必先关报，然后奏闻。其君又多昏蔽，是致民情不通，寻至大乱，深可为戒。"⑤ 随后即"命奏事毋关白中书省"⑥，彻底切断中书省与中央六部及地方诸司的联系，使中书省变成一个空架子。下一步，朱元璋便准备选择适当时机罢废中书省和丞相之职，躬览庶政，以消除大臣专恣的隐患。为了防止突然事件的发生，洪武十二年（1379 年）七月，朱元璋还将李文忠从陕西调回京师，提督大都督府，以加强对军队的控制。

胡惟庸把这一切都看在眼里，深感焦虑和不安。他知道，如果中书省被撤销，丞相的官职被废除，自己多年的苦心经营都将尽付东流，自然不肯善罢甘休，遂与御史大夫陈宁、涂节等密谋造反。不仅与陈宁在中书省偷阅"天下军马籍"，令陆仲亨、费聚"在外

① 《明太祖集》卷 10《敕问文学之士》，第 202 页。
② 《明太祖实录》卷 109，洪武九年闰九月癸巳。
③ 《明太祖实录》卷 112，洪武十年五月庚子。
④ 《明史》卷 2《太祖纪》二，第 32 页。
⑤ 《明太祖实录》卷 117，洪武十一年三月壬午。
⑥ 《明史》卷 2《太祖纪》二，第 33 页。

收辑军马以俟"，令毛骧"取卫士刘遇宝及亡命之徒魏文进等为心膂"，而且力图把李善长也拉下水，同他一起谋反。不久，"会其家人为奸吏事，道关榜辱关吏"，被关吏告了一状，朱元璋大怒，下令杀此家人，并切责胡惟庸。他"谢不知乃已"，侥幸地逃过了一劫。紧接着，胡惟庸的儿子在市街上策马狂奔，撞到一辆大车上，身受重伤，不治而亡。胡惟庸一怒之下，杀了马车夫。朱元璋更是怒不可遏，要他偿命。胡惟庸这才感到大祸临头，决定"宁先发，毋为人束，死寂寂"，即刻派人"阴告四方及武臣从己者"，准备起事谋反。

　　胡惟庸的阴谋正在紧锣密鼓地进行。不料，洪武十二年（1379年）九月二十五日，占城国王阿答阿者派使者阳须文旦朝贡至京，中书省未及时引见，被直门内使告发。① 朱元璋敕责省臣，胡惟庸和汪广洋等叩头谢罪，而"微委其咎于礼部，部臣又委之中书"。朱元璋益怒，"尽囚诸臣，穷诘主者"②，胡惟庸、汪广洋等皆下狱，严加追查。十二月，御史中丞涂节告发胡惟庸毒死刘基之事，并说"广洋宜知其状"。朱元璋审问汪广洋，汪广洋答以"无之"③，被贬谪海南。舟次太平，朱元璋又追究其往昔当江西行省参政时曲庇朱文正、后居台省又未曾献一谋划、进一贤才，未能揭发杨宪的罪责，"特赐敕以刑之"，"以归冥冥"。④ 汪广洋被杀后，他的小妾跟着自杀，朱元璋查明此妾是被籍没入官的陈姓知县的女儿，大怒曰："凡没官妇人女子，止配功臣为奴，不曾与文官。"遂"出胡惟庸等并六部官擅自分给，皆处以重罪"⑤。翌年正月初二，涂节料想胡惟庸必死无疑，便告发了胡惟庸与陈宁谋划造反的事。差不多与此同时，被贬为中书省吏的御史中丞商暠，也做了类似的揭发。经过一番审讯，正月初六，朱元璋"赐惟庸、陈宁死"。廷臣认为"涂节本为惟庸谋主，见事不成，始上变告，不诛无以戒人臣之奸

① 《明太祖集》卷7《问中书礼部慢占城入贡敕》，第121—122页。
② 《明史》卷308《胡惟庸传》，第7909页。
③ 《野记》1《国朝典故》上册，第505页。
④ 《明太祖集》卷7《废丞相汪广洋》，第122—123页。
⑤ 《国初事迹》。

宄者",于是"乃并诛节,余党皆连坐"①。应天府所属上元、江宁两县,许多豪强地主被指为胡党,也遭到屠戮。翌日,朱元璋召集文武百官,公布胡惟庸"谋危社稷"等罪状,并宣布其改革中央机构的决定:"朕欲革去中书省、升六部,仿六卿之制,俾之各司所事;更置五军都督府,以分领军卫。如此,则权不专于一司,事不留于壅蔽。"② 通过这番改革,朱元璋将全国军政大权都集中到自己手里,由自己直接管理国家大事。从此,"勋臣不与政事"③,淮西勋贵除继续领兵征战者外,一般不再担任行政职务。

七

胡惟庸虽已被诛,但胡案并未就此结束。此后,朱元璋便以胡案为武器,抓住一些大臣的违法事件,搞扩大化,对淮西勋贵及其子弟继续展开诛杀,借以清除其心目中的异己分子,以保障自己的"躬览庶政"。

日本的倭寇自元代开始侵扰我国沿海地区,元末明初"乘中国未定"之机,"率以零服寇掠沿海"。④ 明廷多次遣使赴日交涉,均无结果,倭寇的骚扰有增无减。洪武十九年(1386年)十月,朱元璋又给胡惟庸加上通倭的罪名,说他曾令明州卫指挥林贤前往日本,借日本精兵助其谋反。⑤ 蒙古是明朝的劲敌,后来朱元璋又给胡惟庸加上通虏的罪名,说他曾派封绩前往漠北,请北元发兵呼应其逆谋。后来,胡惟庸伏诛,封绩不敢回来。"二十一年,蓝玉征沙漠,获封绩,善长不以奏。至二十三年五月,事发,捕绩下吏,讯得其状,逆谋益大著。"⑥ 最后,朱元璋还给胡惟庸加上勾结李善

---

① 《明太祖实录》卷129,洪武十三年正月戊戌。

② 《明太祖实录》卷129,洪武十三年正月己亥。

③ 《明史》卷130《郭英传》,第3824页。

④ (清)金安清:《东倭考》,载《倭变事略》,上海书店1982年版,第201页。

⑤ (明)朱元璋:《御制大诰三编》、《指挥林贤胡党第九》,载钱伯城等主编《全明文》第1册,上海古籍出版社1992年版,第701—702页。

⑥ 《明史》卷308《胡惟庸传》,第7908页。

长谋反的罪名。洪武十三年（1380 年）胡案初发时，李善长并未受到触动，当年五月还受命理御史台事。洪武十八年（1385 年）有人告发李善长弟李存义父子"实惟庸党者"，诏免死，安置崇明。"善长不谢，帝衔之"①。到洪武二十三年（1390 年），李善长年已七十有七，却"耆不能检饬其下"，尝欲营建第宅，向信国公汤和"假卫三百人役"，汤和攘臂曰："太师敢擅发兵耶?"并"密以闻"②。四月，京民有坐罪应徙边者，李善长又奏请免其两个姐姐及私亲丁斌。朱元璋大怒，下令逮捕丁斌，严加审讯。丁斌供出李存义父子往时交通胡惟庸之事。李存义及其子李伸，他弟弟李存贤及其子李仁皆遭逮捕，他们的供词又牵涉到李善长。闰四月，李善长及其家人全被下狱，他的家奴卢仲谦等人又供出其"与惟庸往来状"③。五月，"会有言星变，其占当移大臣"④，朱元璋遂以"心谋不轨，党比胡、陈"的罪名⑤，将李善长赐死，他的妻女子弟并家人 70 余人口悉皆斩杀，家产全部抄没，"籍入六万金"⑥。吉安侯陆仲亨、延安侯唐胜宗、平凉侯费聚、南雄侯赵庸、荥阳侯郑遇春、宜春侯黄彬、河南侯陆聚等，皆同时坐胡党被杀，连已故营阳侯杨璟、济宁侯顾时等若干淮西武将，也追坐胡党，革除爵位。随后，命刑部尚书杨靖"备条乱臣情词"，辑为《昭示奸党》诸录，"次第刊布"⑦，算是为胡案画上一个句号。

胡惟庸被诛后，朱元璋所追加的通倭、通虏及串通李善长谋反诸罪的具体情节，史籍的记载，包括《昭示奸党录》列举的案犯供状，往往彼此抵牾，漏洞百出。王世贞、钱谦益、潘柽章以及吴晗等诸多学者，经过认真仔细的考订，证明它们都属于向壁虚构，并不足信，此不复赘。然而，李善长何以会被牵连到胡案之中而遭诛杀，却仍有值得探讨之处。

① 《明史》卷127《李善长传》，第3772页。
② 《左丞相李善长》，载《献征录》卷11，第377页。
③ 《太祖实录辨证》四，载《钱牧斋全集》第3册，第2130—2134页。
④ 《明史》卷127《李善长传》，第3772页。
⑤ 《野记》一，载《国朝典故》上册，第501—502页。
⑥ 《国榷》卷9，洪武二十三年五月乙卯，第709页。
⑦ 《太祖实录辨证》四，载《钱牧斋全集》第3册，第2141页。

李善长被诛的次年，御史解缙代虞部郎中王国用起草一封上疏，为之喊冤。疏曰：

> 窃见太师李善长与陛下同一心，出万死以得天下，为勋臣第一，生封公，死封王，男尚公主，亲戚皆被荣宠，人臣之分极矣，志愿亦已定矣，天下之富贵无以复加矣。若谓其自图不轨尚未可知，而今谓其欲佐胡惟庸者，揆事之理，大谬不然矣。人情之爱其子，必甚于爱其兄弟之子，安享万全之富贵者，岂肯侥幸万一之富贵哉？虽至病狂，亦不为矣。善长于胡惟庸则侄之亲耳，于陛下则子之亲也，岂肯舍其子而从其侄哉？使善长佐胡惟庸成事，亦不过勋臣第一而已矣，太师、国公、封王而已矣，尚主纳妃而已矣，岂复有加于今日之富贵者乎？且善长岂不知天命之不可幸求，取天下于百战而难危也哉？当元之季，欲为此者何限，莫不身为齑粉，世绝官污，仅保守（首）领者几人哉？此善长之所熟见也，且人之年迈，摧颓精神，意虑鼓舞倦矣，偷安苟容则善长有之，曾谓有血气之强暴动感其中也哉？又其子事陛下，托骨肉至亲，无纤芥之嫌，何得忽有深仇急变，大不得已之谋哉？凡为此者，必有深仇急变，大不得已，而后父子之间或至相挟，以求脱祸图全耳。未有平居晏然，都无形迹，而忽起此谋者也，此理之所必无也。若谓天象告变，大臣当灾，则杀人以应天象，夫岂上天之欲哉？今不幸以失刑而臣恳恻为明之，犹愿陛下作戒于将来也。天下孰不曰：功如李善长又何如哉？臣恐四方之解体也。①

史载，"太祖得书，竟亦不罪也"②。不过，潘柽章却认为："《昭示奸党》凡三录，冠以手诏数千言，乃二十三年命刑部播告天下者，而《实录》不载，所述善长往来情词，约略诸招，不免脱

---

① （明）解缙：《代虞部郎中王国用论韩国公冤事状》，载程敏政辑《皇明文衡》卷6，四部丛刊本。
② 《明史》卷127《李善长传》，第3773页。

误。即解学士讼冤疏草，亦似未究爰书者。"① 潘柽章所说的"解学士讼冤疏草，亦似未究爰书者"是什么意思呢？要弄清这个问题，还得从《明太祖实录》记述善长与胡惟庸往来情词的脱误说起。《明太祖实录》载：

> 太仆寺丞李存义者，善长之弟，惟庸之婿父也，以亲故往来惟庸家。惟庸令存义阴说善长同起，善长惊曰："尔言何为者，若尔，九族皆灭。"存义惧而去，往告惟庸。惟庸知善长素贪，可以利动。后十余日，又令存义以告善长，且言："事若成，当以淮西地封公为王。"善长虽有才能，然本文吏，计深巧，虽佯惊不许，然心颇以为然，又见以淮西之地王已，终不失富贵，且欲居中观望，为子孙后计，乃叹息起曰："吾老矣，由尔等所为。"存义还告，惟庸喜，因过善长。善长延入，惟庸西面坐，善长东面坐，屏左右欵语良久，人不得闻，但遥见领首而已。惟庸欣然就辞出。②

钱谦益经考订指出，胡惟庸派去说李善长，许以淮西地封王者为"善长故人杨文裕"而非李存义③；说胡惟庸面见李善长，"欵语良久，人不得闻，但遥见领首而已"，"盖用太史公淮阴诸传之法，可谓妙于揣摩矣。以言乎实录，则犹有间也"，并不足信。④ 他还将实录与朱元璋的手诏和《昭示奸党录》的供状进行比对，指出：

> 手诏之罪善长曰："李四（即李存义）以变事密告，善长中坐默然而不答。又十日，弟仍告之，方乃有言。皆小吏之机，狐疑其事。以致胡、陈知其意，首臣既此，所以肆谋奸宄。"善长自招，一云："寻思难答应。"一云："这事九族皆

---

① 《国史考异》卷二之一二《〈明史〉订补文献汇编》，第505页。
② 《明太祖实录》卷129，洪武十三年正月甲午。
③ 《太祖实录辨证》四，载《钱牧斋全集》第3册，第2133页。
④ 同上书，第3132页。

灭。"一云："我老了，你每等我死时自去做。"皆徘回顾望，
一无坚决之语。其所云："这件事若举，恐累家里人口；这事
急切也做不成。"以此含糊不举。此则其本情也。惟庸反谋已
久，谋欲善长为己用，兄弟子侄，宾客朋旧，下及僮仆厮养，
举皆入其彀中。善长昏姻谊重，目瞪口呿，宛转受其笼络而不
能自拔，卒委身以殉之。以霍子孟（霍光字子孟）之忠，明知
显（霍光妻）之邪谋，欲自发举，不忍犹与，以酿身后之祸。
而况可责之于善长乎？坐此族灭，岂为不幸哉？①

弄清《明太祖实录》记述李善长与胡惟庸往来情词脱误的情
况，潘柽章所说"解学士讼冤疏草，亦似未究爰书者"的含义，也
就清楚了，即批评解缙由于没有仔细阅读《昭示奸党录》，其讼冤
疏状一味为李善长的被诛叫屈，却忽略了李善长虽未参与胡惟庸的
反谋却也没有揭发的事实，而这则是作为一名朝廷重臣所不许可的
行为。

钱谦益认为，李善长之所以没有举报胡惟庸的反谋，原因是其
侄子李佑娶了胡惟庸的侄女，"昏姻谊重，家门虑深"，故而"宛转
受其笼络而不能自拔"。但是，要论婚姻情谊，李善长的儿子李祺
娶了朱元璋的长女临安公主，不是比同胡惟庸的关系更深更重吗？
其实，李善长没有举报胡惟庸的反谋，另有更为深刻的原因在。李
善长原是个乡间小知识分子，虽"少读书"，但也只是"粗持文
墨"而已②，并没有什么高超的文韬武略。在朱元璋起义的前期，
他"为参谋，预机画，主馈饷"③，做过一定的贡献。龙凤二年
（1356年）攻占应天后，随着刘基等一批富于谋略的大儒的应聘，
并担负起谋士的职责，他主要便充当起大管家的角色。论武功比不
上受封为公、侯的任何一位武将，论文治更比不上刘基、宋濂等任
何一位文臣，连朱元璋也说他"无汗马之劳"④。但是由于朱元璋当

①　《太祖实录辨证》四，载《钱牧斋全集》第 3 册，第 3131—3132 页。
②　《左丞相李善长》，载《献征录》卷 11，第 374 页。
③　《明史》卷 127《李善长传》，第 3769 页。
④　《明太祖实录》卷 58，洪武三年十一月丙申。

时存在浓厚的乡土、宗族观念，李善长投奔较早，对他也表现得忠心耿耿，所以对李善长非常器重。朱元璋就任江南行省平章时，就以李善长为参议，"军机进止，章程赏罚，十九取善长处分"[①]。称吴王后到称帝的初期，一直让他担任丞相的职务。吴元年虽有换相的想法，但洪武三年（1370 年）大封功臣时，又授予最高一级的封爵，赋予他一人之下、万人之上的崇高地位。"有心计而无远识"的李善长，对此自然感到十分满意。为了保住已经到手的权位，就拼命拉拢淮西勋贵，排挤非淮西籍的大臣。岂料好景不长，就在封公受赏之后，他因"富贵极，意稍骄"，引起朱元璋的不满与猜忌，翌年便令其病退，使之失去往昔的荣宠。他的胸中不免腾起一股对朱元璋的怨气。此后，他同朱元璋的关系总是磕磕绊绊，不时遭到朱元璋的敲打，甚至被削减岁禄一千八百石，不复享有"无以复加"的富贵。他对朱元璋也就愈加怨恨。对朱元璋的这种积怨，促使李善长对胡惟庸的反谋采取一种沉默的态度，既不贸然参与，也不检举揭发。朱元璋正是抓着他的这个把柄，给他加上"心谋不轨，党比胡、陈"的罪名，把他牵连进胡案加以诛杀的。因此，李善长之被冤杀，固然是朱元璋强化君主专制的必然产物，也是李善长自酿的一杯苦酒。

八

那么，整个胡惟庸党案的真相究竟如何呢？正如吴晗所指出的，胡惟庸党案是明初皇权与相权矛盾冲突的产物。胡惟庸恊而又贪，私心极重，他在独专省事、继而任相之后，不仅在经济上贪污受贿，而且在政治上拉帮结派，打击异己，飞扬跋扈，擅专黜陟，藏匿于己不利的奏章，甚至"僭用黄罗幔帐，饰以金龙凤纹"，流露出觊觎皇位的野心，对皇权构成严重的侵犯和威胁，最后发展到与同党秘密策划谋反，充分反映出封建社会后期地主阶级的贪婪与

---

① 《左丞相李善长》，载《献征录》卷 11，第 374 页。

腐朽。他以"谋危社稷"等罪名被杀，是名副其实的真案，一点也不冤枉。而朱元璋大兴党狱，是为了加强君主专制的中央集权，便于他的"躬览庶政"。胡案一发生，他就借机搞扩大化，把自己心目中的异己分子都牵连进去，"余党皆连坐"，这些被株连的"余党"，有的便是冤死鬼。此后，他将罪名逐步升级，由谋危社稷升至通倭，再升至通虏、串通李善长谋反，用以打击某些恃功骄恣、飞扬跋扈的功臣，这些则纯属冤假错案。整个胡案，"词所连及坐诛者三万余人"①，有的地方甚至"将男妇长幼悉屠之"，充分暴露出封建专制的血腥与残暴。

　　总之，就整个案件而言，胡惟庸党案是有真有假，真假混淆，说它全都是真案有悖于史实，说它全都是假案也不符合实际。这就要求我们进行细致的辨析，认真的考证，分清其中的真与假。只有这样，才能对整个案件的作用和影响做出正确的评价，既看到朱元璋通过此案清除了部分骄横跋扈、逾礼越制的功臣，具有促进社会安定、经济恢复和发展的积极作用，又看到朱元璋借助此案冤杀了大批的无辜将臣，造成政治恐怖，人人自危，"多不乐仕进"②的消极影响。

---

① 《明史》卷308《胡惟庸传》，第7908页。
② （清）赵翼著，王树民校正：《廿二史札记》卷32《明初文人多不仕》，中华书局1984年版，第741页。

再论陈诚西使及其纪行诗

薛宗正[*]

紫驼踏雪度阴山，奉使重临绝域还。
羽箭丝鞭停素手，貂裘绒帽正苍颜。
乘槎博望寻河易，仗节中郎报国难。
仰载圣皇威德重，此生三入玉门关。

——《出塞图》[①]

明朝永乐年间，我国很有一番雄视汉唐，志在四方的气象。陈诚自陆路三使西域，郑和取海路七下西洋，皆为一代盛事。然其身后声誉却大不相同。郑和返命后备极光宠，而建立同样赫赫伟业的陈诚却没有得到皇帝的青睐，甚至《明史》亦未为其立传。因此，陈诚之名一度为世遗忘。民国二十三年（1934 年）北平图书馆收购了天津李氏藏书，所藏独廯园丛书中收有陈诚《西域行程记》及《西域番国志》二书，同年出版的《禹贡》二卷三期，发表了向达校录本《西域行程记》及离京前的友人送行诗，自此陈诚西行的宏功伟绩再现人世，与此同时，或更早一些时间，日本学者神田喜一郎在《东洋学报》发表了《陈诚使西域记考证》，其中引用的《补抄》部分，实际上就是《陈竹山文集》的摘录。此后，《西域行程

* 薛宗正，男，1935 年生，山东济南市人；研究员、国务院特殊津贴专家。

① 《陈竹山文集》，内篇卷二，收入周连宽校注《西域行程记、西域番国志·附录》，中华书局 2000 年版，第 137 页。

记》与《西域番国志》影印本相继刊行，而作为陈诚诗文总汇的《陈竹山文集》仍属罕见孤本，鲜为人知。本人 1985 年旧作《陈诚西使及其纪行诗文》① 所据资料就是前述以李氏丛书为底本的《西域行程记》、《西域番国志》影印本，及向达在《禹贡》杂志所收诗文。囿于边隅研究条件，日人神山所引《抄补》，也未及充分利用。此后，学术界对陈诚的关注日益加强，王继光《关于陈诚西使及其〈西域行程记〉、〈西域番国志〉》，原发于 1987 年，是新中国成立至今对陈诚生平事迹作了详尽考证的重要论文。② 而《西域行程记》、《西域番国志》及《陈竹山文集》皆藏于甘肃图书馆，至 2000 年中华书局出版了以上藏书的周连宽校注本，同文所辑《陈竹山文集》内篇卷 1—2，外篇卷 1 所收陈诚出使安南（越南）、西域的诗文得以重见人世，这位建勋绝域的明初使臣的高大形象更加清晰起来。本人 40 年前旧作已不可卒读。须更新视角，重加审视，因撰此文。

一　此生三入玉门关

陈诚（元至正二十五年至明英宗天顺元年，1365—1457）③，字子鲁，号竹山，江西吉水人，洪武二十七年（1394 年）进士出身，历仕洪武、建文、永乐、洪熙、宣德五朝。今存之正史张廷玉主编纂之《明史》无传，存其简传者仅王鸿绪《明史稿》列传卷 23 记云"诚字子实，吉水人，洪武中举进士，以行人使沙里畏兀儿，立安定、曲先、阿端五卫。又使塔滩里招谕夷人。寻偕同官吕让使安南，命还所侵思明地，却其赆。还，擢翰林检讨，历吏部员外郎。永乐十一年，哈烈入贡，诏诚偕中官李达、户部主事李暹等送其使

---

① 刊于《西域史论丛》，二集，新疆人民出版社 1985 年版。
② 今录入中华书局 2000 年版，第 1—27 页。
③ 陈诚生卒年月，史无明载，曾录宣德三年（1428 年）正月所作《逸老堂记》：陈诚"自释褐授官，迄今三纪，历事四朝，而年已六十四矣"。据此上溯，陈诚当生于元顺帝至正二十五年（1365 年）。复据崇祯十六年（1643 年）七月，翰林修撰承务郎、同邑刘同升为陈诚《竹山文集》所写的《叙》中说："先生以名进士历国朝之久，享年九十有三。"则陈诚卒年应为明英宗天顺元年（1457 年）。

臣还，遂颁赐西域诸国。诚等乃遍历哈烈、撒马尔罕、俺都淮、八答黑商、迭里迷、沙鹿海牙、达失干、卜花儿；赛蓝、渴石、养夷、别失八里、火州、柳城、土鲁番、盐泽、哈密，凡十七国"，陈诚家乡《吉安府志》也列有其简传。又《竹山文集》遗编所载胡诚《故处士赠从仕郎翰林检讨陈公行状》和练安《明处士赠从仕郎翰林检讨陈公墓表》，皆乃研究其生平的重要史料，此外有关事迹散见诸书以及本人所撰诗文记录，须加钩沉、索隐。

陈诚出仕，始于太祖洪武朝末年，洪武十八年（1385 年）就学于临江石门山专攻小戴《礼记》学者梁寅，洪武二十六年癸酉（1393 年）以《礼记》江西乡试登科。次岁甲戌年（1394 年），礼部会试通过，殿试赐同进士出身。自此踏入仕途。受命北平求贤，山东蠲租都完命而归。洪武朝最重要的事迹是因安南同云南土司之间因思明府隶属问题，发生领土纠纷，洪武三十年（1397 年）奉使安南（今越南），会见了安南王，成功捍卫了明朝的政治主权，和平地解决了边界问题，显示了陈诚卓越的外交才能，这是他的第一次出使国外。洪武三十年，升任翰林院检讨。

明太祖朱元璋薨，孙建文帝继立，大用文士，陈诚甚得新朝器重①，建文元年己卯（1399 年）蒙帝亲赐罗衣，建文二年庚辰（1400 年）特发诰命，赠陈诚父玉章从仕郎翰林检讨，母罗氏封方孺人，妻郭氏皆有封赠。建文三年辛巳（1401 年），往蒙古塔滩里地面招抚鞑靼部落，成功返命，擢任卢塞布政司左参议。推恩及其家属，赠父玉章中顺大夫广东等处承宣布政使司左参议，母罗氏封大恭人。建文四年壬午（1402 年）靖难之变早已爆发，是岁南京城破，方孝孺十族尽屠，建文帝逃亡不知所之。朱棣即位，建文旧臣遭到一场大清洗。陈诚亦未能幸免，于永乐元年癸未（1403 年）正月廿五日谪居北京兴州种田。二年居良乡，颇涉艰辛。永乐三年乙酉（1405 年）永乐皇帝已全面巩固了自身的统治，正在策划编修《永乐大典》，是年九月，陈诚蒙敕归京，冬十一月十六日除授

---

① 建文帝师方孝孺曾有《陈子鲁字说》、《送翰林检讨陈君子鲁归省庐陵序》等。说明二人关系非同一般。

吏部验封清吏司主事。投身于《永乐大典》的撰修工程（永乐四年至十年，1406—1412 年），十年十月，大典功成，总收录古今书籍 10950 本，送文渊阁收藏。永乐十年壬辰十月十二日（1412 年 11 月 16 日）升任吏部验封清吏司员外郎，从五品散官衔。永乐十一年癸巳二月十五日（1413 年 3 月 22 日）扈从永乐帝朱棣迁都北京。开始在永乐朝政治舞台上显露头角。

　　洪武、建文时期，初建的明朝虽然成功地消灭了漠北的北元蒙古政权，却受到汉文史料称之为别失八里国，而伊斯兰史料则共同记载这一政权称为东察合台汗国，其名君黑的儿火者正在此期间，全面对昔日的中国藩属火州，即今吐鲁番地区发动了圣战，夺取了火州①，进而又扣留了明朝使臣②，攻犯哈密。嘉峪关外，形势全盘逆转，说明明朝初年曾受到东察合台汗国黑的儿火者汗的严重威胁，而以哈烈为国都的西察合台汗国帖木耳大汗威胁的严重程度又十倍于黑的儿火者。帖木耳皈依伊斯兰教的时间更早于东察合台诸汗，雄心勃勃，争为世界霸主。宣言"世界整个有人居住的空间没有大到可以有两个国王的程度"③。洪武二十八年乙亥（1395 年）明使傅安、郭骥，洪武三十年丁丑（1397 年）明使陈德文先后被扣押，建文、永乐改朝换代之际，帖木耳与奥斯曼土耳其的战争又获全胜，俘获巴耶塞特一世，又企图利用中国政局的巨变，乘虚挟其战胜余威，率军大举灭明。而病殁于东征途中，大汗宝位争夺之战爆发，危机始得自动化除。具体言之，东、西察合台汗国对明朝的威胁皆初步解除于建文、永乐二朝交替之际。及至洪武三十二年（1399 年）建文帝已继位，称建文元年，估计入侵哈密必发生于建

---

　　① 黑的儿火者，帖木耳幼子，约在明洪武二十年至二十二年间（1387—1389 年），继承汗位。定都别失八里，监控南道诸国。全力向吐鲁番，即古之高昌回鹘发动进攻。苏菲派教团全力予以支持，曾为东察合台汗国国师的额士丁在世时已派其次子阿布·纳赛尔丁前往哈剌火州秘密传教，洪武二十五年（1392 年）黑的儿火者攻回鹘，城中穆斯林响应，打开了城门，导致火州城陷。从而基本上将伊斯兰教推广到了新疆全境。

　　② 《明实录·太祖实录》卷 249，第 4 页，洪武三十年（1397 年）正月丁丑："遣使谕别失八里王黑的儿火者。先是遣主事宽彻等使哈梅里，别失八里及撒麻儿罕地，宽彻至别失八里，而黑的儿火者拘留之，副使二人得还。至是复遣使持书往谕之。"

　　③ ［俄］巴托尔德：《中亚简史》，耿世民译，中华书局 2005 年版。

文时期，这时哈密已是明朝在西域最后一个忠实藩属，必须驰救，对此，汉文史料没有任何记载，而穆斯林史料则共同记载，黑的儿火者汗兴兵攻哈密、巴里坤之役，曾与明军交锋，尽管阿布·纳赛尔丁率其教团从中策应，双方血战 28 日，最终结局却是入侵者大败，黑的儿火者、阿布·纳赛尔丁双双阵亡，1000 余名士卒被俘入明，黑的儿火者墓即以"殉教者"的身份葬于吐鲁番境内的盐泽。参稽奇台北道桥发现的赤金营铜印，而赤金，又作赤斤，乃肃州明军骑兵主力，以此判断，击杀黑的儿火者之明军必为赤金蒙古。对此，《明实录》记洪武三十五年，即建文四年冬十二月甲寅（1402—1403 年），建文帝遣使赴别失八里，"诏谕别失八里王黑的儿火者，并赐之彩币"①。其后，已进入永乐元年，以此判断，明使到达别失八里之日，此后，别失八里君主已易乃马哈木，说明建文四年明使到达别失八里之时，黑的儿火者已死，可见明军击杀黑的儿火者之役就发生于建文四年，由于此年改朝换代，出援哈密的明肃州官兵及赤金蒙古精骑的辉煌战功，皆未予嘉奖，叙勋。可见永乐初年，来自东察合台汗国的威胁已基本上解除，与此同时，以哈烈为都城的西察合台汗国局势也发生了有利明朝的重大历史变化。及帖木耳第四子沙哈鲁夺得大汗之位后，改对明朝奉行友好、通商政策，释放被扣明朝使臣，遣使入明，永乐帝朱棣随即做出了积极政治回应，派出了李达为正使、杨忠为副使的庞大使团，时任吏部验封清吏司员外郎、从五品散官、奉训大夫、吏部主事的陈诚与行部户曹主事的长安李暹等二人也参加了此行，共掌文书案卷。于永乐十一年癸巳八月初一日（1413 年 8 月 26 日）随同西察合台汗国使团还聘。陈诚也参加了这次"一去三载"的化干戈为玉帛的出使。所担任的角色似为总掌文书。主要访问对象有二，一是出访衣烈河（今伊犁河，古伊丽水）东别失八里国（即东察合台汗国）国王马哈木，化解因前王黑的儿火者被明军击杀之旧怨；二是出访西察合台汗国都城哈烈（今赫拉特），谒见其新主，化解与前国君帖木儿奉行的反明政策，改结盟好。成功完命而归，永乐十三年乙未十月

---

① 《明实录·太祖实录》卷 15，第 1 页。

（1415 年）返国，并着《使西域记》二卷呈上，今已析其书为二，卷上名《西域行程记》，卷二名《西域番国志》，初刊之影印本皆题为陈诚、李暹撰，而《陈竹山文集》不收此二书，说明此书并非陈诚独立完成，而是与李暹的合著，乃 15 世纪有关中亚历史、地理、民俗的重要情报。自此，东、西察合台汗国统治下的中亚情况，尽为明朝所知，引起明廷君臣的高度重视而一举成名。对于这次西使，《明史·西域传》中有以下散见记载：

八答黑商：（永乐）十二年，陈诚使其国，十八年遣使来贡。

卜花儿：永乐十三年，陈诚自西域还，所经哈烈、撒马尔罕、别失八里、俺都淮、八答黑商、迭里迷、沙鹿海牙、赛蓝、渴石、养夷、火州、柳城、土鲁番、盐泽、哈密，达失干、卜花儿凡十七国，悉详其山川、人物、风俗，为《使西域记》以献，以故中国得考焉。

沙鹿海牙：永乐间、李达、陈诚使其地，其酋即遣使奉贡。

撒马尔罕：永乐十三年，遣使随李达、陈诚等入贡……命诚及中官鲁安偕往，赐其头目兀牛伯等白银彩币。其国复遣使随陈诚等入贡。

这些记载反映了陈诚第一次奉使出发于永乐十一年，十二年出关，十三年返国。此行陈诚虽然身份上并非正副使，却在与正副使李达等南北分道，与东察合台汗国马哈木王的化解关系上贡献突出，在同以哈烈为都城的西察合台汗国的化解关系上也卓有成效，因之归朝后得到宰臣王直等人的极力推荐，开始为永乐帝大加器重，其西使沿途吟咏也在京中士大夫中广为流行，陈诚名声，由之鹊起，其外交建树，诗文才华，开始名满京都。

第二次永乐十四年（1416 年）六月出发，改委陈诚为正使、时任行部户曹主事，长安李暹，字宾旸，为副使，并与中官鲁安等偕行，永乐十六年（1418 年）四月返国，波斯史家阿布特拉柴克《沙哈鲁史》记永乐十五年（1417 年）有明朝使者 Dimachin 前来，应即陈诚的音译，尽管其对音并不准确。返国后授广东布政使右参政，第三次是专程出使哈烈，仍以陈诚为正使，李暹为副使，偕中官郭敬等同行，永乐十六年（1418 年）六月登程，至永乐十八年（1420 年）十一月归国，归国后官职无所升迁，复为广东参政。第四次永乐二十二年四月至十一月，中途召回，未达西域。实为出使三次，最后一次出使已是 60 岁高龄。有诗文集《陈竹山文集》，今仅存甘肃图书馆独家孤本。陈诚西使在于扩大明朝的政治影响，与郑和的七下西洋，同为明朝初年开拓、开放精神的体现。其中第一次的西行行踪最为清楚，具载于《西域行程记》，《陈竹山文集》所载陈诚诗篇大都属第一次西使时的作品，只有个别篇章是第二次西使时所赋，乃是陈诚外交活动最为辉煌的时期。

二　南北分道建殊功

参稽《陈竹山文集》所收诗文及《西域行程记》，其西行线乃出北京、宿涿州，入陕西、望华山，出长安，入咸阳，沿途拜谒西王母祠，过六盘山，渡黑河，望李陵台、由肃州卫北门外出发，祭西域应祀之神，祈求人马平安，而后出嘉峪关，过赤金卫城，渡卜隆古河（浑河），穿越万里流沙瀚海，进入西域。沿途皆有诗作，今仅引以下两首。其一是《出京别亲友》①：

二十余年事汉王，几回衔命使遐荒。
丹心素有苏卿节，行囊终无陆贾装。
青眼故人留别意，白头慈母忆愁肠。
上林若有南归雁，烦寄音书至故乡。

其二是《宿嘉峪关》：②

① 《陈竹山文集》，内篇卷二，收入周连宽校注《西域行程记、西域番国志·附录》，中华书局 2000 年版，第 121 页。
② 同上书，第 123 页。

朝离酒泉郡，暮宿嘉峪山。

孤城枕山曲，突兀霄汉间。

戍卒夜振铎，鹈鸣角声残。

朔风抢白草，严霜冽朱颜。

流沙远漠漠，野水空漏漏。

借问经行人，相传古榆关。

西游几万里，一去何时还。

《西域行程记》是陈诚第一次西使的日记，过去此书从未正式刊行，只有抄本流传，《明史·艺文志·地理类》作二卷《千顷堂书目：史部》，卷八作三卷，谢国桢《西域行程记·跋》解释此三卷乃合《西域番国志》而言，似误，可见原书应为二卷无疑；该书虽确为明抄本，且有秀水朱瓦"潜采堂图书"朱昆田："曾观是书大略"朱文印章为证，但仍有残缺。上海图书馆收藏有署"谭仲修手校一过"的《豫恕堂丛书·独瘭园丛抄四种》，其中《西域行程记》一卷下小字标注云：原抄本有图，此未补。说明《西域行程记》原抄本是图文并行，沈登善将《西域行程记》收入《豫恕堂丛书》时，录文而弃图，《西域行程记》遂失全貌。《北平图书馆善本丛书》第一集据馆藏"独寐园稿"，即《豫恕堂丛书》本影印《西域行程记》，也就文存图缺。加之，今本《西域行程记》始于永乐十二年正月初三日，由陕西行都司肃州卫城北门外出发，至同年九月十四日近哈烈城东边安营终卷，记途中九个月行程。由此可知由北京启程显然为永乐十一年事，而至哈烈后陈诚尚有拜见国主、祭告山川等情事，书中悉皆脱漏，原书小字批中有"始末载《渊鉴类涵》"等语，可见此书仍须辑补，方为全帙。2000年中华书局又出版以甘肃图书馆藏本为底本的《西域行程记》，然周连宽校注本缺乏与前影印之天津李氏藏书本及上海图书馆藏本之间的相互详细校刊，真正的补全拾漏的工作尚须进一步深入进行。尽管如此，有了这部西行日记，结合《陈竹山文集》所载陈诚西使诗作。这位明代张骞所经历的万里行程，颠簸劳顿，全部跃然纸上，再现于今世。

　　据该书记载，陈诚一行十三日出肃州，十六日至嘉峪关，十七日出古玉门关，开始西渡流沙，倍极艰苦："四望空旷，并无水草；惟黑石磷磷，沿途多死马骸骨"。水源也很难寻找，常常要"凿冰煮水，以饮人马"，有时连冰也找不到，"一路冈源高下，并无水草，亦无冻冰；人马不得饮食"……至晚于沙滩上空宿。但他们每天都是清早三四更起身，平均日行七十里，有时甚至日行九十里，一百里，似这样路程自二十八日起足足走了十天光景。所赋《过川谣》①（古之瀚海是也）全面反映了以上艰险行程：

> 昔时盘古开天地，四海八荒同一气。
> 后人夷夏何由分，山岳不同风土异。
> 自从奉使西入胡，胡地迥典中茔殊。
> 漠漠平沙连断碛，人烟草木无纤须。
> 黑石磷磷穷远眺，恍若空原经野烧。
> 寒日凝辉铁色明，朔风卷地龙鳞皱。
> 五里十里无程期，远山近山相参差。
> 行行自卯将及酉，我心载渴还载饥。
> 杯泉杓水求不得，且向道旁少休息。
> 马带征鞍卧软沙，人拥毡衾坐终夕。
> 仰看斗柄昏建寅，离家已是秋复春。
> 万里迢迢去乡冈，寸心切切思君亲。
> 君亲恩重何由补，丈夫壮节当勤苦。
> 苏武边庭十九年，烨烨芳名垂万古。

　　另一首题为《可敦卜刺》②的诗，则是反映了在沙漠中找到唯一水源之后的兴奋，这口千里流沙中的清泉遂得了"娘子泉"，变成维吾尔语就是"可敦卜刺"。

---

　　① 《陈竹山文集》，内篇卷二，收入周连宽校注《西域行程记、西域番国志·附录》，中华书局 2000 年班，第 124 页。
　　② 同上。

有泉涓涓古道傍，一泓浅碧凝清香。
流出荒源才咫尺，满地冻结琼瑶浆。
瘦马倦行日百里，饮之似觉甘如醴。
匆匆不暇究泉源，但知马饱人欢喜。

明朝使团每天都是清早三四更起身，平均日行 70 里，有时甚至日于 90 里、100 里。似这样路程自二十八日起足足走了 10 天光景。到了初八日，哈密王始遣使来接，初九日抵哈密城，受到了当地人民的热烈欢迎。直至初八日哈密王始闻讯来接，初九日抵哈密城，受到当地人民的热烈欢迎，在《哈密城》①一诗中得到了生动的反映：

此地何由见此城，伊州哈密竟谁名。
荒邨漠漠连天阔，众木欣欣向日荣。
灵凤景星争快睹，壶浆箪食笑相迎。
圣恩广阔沾遐迩，夷貊熙熙乐太平。

哈密地区唐属伊州，原来是直属中央政府管辖的郡县化地区。元末乱世一度分立，但同中原的悠久传统友谊是很深厚的。加之当时哈密居民仍然主要信仰佛教，同基本实现伊斯兰化的其他西域诸国有所不同，非常需要明朝的保护。因此，明使到来，不但箪食壶浆争相劳慰，而且将他们看作灵凤、景星。灵凤即古代传说中的凤凰，被视为祥瑞之兆；景星，是一颗吉星，《史记·天官书》载"其状无常，将出于有道之国"。这两个典故用于诗句，反映了哈密人民将明朝使者的来访看作本国的极大喜事。

陈诚一行在哈密逗留五日，十五日清早由哈密东门渡溪西行，一马平川，约行七十余营，十六日再向西行，有古城名腊竺，又作蜡烛城，多人烟、树木，败寺颓垣，气候与中原相似。《西域行

---

① 《陈竹山文集》，内篇卷二，收入周连宽校注《西域行程记、西域番国志·附录》，中华书局 2000 年版，第 124 页。

程记》记其名不作蜡烛而作腊竺，显然是同名异译。赋《蜡烛城》①：

> 孤城寥落倚荒邨，多少人家半掩门。
> 舆地久知归大汉，遗民空自说胡元。
> 青青草绿生春涧，细细榆钱叠故垣。
> 天气融和三月候，恍疑风景似中原。

蜡竺、蜡烛皆为纳职的音变，乃唐伊州下属诸县之一，败寺颓垣的存在说明当年佛教的兴盛，毁于宗教战争。二十三日，在必残营憩息，途经古城一座，二十五日西北行。"道北山，青红如火焰；名火焰山。道南有沙冈，云皆风卷浮沙积起，中有溪河一脉，名流沙河，此为鲁陈东境。"这个火焰山至明人吴承恩《西游记》中已成引人遐想的神话境界，其自然景色确实自有魅人之处，赋《火焰山》② 写此奇观：

> 一片青烟一片红，炎炎气焰欲烧空。
> 春光未半浑如夏，谁道西方有祝融？

参稽《西域行程记》，过火焰山后，"道南有沙冈，云皆风卷浮沙积起，中有溪河一派，名流沙河"。吴承恩《西游记》中倍加铺陈，地望所在却记错了。赋《流沙河》③，弄得后世又出现了一个甘肃的流沙河，而且将这个流沙河变成神话小说中的流沙河了。

> 桃李花开日载阳，流沙河浅水如汤。
> 无端昨夜西风急，尽卷波涛上小岗。

---

① 《陈竹山文集》，内篇卷二，收入周连宽校注《西域行程记、西域番国志·附录》，中华书局 2000 年版，第 125 页。
② 同上。
③ 同上。

　　再西行 90 里，抵鲁陈城，即汉柳中城，班勇曾在此驻节，重开西域，晋为西域屯兵大本营，改称田地城，高昌国时期由田地县升格为田地郡，高昌王族田地公驻节于此，入唐后恢复柳中旧名，是西州下属东部重镇。遗墟尚在，城郭形制依稀可辨，地在今鄯善县境内。鲁陈，即柳中的译音。亦即东汉名将关宠驻守过的柳中城，历高昌国、唐朝都沿用柳中故名、明代讹译为鲁陈、入清更名鲁克沁，其实，都是柳中之名的历史延续，原来佛教盛行，直至"文革"前，仍有巍峨佛塔耸立，"文革"中倒塌，故陈诚在这里得见佛堂僧舍。赋《鲁陈城》①：

　　　　　楚水秦川过几重，柳中城里遇春风。
　　　　　花凝红杏胭脂浅，酒压葡萄琥珀浓。
　　　　　古塞老山晴见雪，孤邨僧舍暮闻钟。
　　　　　羌茜举首遵声教，万国车书一大同。

图 1　明鲁陈城（鄯善柳中故城，清鲁克沁城）

　　陈诚等在鲁陈城西安营，住了 4 天，三月一日出发，行 50 余

---

　　①　即古之柳中县，见《陈竹山文集》，内篇卷二，收入周连宽校注《西域行程记、西域番国志·附录》，中华书局 2000 年版，第 125—126 页。

里，在城东南安营，憩二日，赋《哈密至火州城》①：

> 高昌旧治月氏西，城郭萧条市肆稀。
> 遗迹尚存唐制度，后人争睹汉官仪。
> 梵宫零落留金像，神道荒凉卧石碑。
> 征马不知风土异，隔花犹自向人嘶。

火州本高昌故城，原为汉魏屯田戍卒后裔所居，前凉置高昌郡、十六国时期独立为高昌国，唐贞观十四年（640年）平定曲氏高昌，改置为西州，始创安西都护府，初治于此。是汉文化传布西域的重要据点。唐朝的西域管理即以此地为中心，全盛时代，西领中亚全境，一度市肆繁荣，文化隆盛，元中叶以后，西域宗教战争爆发，城毁于兵燹，昔日塔寺林立、殿宇辉煌的佛教也趋于衰落。陈诚过此，已是城郭萧条，非复汉、唐旧观。但古碑仍在，唐风犹

图 2　鄯善鲁克沁（鲁陈）佛塔

存，居民争先恐后夹道聚瞻来自中原的明朝使者，场面热烈。初五至土尔番。这是他出使西域的另一个重要城邦。激起了陈诚的炽热诗情，又赋《土尔番城》诗一首：

> 路出榆关几十程，诏书今至土番城。
> 九重雨露沾夷狄，一统山河属大明。
> 天上遥瞻黄道日，人间近识少微星。

① 原作《哈密火州城》，按：火州，不属哈密，即古高昌之地，故加上"至"字。《陈竹山文集》，内篇卷二，收入周连宽校注《西域行程记、西域番国志·附录》，中华书局 2000 年版，第 126 页。

姓名不勒阴山石，愿积微勋照汗青。①

作者借诗言志，抒发了此次西使的壮怀，诗充满了爱国主义激情，"榆关"本为山海关山，以"榆、玉"谐音，此处借指嘉峪关；新疆师范大学陈之任教授等编注的《历代西域诗选》中将榆关释为京师，大误，土番，即吐鲁番的缩写，"一统山河属大明"，明确肯定了这一带是明朝的西部国土，"天上遥瞻黄道日"指皇帝诏令下达。"人间尽识少微星"，同前诗"居人争睹汉宫仪"意思差不多。少微星乃环拱于太微星座的小星，《晋书·无文志》称"士大夫之位也"，用喻朝廷命官，亦即陈诚本人与中官李暹，末抒为祖国建功立业的雄心壮志，"姓名不勒阴山石，愿积微勋照汗青"。

图 3　交河古城（崖儿城）航拍照片

可见陈诚确是一个不亚于张骞、班超的英雄人物。

明朝使团在土尔番仅仅逗留了一天，初七日移营于城西 30 里崖儿城，即古交河城，住了 17 天，因急于会见马哈眼镜王，二十四日由崖儿城南，顺水出山峡向西南进发。以马哈木王见居山南，遂分南北两路行。别前凭吊汉唐古迹；了解西域风情，这在《崖儿城》②一诗中也有所反映：

沙河二水自交流，天设危城水上头。
断壁悬崖多险要，荒台废址尽春秋。
羌儿走马应辞苦，胡女逢人不解羞。
使节直穷西域去，岸花堤柳③莫相留。

①　《土尔番城》，《陈竹山文集》，内篇卷二，收入周连宽校注《西域行程记、西域番国志·附录》，中华书局 2000 年版，第 126 页。
②　原注"古车师之地，后为交河县"，《陈竹山文集》，内篇卷二，收入周连宽校注《西域行程记、西域番国志·附录》，中华书局 2000 年版，第 126 页。
③　一作"漫草"。

明代的崖儿城即吐鲁番交河古城，汉为车师国所在地，郑吉伐车师，进行开拓西部领土的宏功伟业，此地曾为汉军的大本营与重要基地，交河古城两水交流，危城耸立，航拍照片中宛如在大海中行驶的一条船，非但形势险要，而且古迹斑斑，到处留有我国祖先的汗水和足迹，陈诚对它有恋恋不舍之情，这是可以从字里行间体味出来的。然而，明初的西域同汉、唐时期的西域相比，究竟已经发生了沧海桑田的巨大变化。虽然古痕犹存，但传统的佛教文明已呈衰落之象，如唐之西州所在地的火州"风物萧条，昔日人烟惟多，僧堂佛寺过半，今皆零落"。而伊斯兰教势力则正浸浸日上，如东疆佛教中心土尔番畏兀儿虽仍保持椎髻古风，但同时居于斯地者已有所谓"回回"，这些语言与畏兀儿完全相同，但文化心态、民俗、信仰已迥然有异，他们早已全面皈依伊斯兰教了。由此沿天山南麓古丝路西行至盐泽城，陈诚认为此城即汉兜訾城。广约二里，居民仅百家，城中有高冢二处。林木墙垣围绕，乃著名的察合台王黑尔的火者夫妻之墓。该王虔信伊斯兰教，建文年间（1399—1402 年，又作洪武三十二年至三十五年）兴兵犯哈密，（1399 年）明朝遣驻屯于嘉峪关外的赤金蒙古部驰援，黑的儿火者大败，战殁，后在奇台北道桥古城发现了赤金营铜印，就是这次胜利的见证。陈诚至此，深感世事浮沉变幻，古今兴废无常，东察合台汗国一度非常强大、繁荣，至今如此败落了。在《兜訾城》一诗中反映了这一历史现状。

星槎向晚驻荒村，闲谒孤城吊古坟。
风卷胡沙晴日淡，天连寒草暮烟昏。
源流本身分茅土，□□□□□□忠。
愿由圣恩天广大，肯留遗孽至今存。

参稽《西域行程记》，李达、陈诚一行，在崖儿城休整至二十四日，确切地说，在此地整整停留了 17 天，在整个西使行程中为时最长，昭示着明朝虽然称马哈木为别失八里国王，然其王都所在并不在别失八里，而明朝并不了解其真实王都所在。在此逗留如此长的时间，就是为了访求其王都的所在方位。最后仍不清楚，遂分南北两道，分别访求，约定两路在衣烈河西、亦息渴尔一带会合。北路由使团正、副使李达、杨忠亲自率领，沿丝绸之路的北道西行，南路则选择了一条与前人不同的新路线，"由崖儿城南顺水出峡，以马哈木王见居山南"，二十五日，平原上行进约50里，到一小城托逊，应即今托克逊，二十七日再西行30里，地名奚者儿卜剌安营，即玄奘西行所至之阿父师泉，即今托克逊县治西南之阿格尔布拉克。逐渐西北行，起初沿途尽为水草丰茂的绿洲，行程较平稳，四月初渐入山区，路途崎岖，自初二日至初九日，连遇风雪，有时不得不在雪中安营，初十日过尹秃司以后，队伍虽然又在平原上行进，但风雪更大，十三日向北行，过阿达打班（达阪），山高雪深，人马迷途，先令人踏雪寻路，至暮方得下山，有50余里。据此，明朝使团翻山地点，必非沿今乌鲁木齐市赴达坂城的白水涧道，而是过托克逊继续西行，则所走路线实为唐银山道，所翻越之天山必为焉耆北之天山，十五日，大雪，午后晴起，北行过一山，行50余里下山，东西一大川，有河水西流，地名孔葛思，孔葛斯，则是巩乃斯的同音异译。安营住一日。此之大川，应指巩乃斯河，四月十七日，在地名忒勒哈剌处安营，应即今之哈剌布拉克。说明马哈木王帐在今伊犁河东，巩乃斯县以西。马哈木王查王遣人来接，十九日，晴，明起顺河西下，行50里，近马哈木王帐房五七里设站舍处安营。住13日。别失八里国的领疆皆在天山北麓，且十分辽阔，东起别失八里（今吉木萨尔县北庭故城），中心似在巩乃斯一带，其西境则已越过衣烈河，亦即今伊犁河。这段行程，参阅《西域番国志》："别失八里，地居沙漠间，今为马哈木氏王子主之，马哈木盖胡元之余裔，前世锡封于此，不建城郭宫室，居无定向，惟顺天时，逐水草，牧牛马月以度岁月，故所居随处设帐房……东至哈密，西至撒马尔罕，后为帖木儿驸马所夺。"《明史·西域传·别失八里国》所记类似。按别失八里国，本指以北庭故城为王都的东察合台汗国，传至马哈木王已接近其末世了，从李达、陈诚出使其国的地理方位来看，其大汗金帐并不设在别失八里所在的东北天山，而是在衣烈水，即伊犁河一带。以故到了其下任君主歪思汗时期已正式由别失八里迁往伊力八里，永久放弃了别失八里城。陈诚所赋以下诸篇都是与此国有关的诗作。其一《入峡》①，所指必为由阿鲁卜古迹里烟墩穿行的石峡：

> 乱峰嵯岸峡幽深，一径萦回入远林。
> 开凿旧劳神禹力，怀来今属帝王心。
> 萧萧征马无朝暮，汩汩流溪自古今。
> 羁旅满怀无处写，仰天搔首赋微吟。

所赋《过打班》② 必指翻越阿达打班，打班，蒙古语，高岭之意。

> 四月坠山雪未消，山行犹苦陟岩峣。
> 才踰鸟道穷三峡，义蹑丹梯上九霄。
> 西日衔山胡地冷，南天极目故乡遥。
> 书生不惮驱驰苦，愿效微劳答圣朝。

所赋《阴山雪》③ 所指必为自巩乃斯河到伊犁河一带的天山，则此阴山，所指即北麓的天山。

> 使节西度阴山来，愁云积雪扫不开。
> 荒原野径空寂寞，千峰万岭高崔嵬。
> 行行早度阿达口，峡险山深雪犹厚。
> 官马迷途去去难，客衣着冷重重透。
> 肌肤冻冽手足皱，玉楼起栗银海昏。
> 军士唏嘘动颜色，天光崦淡凝寒氛。

---

① 《陈竹山文集》，内篇卷二，收入周连宽校注《西域行程记、西域番国志·附录》，中华书局 2000 年版，第 126 页。
② 同上书，第 127 页。
③ 《陈竹山文集》，内篇卷二，收入周连宽校注《西域行程记、西域番国志·附录》，中华书局 2000 年版，第 127 页。

祝融司令行朱夏，赫赫炎威布天下。
何独坠山遏运机，无乃玄冥夺造化。
明朝旭日当天中，积雪消尽愁云空。
玄冥玄冥尔何有，八荒四海春融融。

其中最重要的诗篇，即《至别失八里国去马哈木帐房》①，总两首，其一云：

乾坤浩荡渺无垠，雨露沾濡及远人。
喜见马牛成部落，始知蜂蚁有君臣。
酒倾酥酪银瓶冷，座拥氍毹锦帐春。
礼度不同风土异，滔滔总是葛天民。

第二首又云：

币帛恩颁列玉盘，单于喜气溢眉端。
马嘶金勒当门立，人拥毡裘隔幔看。
握手相亲施揖让，低头重译问平安。
殷勤且慰皇华使，雪满阴山六月寒。

四月十九日至五月初三日期间，五月初五日，李达、陈诚一行明朝使团已在马哈木大帐被召见完毕，看来此汗对明非常友好，外交成功如其预期，五月五日正值明历端午佳节，却必须克期上路，据《西域行程记》载"初五日，晴，明起向西行，顺平川约有五十余里，地名迭力哈剌，安营"。是日，赋《端午》诗，叙其感慨：

天涯为客叹凄凉，节里思亲倍感伤。
金黍玉蒲乡国异，星槎漠海道途长。

---

① 《陈竹山文集》，内篇卷二，收入周连宽校注《西域行程记、西域番国志·附录》，中华书局 2000 年版，第 127 页。

空怀细葛含风软，且喜幽花遍地香。

却忆去年逢此日，上林射雁沐恩光。

此后，明朝使团已行进在巩乃斯河至衣烈河（伊犁河）的草原上，途中景物变换，忽而红花吐艳，忽而盛夏遇雪，皆即兴吟咏，写出了西域特有的物候景色。如《途中见红花》

征途荒僻正愁人，忽见遐方五月春。

到处野芳红胜锦，满川新涨碧于银。

两仪生物无遗类，四序成功有至仁。

何事微躯多跋涉，总线薄宦苦形神。

又赋《夏日遇雪》其一：

塞远无时叙，云阴即雪飞。

纷纷迷去路，点点湿征衣。

地僻鸳鸯狎，山深苜蓿肥。

何时穷绝域，马首向东归。

《夏日遇雪》其二，写得更为绝妙，而别题其名为《又》①：

绿野草铺茵，空山雪积银。

四时常觉冷，六月不知春。

白发添衰鬓，青袍恋老身。

到家论往事，骇杀故乡人。

参稽《西域行程记》，五月十二日，明朝使团近衣烈河，即今伊犁河，"十五日，晴，明起向西行，顺河而下，约行九十里，于

---

① 《陈竹山文集》，内篇卷二，收入周连宽校注《西域行程记、西域番国志·附录》，中华书局 2000 年版，第 127 页。

河边安营。住一日。南北路皆至此河两岸安营。差百户哈三进马回京"。这批新购的衣烈河良马抵京后，引起一片赞誉之声，此即周恂送行诗中所说的"百群天马皆龙种，归来同献白玉墀。"至此，基本上已走完了属于汉唐故境所领属的狭义西域，即今新疆维吾尔自治区地界。开始跨越今中国国境，进入葱岭以西的内陆亚细亚地界了。

三　身外不知天壤阔

进入中亚内陆，我国史书的有关记载自古稀少，而《巴尔托里德选集》第二卷第一分册，第七章"蒙兀儿斯坦"述之甚详。此书目前尚无汉文译本。本文据俄文版撮译[①]出来，综述如下：

中亚内陆，元属察合台汗国辖境，汗国衰微之后，汗位的继承者本为普鲁德契（Пулудчи），而秃黑鲁·帖木耳同普鲁德契的兄弟凯木尔·阿德·丁（Камар·Ад-дин）发生了长期的战争，在这场战乱中，出身于巴尔拉斯氏族的帖木耳，以秃黑鲁·帖木耳汗麾下的名义，并以古尔汗（Gur khan，驸马）的身份参与声讨凯木尔·阿德·丁的战争。凯木儿被击败后销声匿迹于茫茫的森林之中。汗位的继承者由秃黑鲁·帖木耳的后裔希兹里·豪德热（Хизр Ходжи）保持，他死于 1399 年。死后其四个儿子沙姆·壹·杰汗（Шах.джехан）、马哈木·奥戈兰（Мухамед Оглан）、舒鲁·阿里（Шир Али）、沙赫·杰汗（Шахджехан）再度爆发了长期的混战，帖木耳尊重希兹里·豪德热的汗位，并不干预其内部事务；战争的结束由次子马哈木德·奥戈兰取得了实际权力，但名义上仍由长子沙姆·壹·杰汗保持着汗位，就整个蒙兀尔斯坦而言，帖木耳在世时期，无非是一个霸主的地位，并非真正的可汗。帖木耳准备于 1404 年（永乐二年）进攻中亚，并屯兵锡尔河作了种种准备，但

---

① 此据 А. Кадемик В. В. Бартольд сочинения дчасть I Олерк Историй семирелья Моголистан（《В. В. 巴尔托里德选集》第一编《七河史·蒙兀儿斯坦》），第 83—86 页。

不久因帖木耳逝世而终止了这一狂妄行动。在此之前 1397 年希兹里·豪德热派长子沙姆·壹·杰汗（Шим-И-Джехан）诣见帖木耳，表示友好，帖木耳亦表示不干涉其汗国内政。帖木耳死后，沙姆·壹·杰汗企图占领马威兰那合拉（Маверанахраа），为此目的于 1497 年（永乐五年）曾向明朝求援，但此汗于次年（1408 年，永乐六年）逝世。其继承者为其弟马哈木，他重对帖木耳密尔的继续支持，陈诚的出使当即此时，

《亦息渴儿》[1] 突厥语意为热海，是陈诚进入七河流域之后所赋第一首诗。"七河"作为一个中亚地理名词，多见于俄罗斯历史地理学著述。所指为 Или（伊犁河）、Биен（楚河或吹河，唐称碎叶川）、Каратал（卡拉塔勒河）、Аксу（阿克苏河）、Лепси，Баскан，Саркан，总七条大河。见巴尔托里德著有《七河史》（俄文本）。[2] 今在吉尔吉斯共和国境内，即唐石国故境。玄奘沿此海至碎叶城外谒见西突厥统叶护可汗，唐将王方翼曾在此大破咽面，名垂青史，岑参亦有咏赞热海的诗篇，皆成千秋佳话。

> 千崖万壑响流泉，一海中宽纳百川。
> 沙浅浪平清见底，烟消岸阔远无边。
> 空传仙驭来之岛，应有遗珠汤九渊。
> 今夜客槎堤畔宿，月光如水水如天。

热海之南，群峦起伏，由此取道，须翻越高岭，突厥语名为打班，赋《复过打班》[3]：

> 万丈阴崖一径遥，马行人度不胜劳。

---

① 《陈竹山文集》，内篇卷二，收入周连宽校注《西域行程记、西域番国志·附录》，中华书局 2000 年版，第 128—129 页。

② семирелья Моголистан（《В. В. 巴尔托里德选集》第一编《七河史·蒙兀儿斯坦》），第 83—86 页。

③ 《陈竹山文集》，内篇卷二，收入周连宽校注《西域行程记、西域番国志·附录》，中华书局 2000 年版，第 129 页。

峰连剑阁迷云栈，水注银河喷雪涛。

路远长安红日近，地卑朔漠碧天高。

东归若问西游处，六月严霜冻客袍。

永乐十二年夏六月"二十六日，晴，早起向西行五十余里，至养夷城边息马"，养夷，即新城之意，《西域番国志》记其城"养夷城在塞蓝之东三百六十里。城居乱山间，东北有大溪，水西流，一大川长数百里。多荒城遗址，年久湮芜，盖其地界乎别失八里与蒙古部落之间，更相侵犯，故人民无宁，不得安居，惟留戍卒数百人守此孤城而已"。可见养夷城是一个界于哈烈（西察合台汗国）和别失八里国（东察合台汗国）之间的小城，已经败落。赋《至养夷城》①：

险径崎岖出万山，孤城突兀白云间。

胡儿走马来相语，西人戎羌第一关。

由此西行，七月初二到赛蓝城，城周二三里，四面俱平原，人烟稠密，树木长茂，流水环绕，五谷丰登，乃中亚内陆重要城市之一。《西域番国志》详载了这座历史名城："塞蓝城在达失干之东，西去撒马儿罕一千三十里。城周回二三里，四面俱平原，略无险要。人烟稠密，树木长茂，流水环绕，五谷蕃殖。"此城应即唐代之俱兰城，唐朝所册之第四任继往绝可汗兼蒙池都护阿史那昕就在此城为莫贺达干所杀。赋《塞蓝城》②：

绕堤杨柳绿毵毵，堤上荒城说塞蓝。

郭外人家多土室，眼前风物近江南。

园瓜树果村村熟，樽酒盘飧味味甘。

向晚砧声敲月下，忽惊乡梦思难堪。

---

① 《陈竹山文集》，内篇卷二，收入周连宽校注《西域行程记、西域番国志·附录》，中华书局 2000 年版，第 129 页。

② 同上。

塞蓝城虽然富庶，风物有似江南，但近数十年连遭兵燹，城市已呈荒颓之象。这是自元朝中世以降，中亚宗教战争的历史产物。大约就在此城，吃到了初熟的西域杏子：

> 马蹄踏雪乱山深，不见红芳与绿阴。
> 今日街头新果卖，恍疑城市在山林。①

塞蓝之西六百余里，即达失干城，今之塔什干。陈诚日夜趱行，七月四日离开塞蓝，初七日已至达什干，平均日行超过百里，可谓速矣。"达失干城在塞蓝之西。去撒马儿罕七百余里。城周回二里，居平原上。四面皆平冈，多园林，广树木。流水长行，土宜五谷。居民稠密，负载则赁车牛。"这里已是伊斯兰世界，风情与中原迥异。不禁想起张骞初通西域的艰辛、伟绩，为自己继承前人的重担而暗中自励。在《达失干城》②一诗中写道：

> 僻壤遐陬去国赊，为农为士共生涯。
> 桑麻禾黍连阡陌，鸡犬牛羊混入家。
> 旅肆经年留贵客，戍楼薄暮隐悲笳。
> 当年博望知何处，空想银河八月槎。

《西域行程记》："十一日，晴，早起向西南行，经平川，约行七十里至一浑河，地名大站，有船五六只，可渡行李。马由水中波，泥陷，死者甚多。住一日。……二十一日，自哈剌卜兰早起向西行，过大溪，水滩浅而宽。约行四十余里，至撒马儿罕城东果园安营。住十日。"过此即河中大城撒马尔罕了。陈诚一行并未进城，在城东安营，住了几天，又继续西行，下一大站就是渴石城，城中有蒙古名王帖木尔驸马所建园林。陈诚第一次在渴石仅住一日，就

----

① 《尝杏子》，《陈竹山文集》，内篇卷二，收入周连宽校注《西域行程记、西域番国志·附录》，中华书局2000年版，第129页。
② 《陈竹山文集》，内篇卷二，收入周连宽校注《西域行程记、西域番国志·附录》，中华书局2000年版，第129—130页。

匆匆继续南行，由河中绿洲西南行，至阿姆河东岸的迭里迷城。这
里古属吐火罗国境，是阿姆河完毕岸要塞之一。城郭不大，而依水
傍崖而建，地据险要，民多楼居，有官船可渡阿姆河，多系缆于岸
边杨柳之上，柳荫舟影，又别有一种水乡风韵。《迭里迷城》拍摄
了这种风光。

> 荒城斜枕碧溪头，溪上人家土筑楼。
> 两岸远山俱北向，一川浑水自西流。
> 沙边官船维杨柳，天上星槎入斗牛。
> 客里光阴容易过，好天佳节又中秋。

《西域行程记》："初九日，晴，早起向南行，度平冈，复向东
行约七十里，地名大亦迭里河边安营。"赋《九日》[①]：

> 葡萄酿熟菊花天，客里那惊节序迁。
> 路入穷荒三万里，身离上国一周年。
> 缦怀桓景登高兴，空负陶潜贳酒钱。
> 闲倚穹庐凝逮目，乡心归雁夕阳边。

《西域行程记》："八月十五日，晴，早起向南行，经大村，约
行五十里，至一河边，河名阿木，有小舟七、八个，东岸有缄池，
名迭里迷，于河岸上安营。住二日，过渡。"这个迭里迷城，《西域
番国志》中有详细记载："迭里迷城在撒马儿罕之西南，去哈烈二
千余里。城临阿木河之东岸，依水崖而立。河水稍宽，非舟楫难
渡，通稍略据险要。城之内外居民数百家，滋畜蕃息，河水多鱼。
旧城相去十余里，河东土地隶撒马儿罕所辖，河西芦林之内云有狮
子产焉。"赋《迭里迷城》[②]：

---

① 《陈竹山文集》，内篇卷二，收入周连宽校注《西域行程记、西域番国志·附
录》，中华书局 2000 年版，第 132 页。
② 同上书，第 131 页。

荒城斜①枕碧溪头，溪上人家土筑楼。

两岸远山俱北向，一川浑水自西流。

沙边官舫推杨柳，天上星槎人斗牛。

客里光阴容易过，好天佳节又中秋。

渡过昔日唐与大食之间的界河乌浒水，即今阿姆河，明称阿木河，在那里度过了中秋佳节，赋《阿木河中秋》②：

官河无浪草无烟，美景良宵野水边。

身在异乡为异客，眼看胡月照胡天。

盈樽酖酴愁须破，聒耳琵琶夜不眠。

忽忆故园归去路，梦魂今夕过祁连。

陈诚在迭里迷城度过了中秋佳节，渡阿姆河南下，不久至八剌黑城，已属今阿富汗国境。据《西域番国志》记："城周围十余里，居平川……田地宽广，食物丰饶。西南诸蕃商旅聚此城中，故蕃货俱多，哈烈沙哈鲁遣子守焉。"陈诚过此，留《八剌黑》③赋之：

六月度阴山，阴山雪数尺。

层冰结深崖，报冷无昕夕。

西行八千里，路入八剌黑。

少昊司清秋，余暑翻炎赫。

日轮时当年，纨扇手不释。

汗流湿襟裾，衣重怀绤绤。

园林草树青，州渚菰蒲台。

天时胡不齐，荣瘁那可测。

---

① 原文作"科"，必为"斜"手抄之误。

② 《陈竹山文集》，内篇卷二，收入周连宽校注《西域行程记、西域番国志·附录》，中华书局 2000 年版，第 131 页。

③ 同上书，第 131—132 页。

西域各地，气候大不相同，六月盛夏，天山雪深数尺，冰结深崖，八月仲秋，八剌黑却炎热异常，汗流湿裾。接下去则乃剖陈心志：

> 吾皇敷德教，信义行夷貊。
> 化日丽中天，仁风周八极。
> 征辂不惮远，万里来西域。
> 博望早封侯，苏卿老归国。
> 男儿志四方，少壮宜努力。
> 但祈功业成，勤苦奚足惜。
> 愿言播芳声，千古垂竹帛。

八月二十日行至八剌黑已走完了西使的大半路程。陈诚踌躇满志，意气风发，以建树凿空不世伟业的博望侯张骞自许，决心垂名青史，"但祈功业成，勤苦奚足惜"，表现了大无畏精神，至此月二十七日抵俺都淮城，写《抵俺都淮城》①，以纪此行。

> 奉命辞金阙，山川跋涉多。
> 双旌随斗转，万国共星罗。
> 客路风霜惯，方言世事讹。
> 边城临塞北，官马度林阿。
> 野草连天没，秋风卷地过。
> 远人心匪石，酋长意无他。
> 琥珀倾新酒，银峰削紫驼。
> 豪杰搔秃首，醉后发狂歌。
> 自说英雄甚，那知富贵何。
> 九天施雨露，四海沐恩波。
> 玉帛梯航贡，车书仁义摩。

---

① 《陈竹山文集》，内篇卷二，收入周连宽校注《西域行程记、西域番国志·附录》，中华书局 2000 年版，第 132 页。

> 安边宁口舌，制胜岂干戈。
> 陆贾囊空载，班超鬓已蟠。
> 君亲常在望，归计莫蹉跎。

诗中总结了艰难跋涉的万里征程，记录了所到之处受到的盛情款待，睥睨古人，壮怀激烈，旨在敦睦友好，不以武力相炫，自许为绝代英杰，期建不世功业。可以视为这次万里行程的总结。

《西域行程记》九月"十二日，晴，中宵起向西行，度山峡，至一大村，约行一百里，地名车扯秃，安营。住半月，候沙哈鲁出征回。"赋《留车扯秃候国主出征回》① 二首：

> 使车几日驻荒郊，编户征求馈饷劳。
> 宛马秋月收苜蓿，香醪夜熟压葡萄。
> 匈奴远去惊烽火，鸿雁高飞避节旄。
> 为客那堪良夜永，隔林转听晓鸡号。

> 酋长巡边久未回，暂留宾从此追陪。
> 秋天漠漠连芳草，晓日荒荒照古台。
> 士马凯歌征战罢，女郎逐伴趁墟来。
> 故园空望南飞雁，远道音书不易裁。

行程至此，只待国王驾还期间，外交使命基本上已成功大半，开始思绪重重，想念起八旬老母，想念起相隔迢迢的故乡，归心切切，不能自已，赋《又叹》② 二首：

> 万叠浮云万叠山，天涯游子几时还。
> 京华冠盖逾年别，行囊琴书镇日闲。
> 定远成功心事苦，中郎仗节鬓毛斑。

---

① 《陈竹山文集》，内篇卷二，收入周连宽校注《西域行程记、西域番国志·附录》，中华书局 2000 年版，第 132—133 页。

② 同上书，第 133 页。

今人好踵前人迹，共着芳名宇宙间。

塞北秋高旅雁稀，江南消息竟谁知。
九重圣主思贤佐，八帙慈颜忆爱儿。
去路迢迢乡国远，归心切切简书迟。
西风落日长天晚，愁听寒砧衣捣衣。

　　《西域行程记》："闰九月，十四日，晴，明起向西南度矮山，
约行三十余里，出山口，近哈烈城东边安营。"好不容易走完了西
使的终点，到达西察合台汗国都城哈烈，耿世民所译巴尔托里德
《中亚简史》中将它译为赫拉特城。陈诚到此，兴奋至极，赋《望
哈烈城》① 二首：

征骑经年别玉京，今晨喜见极边城。
未由下国开天诏，暂向平原驻使旌。
万斛尘襟聊自解，三杯香醪对谁倾。
皇威至处边城静，何用嫖姚百万兵。

行穷险道出平川，又是遐方一境天。
城郭楼台连草树，街衢巷陌满人烟。
墙头轮磨迎风转，木杪胡芦向日悬。
异俗殊风多历览，襟怀不下汉张骞。

　　又赋《至哈烈城》②：

白首青衫一腐儒，鸣驺拥旆入西胡。
曾因文墨通明主，要纪江山载地图。
中使传宣持至节，远人置酒满金壶。

----

① 《陈竹山文集》，内篇卷二，收入周连宽校注《西域行程记、西域番国志·附
录》，中华书局 2000 年版，第 133 页。
② 同上书，第 133—134 页。

书生不解侏离语，重译殷慰问汝吾。

　　谒见哈烈国王沙哈鲁的日子到了，陈诚随同正使李达进入王宫宅第，一片豪华景象。赋《诣哈烈国主沙哈鲁第宅》[①] 二首：

乔林秀木隐楼台，帐殿毡庐次第开。
官骑从客花外入，圣恩旷荡日边来。
星凤至处人争睹，夷貊随宜客自裁。
才读大明天子诏，一声惧笑动春雷。

主翁留客重开筵，官妓停歌列管弦。
酒进一行陈彩币，人喧四座撒金钱。
君臣拜舞因胡俗，道路开通自汉年。
从此万方归德化，无劳征伐定三边。

《白松虎儿兄弟沙哈鲁子》[②] 二首：

两两三三美少年，向人语笑惜春妍。
宝刀斜插黄金带，聪马轻笼紫锦鞯。
百代光阴真过客，半生身世活神仙。
要知圣泽宽如海，莫谓天中别有天。

懒陪仙子醉流霞，一别蓬瀛去路赊。
秋雨蓝田生玉树，春风草砌苗兰芽。
人间骡饵嘶官厩，河上牛郎近客槎。
传语风光若流转，好教骏骨毓中华。

　　《西域番国志·哈烈国》有一段对狮子的记载"狮子生于阿木

---

　　① 《陈竹山文集》，内篇卷二，收入周连宽校注《西域行程记、西域番国志·附录》，中华书局 2000 年版，第 134 页。
　　② 同上。

河边芦林中。云初生时目闭，七日方开，欲取而养之者，俟其始生未开目之际取之，易于调习。若至长大，性资刚狠，难于驯驭，且其势力强胜，爪牙距烈，奋怒之际，非一二人可驾驭之。善搏巨兽，一食能肉十斤多，有得其尾者，盖操弓矢，设网罟，以杀之，若欲生致，甚难得也。”自唐宋以来，狮子多成为神兽形象，其地位甚至超过中国本土猛兽中华虎。赋《狮子》[①]：

曾闻此兽群毛长，今见其形世不常。
皎皎双瞳秋水碧，微微一色淡金黄。
威风稍震惊犀象，牙爪轻翻怯虎狼。
自古按图收远物，不妨维絷进吾皇。

又赋《花兽》[②] 一首：

马鬣麟蹄骨格真，毛衣黑白自成文。
浑同巧女机中织，仿佛良工笔下分。
异物天生人未识，嘉祥时出世曾闻。
周书不削西獒贡，愿写丹青献至尊。

《西域番国志·哈烈传》中也提到过这种“花兽，头耳似驴，马蹄骡尾，遍身文采，黑白相伺，若织成者，其分布明白，分毫寸不差”。据其形象描写，似为斑马。

陈诚在哈烈的诗作中还有《风磨》[③] 一首：

巨础盘盘四壁空，推移全仗自来风。
乾坤动静分高下，日月循环共始终。
忍使形躯劳己力，肯将机巧夺天工。

① 《陈竹山文集》，内篇卷二，收入周连宽校注《西域行程记、西域番国志·附录》，中华书局2000年版，第134页。

② 同上书，第135页。

③ 同上。

　　明朝木静风姨去，好笑胡人拙计穷。

　　参稽《西域番国志》关于哈烈民俗的记载，特别提到水磨在其日常生活中的重要作用："水磨与中国同，间有风磨。其制筑垣墙为屋，高处四面开门，门外设屏墙，迎风旷室中立木为表，木上周围置板乘风，木下置磨石，风来随表旋转动，且不拘东西南北之风，皆能运动，以其风大而多故也。"

　　《射葫芦》① 也是陈诚逗留哈烈时所赋，这种比赛实质上是伊斯兰教开斋节上的重要文体比赛项目：

　　　　长竿笔立高插天，葫芦斜系虚空悬。
　　　　羌儿马上逞好手，角弓满控黄金弦。
　　　　当场跃马流星过，翻身一箭葫芦破。
　　　　冲起霜翎天上飞，大家拍手相称贺。

　　参稽《西域番国志》："每岁十月并春二月为把斋月，白昼皆不饮食，至日暮方食。周月之后，饮食如初。开斋之际，乃以射胡芦为乐。射胡芦之制：植一长竿，高数丈，竿末悬一胡芦，中藏白鸽一双，善骑射者跃马射之，以破胡芦，白鸽飞去者为得采。"

　　《元宵》② 一诗未署写作日期，以理揆之，应是永乐十三年乙未（1415 年）正月十五日逗留哈烈时作，虽然月圆如故国，所写并非"胡天外"实景，而是回忆当初承恩玉墀下，遥祝大明君臣节日快乐之意：

　　　　星桥不锁河汉清，火树未发银花明。
　　　　蓬莱宫阙渺何许，鳌山移在芙蓉城。
　　　　芙蓉城近五云裹，翠憾香花春雾起。
　　　　万户千门乐太平，太平时节天颜喜。

―――――――――

　　① 《陈竹山文集》，内篇卷二，收入周连宽校注《西域行程记、西域番国志·附录》，中华书局 2000 年版，第 135 页。
　　② 同上书，第 136 页。

天颜有喜近臣知，当年应制曾吟诗。

此身此夕胡天外，遥忆承恩白玉墀。

不过，陈诚在哈烈的日子过得也不错，喝到了那里酿造的葡萄酒，这在中原是难得的美味，咏诗一首：

不见墟头垒曲糟，看看满架熟香醪。

绿浮马乳开新瓮，红滴珍珠压小槽。

博望还朝名已着，渊明入社价空高。

试将涓滴消愁思，雨脸春风上碧桃。①

四　愿积微勋照汗青

玉面骄骢淡辔鞍，皇华节使旧郎官。

腰横弓矢应辞重，身拥袍裘不惮寒。

绝域道途三万里，殊方风俗几多般。

回朝若问西夷事，只好《行程记》里看。

　　　　　　　　　　　　——《入塞图》②

　　这首诗全面反映了陈诚第一次万里出使西域，成功返程入塞时的心情，虽然在此之前，陈诚在外交上早已有了卓越建树，诸如洪武朝出使撒里畏兀儿、出使安南，但这早已是前朝旧事，由于建文朝很得方孝孺器重，靖难之变以后，能够得以幸免株连之灾，已属万幸，破格起用，虽然名不入正、副使之列，得以从行，就是青云再起的绝佳机遇，对此，陈诚自然不肯轻易放过。出使后仔细记录经行路程，所过国家、城市，都细心访察民俗，不仅沿途吟咏，大

---

①　《陈竹山文集》，内篇卷二，收入周连宽校注《西域行程记、西域番国志·附录》，中华书局 2000 年版，第 136 页。

②　《葡萄酒》，《陈竹山文集》，内篇卷二，收入周连宽校注《西域行程记、西域番国志·附录》，中华书局 2000 年版，第 137 页。

显诗才，还将出使西域情况，整理为《西域行程记》、《西域番国志》二书。计划归国后，上呈御览。旅途辛苦早已抛至九霄云外，真是豪气冲天地出使，意气纵横地返家。然其归程，却不见于其《行程记》记录，仅见于散见诗作，其中《铁门关》①二首就是归途所赋诸诗之始。今存本已出现许多佚文脱句：

> 山形南北路东西，峭壁穷崖斧截齐。
> 天地无心生□□，□想彩云边□□。
> 料应百辟嵩呼罢，遍插宫花侍御筵。
> 晓色微分彩帐寒，遥瞻天阙拜天颜。
>
> 煌煌间阖开金殿，落落穹庐驻铁开。
> 愿秉丹心酌晚节，羞将白发戴春幡。
> （中有两句脱文）
> 明年此日归南国，身近朝之第一班。

《西域番国志》记自渴石"又西去三百余里有大山屹立，界分南北，中有石峡略通东西。石壁悬崖，高数十丈，若如斧齐。路深二三里，出峡口，有门名铁门关"。复据《西域行程记》述其来时行程，八月"十一日，晴，五更起向南行，入山峡或东行，度一石峡，名铁门关。出关渡小河，约行七十里，于草滩上安营。十二日，晴，早起向南行，度一石桥，约行百里，地名屑必蓝，安营。"据此可知，作为中亚险塞的铁门关，实际上是一两山中间的一道石峡，为兵家必争之地，开元三年唐将阿史那献、张孝嵩曾兵临此关，终败于大食。成吉思汗西征，也曾穿越此关，渡阿木河南下。陈诚第一次西使就曾两次由此关出入，出关无诗，而《行程记》中有记录，归来时相反，有诗，却不再记录返程日期。其后又《过渴

①　《陈竹山文集》，内篇卷二，收入周连宽校注《西域行程记、西域番国志·附录》，中华书局 2000 年版，第 135 页。

石峡》①，留诗志行。《西域行程记》记来时路线，永乐十二年八月"初三日，晴，午后起向西南入山峡中。山径崎岖，约行七十里，天晚，于山上乱宿。初四日，晴，明起向西南下长坂，……初五日，晴，明起向南行十余里，近渴石城边安营。住一日"。据此判断，渴石城北的山峡应即渴石峡，此为归程第二首诗作：

> 层峦叠嶂几千里，百折溪流一径通。
> 老石盘挐眠虎豹，长松偃蹇挂虬龙。
> 林稍冻折经冬雪，衣袂寒生泊暮风。
> 为客正当岑寂处，穷猿声断月明中。

再往北返，所留诗作中出现了《西域行程记》中未见地名，如《过忽兰打班》②：

> 去时秋叶满林黄，归日春花遍地香。
> 流水空山长自在，来牛去马几闲忙。
> 停云有意怀仁杰，缩地何由见长房。
> 暂纪官程归故国，共知王化被遐方。

此诗中既然称去岁秋曾过此打班，且为满林黄叶之时，必为深秋九月，其月初九日至十二日曾翻越一座大山，《行程记》中未留其名，大约就是忽兰打班。其后又翻越可汗打班，作者自注"单于曾经此山，故名"，按单于、可汗，皆指仍然保持游牧习俗的东察合台汗国君主，即《明史》中所称的别失八里国可汗，而东、西察合台汗国的分界就在亦息渴尔至养夷城之间，其间确有多处高山。尤引人注目者为六月"二十四日，晴，早起向西行，出山口一大平川，约行一百五十里，于川中有古墙垣处安营"。依此判断，所翻

---

① 《陈竹山文集》，内篇卷二，收入周连宽校注《西域行程记、西域番国志·附录》，中华书局 2000 年版，第 137 页。

② 同上书，第 136 页。

之山，应即所谓可汗打班。赋《过可汗打班》① 二首：

> 单于何代此登临，留得芳名到至今。
> 辇路无尘荒藓合，行宫有址野蒿深。
> 海桑迁变寻常事，宇宙包含万古心。
> 词客不缘经险阻，肯将清兴发长吟。

> 归旆摇摇过打班，朔风吹雪满愁颜。
> 峰峦迥典来时异，歧路偏惊去处难。
> 谩忆王猷思剡曲，空怜韩愈阻蓝关。
> 行人晓夜归心切，剑阁盟岷指顾间。

再往东北行，衣烈大河开始横亘其间，即今伊犁河，河宽水湍，洪涛翻滚，是中亚著名七河之一。赋《渡衣烈河》②：

> 黄沙满目春水深，黑风卷地愁云阴。
> 长年二老遥相待，扁舟几叶浮波心。
> 汉家健儿心胆麤，冯河暴虎无趑趄。
> 蹴踏洪涛若飞去，老胡缩手空嗟吁。

渡过衣烈河，就进入汉唐西域境内，开始由天山北麓转道天山南麓，行经吐鲁番，拜谒了别失八里国，即东察合台汗国名君黑的儿火者坟。再次吊祭此坟，赋诗一首：

> 星槎向晚驻荒村，闲谒孤城吊古坟。
> 风卷胡沙晴日淡，天连塞草暮烟昏。
> 源流本自分茅土，忠厚由来及子孙。

---

① 《陈竹山文集》，内篇卷二，收入周连宽校注《西域行程记、西域番国志·附录》，中华书局 2000 年版，第 136—137 页。
② 同上书，第 137 页。

不是圣恩天广大，肯留遗孽至今存。①

过了吐鲁番、哈密，下一站就是嘉峪关，赋《入塞》：

> 故国三年别，遐方万里还。
> 秋风吹客袂，夜月度关山。
> 行李看看近，身心渐渐闲。
> 遥瞻双凤阙，咫尺觐龙颜。

至此，陈诚已走完了西使的全程。综观陈诚出使全程：渡流沙，涉冰雪，越崇山，历险峡，夜半启程，暮深野宿，风尘仆仆；夙志为公，终于重新沟通了我国与中亚各国一度中断的友谊联系：行程数万里，超越了汉代的张骞、班超，因此，陈诚尽管在第一次西域出使中并非正、副使，却名声大振。因而第一次征尘未净，明朝第二次西使的诏令又已下达，特点是正、副使都换了新人，陈诚被任命为正使，而以李暹为副。永乐十一年秋八月廿九日出都之日，京中名臣、友好，群起送行，声势之大，冠于诸朝。据统计，仅在送行宴上赋有诗文作品，姓名可考者就有宰臣王直，京中士林领袖，时任翰林学士兼左春坊大学士胡广，翰林侍讲、承德郎兼左春坊、左中允邹缉，翰林编修同邑周孟简、同邑曾棨，以及吴均、王英、王洪、陈彝训、曾鼎、卢翰、许鸣鹤、庞叙、胡俨、金幼孜、陈敬宗、周述、钱习礼、周忱（独癖园丛书本作"周恂"）、钱干、李祯、梁潜、陈循等23人，同邑友人周孟简所赋《送陈员外使西域序》有淋漓尽致的描写："今年秋，皇上欲遣儒臣中能文武长才者，远使西域。左右大臣咸以子鲁荐。命下之日，余矍然喜动颜色，告诸寮友曰：士生明时，得委身于朝，苟可效涓埃之忧，虽冒寒暑，历艰险，固当鞠躬瘁力，无所逊避。况西域虽远，圣天子声教所暨之方乎？于是郎治装告行，抗乎就道。噫！子鲁其贤矣

---

① 《经黑的儿火者王子坟》，《陈竹山文集》，内篇卷二，收入周连宽校注《西域行程记、西域番国志·附录》，中华书局2000年版，第137页。

哉！夫忠义慷慨，从古希有，今子鲁视去万里若出门户，虽殷大夫何以过之。"序中写出了陈诚受诏出使时的喜动颜色，志欲建功绝域的冲天豪气，其诗云：

> 金台八月惊寒早，一夜清霜飞白草。
> 故人别我出都门，西风万里交河道。
> 怜君本自一书生，曾是高皇知姓名。
> 挥毫每视金銮早，乘传屡入南交城。
> 只今又作南宫客，天语传宣到番国。
> 郎官不减旧声华，圣主非常赐颜色。
> 腰间宝剑霜雪光，鸣珂拥盖何辉煌。
> 华夷共喜舆图广，边塞宁辞道路长。
> 男女誓欲全忠烈，白首丹心在旄节。
> 博望心勤向月氏，大夫慷慨轻回鹘。
> 新赐貂裘不惮寒，宦游谁道别离难。
> 流沙只合吟边度，葱岭惟应马上看。
> 看山对水多行乐，高风伟迹今犹昨。
> 盛世当图卫霍功，丹青好画麒麟阁。①

另一友人周恂在《送陈郎中重使西域》②诗中，追叙了陈诚第一次西使的艰苦卓绝与陈诚此行的干云豪气，墨酣情浓，绘声绘形，全文引录如下：

> 故人好文兼好武，早岁出身事明主。
> 载笔曾经直玉堂，分陕还闻佐幕府。

---

①　《陈竹山文集》，外篇卷一，收入周连宽校注《西域行程记、西域番国志·附录》，中华书局 2000 年版，第 166 页。

②　见向达据北京图书馆善本室收购天津李氏藏书本《西域行程记》、《西域番国志》辑文，又见于周连宽校注《西域行程记、西域番国志·同文辑附录》，中华书局 2000 年版，第 176—177 页，周恂之名，另作周忧。其所据为甘肃图书馆藏《陈竹山文集》。

前年复拜汉仙郎，远传天诏向遐方。
辞家不作儿女态，上马宁忧道路长。
驱车晚出萧关北，莽莽黄云望空碛。
锦帐迎风夜宿迟，朱旗卷空军行疾。
扬鞭迢递到伊西，部落多因水草移。
楼烦城郭居人少，铁勒沙场烟火稀。
手持龙节经诸国，横行直教到西极。

此段追叙陈诚第一次西使壮行。莽莽空碛，夜迟行疾，历尽艰辛，巡行诸部，一直西去、西去，似乎永无尽头。

画角塞吹月色残，吴钩醉拂霜花白。
番王幸睹汉仪型，毡裘夹道多欢声。
拜迎不但设供帐，职贡还随朝玉京。
五色狻猊目光动，百群天马皆龙种。
归来同献白玉璋，天子非常赐恩宠。
粉署迁官未月余，乘轺又复出皇都。
山川遥忆经行处，番部重迎使者车。
蓟城官舍春开宴，金樽绿酒欢相饯。
英雄谩说李将军，意气宁惭班定远。
问君此去来何时，辛勤三载计还期。
半酣笳鼓发征骑，旌旗悠悠空尔思。

此诗写明使所到之处都受到当地人民的热烈欢迎，带着五色狻猊、百群天马及各族"番部"同我国中央皇朝的传统友谊胜利归来。两位友人的诗文将陈诚出使的功勋比作汉之班超云云，确实足以古今媲美。

王直在以上送行文人中，地位最高，陈诚《西域行程记》成书，呈上前先经其阅览，大加器重，亲为其书作序，建议"诏付之史官，而藏其副于家。后之君子欲征西域之事，而于此考览焉。"①
对陈诚给予了高度评价。送行宴上，赋诗两首，一是五言长句，一
是七律，今征引其七律如下：

> 翩翩旌旆出皇州，瀚海昆仑是昔游。
> 塞外风云随使节，天涯霜雪敝征裘。
> 还家不论千金橐，佩印须为万户侯。
> 想见番夷归圣德，自西河水亦东流。②

　　西域诸国与我国存在着悠远的历史联系，汉、唐时期其中的许
多城邦还曾隶属于西域都护府或安西大都护府治下，这些古老的记
忆，虽然后世已多有遗忘，却仍有部分记忆残存，这是明朝使团西
行一路顺风的重要原因，曾棨在《陈员外奉使西域周寺副席中
道别》③ 诗中涉及了这些因素：

> 汉家郎官头表白，扈从初为两京客。
> 忽逢天边五色书，万里翩翩向西域。
> 腰间宝剑七星文，连旌大旆何演纷。
> 解鞍夜卧回中月，揽辔朝看陇上云。
> 黄沙断碛千回转，玉关渐近星空远。
> 轮台霜重角声寒，蒲海风高弓力健。
> 知君此去历诸蕃，毡帐依微绝漠间。
> 残烟古戍羌夷聚，远火空林猎骑还。
> 蕃酋出迎通汉语，穹庐葡萄酒如乳。
> 舞女争呈于阗妆，歌辞尽按龟兹谱。

---

　　①　原载《王文端公文集》卷17，收入周连宽校注《西域行程记》、《西域番国
志》，中华书局2000年版，第157—158页。
　　②　周连宽校注：《西域行程记、西域番国志·附录》，中华书局2000年版，第172
页，原载《陈竹山文集》，外篇卷一，原作"河大"，据《明诗纪事》改。
　　③　《陈竹山文集》，外篇卷一，见周连宽校注《西域行程记、西域番国志·附录》，
中华书局2000年版，第168—169页。

当年半醉看吴钩，上马便着金貂裘。
山川遥认月支窟，部落能知博望侯。
草上风沙乱萧屑，边头日暮悲笳咽。
行穷天尽始回辕，坐对雪深还伏节。
归来杂沓宛马群，立谈可以收奇勋。
却笑古来征战苦，边人空说李将军。

陈诚此次出使不同于汉唐之处在于它是单纯的和平性质，它凭借的是我国传统的威望和对双方有利的贸易往来；"奇勋"的创造靠的是"立谈"，而无须"征战"之"苦"，这在王洪《送陈员外使西蕃》诗中有更明确的表述：

剑气翩翩出武威，关河秋色照戎衣。
轮台雪满逢人少，蒲海霜空见雁稀。
番部牛羊沙际没，羌民烟火碛中微。
兹行总为宣恩德，不带葡萄苜蓿归。

投之以木瓜，报之以琼琚。陈诚此行的目的是"宣恩德"，明朝的回答也是葡萄和橄榄枝，这在友人的赠诗中也有形象的反映"番王幸睹汉仪型，毡裘夹道多欢声"（周恂）、"想见番夷归圣德，自西河水亦东流"（王直）、"从此番酋俱款附，不须生致王贤王"（钱干）、"不用殷勤通译语，相逢总是旧蕃王"（曾棨），其中曾棨在《送陈郎中重使西域》一诗写得最好：

曾驱宛马入神京，持节重为万里行。
河陇壶浆还出候，伊西部落总知名。
天连白草寒沙远，路透黄云古碛平。
欲忆汉家劳战伐，道傍空筑贰师城。

壮游十七国，胜利地完成和平外交使命，对于一个古代的使臣来说，确非易事，这同陈诚高度的爱国热忱、不畏艰苦精神和卓越

的个人才干有密切关系。王直在《西域行程记·序》中指出，陈诚
"忠厚乐易，……恭己爱人，敬慎之心，久而弥笃。遍历诸国，宣
布明天子德意，未尝鄙夷其人，是以其人不问小大贱贵，皆响风慕
义，尊事朝廷，奔走迎送，惟恐或后"。这些记载表明，善于以平
等待人的精神从事外交活动，这是陈诚有别于其他封建官员的难能
可贵的特点，也是万里出使、载誉归来的成功奥秘。

　　由于明朝使团第一次出使已经完满地实现了结好东察合台汗国
（别失八里国）的政治使命，以陈诚为正使、李暹为副使的第二次
出使，主要目标更为单纯，这就是继续结好以哈烈为都城的西察合
台汗国。这次西行，不再另撰《行程记》，对前撰之《西域番国
志》也无新的补充，沿途仍有诗作，但已非所在吟咏，因此数量相
对要少得多，经我细心考证，属于陈诚第二次出使的沿途诗作只有
以下诸首。其一即《复过川》① 二首：

> 世事应如梦，胡川又复过。
> 古今陈迹少，高下断崖多。
> 识路寻遗骨，占风验老驼。
> 夷人称瀚海，平地有烟波。
>
> 客行西域地，惟道此途艰。
> 身世浮沉里，乾坤俯仰间。
> 塞鸿飞不度，胡马去应还。
> 幸托天恩重，滔滔似等闲。

　　联系陈诚第一次所赋之《过川谣》，自注"古之瀚海是也"，则
此次所过之"川"，亦横亘于嘉峪关外至新疆哈密之间的茫茫瀚海，
亦即古之莫贺延碛，这段旅途是典型的新疆大戈壁，艰苦异常。陈
诚第二次西使时，又过山川，旧地重游，感慨万分。

----

　　① 《陈竹山文集》，内篇卷二，收入周连宽校注《西域行程记、西域番国志·附
录》，中华书局 2000 年版，第 125 页。

　　参稽第一次西使时所留《西域行程记》，此次陈诚西使，已是沿行旧路，自哈密至衣烈河一段行程已是轻车熟路，不再可能出现自崖儿城之后南北分道的行动，必是过吐鲁番崖儿城之后，就选择最近一段行程，由丝路中道转往北道，渡衣烈河西进，而后沿亦息渴儿（热海）转入中亚内陆。过养夷、塞蓝，渡浑河。直趋沙鹿海牙，《行程记》中记为海鹿黑业，且明确记载"十三日，晴，分人去沙鹿黑业"，说明第一次西使时陈诚并未亲临其地，然《陈竹山文集》中收有在该地所赋诗，即《沙鹿海牙城》。[1] 说明陈诚此诗乃赋于第二次西使之时：

> 山势南来水北流，水边城过倚山丘。
> 野人撩乱迎天使，官渡纵横系客舟。
> 万里严程沙塞远，千年遗事简编留。
> 蒹葭两岸风潇瑟，又送寒声报早秋。

　　沙鹿海牙城在撒马尔罕东五百里，城筑小冈上，人烟繁庶，依崖谷而居。园林广茂，三面平川，一面临水，过水有浮桥，也有小舟往来摆渡。陈诚一行到此引起当地人民极大的注意，纷纷跑来看热闹。再往前走，就到了撒马尔罕，第一次出使，仅在城东果园中住了十日夜，并未进城，也未见撒马尔罕国主、官员出来接待，第二次出使对于西察合台汗国情况已经熟悉许多，时间也相对宽裕，遂畅游了帖木尔御园。写了《游帖木尔御园》，以纪此游：

> 行行息征车，云林散遐瞩。
> 高台郁嵯峨，屹立荒城曲。
> 云是单于居，何年构华屋。
> 玲珑窗户深，杂环檐楹簇。
> 金饰犹鲜明，铃鐾半倾覆。

---

① 《陈竹山文集》，内篇卷二，收入周连宽校注《西域行程记、西域番国志·附录》，中华书局 2000 年版，第 130 页。

阴层魑火燃，白昼尽猿哭。

幽泉注芳沼，浅碧侵寒玉。

废兴今古多，低头较荣辱。

吾皇治化优，四海同一毂。

远人笑相顾，开樽酌酤醁。

醉后发狂吟，刚风振枯木。

《西域番国志》中记述了这座帖木儿御园，"中有台殿数十间，规模宏博，庑轩懿张，堂上四隅有白玉柱，高不数尺，犹璧玉然。墙壁饰以金碧，墙牖缀以琉璃"。当时琉璃还属昂贵的工艺品，我国尚不会生产，可见其豪奢华丽。陈诚使团在此受到当地豪酋的热烈款待，饮酒狂吟，极兴而散。《西域番国志》记此城为中亚大城之冠，"撒马儿罕在哈烈之东北，东去陕西行都司肃州卫嘉峪关九千九百余里，西南去哈烈二千八百余里。地势宽平，山川秀丽，田地膏腴，有溪水北流，居城之东，依平原而建立，东西广十余里，南北径五六里，六面开门，旱干壕深险。北面有子城，国主居城之西北隅，壮观下于哈烈。城内人烟俱多，街巷纵横，店肆稠密，西南番客多聚于此。货物虽众，皆非其本地所产，多有诸番至者。交易亦用银钱，皆本国自造，而哈烈者亦使。街坊禁酒，屠牛羊卖者，不用腥血，设坎埋瘞。城东北隅有土屋一所，为回回拜天之处，规制甚精，壮皆青石，雕镂尤上。四面回廊宽敞，中堂设讲经之所，经文皆羊皮包裹，文字书以泥金。人物秀美，工巧多能。有金、银、铜、铁、毡、罽之产。多种白杨、榆、柳、桃、杏、梨、李、蒲萄、花红，土宜五谷"。陈诚有《至撒马儿罕国主兀鲁伯果园》[1] 诗，参稽耶律楚材河中诗作，撒马儿罕即寻思干，或作邪米思干，城外有果园，离宫，耶律楚材、丘处机都曾在此地留诗。陈诚亦承其余绪：

---

　① 《陈竹山文集》，内篇卷二，收入周连宽校注《西域行程记、西域番国志·附录》，中华书局2000年版，第130页。

巍巍金璧瓷高台，窗户玲珑八面开。

阵阵皇风吹绣幕，飘飘爽气白天来。

加趺坐地受朝参，贵贱相逢道撒蓝。

不解低头施揖让，惟知屈膝拜三三。

饭炊云子色相兼，不用匙翻手自拈。

汉使岂徒营口腹，肯教点染玉纤纤。

金鞍骏马玉雕裘，宝带珠璎锦臂鞴。

身外不知天壤阔，妄将富贵等王侯。

　　过了撒马尔罕，下一站就是渴石，第一次出使时在此地仅停留一天，且未进城。说明《陈竹山文集》所留陈诚《游碣石城》①（帖木儿驸马故居）应是第二次出使时所赋：

行行息征车，云林散遐瞩。

高台郁崖嶪，屹立荒城曲。

云是单于居，何年构华屋。

玲珑窗户深，杂缀檐楹簇。

金饰尤鲜明，铃甃半倾覆。

阴屋魅火微，白昼穷猿哭。

幽泉注芳沼，浅碧浸寒玉。

废兴今古多，低头较荣辱。

吾皇治化优，四海同一轂。

远人笑相顾，开樽酌醽绿。

醉后发狂吟，刚风振枯木。

　　对于碣石城，《西域番国志》记之甚详，可为此诗注脚："碣石城在撒马儿罕之西南约二百六十里。城居大村中，周围十余里。四面多水田，东南山近，城中有园林一所，云故酋长帖木儿驸马所

---

　　①　《陈竹山文集》，内篇卷二，收入周连宽校注《西域行程记、西域番国志·附录》，中华书局 2000 年版，第 131 页。

建。中有台殿数十间，规模弘博，门庑轩豁，张堂上四隅有白石柱，高不数尺，犹璧玉然。墙壁饰以金碧；窗牖缀以琉璃，惜皆颓塌。西行十数里，俱小山，多莓思檀果树。"

陈诚诗作中还有《登单于台》① 一首，内容是：

> 使节遥持日下来，暂停骑陟上层台。
> 单于没世名空在，神女行云驾不回。
> 风散远林秋叶响，雨余芳树晚花开。
> 英雄枉作千年计，门巷春深锁绿苔。

此诗肯定写作于第二次西使期间，但无论是《西域行程记》、《西域番国志》都找不到单于台的确切地点的有关记录，问题在于此之"单于"究竟何指，是指帖木耳，还是古代某可汗？姑录以待考。

第二次出使，似乎不如第一次出使建功那么显赫，因此，返国后，官职并未获升迁，仍授广东布政使右参政，但仍受明朝器重，因此，至永乐十六年（1418 年）六月登程，至永乐十八年（1420年）十一月归国，仍以陈诚为正使，李暹为副使，偕中官郭敬等同行。是岁二月庚戌别失八里王歪思弑兄纳黑失只罕，自立为汗，而迎战瓦剌，战大败，另有记载瓦剌乘胜攻入别失八里，城遭焚毁，遂举众西迁。《明史》卷332，西域传别失八里国记永乐"十六年，贡使速哥言其王为从弟歪思所弑，而自立，徙其部落西去，更国号曰亦力把里"。《明实录》亦载永乐十六年"别失八里头目速哥、克剌满剌等来朝贡方物，具言其王纳黑失只罕为从弟歪思弑之而自立，徙其国西去，更号亦力把里王。命速哥为右军都督佥事，克剌满剌为指挥佥事，赐诰命冠服、金带、彩币"②。据此可知在汉文史书中，东察合台汗国以永乐十六年为界，以前诸王，包括黑的儿火者、沙迷查干、马哈木、纳黑失只罕、歪思等都称为别失八里国，

---

① 《陈竹山文集》，内篇卷二，收入周连宽校注《西域行程记、西域番国志·附录》，中华书局 2000 年版，第 130 页。

② 《明实录》卷197，第 3 页。

至永乐十六年（1418 年）歪思举众西迁今伊犁地区，改称为亦力把里国，亦力把里，顾名思义，必在今伊犁地区，很可能所指就是阿里麻里故址。当年（永乐十六年）五月庚戌明朝已经"派遣中官杨忠等使亦力把里。赐其王歪思金织文绮、彩币、盔甲、弓刀，并赐其头目忽歹达等七十余人彩币有差。"① 陈诚西使时间仅晚于杨忠一个月，可见此次西使，肯定兼有招抚亦力把里首领歪思汗的使命，当然其主要使命仍是远赴哈烈结好西察合台汗国，大约此年哈烈政局也有所变化，未能满足明朝的政治意图，因此，归国后官职无所升迁，复为广东参政。第四次永乐二十二年四月至十一月，中途召回，未达西域。实为出使三次，最后一次出使已是 60 岁高龄。次岁已是明仁宗洪熙元年乙巳（1425 年），至丙午年已是明宣宗宣德元年（1426 年）政策大变，由主动海纳百川的开放政策变为被动、消极的闭关锁国政策，陈诚遂愤而辞官。《吉安府志·陈诚传》记其晚年"遂乞致仕。诚居官畏慎守职，不妄与人交。居闲三十余年，绝口不挂外事，徜徉泉石，超然世外，时人高之。"陈诚突然"乞致仕"前后表现出来的精神风貌大变，此前的陈诚本是壮志凌云，以精于外交自诩，此后则变为小心谨慎，"绝口不挂外事"，必与改朝换代之后激烈的政治斗争有关。对此，只须细心比较陈诚及其长期合作的伙伴李暹生平事迹就可了解一斑。李暹同陈诚之间的合作始于明朝第一次出使，其时二人皆为使团掌书记，途中二人精诚合作，共同在哈烈完成了《西域行程记》、《西域番国志》的写作，归国后上呈御览，皆获擢升，自第二次出使至第四次出使，皆以陈诚为正使，李暹为副使，然其晚年待遇悬殊。且看以下诸传：

王鸿绪《明史稿》列传卷 23《周让传附李暹传》：

> 李暹，长安人，起家乡举，以主事使西域，凡五奉使。积官至户部侍郎，亦以吏能闻。

焦竑《国朝献征录》卷 30，杨溥《正议大夫资治尹户部左侍

---

① 《明实录》卷 200，第 1 页。

郎李公暹神道碑》：

> 公讳暹，字宾阳，长安人。洪武己卯领乡荐，入太学。永乐癸未，授北京行部户曹主事。十年，以事左迁苑马寺清河监副。以荐使西域，五往返。宣德初，大臣以公正廉能，荐提督京仓。正统初，擢政使，辛酉升今官。正统十年九月癸巳卒，年七十。

过庭训《本朝分省人物考》卷 103《李暹传》：

> 李暹，字宾旸，长安人。生而丰伟，成童，端重如成人。及就外傅，即知向学守礼，祁寒甚暑，未尝求便。居近合闑，未尝入茶酒肆。甫冠，入乡校，祗事先生长者，日留心经史。洪武己卯，领乡荐，入太学，友天下英杰，扫诣高明。永乐癸未，授北京行部户曹主事。十年，以事左迁苑马寺清河监副。以荐，使西域，凡五往返，不辱国命。每回朝，辄蒙恩赐。宣德初，大臣以公正廉能，荐提督京仓。正统初，擢通政使。母忧去任，以孝闻。服阕还职，兼理通州直沽仓及象马草荔。历升侍郎，筮仕户曹。及调户部，文移精核，会稽明白，受知于大司徒，尝称其公勤明慎，以厉官属。在清河监上言更牧地，为法司所核，严法鞫之，终不易辞。卒如所言，孳牧有效。提督京仓，夙夜在公，未尝以风雪寒暑少懈。严以制下，不容请托，官属敬惮，不敢为欺弊。于是输粟者无留难，受廪者皆精完，蒙其惠者以得赡威望为喜。年七十，方欲请老，章未上，会陕右计议军储屯田久无实效，特命之经理。受命之日，跃然自喜，促期而行。忽遘疾，遂不救。疾革，连呼曰："粮储！粮储！"无一言及家事。讣闻，诏遣礼官谕祭，命有司营葬。

两相勘较，陈诚一生西使名为四次，实为三次，第四次已中途召回，其事发生于洪武二十二年四月至十一月，次岁改元洪熙，而李暹一生西使五次，其中与陈诚合作共三次，第一次二人皆为书记官，第二次、第三次皆以陈诚为正使、李暹为副使，第四次出使起初亦必以陈诚为正使、李暹为副使，而是岁陈诚中途召回，李暹必升为正使，此后李暹又有第五次出使之任，皆完命而归，以故虽然进入宣德朝闭关锁国时代，李暹仍然官至户部侍郎，获得重用，而陈诚仕途就结束于永乐二十二年，即洪熙朝将兴之初，此事绝非陈诚、李暹二人之间产生矛盾所致，必与更为深层的政策矛盾，即西察合台汗国对明朝的强硬政策与明朝的相应对策有关。从陈诚洪武朝出使安南（越南）坚持的强硬政策判断，其政策回应未必令明朝满意，而李暹为人则似更善于体察各种更为复杂的矛盾及其处理方略，因此，这位外交专家竟然在闭关锁国的宣德朝得蒙重用。其中的甘苦滋味，令人品尝为艰。更为令人扼腕者非止于此，而在于无论是五使西域的李暹，还是三使西域的陈诚，明明都是功勋不亚汉张骞的中国少有外交奇才，却在清朝御用文人张廷玉所编的《明史》中根本不为列传。即使是王鸿绪与万斯同的私人著作《明史稿》中虽为列传，也仅有片言只语，只能令后学如薛某者抚书慨叹了。

永乐间"土达军"变乱
与西北边防格局之稳定

周　松[*]

永乐八年至十一年间，适逢明朝开始发动大规模的北征，刚刚入居西北地区的归附人先后出现了一系列分散但却普遍的变乱。虽然动乱局面很快得到有效控制，但是对于明朝的西北边防格局则产生了深远的影响。目前学术界对这一现象及其相关影响问题的探讨尚不多见①，为此不揣简陋，略陈拙见，就正方家。

一　永乐朝民族内迁与河西变乱的起因

永乐初年到北征之前，西北地区居住了许多来自漠北的归附人②，他们主要被安插在凉州、宁夏、庄浪等处。

（一）永乐朝西北归附人军事意义

明朝深知西北归附人的军事价值。洪武朝即已降明的"土军

＊　周松，男，1970年生，历史学博士，河南大学副教授，主要研究方向为明史、历史地理、北方民族史。王继光先生硕士研究生。

①　仅有杜常顺先生注意到河西土达在永乐间反叛，终遭流徙的史实。见杜常顺《史籍所见明清时期西北地区的"土人"与"土达"》，《青海社会科学》1998年第2期，第84页。

②　详见周松《明初河套周边边政研究》，甘肃人民出版社2008年版，第232—234页。

户"就是西北明军的重要来源之一，土鞑军户也是如此。在鞑靼军户之外，明朝还曾在鞑靼民户中开征新的兵源。《实录》载，永乐三年镇守宁夏的总兵官何福上奏"灵州鞑靼宜垛集为兵以足边备。敕福斟酌人情可行则行"①。灵州是明初"土鞑"和新附达人的聚居区。何福提出的"垛集"鞑靼兵士就是按照垛集法的原则扩大宁夏明军的举措②，把部分灵州的鞑靼民户改为军户。在把都帖木儿（吴允诚）归降后，朱棣又命"选其中壮勇或二百、三百、五百，参以官军三倍，于塞外侦逻，非但耀威，亦以招徕未附者"③。有学者认为内附达人以百户为单位聚族而居④，但在西北新附达人的安排上可能有所不同，至少超出了一般百户所统军额的上限。不仅如此，朱棣在随后的连续北征过程中，每次都要事先征集达军，土军集合出征，已成为惯例。

　　新归附的吴允诚所部在捍御明边、建立军功方面表现得非常积极。当时，镇守边境的将领率兵出征，新附达官军也参与了巡行边外的军事行动。永乐六年（1408 年），漠北已经历了鬼力赤到本雅失里的汗位更替，政局再度严重混乱。为防备漠北南下者可能对边境造成的冲击起见，甘肃总兵官何福准备"遣鞑靼官柴铁柱等率骑兵巡逻山后，且侦虏声息"⑤。年底，漠北乱局导致出现"有不相附而奔溃者"。于是，吴允诚子吴答兰，柴秉诚子柴别力哥、都指挥柴苦木帖木儿、马朵尔只，指挥柴铁柱，千户梁答哈，百户吴汝真卜等声称"戴朝廷重恩，久居边境，愿率精骑巡逻漠北，以展报效"，得到准许。朱棣要求西北的总兵官"更选其所部壮勇者，与汉军相兼，以都指挥指挥有智力者率与俱往"；"选宁夏右卫旧鞑官

<hr>

　　① 《明太宗实录》卷 43，永乐三年六月乙丑朔，第 681 页。据《校勘记》，本条"宜垛集为兵"，广本、抱本"宜"作"宣"，今改正。
　　② 明代"垛集法"详见于志嘉《明代世袭军户制度》，台北：学生书局 1987 年版，第 10—26 页。
　　③ 《明太宗实录》卷 44，永乐三年七月己酉，第 695 页。
　　④ 彭勇《忠顺的历史：明代华北内迁民族社会角色演变论略》称："达官军最基层单位很可能是'百户'，同一个千户，既有汉族官军，也有达官军，只不过，汉军和达官是分别屯驻的，达军直接听命于达官。"（参见陈支平、万明主编《明朝在中国史上的地位》，天津古籍出版社 2011 年版，第 407 页。）
　　⑤ 《明太宗实录》卷 79，永乐六年五月乙亥，第 1064 页。

壮勇者二百人与俱,令都指挥柴苦木帖木儿、马朵尔只、柴铁柱总之,俱给鞍马兵器糗粮"①。同时又命令"居凉州都督佥事吴允诚等率骑士,会都指挥刘广等,往亦集乃觇虏情实。敕甘肃总兵官何福、镇守宁夏宁阳伯陈懋等出兵为吴答兰等声援"②。这是丘福兵败之后,朱棣亲征之前,西北边境的一次小规模北征军事行动。因此,战事很快结束,宁夏方面柴苦木帖木儿"於塔滩山后获虏寇十一人,及其马驼"③;甘肃方面,"吴允诚等送至所获鞑靼完者帖木儿、哈剌吉歹等二十二人。完者帖木儿等具言虏中立本雅失里为可汗,及言虏中人情甚悉"④。为此西北汉鞑边将获得朝廷封赐⑤,加强了与明廷的关系。

随着边外人快速涌入西北地区,对明朝地方控制管理提出新的挑战。永乐六年,朱棣下令甘肃总兵官何福说:"尔奏甘州五卫番汉官军杂居,难于防制。俟春暖分定地方,使各相聚处,已准行所奏。凉州卫带管土兵五百余人关赏赐不支月粮,虽有军民,未得实用,欲收入正伍,更酌量之。可行即行。"⑥它表明归附人最初是以"番汉官军杂居"的形式安插,但考虑到甘州五卫的实际情况,改为在永乐七年"分定地方,使各相聚处",也就是将汉官军与少数民族官军混居杂处,改为归附人聚族而居,以利监控。这样处置必然在短时间内造成居住地的调整,并且小规模聚族而居无形中带有隔绝色彩,也会增加归附者的不安情绪。在凉州方面,据诏旨内容看,原有土军虽为军籍,但不支月粮,属于临时征调,所以才会有"未得实用"的感觉。何福的做法是改土军为正军,支粮操练,完

---

① 《明太宗实录》卷86,永乐六年十二月癸巳,第1142—1143页。
② 《明太宗实录》卷87,永乐七年正月戊午,第1154—1155页。
③ 《明太宗实录》卷88,永乐七年二月戊戌,第1174页。
④ 《明太宗实录》卷89,永乐七年三月戊辰,第1182—1183页。
⑤ 《明太宗实录》卷90,永乐七年四月癸酉朔,第1185页;《明太宗实录》卷91,永乐七年闰四月甲辰,第1193页。另,《明太宗实录》卷96,永乐七年九月甲申条载:"升凉州卫指挥同知点木(默)为都指挥佥事,赐姓名安守敬;舍人撒(彻)里干为千户,俱赐冠带,赏其迤北巡逻之劳也。"(第1273页)
⑥ 《明太宗实录》卷75,永乐六年正月己巳,第1032页。《校勘记》:"甘五卫",广本、抱本"甘"下有"州"字。"欲收入五政",抱本"五政"作"正伍"。引文径改。

全纳入镇守官的直接领导之下。不仅如此，何福还进一步要求"欲于京师选鞑官之材能者诣边，率领所调鞑官军"，遭到朱棣拒绝。朱棣批评他："鞑官素于地理不谙，人情不悉，遽令领军出境，将不知军，军不知将，不相亲附，而于号令或有乖违，则功不成。此事理甚明，不待智者可知矣，于尔有不知耶？得非有人谓尔总蕃汉兵久，虑势重致谗为此言乎？"① 实则何福本人对于管领达官军并无十足把握，意欲达官率领是出于协调兵将关系出发。当然，更多的是兵权太重，担心朱棣可能对他产生疑忌。这一事件已经暗含甘肃镇守官在管理新附达官军问题很可能已力不从心，出现达官军失御的潜在风险。

（二）西北归附人动乱原因蠡测

西北达官军内部动荡的迹象并非仅仅停留在分析推断的层面上。宁夏都指挥佥事韩诚曾"言鞑靼别部同居宁夏者，有怀二之心"，朱棣当时并未采取措施，尽管他自我解释说："朕于远人来归者，皆推诚待之不疑。早从尔言，发兵擒叛，何至多损物命。然初之不发者，犹欲怀之以恩，不谓豺狼不可驯。今彼悉皆擒戮，皆其自取也。然尔之忠诚，明于几先，朕嘉念不忘。自今更加勉之。"② 虽然此事与何福的建议并无直接关系，并且地在宁夏，事在永乐八九年之间，但是毕竟在一定程度上反映了整个西北地区内附达官军的不稳定状况。有趣的是提出警告的韩诚本人就是归附土鞑③，相较明朝的地方军事大员，他们更加洞悉归附人内部变化情况。

永乐七年丘福北征之际，也达到了西北边外人归附的高潮。但是，招降过程并不顺利，原来准备投降的脱脱不花王所部离开亦集乃，重归漠北。④ 明廷逐渐改变了以前就地安插的政策，朱棣针对

① 《明太宗实录》卷77，永乐六年三月丙寅，第1048页。
② 《明太宗实录》卷123，永乐九年闰十二月庚申，第1547页。
③ 韩诚之子韩当道驴的官职，先做陕西宁夏卫土官指挥同知（《明宣宗实录》卷73、卷75），后做宁夏达官指挥（《明英宗实录》卷16、卷41），很明显韩氏是原居西北地区，后归附明朝的达人。
④ 参见周松《明初河套周边边政研究》，第230—231页。

"鞑靼伯克（一作客）帖木儿等部属至甘肃，且勿给田土，令俱来北京扈从，渐渐移之南行，散处于便宜畜牧之处。盖近者脱脱不花之事可监也，宜善筹之"①。无独有偶，宁夏方面，鞑靼平章都连等叛去。总兵官陈懋"尽收所部人口及驼马牛羊四万余。敕懋，都连及驼马赴京"②。这种政策的改变虽然是以新归附者为对象，但在地方实际执行过程中，不可能不对旧的归附人产生负面影响，这是西北达人变乱的间接原因之一。

丘福兵败之后，朱棣执意亲征，迅速在全国范围征集精锐部队。西北边军自然也在征集之列，其中归附达官军经过巡行塞外，擒斩获功的考验也成为候征之选。永乐七年九月朱棣"敕甘肃总兵官宁远侯何福选练陕西行都司马步官军一万，候有敕即率领至京。其都督吴允诚、柴秉诚及诸来归鞑官所部但能战者，皆令训励以俟"③。新附达官军的首领及其部分精锐部队很快参加了第一次朱棣北征，在客观上造成当地达官军群龙无首，缺少有威望首领管理的局面。而在十一月之前甘肃总兵官还领军远驻亦集乃之地④，应该是防范漠北的偷袭。仓促出征的准备工作造成之纷扰也在一定程度上动摇了西北边军的稳定，为西北达人变乱间接原因之二。

大批漠北人员的近边活动，不论是真心归附，还是"近边假息"，都会对西北缘边地区的少数民族产生难以预料的影响。如一份景泰元年（1450 年）的报告称，"尝遇虏寇潜伏于水金积山牛首寺，窥见土民五人与寇隔沟拒敌。已而，寇以番语诱之。五人者遂弃弓矢，南向叩头，即作椎髻随寇而去。又闻四里土人亦随寇去"⑤。这种情况不会只有在正统、景泰之际出现，它是一种较为普遍的现象。文中暗示了所谓"土民"、土达虽然早已归附明朝，但是他们还保留着自己的语言和生活方式，熟知本族的外在特征，并

---

① 《明太宗实录》卷96，永乐七年九月庚午朔，第1267页。
② 《明太宗实录》卷98，永乐七年十一月己巳朔，第1289页。
③ 《明太宗实录》卷96，永乐七年九月甲申，第1273页。
④ 《明太宗实录》卷98，永乐七年十一月庚午，第1289页。
⑤ 《明英宗实录》卷188《废帝郕戾王附录第六》，景泰元年闰正月乙卯，第3830页。

未汉化。这种基于血缘、地缘和心理认同的民族情感在相当长的时期内都不曾流逝。再如成化年间满四之乱时，也能看到类似的情形。跨边境同民族的来往终明一朝并未绝迹，因此，近边漠北人的活动也在一定程度上冲击了当地各类达人的稳定现状。此可视为间接原因之三。

至于引发西北变乱的直接原因，史称"盖虎保等归顺已久，安于其地。至是有诈言朝廷欲移置别卫者，虎保等惧，遂叛"①。显然，安插河西的达官军对于"移置别卫"的流言非常恐惧，而面对新近归附者迁往内地安插的事实，所谓"流言"很难保证不会落到实处。它最终成为抗拒迁调，发动变乱的导火索。

二　永乐朝西北的五次变乱

永乐北征后，西北变乱并非仅有一起，事实上在西起肃州，东达宁夏的整个河西地区短时间内出现了数次规模不等的变乱，其中影响最大、持续时间最长者就是凉州变乱。

（一）第一次凉州之乱

永乐八年（1410 年），凉州卫鞑官千户虎保、张孛罗台，鞑军伍马儿沙等人，永昌卫鞑官千户亦令真巴、土鞑军老的罕等人，新附鞑官伯颜帖木儿等诸部落纷纷举兵。据称"杀虏人口，掠夺马畜，屯据驿路"，"欲攻永昌、凉州城"，为壮大叛军队伍，甚至胁迫吴允诚所部一同参与。明朝除了当地驻军和吴管者（吴允诚之子）母子率兵及时镇压外，还派遣后军都督金事费瓛、刑部尚书刘观率军亲往西北平叛。明军先在红岸（崖）山②，俘获伍马儿沙、

---

① 《明太宗实录》卷 102，永乐八年三月辛未，第 1324 页。
② （清）许容：《（乾隆）甘肃通志》卷 6，《景印文渊阁四库全书》第 557 册，台湾商务印书馆 1986 年版，第 225 页称"红崖山，在（镇番）县南七十里，山赤色，故名。"又第 236 页西宁县"红崖子山，在县东八十里，其土赤，因名。山腰有石洞。"

米刺、伯颜帖木儿等 30 人、哈刺张等 54 人。但明军旋即在炭山口①失败，凉州形势危急，遂将上述 84 人悉数斩杀狱中。费瓛援军赶到凉州，当时虎保叛军尚在镇番城东。费瓛诱敌深入，先战双城，再战黑鱼海②，击败叛军，斩首 300 余人，俘获 1000 余人，马驼牛羊 12 万以上。虎保、亦令真巴等远逃，第一阶段战事结束。③

虎保变乱期间，朱棣尚在漠北，"闻凉州土鞑军叛"，命令史昭为总兵官镇守凉州，统领整个陕西行都司军马以及"河州诸卫步骑三千人"，严令"凡土军土民有梗命者即剿之"。④ 但是在首次北征结束，朱棣了解到"凉州鞑官千户虎保、亦令真巴等叛，由惑于流言，非其本心，而挈家远遁"的情况后，并未一味以军事手段解决叛军问题，而是进行招抚，"遣指挥哈刺那海等赍敕往宥其罪，使皆复业"。结果"虎保、亦令真巴等率其妻子万二千余口来归罪，上悉赦之"⑤。

（二）肃州之变

永乐八年五月，凉州变乱初定之际，肃州卫又发生动乱。变乱原因据称系陕西按察司佥事马英激变（为此马英被磔），详情不明⑥，不能排除与凉州变乱原因有相似点。肃州卫寄居回回指挥哈

---

① （清）穆彰阿、潘锡恩等纂修《（嘉庆）大清一统志》卷 268《凉州府二·关隘》，《续修四库全书》第 618 册影印四部丛刊续编本，上海古籍出版社 2002 年，第 467 页载"炭山口在（永昌）县南八十里。"

② （清）王颂蔚、王季烈：《明史考证捃逸》卷 9，《续修四库全书》第 294 册影印民国刘氏刻嘉业堂丛书本，上海古籍出版社 2002 年版，第 165 页云："按：双城、黑鱼海俱不见《地理志》。惟有黑河在镇番卫西，或即黑鱼海之别名欤?"笔者认为不可以河流名当湖泊名，查（清）许协修、谢集成等纂《（道光）镇番县志》卷 1《地理考·疆域》，《中国方志丛书·华北地方·第 343 号》影印清道光五年刊本，（台北）成文出版社 1971 年版，第 47 页云：镇番县"东北至鱼海子二百八十里"。此鱼海子或可当黑鱼海。

③ 参见《明太宗实录》卷 102，永乐八年三月辛未，第 1324—1325 页；《明太宗实录》卷 103，永乐八年四月癸亥，第 1343—1345 页。

④ 《明太宗实录》卷 103，永乐八年四月壬戌，第 1342—1343 页。

⑤ 《明太宗实录》卷 110，永乐八年十一月壬辰，第 1413 页。

⑥ 《明太宗实录》卷 127，永乐十年四月癸亥"都察院右副都御史王彰等言：肃州卫寄居回回指挥哈刺马牙杀御史陈锜、都指挥刘秉谦，大掠而去，由陕西按察司佥事马英激之。当真英大辟。命磔于市。"

剌马牙等人杀死御史陈锜、都指挥刘秉谦、指挥冀望等人，指挥卢本被俘，陈杰逃出肃州城。当时的情况是千户朱迪领军出哨，因此城内守军军力薄弱，为哈剌马牙等所乘。卢本假装顺从哈剌马牙等人，以"屯军在城者宜令出灌田，庶不误农事，而军饷有资"为名，将总旗杨得用等人放归各屯。哈剌马牙等中计。卢本暗中令杨得用联络朱迪等集结军队攻击南门，自己为内应。结果，朱迪军与卢本里应外合，复得肃州。其间，卢本阵亡，城中未能出逃的叛军被朱迪"围杀殆尽"，其余远遁。哈剌马牙等谋反前，曾派人联系赤斤、沙州、哈密三卫作为应援，但遭到拒绝。如塔力尼所言："尔受大明皇帝厚恩，而忍为不义。我辈得安居，农具种子皆官给。又为之疏水道溉田，我食其利，恩德如此，我不能报，而从尔为逆耶？今伺尔出城，必邀杀尔，以报国家。"因此，外逃之叛军又遭赤斤塔力尼、薛失加、沙州困即来部可台等千余人的联合夹击。所以，肃州变乱的彻底失败得到了关西羁縻卫所的鼎力支持，这是与凉州平叛有所不同之处。① 赤斤、沙州在变乱中忠于明朝的表现获得了中央的高度肯定，赤斤所被升为肃州赤斤蒙古卫指挥使司，困即来、朵儿只、察罕不花、李答儿、卜颜哥、兀鲁思、塔力尼、薛失加、速南失加（安思谦）、乃马歹（王存礼）、把不怠、把儿单等60人获得升职及赐名，赐物的封赏。②

（三）宁夏变乱

永乐九年（1411年），宁夏地区也发生叛逃事件，为首的是灵州都指挥冯答兰帖木儿等。冯答兰帖木儿，见于朱㮧《宁夏志》谓"冯答兰帖木，河西人。父臧卜，仕元至国公。来降居灵州卒。答兰以军功至都指挥。"③ 他的祖先应是西夏党项人，为元朝国公，降明后，居住灵州，所以冯答兰帖木儿家族应属"土鞑"。宁夏总兵

---

① 详见《明太宗实录》卷127，永乐十年四月癸亥，第1584—1585页；《明太宗实录》卷104，永乐八年五月丁亥，第1352—1354页。

② 《明太宗实录》卷107，永乐八年八月壬戌，第1391页。

③ （明）朱㮧撰，吴忠礼笺证：《宁夏志笺证》，宁夏人民出版社1996年版，第136页。

官的战况奏报声称明军先在大坝、破石山与百户孛罗等 400 余人的叛逃者交战，追击又至河北。叛逃者溺死 300 余人，被杀 25 人，被俘 91 人，明军另获马驼牛合计 245 头。① 灵州叛逃事件存在一些模糊之处，如果答兰出逃被杀，就不应再出现在地方志中列条记载。对照《明太宗实录》与方志，有理由相信即使答兰参与了叛逃，也可能在明人的诏谕之下再度投诚，甚至奉调参加最后一次永乐北征的冯答兰就是他。② 这才能解释地方志专门记载其事迹的依据。

到来年正月，宁夏又俘获另一位叛逃者察罕歹。此人原为宁夏中护卫小旗，与都指挥毛哈剌等避居塔滩山。③ 他在红山站、察罕脑儿等地活动之时，与明军遭遇。明军"生擒察罕歹等七人，杀锁只耳灰等十九人，尽获其马骡辎重"④。尽管如此，毛哈剌等人仍然以断头山为根据地，伺机入边抢掠。⑤ 毛哈剌对宁夏边防造成了相当大的困扰，以至于总兵官柳升提出修筑在河套以内的察罕脑儿旧城。⑥ 在冬季黄河封冻之后，拨军巡逻。显然，其目的正是为防备毛哈剌扰边。但是，朱棣对他的计划提出质疑，"朕意此城不过关防一二逃卒，若寇猝至，不能御之，反以资之"⑦，认为宁夏方面劳师动众，得不偿失。最终，毛哈剌等人的结局也像上面提到的叛逃事件一样失去了下文。

宁夏叛逃事件除了周边动乱的影响之外，或许还与达人的生活状况有某种关系。因为直至正统末年，明朝宁夏守将还不得不承认"臣切思灵州千户所并瓦渠等四里土达军民虽自国初归附，然无他

---

① 《明太宗实录》卷 117，永乐九年七月丁亥，第 1492 页。

② 《明太宗实录》卷 255，永乐二十一年正月戊戌条载："敕宁阳侯陈懋、武进伯朱荣，及都督柴永正、都指挥冯答兰、指挥吴管者等赴北京。"（第 2366 页）

③ 塔滩与塔滩山位置考证，参见周松《塔滩新考》，《中国边疆史地研究》2009年第 4 期。

④ 《明太宗实录》卷 124，永乐十年正月丙子，第 1559 页。注：据《校勘记》，"塔山"，广本"塔"下有"难"字，抱本有"滩"字。当作"塔滩山"。

⑤ 《明太宗实录》卷 130，永乐十年七月丁未，第 1612 页。

⑥ 察罕脑儿城位置考证，参见周松《明初察罕脑儿卫置废考》，《中国历史地理论丛》2009 年第 2 期。

⑦ 《明太宗实录》卷 130，永乐十年七月辛卯，第 1608 页。

生业，惟凭孳牧养赡。今虏寇掠其孳畜则衣食艰窘，易于诱引为变"①。那么向前追溯 40 年，灵州等地的情况也不会与之有明显的不同。单一经济的脆弱性面临天灾、人祸时所受的影响要大得多，也会立即给生产者造成立竿见影的生活困境。

（四）第二次凉州之乱

回头来看，凉州依旧是河西风暴的中心。北征结束，吴允诚等返回凉州。永乐九年底凉州地区再度发生变乱。叛军的情况并不十分清晰，史料记载也是支离破碎，似乎叛军没有一个主要的领导中心，而且迁延的时间也较长，一直延续到十年。太监王安、达官吴允诚及其部下、鲁氏土官军、明朝甘肃守将丁刚等人都实际参与镇压。

这次变乱的首领之一是阔脱赤，但是变乱的原因不得其详，过程也极为简略。据有限史料大致恢复的片断是："九年冬，达官都指挥脱阔赤逃，（丁）刚领军追至芦沟，败贼众，擒获人口马驼。"② 在吴允诚册封诏书内也有 "比阔脱赤等叛亡，尔率先追捕，斩获有功。虽古名将，何过哉！"③ 征战的大体时间为 "本年十二月内，追赶叛贼阔脱赤等处与贼对敌，获到人口有功"④。在《实录》的吴允诚附传中略微详细，称 "九年四月升左都督，与中官王安追叛虏大脱赤，至把刀河，获虏人口马驼牛羊而归"⑤。《实录》吴守义（把敦）附传又载，守义因 "降虏阔脱赤复叛，追至暖泉，歼贼众，获其部属驼马，升都指挥佥事"⑥。在处理阔脱赤叛军时，朱棣下令甘肃总兵官李彬 "所获叛贼阔脱赤人口就给原获官军，马驼令

---

① 《明英宗实录》卷 188《废帝郕戾王附录第六》景泰元年闰正月乙卯，第3830 页。

② （明）何景明：《（嘉靖）雍大记》卷 25，第 221—222 页。"脱阔赤"，他处作"阔脱赤"。

③ 《明太宗实录》卷 124，永乐十年正月戊子，第 1595 页。

④ （明）吏部编辑《明功臣袭封底簿》，载屈万里主编《明代史籍汇刊15》，（台北）学生书局 1970 年版，第 425 页。

⑤ 《明太宗实录》卷 187，永乐十五年四月己卯，第 2000 页。《校勘记》载 "大脱赤"，抱本 "大" 作 "火"。广本 "脱赤" 作 "禁里"。《明史·吴允诚传》作 "阔脱赤"。"把刀河" 抱本 "刀" 作 "力"。《明史·吴允诚传》作 "力"。

⑥ 《明宣宗实录》卷 55，宣德四年六月乙酉，第 1312—1313 页。

军卫孳养"①。其中暗示了阔脱赤叛军是主要依靠吴允诚所部达军镇压的，对"捕杀叛虏阔脱赤等功"②而加升一级的保住等24人全为凉州达官也证实了这一点。

再据庄浪鲁氏《家谱》记载，永乐九年的变乱尚不止上述所及。《乾隆谱》称，鲁贤（鲁失加）"永乐九年，西凉降虏叛。太监王安督兵讨之，公俘虏九十余人，以功升副千户。十年，同都指挥陈怀剿捕叛贼杨狗儿等"③。《咸丰谱》略多细节，云"永乐九年辛卯，世杰公葬于青石山。夏四月，三世祖贤嗣职。从镇守甘肃内监王安剿西凉叛虏，平之，以功升副千户。永乐十年壬辰，贤从都指挥陈怀剿叛贼杨狗儿等，于己立麻获之。冬，从指挥蔺慕捕叛虏舍歹于松山，斩其首"④。虽然同为西北土军，鲁氏土军一直在凉州到兰州之间，亦即其庄浪卫驻地附近围剿叛军，这一点与西宁土军情况不同。

史载："十年秋，（丁刚）领兵追叛贼阿里迭里迷失等，至马蔺滩，获贼首阿力。……十一月领军追叛贼阿剌乞巴，至马牙山，获阿剌乞巴。"⑤虽然《实录》中看不到丁刚在此次军事部署中担负的具体任务，但据《实录》"甘肃总兵官驸马都尉西宁侯宋琥奏调都指挥丁刚镇凉州，王贵镇肃州，史昭守镇番。从之"⑥的记载可知丁刚仍然在镇番防止叛军北窜。因此，他必定是由北向南压迫追赶叛军。马牙山在凉州卫东南，与扒沙相距不远。⑦马蔺滩地望，

---

①　《明太宗实录》卷128，永乐十年五月乙未，第1593页。《校勘记》："令军卫孳养"广本"孳"作"牧"，抱本作"收"。

②　《明太宗实录》卷124，永乐十年正月壬子，第1562页。

③　王继光：《安多藏区土司家族谱辑录研究》所附《（乾隆）鲁氏家谱·三世祖传》，民族出版社2000年版，第106页。

④　《安多藏区土司家族谱辑录研究》所附《（咸丰）鲁氏世谱·年谱》，第131页。

⑤　（明）何景明：《（嘉靖）雍大记》卷25，第221—222页。

⑥　《明太宗实录》卷109，永乐八年十月己亥，第1405页。

⑦　《明英宗实录》卷2，宣德十年二月庚戌"肃王瞻焰奏：达贼入凉州卫东南扒沙、马牙山，虏去本府牧放人畜。"（第0043—0044页）《大清一统志》载："马牙山，在平番县北八十里，北通镇羌堡。"（《（嘉庆）大清一统志》卷267《凉州府一·山川》，第460—461页。）又有《马牙山》诗云："岢峇群峰竖马牙，插天拔地向西斜。青松翠点千崖色，白雪寒飞六月花。喷断穹庐清紫塞，望连沙碛涨红霞。更饶爽气宜秋早，揽辔长思博望搓。"（民国周树清等纂修《永登县志》卷3《文艺志》，《中国方志丛书·华北地方·第344号》影印民国抄本，台北：成文出版社1971年版，第97页）

在凉州东北方向，《边政考》载"（凉州卫）东北至马蔺滩二百里"；古浪守御千户所"本所东至庄浪卫扒沙界二百里，西至凉州一百四十里，南至黄河四百七十五里，北至暖泉哨马营五十里，东北至马蔺滩三百四十里"①。暖泉在河西有多处，今武威、古浪均有分布②，以事理推测，应在古浪所、凉州卫交界处的暖泉哨马营。根据丁刚战事涉及地名判断，与前面吴允诚、吴守义的军事行动属于同一战争部署，并且与前述鲁氏土军的活动范围也相类似。

此外，《实录》又载，永乐十年三月"命丰城侯李彬充总兵官，率兵讨甘肃叛寇捌耳思、朵罗歹等。恭顺伯吴允诚，都指挥刘广、史昭、满都悉听节制"③。捌耳思、朵罗歹等人叛逃原因以及战争经过史文不详，李彬、吴允诚、史昭的传记中也不置一词。以事理推求，捌耳思、朵罗歹叛军数量不多，影响不大，很快平定。

（五）第三次凉州之乱

第三次凉州之乱实则是第一次凉州之乱的继续。在宁夏、甘肃连续出现达军逃逸叛变的乱情之后，朱棣对于以前叛而复降土达军产生了极大的疑虑。首先，陕西行都司都指挥史昭上奏，"前凉州永昌土鞑军民老的罕等叛逃。圣恩宽大，宥其罪愆，招使复业。然狼子野心不知感德，且负前愧，终必携贰。今及二年，农事不修，惟务整饬鞍马，结聚偷窃，良善苦之。今稍移屯长城山口，料其复叛非远。伊迩虽已密为之备，然不早赐区处，未免后艰"。朱棣同意史昭的看法，"所奏鞑寇事情，朕固测其必叛"。同时，根据史昭

---

① （明）张雨：《边政考》卷4《凉州卫·至到》，《续修四库全书》第738册影印民国26年上海商务印书馆影印国立北平图书馆善本丛书第一集明嘉靖刻本，第83、84页。

② （清）许容：《（乾隆）甘肃通志》卷6，《景印文渊阁四库全书》第557册，第224页载"暖泉，在（武威）县西三十五里，二穴涌出，四时常温，东北流入水磨川。又一在城东三里，一在城北一里。"第227页，古浪县有"煖泉，一名漪泉，在土门城南八里，即暖泉坝河源。"

③ 《明太宗实录》卷126，永乐十年三月丁亥，第1575页。

的报告，朱棣下决心解决甘肃土达问题。① 他在给甘肃守将宋琥、李彬的诏旨中明确提出"甘肃土鞑军民终怀反侧，宜从入兰县就粮"。为了确保强制迁移计划的顺利进行，朱棣令宁夏柳升率骑兵2000人自东向西驻扎凉州、镇番；甘肃兵自西向东；西宁卫李英率番民精壮者自南向北驻野马川②；汉赵二王府将马匹移至甘州白城山牧放。这样从北、西、东三面围堵了甘肃土达军民可能逃逸的路线。③ 明朝的强制迁徙必然遭到甘肃土达的反抗，其处境相当危险。

老的罕等率领永昌、凉州土鞑军民逃叛，具体方向为自长城山口出，奔往野马川。据载，北路明军满都、何铭所部在追击老的罕军的过程中，双方发生激战。陕西都指挥同知何铭阵亡，而"贼死伤亦多"。叛军首领弩（拏）答儿、伯颜等男女900多人被俘。④ 地方志史料中明确指出，何铭"九年征甘肃，追虏至沙金城，对敌而亡。"⑤ 所谓沙金城及其位置在《实录》中并未言及。《清一统

---

① 《明太宗实录》卷131，永乐十年八月庚午，第1619—1620页。《（嘉庆）大清一统志》卷268《凉州府二·关隘》，第467页载："一棵树山口、江陵山口、长城山口皆在（永昌）县西南三十里。"

② 《（乾隆）甘州府志》卷16《杂纂》，第1899页载："扁豆口南五十里有野马川，出野马。"

③ 《明太宗实录》卷130，永乐十年七月壬寅，第1610—1611页。

④ 参见《明太宗实录》卷131，永乐十年八月庚辰，第1621页。个别文字据《校勘记》径改。

⑤ （明）吴桢著，马志勇校：《河州志校刊》卷2《人物志·国朝忠节》，甘肃文化出版社2004年版，第80—81页。（清）龚景瀚编，李本源校《循化厅志》卷五《土司·河州土司何氏》亦载："何铭……（永乐）九年征甘肃逆虏，沙金城阵亡。"（青海人民出版社1981年排印本，第233页）此外，《河州志》卷3《文籍志上·诰敕·谕祭文》又提到"永乐十年，皇帝遣行人程远谕祭于都指挥同知何铭之灵曰：'尔等本皆善战头目，一时不能中机合节，以致尔等失陷，殒于战争。讣音来闻，良深悯悼。虽然，死生者人之常理，尔等尽忠国家，殁于王事，传名青史，虽死何憾。今特遣人祭以牲醴，尔其有知，服斯谕祭。'"（第88页）注：何铭为明初归附之河州指挥同知何锁南裔。永乐初年，何铭已是陕西都指挥同知。永乐五年至七年的两年中曾经带领60余人前往朵甘、乌思藏（甘青藏区）"设立驿站，抚安军民"，是明朝重要边将之一。何铭阵亡显示了沙金城之战的激烈程度。参见《明太宗实录》卷25，永乐元年十一月之闰十一月丁巳条，卷65，永乐五年三月辛未条及卷88，永乐七年二月辛巳条。

志》载"永安营在大通县西……西北有沙金城，亦设官兵防汛"①。陶保廉所记较为准确，谓"自察汉俄博营东南五十里景阳岭，一名金羊。又二十里狮子崖。《西宁志》有诗云：两崖怪石多，中挂瀑布水。岩雨阴忽晴，涧雪低复起。二十里沙金城遗址，负山临河，不知所始"②。《大通县志》则提到了道路远近和得名由来，"沙金城去县城西北二百八十里，居沙金山之麓，城以山名也"③。另据档案和家谱资料参相佐证，可以看出，老的罕叛军实在北路明军的追击之下，据守沙金城与明军决战。之所以固守该城主要是因为沙金以南地区已有李英率领的西宁土军堵塞了叛军南下的通道，逼使其不得不与明军做困兽斗。马文升《明故前推诚宣力武臣特进荣禄大夫柱国会宁伯李公神道碑》云："又明年八月，老的罕据沙金城，扰凉州永昌，诏公截捕。公麾偏师，至摆通与贼遇，力战败之，获人口驼马无算。上赐手敕曰：尔收捕叛贼，克效勤劳，特升都督金事。"④可知在李英土军到达沙金城之前，沙金战事即已结束，老的罕余部西窜。此时北路明军已无力再战，遂由李英等率领土军继续剿捕。家族档案揭示了李氏阖族效命力战的简单情况。《西宁卫土官百户供状》："至永乐十二年，又蒙调跟本卫指挥李英，前赴沙金城等处，追赶凉州叛达老的罕，追至讨来川等处，赶上贼众，勇敢当先，杀死男子一口报官。平定回卫，造册赴京。"⑤《西宁卫前千户所世袭镇抚供状》："永乐十年八月内，因舍人调跟高叔祖李英前往沙金城等处，追剿反叛达贼，追至地名讨来，与贼交锋，杀败达

①　（清）穆彰阿：《（嘉庆）大清一统志》卷270，载《续修四库全书》第618册，影印四部丛刊续编景旧抄本，第495页。

②　（清）陶保廉：《辛卯侍行记》卷4《山丹歧路》，载《续修四库全书》第737册影印清光绪二十三年养树山房刻本，第555页。

③　（民国）刘运新修，廖馥苏等纂：《（民国）大通县志》第一部，载《中国方志丛书·西部地方·第24号》影印民国八年铅印本，台北：成文出版社1970年版，第110页。

④　李鸿仪编纂，李培业整理：《西夏李氏世谱》，辽宁民族出版社1998年版，第49页。

⑤　《西夏李氏世谱》，第90页。本《供状》提到的时间与事实不符，据《实录》和其他《供状》、《家谱》当在永乐十年。

贼。"①《西宁卫右千户所李镇抚供状》:"十年八月内调跟族祖都指挥李英前往沙金城等处截杀。在凉州永昌,杀败反叛达贼老的罕等,回卫。"② 很明显沙金城战役之后,明军主要依靠李英等西宁、河州土军追击老的罕,直到在讨来川再次大败老的罕。正如《实录》所载:"又调西宁卫土官指挥李英率番兵追捕,战于讨来川,斩首三百余级,生擒六十余人。时夜雪,贼遁,复追蹑,尽获之。敕彬等凡番兵所获人口就以与之。其弩苫儿、伯颜等械送京师。"③除了李氏家族成员外,土官祁氏也随同李氏追赶了老的罕,并且参与了更多的任务。《湟南世德祁氏列祖家承谱·皇明镇国将军承袭世次功劳履历考》称:祁锁南于永乐"十年八月内奉调追捕叛贼老的罕等,到讨来地方赶上,与贼对敌,在阵前斩获首级十余颗,报官。十年十一月二十五日,奉敕谕开祁锁南功升正千户职衔,十二月内调往甘肃地方招抚老的罕投诚"④。

　　甘肃总兵官宋琥报告"比叛寇老的罕等走依赤斤蒙古卫指挥塔力尼,亟遣人索之。塔力尼匿不发,此贼凶悖,不除,将为边患",请求征讨赤斤蒙古卫。明廷也派右春坊右庶子兼翰林院侍讲杨荣到陕西与李彬同往甘肃商讨进兵事宜。⑤ 杨荣、李彬提出了与宋琥不同的意见,"(李)彬谓叛寇固当诛戮,但军行道路险恶,难于馈运。(杨)荣亦谓隆冬非用兵之时,且有罪不过数人,官军所至,不免滥及无辜。彬犹豫,荣请自归奏之。既至见上,具言所以未可进兵之故。遂敕止彬勿进"。于是,朱棣派人告谕赤斤蒙古卫塔力尼:"尔等归顺朝廷以来,绝无瑕衅。今乃容纳叛贼老的罕等,甚非计也。盖朕待此贼素厚,竟负恩而叛,负恩之人,何可与居。尔勿贪末利,自贻伊戚。譬如人身本无疾病,乃灼艾加针,以成疮瘢。尔宜审之。如能擒老的罕等送来,当行赏赍。不然,发兵讨

---

① 《西夏李氏世谱》,第91页。
② 同上书,第92页。本《供状》未提及讨来川,疑内容有遗漏。
③ 《明太宗实录》卷131,永乐十年八月庚辰,第1621页。
④ 《安多藏区土司家族谱辑录研究》,民族出版社2000年版,第176—177页。
⑤ 《明太宗实录》卷134,永乐十年十一月壬午朔,第1635页。

叛，非赤斤之利。"① 结果，赤斤蒙古卫按朝廷的命令擒获了老的
罕，得到明廷升赏。② 至于其他叛逃者，也在赤斤的压力下重新降
明，《雍大记》载，杨荣"奏饷道险阻，天时寒冱，人疲马脊，不
可行。且小丑不足以烦大军。上遂敕彬旋师，无几，叛者复归。"③
至此，延续数年的河西变乱始告终。

三　变乱的善后及其影响

（一）河西变乱的最终处理

还在最后一次讨叛战争进行中，朱棣即下令"凡番兵所获人
口，就以与之。其弩答儿、伯颜等械送京师。"④ 到永乐十一年弩答
儿、伯颜等及其家属被押送至南京（时朱棣尚未正式迁北京），得
到朱棣赦免，全部八九百人问"发广东廉州卫充军"。他们行至赣
州（今江西赣州）境内，伯颜率部下300人又一次叛逃，"劫掠乡
村，有司逐捕"。伯颜等迷路向东南窜入安远（今江西安远县）境
内的山中。"时，瘴疠，且乏食，为官军击伤死亡殆尽。"弩答儿所
部500余人未参加变乱，最终达到廉州卫（今广西合浦）充军。⑤
《豫章书》载："成祖永乐十一年正月，谪戍弩答儿、伯颜等于广东
廉州。至赣州复叛，伏诛。"⑥

第一次凉州之乱结束后，复归明朝的土达军民约有12000人。
到第三次凉州变乱中，参与者的数量不明，但是明朝将被俘之八九

---

① 《明太宗实录》卷135，永乐十年十二月戊寅，第1650—1651页。

② 参见《明太宗实录》卷140，永乐十一年五月壬辰，第1683页。

③ （明）何景明：《（嘉靖）雍大记》卷25，《四库全书存目丛书·史部》第184
册，第222页。又《明英宗实录》卷69，正统五年七月壬寅"甘肃守将言叛寇老的罕
等将为边患，复命荣往视，归奏小丑无能为，不足烦大军。既而叛者果归附"。（第
1330页）

④ 《明太宗实录》卷131，永乐十年八月庚辰，第1619页。

⑤ 《明太宗实录》卷136，永乐十一年正月庚子，第1657—1658页。

⑥ （清）魏瀛等修，钟音鸿等纂：《（同治）赣州府志》卷32《武事》，载《中国
方志丛书·华中地方·第100号》影印清同治十二年刻本，台北：成文出版社1971年
版，第583—584页。

百人尽数发往岭南的决定表明这是数量和重要性都非常突出的叛达团队。由此反推被赤斤擒获的老的罕及其所部数量不会很大，应属残部。总之，第三次凉州变乱的参加者数量远远低于第一次应是事实。我们还可以进一步认为，那些多次参与叛逃的人众再次附明时，都全部迁往内地。《雍大记》提到永乐十年"是冬，（丁刚）起过叛土达军民一千一百五十户，人一万三千一口赴京"①。由于《实录》不载此事，竟然使如此大规模的强制内迁一直隐藏在历史迷雾之中。此时，明朝的京师仍是南京，所以这一万多人应是迁往南直隶。由此联系到前面《实录》记载的弩答儿等人之事，有理由相信，弩答儿等数百户只是其中的首领，或者说变乱的中坚力量，因此必须将其再度放逐到两广，从而与部众完全脱离。另外还有一些零散复归者的例子，如《实录》载，宣德二年"凉州永昌山丹土鞑官军摆摆、罗哈刺等七十家居哈密者，皆思归，令怕哈木来奏，愿赴京师效力。上遣内官李信、林春赍敕谕哈密忠顺王卜答失里忠义王弟脱欢帖木儿，俾悉遣来"②。对此，杜常顺先生认为他们就是永乐间叛逃之凉州土鞑。③ 笔者同意他的推断，而且明朝对返而复归土鞑的处理一直在遵循这样的原则。再如"永昌等卫土鞑军满刺、亦刺思、倒刺沙、马黑木等逃逸出境复还。满刺、亦刺思奏愿居京自效，马黑木愿于天津卫随营居住，各赐袭衣钞布，仍命有司给房屋器皿等物如例"④。

（二）河西变乱的影响

永乐朝河西变乱持续时间虽然不长，前后不过三四年，但它恰恰发生在朱棣第一次北征之际和第二次北征之前，显然对明王朝的西北边防产生了严重影响，还在一定程度上促使明廷调整对内附民族的政策。

---

① （明）何景明：《（嘉靖）雍大记》卷25，第221—222页。
② 《明宣宗实录》卷32，宣德二年十月丙子，第0826页。
③ 杜常顺：《史籍所见明清时期西北地区的"土人"与"土达"》，《青海社会科学》1998年第2期，第84页。
④ 《明宣宗实录》卷34，宣德二年十二月癸亥，第863页。

变乱发生和镇压过程中，西北上层达官的表现决定他们与明王朝关系的走向，最典型的就是吴允诚家族及其部将。虎保变乱后，吴允诚本人尚在漠北，其妻、子，部将都指挥保住、卜颜不花等拒绝背叛朝廷并且主动镇压叛军得到朱棣的高度赞扬。他特别称赞吴妻："比鞑寇以兵胁尔为叛。尔夫及子从朕征讨，而尔能守节励志，与子管者谋执叛者戮之。以妇人而秉丈夫之节，忠以报国，智以脱患。朕甚嘉焉。"① 还说："都督吴允诚累从征伐，多有勋劳。其妻在凉州，确然不为叛贼所诱，贤德克配其夫，宜加褒锡。"② 阔脱赤之乱结束后，朱棣再次提及"都督吴允诚首能率众追捕，忠诚可嘉，今已进封为恭顺伯。其都指挥保住等俱升一级，各赐彩币"③。类似者尚有满都，他于永乐八年七月升为陕西行都司都指挥使。《实录》解释说："时，凉州鞑军叛散初定，急于抚绥，而满都久在西鄙，熟谙边事。故首加升赏，遣还。"④ 史载满都是平凉开城人，身材魁梧，勇悍善战。笔者认为他很有可能就是开城土达，多次参与北征，平定内乱，累立军功，死于第二次北征前线。他在长期活动于西北地区，在镇抚西北达官军方面深得明朝倚重。实际上，经过变乱之后，归附达官军内部的分化最终明确下来。上层高级达官以自身的实际行动加深了与明朝的关系，极大增加了皇帝的信任感，巩固了番将在明朝军事系统中的地位。

永乐八年的凉州变乱结束后，朱棣告诫甘肃总兵官宋琥，"土鞑官军比因人言鼓惑，惊惧逃叛，盖非得已。今既复回，罪亦可恕。尔宜。若复有无籍之徒造言鼓惑者，必深罪之，以警后来。如其忘恩背德，无故怀疑叛去者，即发兵擒捕之"⑤。朱棣除了分析土达官军变乱的客观原因，要求甘肃守将"善加抚绥，待之如前"外，更强调了严惩造谣生事者，同时严令对于受到谣言蛊惑而叛去者，要立刻发兵进剿捕捉。不久朱棣又改变了处理叛而复归者的策

---

① 《明太宗实录》卷111，永乐八年十二月庚子，第1417页。
② 《明太宗实录》卷114，永乐九年三月丁亥，第1460页。
③ 《明太宗实录》卷125，永乐十年二月乙丑，第1567—1568页。
④ 《明太宗实录》卷106，永乐八年七月壬辰，第1373页。
⑤ 《明太宗实录》卷119，永乐九年九月戊辰，第1505页。

略。他在提到阿脱赤叛军的失败后，命令宋琥"其诸降虏及新附者，尔与丰城侯李彬熟计，悉送京师，须设法堤备，毋致逃窜"①。这条史料有异文，据《校勘记》，"悉送京师"广本"京师"作"北京"。笔者结合相关迁徙的例子认为"北京"可信。以后更多地将会看到归附人两京安插的大量事例，永乐九年的政策变化以前很少有人注意，此处不可不提。

永乐朝原来安插在西北地区的主要达官们也先后提出主动内徙的要求，都获得允准，从而消除了朝廷对于西北上层内附达官集团的担忧。永乐九年宁夏地区，"都指挥柴苦木帖木儿、米朵儿只、马朵儿只，指挥铁柱、朵来，千户何青、卢儿立嵬、戴亦里奏请居北京，以图报效。敕总兵官安远侯柳升遣人护送之来，并给途中资费"②。考虑到凉州地区达官军数量众多，需要达官首领监管部众，这里达官的内迁要晚一些。吴允诚死后的永乐十七年（1419年）四月，其子"居凉州卫指挥吴管者自陈愿在京随侍，且举都指挥保住等七十四人，从之。敕甘肃总兵官都督费瓛遣送其家属赴北京。"③十月份"居凉州卫都指挥保住等以召至京，献马三十四。上谕之曰：朝廷召汝，期效力尔。马者，汝之所资，今留十匹，领尔之诚意，余悉还汝。仍命行在礼部给所留马价。"④凉州达官内迁之后，总兵官费瓛奏"凉州土达官军已遣送赴京，所遗田地令河南、山西诸卫备御士卒耕种，今亦俱回原卫。其田地宜与本处官军之家有丁力者耕种，庶不荒芜。从之"⑤。

经过永乐年间战争与迁徙，河西地区的"土鞑"军和达官军数量虽然有所减少，但并不意味着"土鞑"军的边防作用有任何减弱。如宣德年间"总兵官都督刘广言：庄浪卫土官鞑军昔常更番于甘州操备，自后遂罢，请乞仍旧。上曰：土官鞑兵不须操备，俟有

---

① 《明太宗实录》卷125，永乐十年二月乙丑，第1568页。
② 《明太宗实录》卷119，永乐九年九月辛未，第1506页。
③ 《明太宗实录》卷211，永乐十七年四月戊戌，第2134页。
④ 《明太宗实录》卷217，永乐十七年十月壬午，第2161页。
⑤ 《明宣宗实录》卷12，洪熙元年十二月庚辰，第327页。

警急调用"①。

　　总的来看，永乐年间西北土鞑军出现的变乱及其平定，无论其原因和结果都比较复杂。过去学界的注意力常常被用北征所吸引，很少关注永乐朝西北变局的影响。本文分析认为西北"达变"产生的直接后果是迅速分化了当地土达官军，对保持明朝忠诚的部分多数仍留居西北，成为明朝捍边不可或缺的力量，深为明廷倚重；少部分则被迁入北直隶地区，处于朝廷直接监控之下。反明失败的土达官军投降后则被发遣遥远的中国南方，形同放逐，开明代中期西北归附人南方安插之先河。

---

① 《明宣宗实录》卷84，宣德六年十月乙卯，第1937页。

阿帕克和卓三入中原说述考

王希隆

在甘肃、青海一带生活的穆斯林中，广为流传着明清之际新疆白山派大和卓阿帕克"三入中原"传教的说法。我们参阅一些穆斯林文献和国内外相关研究成果，[①] 并在甘青一些清真寺、拱北走访调研，在此基础上，就"三入中原"说提出一些自己的认识。

一 甘青地区流传的阿帕克和卓 "三入中原" 的说法

甘、青地区穆斯林中广为流传着新疆伊斯兰教白山派和卓阿帕克即圣裔华哲·赫达叶通拉希·阿法格·曼什乎勒"三入中原"传授虎夫耶教理的说法。在一些清真寺、拱北碑文中也多载有此说。根据穆斯林学者马通先生的调查研究结果等相关文献以及我们的调

---

① 穆斯林文献主要有：《大霍加传》，作者不详，现存波斯文抄本为英吉沙罕阿勒克村毛拉阿不都拉·本·毛拉尼牙孜抄写于清同治三年四月（伊斯兰历 1280 年 12 月），新疆社会科学院宗教研究所将此抄本先译为维吾尔文，由崔维歧先生转译为汉文，发表于《新疆宗教研究资料》第 12 辑（1986 年 3 月）；《和卓传》，系新疆维吾尔人穆罕默德·萨迪克·喀什噶里在伊斯兰历 1182 年（1768—1769 年）完成。研究成果主要有：马通：《中国伊斯兰教教派与门宦制度史略》，宁夏人民出版社 2000 年版；马通：《中国伊斯兰教派门宦溯源》，宁夏人民出版社 2000 年版；冯家昇等：《维吾尔族史料简编》下册，民族出版社 1981 年版；刘正寅、魏良弢：《西域和卓家族研究》，中国社会科学出版社 1998 年版；刘正寅：《阿帕克和卓流亡路线的再探讨》，《中国边疆史地研究》2002 年第 2 期；［美］约塞夫·弗莱彻：《中国西北的乃格什班底耶》，冶耀东、罗常虎译，收于冶福东译编《乃格什班底耶的源与流》，香港伊斯兰文化协会 2010 年版等。

查所得，将其梳理如下：

1. 虎夫耶学派毕家场门宦

毕家场门宦创始人马宗生，道号阿布都·若海麻尼。"康熙十一年（公元 1672 年），穆罕默德 25 世后裔，华哲·赫达叶通拉希·阿法格·曼什乎勒传教士，从新疆到青海湟中凤凰山传教（据传他先后来西宁几次）。马宗生约会八坊上二舍清真寺阿訇太巴巴（阿拉伯人）、祁寺的祁静一、马来迟的父亲马十万等，联袂去青海湟中拜访'圣裔'。华哲·阿法格见他们专程来访，非常高兴……给马宗生、太巴巴、刘豪祖若提（据说是马宗生之子，招赘于刘姓）传授了虎夫耶的宗旨，分别交代了'则可若'（即迪克尔），嘱咐他们认真赞圣做功传教"。①

2. 虎夫耶学派花寺门宦

花寺门宦创始人马来迟之父马家俊为武拔贡，其家富甲河州，号称"马十万"，但年近四十，尚无子女。"清康熙十年（1671年），穆罕默德第 25 代后裔赫达叶通拉希在青海西宁传授伊斯兰教苏菲派主张……马家俊为了祈求生子……携带银汤瓶一对和其他重礼于康熙十一年正月间，会同河州的太巴巴和祁静一等，前往青海西宁晋谒，祈求赫达叶通拉希做'都哇'（祈祷）赐予儿女。赫达叶通拉希为其求子作祈祷后说，回家乡将有等待'依麻尼'（信仰）的姑娘是你的命妻。后来马家俊访得河州西门横街子有一汉民女子，名菊花，年已 26 岁……结婚时，家俊请来赫达叶通拉希证婚，并给其妻取名海底彻。康熙二十年（1681 年）古历十一月十二日，马家俊果生一子，取名阿布都里·哈里木。不久家俊的商店被火烧毁，喜忧之间，对子叹曰：'汝命运不佳，将仅有之产业，悉遭火化，汝何来其迟也'。后来取名来迟"。②

马来迟之后裔整理的《华寺门宦道祖》一书中对此事记载更为

---

① 马通：《中国伊斯兰教教派与门宦制度史略》，宁夏人民出版社 2000 年版，第 156 页。
② 同上书，第 161、162 页。

具体，但大致情形与马通先生所述一致，唯马家俊拜谒求子的时间记为康熙十九年（1680 年）正月。①

3. 虎夫耶学派穆夫提门宦

穆夫提门宦创始人马守贞，经名豪祖勒提·伯什勒力·勒比尼。"25 世圣裔赫达叶通拉希在公元 1629 年至 1673 年间三次来甘、青地区传教期间，在首次经吐鲁番、哈密来到西宁时与田氏结婚，后生马守贞。不久圣裔赫达叶通拉希的父亲在新疆逝世，阿帕克急于赶回新疆送葬时，将马守贞母子送到临洮东峪沟大石头村居住"。"康熙十二年（1673 年）阿法格（即阿帕克——引者）正在青海传教，河州一些伊斯兰教学者、阿訇、满拉和一些虔诚的群众去求学、拜访和讨平安者较多。这年正月二十日，马守贞接到阿法格一封信，要他来西宁。马守贞即去湟中拜访。阿法格见到马守贞非常高兴，给他传授了虎夫耶教理和必须做的功课，叫他干功传授，并命名'穆夫提'，还把他的传教用品——经、太斯比合（念珠）、太斯达勒（头巾）等八样东西，交给马守贞，作为传教凭据。后来穆夫提门宦称此为'八件宝'。马守贞还听从圣裔的旨意曾在西宁李太巴巴门下攻读经典"。②

我们在临洮县穆夫提东拱北院中所见《穆扶提东拱北溯源志碑》中也记载有："奉至仁至慈的真主之名，至圣穆罕默德后裔第二十五世阿法格黑达耶统拉嘿系新疆喀什噶尔籍，于公元一六二九年至一六七三年间三次来中原……"③ 所记与马通先生所述基本一致。

4. 嘎德林耶学派大拱北

大拱北创始人祁静一，经名西俩里，道号西俩弄吉尼（月亮的光），"康熙十一年（1672 年）闻穆罕默德 25 世后裔华哲·赫达叶

---

① 道祖后裔整理：《中国伊斯兰教著名学者——华寺门宦道祖》，2005 年 7 月印行。

② 马通：《中国伊斯兰教教派与门宦制度史略》，宁夏人民出版社 2000 年版，第 180、181 页。

③ 笔者 2012 年 10 月 9 日考察所记。

通拉希·阿法格·曼什乎勒来青海湟中传教，祁静一随毕家场门宦的创始人阿布都·若海麻尼去西宁求教。赫达叶通拉希只给阿布都·若海麻尼传授了教理，对祁静一则说：'余非尔师，故吾道不可传尔，而是已由东海将临东土，而速返家，庶遇尔师于乡里。'"①

以上阿帕克和卓来甘青传教的说法在甘青穆斯林中代代相传至今已有三百余年，毕家场、花寺、穆夫提诸门宦的创立皆与阿帕克和卓来甘青传教密切联系在一起，大拱北创始人祁静一也曾前往西宁拜谒阿帕克和卓。虽然这些口碑传承的历史记忆在具体时间上有一些出入，具体事件的说法亦略有不同，但以阿帕克和卓为代表的纳合什班底教派在甘青一带曾进行过传教活动的事实却是显而易见的。通过口碑传承下来的历史记忆，反映了明末清初新疆穆斯林社会占据主导地位的苏菲纳合什班底教派对甘青一带穆斯林社会的辐射影响。

二　关于阿帕克和卓的生年及其"入中原"的时间

据《大霍加传》记载，阿帕克和卓出生于哈密，其父玛木特·玉素布于明末从中亚来到新疆喀什噶尔传教，后辗转到达哈密，娶当地宗教贵族米尔·赛义德·捷里力之女祖莱汗为妻，生有阿帕克等三子二女。②在哈密生活了多年之后，玛木特·玉素布偕长子阿帕克来到了喀什噶尔，他们居住在米尔·赛义德·捷里力在喀什噶尔的居所里，"当时，阿帕克霍加年仅十一二岁。此时，正值阿布都拉汗执政之时"③。《和卓传》中也记到，玛木特·玉素布偕阿帕克来到喀什噶尔时，"当时穆罕默德汗（王）已经去世，而是阿布

---

① 马通：《中国伊斯兰教教派与门宦制度史略》，宁夏人民出版社 2000 年版，第230 页。

② 据《大霍加传》载，玛木特·玉素布与祖莱汗"生了三个儿子两个女儿。长子取名霍加耶达叶吐拉，尊号阿帕克霍加（意为伟大的阁下——译注）；次子取名霍加耶纳叶吐拉，号称卡拉买吐拉霍加；幼子取名霍加维拉叶吐拉，号称霍加哈纳艾吐拉。两位小姐，一名夏合公主，一名玛合公主"。转引自《新疆宗教研究资料》第 12 辑，第10 页。

③ 《大霍加传》，引自《新疆宗教研究资料》第 12 辑，第 10 页。

都拉在统治"①。

阿布都拉汗即《清世祖实录》中提到的叶尔羌大汗阿布都拉哈。② 他任大汗的时间是伊斯兰历一〇四八年（1638—1639 年间）至一〇七八年（1667 年）。③ 就在他登上大汗位时，玛木特·玉素布携十一二岁的长子阿帕克来到喀什噶尔，这是确定阿帕克和卓生年的一个极其重要的时间坐标。根据这一时间坐标，我国学者多认为玛木特·玉素布于 17 世纪 20 年代来到喀什噶尔，后来因派系之争被迫离开，辗转到达哈密，娶祖莱汗为妻，于 1626 年生阿帕克和卓。④

玛木特·玉素布偕阿帕克和卓来到喀什噶尔居住在原米尔·赛义德·捷里力的居所。叶尔羌汗国大汗阿布都拉哈给予玛木特·玉素布很高的礼遇。玛木特·玉素布乘机以喀什噶尔为中心发展自己的势力，并取得了很大的成功。伊斯兰历一〇五三年（1643—1644 年间），黑山派和卓沙迪去世，⑤ 玛木特·玉素布乘势前往叶尔羌发展势力，据说被黑山派投毒暗害，死于返回喀什噶尔的途中。⑥ 玛木特·玉素布去世之时间，《大霍加传》只记有"安葬之日为伊斯兰历七月，礼拜四"⑦。根据和卓沙迪去世后玛木特·玉素布立即前往叶尔羌为其祈祷，并在被迫返回途中去世的记载来看，他的卒年

---

① 穆罕默德·萨迪克·喀什噶尔：《和卓传》，陈俊谋、钟美珠译。转引自中国社会科学院民族研究所历史研究室资料组编译《民族史译文集》1980 年第 8 集，第 98 页。陈国光《叶尔羌汗国政教关系的演变》（《西域研究》1996 年第 3 期），刘正寅、魏良弢《西域和卓家族研究》（中国社会科学出版社 1998 年版，第 155 页）都本此说法。

② 见《清世祖实录》卷 103，顺治十三年九月丁未。

③ 见魏良弢《叶尔羌汗国史纲》，《附录四·叶尔羌汗国统治者在位年表》，黑龙江教育出版社 1994 年版，第 199 页。

④ 见安瓦尔·巴依图尔《略论阿帕克和卓》，《民族研究》1982 年第 5 期；马汝珩《阿帕克和卓》，载《清史人物传稿》上编，第 5 卷，中华书局 1988 年版，第 380 页；李进新《新疆伊斯兰汗朝史略》，宗教文化出版社 1999 年版，第 227 页；潘向明《清代和卓叛乱研究》，中国人民大学出版社 2011 年版，第 51 页。

⑤ 刘正寅、魏良弢二先生认为，和卓沙迪卒于伊斯兰历一〇五三年（1643—1644 年），见《西域和卓家族研究》，第 159 页；李进新先生认为，和卓沙迪卒于伊斯兰历一〇五五年（1645—1646 年），见《新疆伊斯兰汗朝史略》。

⑥ 《大霍加传》。

⑦ 同上。

不会晚于公元 1645 或 1646 年，即清顺治二三年间。[①] 此时阿帕克和卓已经二十来岁。

《大霍加传》中记载："阿帕克霍加料理毕父亲的后事，决意遍游世界。这次他周游各地长达十二年。"[②] 但在随后的记载中，却没有提到他周游了哪些地方，只是说在叶尔羌大汗阿布都拉哈被迫出走，优里瓦斯汗后继任大汗位之后，阿帕克来到了叶尔羌，娶了优里瓦斯汗的姑母，生子霍加叶海亚。据魏良弢先生研究，大汗阿布都拉哈出走，优里瓦斯汗登上叶尔羌汗国大汗位是在伊斯兰历一〇七八年（1667 年），[③] 距离阿帕克和卓料理完其父的后事后出走有二十年以上的时间。因此，阿帕克和卓在料理完其父的后事之后，"决意遍游世界"，离开了叶尔羌汗国，此次出行很有可能到过甘青一带。如果这一说法成立，他的"第一次入中原"，即在清顺治年间。

阿帕克和卓初次出走"周游各地长达十二年"的说法，从另一方面也能得到支持。优里瓦斯汗是在伊斯兰历一〇四八年（1638—1639 年间）阿布都拉哈登上大汗位后被任命为喀什噶尔总督的，时年只有 8 岁。据说，他在伊斯兰历一〇六〇年下半年到一〇六一年（1650 年底至 1651 年）间，也即他年已二十时，曾乘其父外出之机，在汗国异密们的支持下，发动过一次政变，进入叶尔羌，宣布为大汗。但阿布都拉哈迅速返回，及时挫败了这次政变。参与政变的异密遭到严厉的镇压，而优里瓦斯汗则得到了宽恕。[④] 应该指出的是，在这次政变中没有看到阿帕克和卓活动的踪影。据说，优里瓦斯汗得到宽恕回到喀什噶尔后并未放弃夺取大汗位的企图，他更为积极地寻求支持，积蓄力量，以图东山再起。为了寻求白山派的支持，他提议并促成阿帕克和卓娶其姨妈沙扎特·玛希木，关于这

---

① 美国学者约塞夫·弗莱彻的研究结果是 1653 年，即清顺治十年，但不知何据。冶福东译编：《乃格什班底耶的源与流》，香港伊斯兰文化协会 2010 年版，第 83 页。

② 《大霍加传》。

③ 《叶尔羌汗国史纲》，《附录四·叶尔羌汗国统治者在位年表》，第 199 页。

④ 刘正寅、魏良弢：《西域和卓家族研究》，中国社会科学出版社 1998 年版，第 166—168 页。

次婚姻的时间未见有记载，很可能是在阿帕克和卓出走多年又返回喀什噶尔之时。

在阿帕克和卓为首的白山派信徒们的支持下，优里瓦斯汗的势力不断扩大，后来他又取得卫拉特蒙古鄂齐尔图台吉的支持，更增强了势力。伊斯兰历一〇七八年（1667—1668 年），阿布都拉哈被迫放弃汗位出走，优里瓦斯汗在阿帕克为首的白山派支持下进入叶尔羌，登上大汗之位。① 但时过不久，阿布都拉哈大汗的四弟阿克苏的伊思玛业勒汗在黑山派信徒和卫拉特厄勒丹台什的支持下进击叶尔羌。战乱中优里瓦斯汗被杀，阿帕克和卓保护优里瓦斯汗诸子逃往喀什噶尔。伊斯兰历一〇八〇年祖勒哈达月 11 日（1670 年 4 月 2 日），伊思玛业勒汗进入叶尔羌登上大汗位，他处死了逃往喀什噶尔的优里瓦斯汗诸子，对白山派势力进行了严厉打击。阿帕克和卓被剥夺了一切财产，逐出喀什噶尔。伊思玛业勒汗下令："喀什噶尔众百姓，不得给阿帕克和卓任何礼物，以至一草一木，不得给予任何帮助。"②

1670 年，阿帕克和卓被迫离开喀什噶尔，第二次出走。关于他这次出走的路线，刘正寅先生有专文讨论。③ 这次出走，他到过甘肃、青海和西藏，并得到了五世达赖的同情与支持。五世达赖写信给准噶尔首领噶尔丹让他帮助阿帕克和卓。1680 年，噶尔丹出军天山南路，征服了叶尔羌汗国，阿帕克和卓回到叶尔羌后，对黑山派进行了报复。据此推算，阿帕克和卓第二次出行的时间不过十年时间。《大霍加传》中也提到："阿帕克霍加此次周游各地长达十年之久。最后他去中国，抵达兰州府。"还提到他到达萨拉尔城修建了道堂以及到达西藏得到达赖喇嘛相助的情况。④ 在《和卓传》中也

---

① 刘正寅、魏良弢：《西域和卓家族研究》，中国社会科学出版社 1998 年版，第 174 页。

② 马合木德·楚拉斯：《编年史》，载《新疆伊斯兰汗朝史略》，宗教文化出版社 1999 年版，第 231 页。

③ 刘正寅：《阿帕克和卓流亡路线的再探讨》，《中国边疆史地研究》2002 年第 2 期。

④ 《大霍加传》。

有相关的记载，但具体地名、人名有区别。①

　　《大霍加传》中还有另一重要的记载，即阿帕克和卓晚年曾明确提到自己一生中有两次离开叶尔羌汗国周游各地，他说："我已两次周游世界，周游之目的是为真主殿前寻求合意之人。"② 这一记载也佐证了阿帕克和卓"入中原"的传教活动是两次而并非三次。伊斯兰历——〇五年拉贾卜月初（1694年2月底至3月初），阿帕克和卓在叶尔羌去世，葬于喀什噶尔。

三　玛木特·玉素布和卓在甘青的传教活动

　　既然阿帕克和卓只是两次离开叶尔羌汗国周游各地，那么，在甘青穆斯林中广为流传的阿帕克和卓三入中原说如何解释？

　　综合各种记载，我们认为在阿帕克和卓之前，其父玛木特·玉素布和卓曾经到过甘青地区传教，而他的这次传教活动应是甘青穆斯林中传说的"三入中原"的第一次，也即"三入中原"是由阿帕克和卓及其父玛木特·玉素布和卓共同完成的传教活动。

　　17世纪20年代，玛木特·玉素布从中亚进入新疆喀什噶尔，又辗转来到哈密，娶祖莱汗为妻，与祖莱汗生有三子二女。阿帕克和卓为长子，出生于1626年。在阿帕克和卓十一二岁时，也即1638—1639年或稍后，父子俩来到喀什噶尔。据此，玛木特·玉素布在哈密生活的时间至少有十三四年。作为宗教职业者，玛木特·玉素布在哈密的活动主要是传教。刘正寅、魏良弢两先生指出，由于当时黑山派确立了在吐鲁番一带宗教上的统治地位，"这一时期白山派和卓玛木特·玉素布的传教活动，主要是哈密及其以东的河

---

　　① 见穆罕默德·萨迪克·喀什噶里《和卓传》，陈俊谋、钟美珠译，载中国社会科学院民族研究所历史研究室资料组编译《民族史译文集》1980年第8集，科学出版社1980年版，第99—100页。

　　② 《大霍加传》。

西走廊一带"①。刘正寅先生注意到玛木特·玉素布和卓与"三入中原"说的关系，他进一步提出了自己的认识：

> 马通先生根据西北伊斯兰教门宦资料，结合西域史领域关于阿帕克和卓的研究，认为阿帕克和卓曾于 1622—1638 年间东来甘肃青海一带传教，即"一出中原"。我认为，如果门宦资料属实的话，它应当指的是这一时期玛木特·玉素布的东向传教活动，也许由于后来阿帕克和卓在这些地区留下了较大影响，或者是由于当时尚在幼年的阿帕克和卓已随父东行，传说中便将玉素布的东行说成了阿帕克的东行。②

应该说这一认识是很有见地的。

据美国学者约塞夫·弗莱彻研究，玛木特·玉素布和卓不仅在哈密传教，还进入河西走廊甚至到达青海撒拉人生活地区传教。约塞夫·弗莱彻提道：

> 穆罕默德·优素福在肃州传教时似乎争取到了一个叫作瓦法尼布·阿訇（Wafanib Akhund）的回民学者领袖，并且获得了一个名叫穆拉·优素福·阿訇的人的追随，此人后来追随了穆罕默德·优素福的儿子和卓·阿帕克。在肃州，穆罕默德·优素福来到了撒拉人的聚居地。撒拉人是中国西北一个说突厥语的穆斯林民族。据说撒拉人追随了他。他在那里修了一个道堂（Khanaqah），每天为他们讲解鲁米的《玛斯纳维》。旅居六个月以后，他离开了。他离开时任命了一位回人为众撒拉学者的领袖，并且给了他一本《玛斯纳维》，一个礼拜毯，一个金黄和绿色相间的缠头（男用头巾），作为授权传教的证物。他告诉继承者说："如果你在每个星期五晚上和白天读这本神圣

---

① 刘正寅、魏良弢：《西域和卓家族研究》，中国社会科学出版社 1998 年版，第 156 页。

② 刘正寅：《阿帕克和卓流亡路线的再探讨》，《中国边疆史地研究》2002 年第 2 期，第 66 页，页下注 1。

的《玛斯纳维》并讲解它，就如同我亲自讲一样。"①

　　约塞夫·弗莱彻先生未提到玛木特·玉素布和卓离开哈密前往肃州和前往循化撒拉人生活的地方的时间，但从玛木特·玉素布在哈密至少生活了十三四年的背景来看，他去肃州和在撒拉人地区传教的时间当在明崇祯帝即位之后。这里需要提到的是，清朝统一河西走廊之前，沿袭了明朝中期以来划嘉峪关而治的旧制，出于与明朝贸易的需要，河西肃州一带留居有不少西域哈密、吐鲁番等地的穆斯林，② 这是玛木特·玉素布前往肃州传教的背景。这里还需要提到的一个问题是，玛木特·玉素布首次赴甘青地区传教为何首先到达撒拉人居住地方并在那里修建了道堂？这首先应该认识到：玛木特·玉素布和卓祖上数代居住于费尔干纳盆地的撒马尔罕，他的青少年时代即在自己的家乡度过，自然熟知撒马尔罕地方方言，而居住于循化一带的撒拉人相传为元代从撒马尔罕迁徙而来，他们使用的语言与撒马尔罕人语言相通。这是玛木特·玉素布前往循化地区传教并建立道堂的重要背景。此外，作为伊斯兰教宗教职业者，玛木特·玉素布和卓自然还熟知阿拉伯语。甘青穆斯林民族复杂，来源不一，但出于学习伊斯兰教经典的需要，大多掌握一些阿拉伯语言，尤其是笃信伊斯兰教的阿訇等宗教职业者，大多精通阿拉伯语言文字。这是玛木特·玉素布在甘青地方传教的背景条件。正是由于在阿帕克和卓来甘青传教之前，玛木特·玉素布已在撒拉人生活的青海循化一带有过传教的活动，建立过道堂，收有门徒，撒拉人居住地循化遂成为白山派和卓在内地传教的中心地。同时，虽然我们不知道除了循化之外玛木特·玉素布和卓还到过哪些地方，但他在循化的传教活动对循化附近的兰州、河州、西宁等地聚居的穆斯林产生了影响却是不容置疑的。应该说，玛木特·玉素布和卓在撒拉人地方的传教活动为其子阿帕克和卓以后两次来甘青地区传教

---

　　①　冶福东译编：《乃格什班底耶的源与流》，香港伊斯兰文化协会 2010 年版，第86、87 页。
　　②　这种情况在顺治年间清朝平定米喇印、丁国栋起义攻陷肃州的记载中多有反映。见拙作《吐鲁番察合台后裔与清朝》，《兰州大学学报》1998 年第 4 期。

奠定了基础。

四　结语

明代后期，中亚纳和什班底教团教长玛哈图木·阿杂木后裔进入我国新疆境内传教，形成黑山、白山两派。明末清初，白山派首领从新疆进入甘、青一带传教，在当地穆斯林中产生了重要的影响。今天，甘、青伊斯兰教虎夫耶教派诸门宦奉白山派大和卓阿帕克为始传道祖，甘、青穆斯林中广为流传着明末清初阿帕克和卓"三入中原"传教的说法，反映出阿帕克和卓来甘青传教活动事实及其重要影响，这些事实从新疆穆斯林文献中也可得到证实。

但是，将甘、青穆斯林口碑传说与新疆穆斯林文献中的相关记载进行对照研究，即可发现尚有一些出入，阿帕克和卓三入中原说并非完全准确。根据以上考述，我们提出以下认识。

阿帕克和卓之父玛木特·玉素布于 17 世纪 20 年代从中亚来到喀什噶尔传教，又辗转来到哈密，娶当地宗教贵族米尔·赛义德·捷里力之女祖莱汗为妻，生有阿帕克和卓等三子二女。他在哈密生活的时间不会少于十三四年。在哈密期间，他曾去肃州传教，并前往青海循化撒拉人生活的地方传教并修建了道堂。这应是甘青穆斯林传说中的阿帕克和卓"一入中原"。时间当在 1638 年之前。玛木特·玉素布前往甘青传教时，或许偕有长子阿帕克和卓，如以此次来甘青作为阿帕克和卓的"一入中原"，阿帕克和卓"三入中原"的说法也是可以成立的。但当时阿帕克和卓尚未成年，此次传教及建立道堂应是其父玛木特·玉素布的活动。

大约在 1638、1639 年间，玛木特·玉素布偕长子阿帕克前往喀什噶尔发展自己的势力。1643、1644 年间，玛木特·玉素布前往叶尔羌发展势力，遭到黑山派的暗害，死于返回喀什噶尔的途中，此时阿帕克和卓已经二十来岁。他料理完父亲的后事之后，"决意遍游世界。这次他周游各地长达十二年"。此次出行他很有可能到过其父已有传教基础的甘青一带。如果这一说法成立，他的这次

"入中原"，应在清顺治年间。

　　阿帕克和卓返回喀什噶尔后，娶了优里瓦斯汗的姨妈，支持优里瓦斯汗夺取叶尔羌大汗汗位。1667、1668 年间，优里瓦斯汗在阿帕克和卓为首的白山派支持下进入叶尔羌，登上大汗之位。但时过不久，阿布都拉哈大汗的四弟阿克苏的伊思玛业勒汗在黑山派信徒和卫拉特厄勒丹台什的支持下进击叶尔羌。在战乱中优里瓦斯汗被杀。1670 年 4 月 2 日，伊思玛业勒汗进入叶尔羌登上大汗位，白山派教徒遭到镇压。阿帕克和卓被迫离开喀什噶尔，第二次出走，再次"入中原"。他辗转进入西藏，求得五世达赖的支持，其结果是把准噶尔军队引入了叶尔羌汗国，1680 年噶尔丹兼并了天山以南地区。

理论篇

"读懂"马克思

——马克思的"人的发展"视阈三 "形式—阶段"论不是人类社会发展 三大"社会形态"的逻辑范畴[*]

杨　木^{**}

马克思曾对舛释他的著作文本原意的做法感叹：

"咳，这些人哪怕能**读懂**也好啊！"①

---

* 本文为继作者已发表的四篇"'读懂'马克思系列研究论文"（见《甘肃理论学刊》2011 年第 4 期《"五种'社会形态'"说对马克思原著的误读》，中国人民大学复印报刊资料《马克思列宁主义研究》月刊 2010 年第 4 期全文重排转载，原题《"读懂"马克思——"五种'社会形态'说"有违马克思原著文本"社会形态"、"经济的社会形态"范畴的论述》、《甘肃社会科学》2011 年第 4 期《"读懂"马克思——马克思"社会形态"、"经济的社会形态"范畴》、《甘肃理论学刊》2011 年第 5 期《"读懂"马克思——"五种'社会形态'说"对马克思"社会"、"经济的社会形态"和"社会形态"范畴的混淆》，中国人民大学复印报刊资料《马克思列宁主义研究》月刊 2011 年第 12 期"索引"、《西北政法评论》2011 年第 3 期《"读懂"马克思——马克思"社会形态"术语和范畴的提出及其逻辑范畴的形成》）后的之五。

** 杨木（杨国祥 1943），男，辽宁本溪湖人。兰州大学历史学专业 1963 级本科生，1978 年赵俪生导师中国土地史研究方向研究生。已出版的著作有：《"读懂"马克思——马克思原著文本新唯物史观"社会形态"、"经济的社会形态"、"经济的社会形态"范畴与中国社会历史发展研究变法》（《"经济的社会形态"论——中国古代社会再研究与中国社会的历史发展》书稿的"导论"）、《杨木集》。

① 《马克思恩格斯文集》第 10 卷，人民出版社 2009 年版，第 617 页。引文中的中译"读懂"的着重强调的黑体字，是所引文本中原有的。

（一）《政治经济学批判（1857—1858 年手稿）》"货币章"中"人的发展"三"形式—阶段"论述不是马克思"社会形态"的逻辑范畴

马克思的"人的发展"视阈三"形式—阶段"论，是在《政治经济学批判（1857—1858 年手稿）》"货币章"中的论述。马克思对货币研究的前史，早在其 1844 年《詹姆斯·穆勒〈政治经济学原理〉一书摘要》，就以"货币"为重点。1850 年后，继 1850 年9 月—1853 年 8 月《伦敦笔记》论述货币理论而来，在《政治经济学批判（1857—1858 年手稿）》七个笔记本中，以第一个笔记本的"货币章"开篇，是因为货币为"现代资产阶级的生产方式"①历史发生的关节点。在"货币章"的第 1—12 页，从批判普鲁东追随者阿尔弗勒德·达里蒙的"货币"理论起始，于第 12—18 页揭示"货币的产生及其本质"之后，继而在第 18—24 页的"货币、交换价值的发展"②、"依赖关系"论述中，提出了"'人的依赖关系'—'物的依赖性'—'自由个性'三个'形式—阶段'的论断"，即第"I"个笔记本 1857 年 11 月前第 21 页上，所论述的"人的发展""最初的社会形式"、"第二大形式"的"第二个阶段"和"第三个阶段"的三个"形式—阶段"：

人的依赖关系［persönliche Abnängigkeitsverhaltnisse］（起初完全是自然发生的），是最初的社会形式［Grdlldvhaftrform］，在这种形式下，人的生产能力［menschliche produktivität］只是在狭小的范围内和孤立的地点上发展着。以物的依赖性［*sach-liche* Abhängigkeit］为基础的人的独立性［perdönliche Unabhängigkeit］，是第二大形式，在这种形式下，才形成普遍的社会物质变换、全面的关系［universale Beziehugen］，多方面的需求以及全面的能力的体系。建立在个人全面发展和他们共

---

① 《马克思恩格斯全集》第 2 版，第 31 卷，人民出版社 1998 年版，第 413 页。
② 《马克思恩格斯全集》第 2 版，第 30 卷，人民出版社 1995 年版，第 108 页。

同的、社会的生产能力成为从属于他们的社会财富这一基础上的自由个性［freie lndividualität］，是第三个阶段。第二个阶段为第三个阶段创造条件。因此，家长制的，古代的（以及封建的）状态随着商业、奢侈、货币、交换价值的发展而没落下去，现代社会则随着这些东西同步发展起来。①

对这段政治经济学"人的发展"三"形式—阶段"论述之中的"最初的社会形式，在这种形式下"、"第二大形式，在这种形式下"，人民出版社参照《马克思恩格斯全集》俄文第二版第46卷翻译、1979年出版的《马克思恩格斯全集》中文第一版第46卷上册第104页上误译为"最初的社会形态，在这种形态下"、"第二大形态，在这种形态下"。其"社会形态"、"形态"，是德文原著的"社会形式"（"Gesellschaftsform"）和"形式"（"form"）的中译之误。而将原著原文的"Gesellschaftsform"（社会形式）、"form"（"形式"）中译为"社会形态"、"形态"，是《马克思恩格斯全集》中译第一版的通病。据此错释的所谓三大"社会形态"，造成了自1988年孙承叔、王东《对〈资本论〉历史观的沉思》（学林出版社1988年4月版第243—261页："第10章""三大社会形态"部分）、刘佑成《马克思的社会发展三形态理论》（《哲学研究》1988年第12期）以来流行至今。② 一些"理论权威"、"著名学者"不论，20年来"回到马克思"强调原著文本马克思"哲学话语"的"学术新锐"，竟有仍坚持"社会形式"舛释为的"三大社会形态"③

① 《马克思恩格斯全集》第2版，第30卷，人民出版社1995年版，第107—108页；［日］望月清司：《马克思历史理论的研究》，韩立新译，北京师范大学出版社2009年版，第279—280页。文中的"［　］"为本文作者加注。
② 见杨学功、楼俊超《如何理解马克思的三大社会形态理论——兼评学界的几种常见理解》，《教学与研究》2012年第8期，第49—56页。
③ 兹仅举张一兵（异宾）二著《马克思历史辩证法的主体向度》，1995年河南人民出版社首版，2002年南京大学出版社二版，第244—252页；《回到马克思——经济学语境中的哲学话语》，江苏人民出版社1999年第1版，2009年第2版，第561—567页。又及马克思研究的"金陵学派"孙伯鍨、张一兵（博士导师）主编的《走进马克思》，2001年江苏人民出版社，第207—210页。（上卷第二编第二章第二节"二　马克思的'三大社会形态'理论"，陈胜云博士执笔初稿。）

说的咄咄怪事！虽然马克思在 1852 年 12 月《路易·波拿巴的雾月十八日》"一"中，使用了"社会形态"的术语，但是在 1859 年 1 月的《〈政治经济学批判〉序言》中，始有的"社会形态"（"Gesellschaftsformation"）范畴的论述。在这里，马克思在通篇"货币章"和这段"最初的社会形式"、"第二大形式"的"第二个阶段"和"第三个阶段"的句段中，没有后来的在所有制形式中生产力—生产方式及其"相适应的生产关系"和"有法律的和政治的上层建筑竖立其上并有一定的社会意识与之相适应"内涵严密的"社会形态"范畴的论说，只是对"只是在狭小的范围内和孤立的地点上发展着"的"人的生产能力"、"普遍的社会物质变换、全面的关系，多方面的需求以及全面的能力"、"共同的、社会的生产能力"这三"能力"和"商业、奢侈、货币、交换价值的"表述。只是对人和社会同时产生的社会历史发展中的"人的发展"的阐明。此处遑论"社会形态"和何来三大"社会形态"说？马克思在这里论述的只是"以物的依赖性为基础的人的独立性，是第二大形式"的"第二个阶段"对"人的依赖关系（起初完全是自然发生的），是最初的社会形式"否定的质变；"建立在个人全面发展和他们共同的、社会的生产能力成为从属于他们的社会财富这一基础上的自由个性，是第三个阶段"，是对"以物的依赖性为基础的人的独立性，是第二大形式"的"第二个阶段"的再次否定的质变发展。在这里，马克思以发展过程中每一阶段，都是对前一阶段的否定而又被后一阶段再否定的"否定之否定"的"第二个阶段为第三个阶段创造条件"，"第三个阶段"的"阶段"用语，乃是"建立在个人全面发展和他们共同的、社会的生产能力成为从属于他们的社会财富这一基础上的自由个性"的"第三个阶段"，对"以物的依赖性为基础的独立性，是第二大形式"的"第二个阶段"和"人的依赖关系"的"最初的社会形式"的"人的发展""否定之否定"三"形式—阶段"的质变发展的论述。

（二）《政治经济学批判（1857—1858 年手稿）》"货币章"中"人的发展"三阶段笔记是马克思自 1843 年《黑格尔法哲学批判》以来"依赖性"命题的深入论述

之前，马克思在 1843 年夏《黑格尔法哲学批判》对黑格尔《法哲学原理》"第 71 节"批判的［A. 国内法］"一　内部国家制度本身（C）立法权"的［ⅩⅩⅩⅡ. 121］页末评论：

> 黑格尔在这里谈私法时，把私有财产的可以让渡及其对共同意志的依赖理解为它的真正理想主义，可是在谈国家法时则相反，与"职业的无保证、利润的追逐、占有物的可变性、对国家财产的依赖性"相对照，一种无依赖性的所有权的虚假光彩却得到他的赞扬。

对此批判，提出"依赖性"命题：

> 与无依赖性的私有财产的粗陋愚昧相比，职业无保证是悲哀的，追逐利润是造作的（戏剧性的），占有物的可变性应认真对待的天命（悲剧性的），对国家财产的依赖性是合乎伦理的。总之，在所有这些特质中我们透过所有权听到了人心的跳动，这就是人对人的依赖。这种依赖性不管是怎样自在自为地产生的①。

马克思在 1845 年 11—12 月《德意志意识形态》"费尔巴哈"章第 1 个手稿的大束手稿马克思标注 21 页、恩格斯编号第 9 张 b 面上译成"各个人的全面的依存关系、他们的这种自然形成的世界历史性的共同活动的最初形式"② 中的"依存关系"，手稿德文原文是

---

① 《马克思恩格斯全集》第 2 版，第 3 卷，人民出版社 2002 年版，第 127 页。

② ［日］广松涉编注：《文献学语境中的〈德意志意识形态〉》，南京大学出版社 2005 年版，第 542 页。

"Abhängigkeit"，到位的中译应为"依赖性"。1946 年 1—4 月由原三、"圣麦克斯""新约：'我'""5. 所有者"题下"A. 我的权利""Ⅲ. 犯罪"和"Ⅱ. 暴动"二目之间的"5. 作为资产阶级社会的社会"的部分文字移来的第三个手稿论述：

> 个人本身完全屈从于分工，因此他们完全被置于相互依赖的关系之中。①

但至《政治经济学批判（1857—1858 年手稿）》中，还没有形成经济基础和上层建筑概念的三大"社会形态"逻辑范畴。继《德意志意识形态》"费尔巴哈"章第 5 个手稿论述"Die allseitge Abhängigkeit, diese naturwüchsige Form"②（"各个人的全面的依赖性，他们的这种自然形成的共同活动的最初形式"）马克思新唯物主义史观的"现实中的人"③（《德意志意识形态》"费尔巴哈"章1846 年 6—7 月第 5 个手稿的小束手稿第 5 张稿纸 a 面）、"处在现实的、可以通过经验观察到的、在一定条件下进行的发展过程中的人"④（《德意志意识形态》"费尔巴哈"章第 5 个手稿的第 5 张稿纸 c—d 面）。

在这里，马克思在此前的 1843 年春《黑格尔法哲学批判》对黑格尔《法哲学原理》"在第 367 页 379 节附释"批判的"一 内部国家制度本身（a）王权""黑格尔关于王权或国家主权观念的阐述摘要"下的〔1Ⅹ. 130〕页中批判：

> 不把法人理解为现实的经验的人的实现，而是理解为现实的人，而现实的人所包含的仅仅是在它本身中是抽象的人格环

---

① 《马克思恩格斯文集》第 1 卷，人民出版社 2009 年版，第 579 页。
② ［日］广松涉编注：《文献学语境中的〈德意志意识形态〉》，南京大学出版社2005 年版，第 216 页。
③ 《马克思恩格斯全集》第 2 版，第 3 卷，人民出版社 2002 年版，第 524 页。
④ 《马克思恩格斯文集》第 1 卷，人民出版社 2009 年版，第 525 页。

节。正因为这样，在黑格尔那里，并不是现实的人成为国家，倒是国家必须先成为现实的人。①

黑格尔想使人的本质作为某种想象中的单一性来独自活动，而不是使人在其现实的人的存在中活动。②

可见，《德意志意识形态》"费尔巴哈"章中"现实中的人"及其论述，来自于马克思1843年对黑格尔法哲学的批判，而为《黑格尔法哲学批判》中"各个人的全面的依赖性"的论述环节，又为《政治经济学批判（1857—1858年手稿）》"货币章""人（格）的依赖关系"的滥觞。仅此，"恩格斯撰写"说实不成立。同时，《政治经济学批判（1857—1858年手稿）》"货币章"，"人的依赖关系（起初完全是自然发生的），是最初的社会形式，在这种形式下，人的生产能力只是在狭小的范围内和孤立的地点上发展着。以物的依赖性为基础的人的独立性"，是第二大形式，在这种形式下，才形成普遍的社会物质变换、全面的关系，多方面的需求以及全面的能力的体系的这两大"依赖"形式的概述，在《德意志意识形态》"费尔巴哈"章的将1846年1—4月期间，原第三章"圣麦克斯""新约：'我'""5.所有者"题下"A.我的权利""Ⅲ.犯罪"的"5.作为资产阶级社会的社会"的一段论述转入"费尔巴哈"的第一章的大束手稿中的第三个手稿、恩格斯对稿纸编号第84张a面（第1页）、马克思标注第40页上对青年黑格尔派笔名"麦克斯·施蒂纳"的卡斯巴尔·施密特的《唯物者及其所有物》一书集"意志意识形态"大成的"唯一者"绝对利己主义"我"批判的一段论述是其先声：

在前一种情况下，各个人必须聚集在一起，在后一种情况

① 《马克思恩格斯全集》第2版，第3卷，人民出版社2002年版，第50页。
② 同上书，第51页。

下，他们本身已作为生产工具而与现有的生产工具并列在一起。因此，这里出现了自然形成的生产工具和由文明创造的生产工具之间的差异。耕地（水，等等）可以看做是自然形成的生产工具。在前一种情况下，即在自然形成的生产工具的情况下，各个人受自然界的支配，在后一种情况下，他们受劳动产品的支配。因此在前一种情况下，财产（地产）也表现为直接的、自然形成的统治，而在后一种情况下，则表现为劳动的统治，特别是积累起来劳动即资本的统治，前一种情况的前提是，各个人通过某种联系——家庭、部落或者是土地本身，等等——结合在一起；后一种情况的前提是，各个人互不依赖，仅仅通过交换集合在一起。在前一种情况下，交换主要是人和自然之间的交换，即以人的劳动换取自然的产品，而在后一种情况下，主要是人与人之间进行的交换。在前一种情况下，只要具备普通常识就够了，体力活动和脑力活动彼此还完全没有分开；而在后一种情况下，脑力劳动和体力劳动之间实际上应该已经实行分工。在前一种情况下，所有者对非所有者的统治可以依靠个人关系，依靠这种或那种形式的共同体；在后一种情况下，这种统治必须采取物的形式，通过某种第三者，即通过货币。在前一种情况下，存在着小工业，但这种工业决定于自然形成的生产工具的使用，因此这里没有不同的个人之间的分工；在后一种情况下，工业只有在分工的基础上和依靠分工才能存在。①

这里论述的是前资本主义的"前一种情况"和资本主义的"后一种情况"，相通于 10 多年后《政治经济学批判（1857—1858 年手稿）》中论述的"最初的社会形式"和"第二个阶段"的"第二大形式"的两个"依赖"形式的时段耦合。

---

① 《马克思恩格斯文集》第 1 卷，人民出版社 2009 年版，第 555—556 页。

（三）《政治经济学批判（1857—1858 年手稿）》"货币章"中"人的依赖关系""最初的社会形式"—"以物的依赖性为基础的人的独立性""第二大形式"（"第二个阶段"）—"建立在个人全面发展和他们共同的、社会的生产能力成为从属于他们的社会财富这一基础上的自由个性""第三个阶段"前后论述对读

"以物的依赖性为基础的人的独立性"的"货币、交换价值"是"货币章"论述的中心，以此为后面六个笔记本的"资本章"的论述垫铺，而《政治经济学批判》第一册和《资本论》第一卷第一篇即其论述的展开。对读"货币章"中论述两个"依赖"手稿［Ⅰ—21］页之前的 20 页上的论述：

> 一切产品和活动转化为交换价值，既要以生产中人的（历史的）一切固定的依赖关系的解体为前提，又要以生产者互相间的全面的依赖为前提。每个人的生产，依赖于其他一切人的生产；同样，他的产品转化为他本人的生活资料，也要依赖于其他一切人的消费。①

即"以生产者互相间的全面依赖为前提"的"以交换价值和货币为中介的交换"，在句中："以生产中人的（历史的）一切固定的依赖关系"，"是最初的社会形式"的"人的依赖关系"。"每个人的生产，依赖于其他一切人的生产；同样，他的产品转化为他本人的生产资料，也要依赖于其他一切人的消费"的"一切产品和活动转化为交换价值"、"以生产者互相间的全面的依赖"即［Ⅰ—21］后半页手稿中的"以生产者相互间的全面依赖为前提"的"以交换价值和货币为中介的交换"②，都是"形成普遍的社会物质交换、全面的关系，多方面的需求"的"第二大形式"：

---

① 《马克思恩格斯全集》第 2 版，第 30 卷，人民出版社 1995 年版，第 105 页。
② 同上书，第 108 页。

　　这种互相依赖，表现在不断交换的必要性上和作为全面中介的交换价值上。①

　　毫不相干的个人［die gegeneinander gleichgültige Individuen］之间的互相的和全面的依赖，构成他们的社会联系。这种社会联系表现在交换价值上，因为对于每个个人来说，只有通过交换价值，他自己的活动或产品才成为他的活动或产品；他必须生产一般产品——交换价值，或本身孤立化的，个体化的交换价值，即货币。另一方面，每个个人行使支配别人的活动或支配社会财富的权力，就在于它是交换价值的或货币的所有者。他在衣袋里装着自己的社会权力和自己同社会的联系。②

　　在［Ⅰ—20］页的最后，接着上述对"第二大形式"情况的论述，对不同的"最初的社会形式"的情况追述：

　　这种情况实际上同下述情况截然不同：个人或自然地或历史地扩大为家庭和氏族（以后是共同体）的个人，直接地从自然界再生产自己，或者他的生产活动和他对生产的参与依赖于劳动和产品的一定形式，而他和别人的关系也是这样决定的。③

　　在交换价值上，人的社会关系转化为物的社会［Ⅰ—21］关系；人的能力转化为物的能力。交换手段拥有的社会力量越小，交换手段同直接的劳动产品的性质之间以及同交换者的直接需要之间的联系越是密切，把个人互相连接的共同体的力量就必定越大——家长制的关系，古代共同体，封建制度和行会制度。④

————————

① 《马克思恩格斯全集》第 2 版，第 30 卷，人民出版社 1995 年版，第 106 页。
② 同上；［日］望月清司：《马克思历史理论的研究》，韩立新译，北京师范大学出版社 2009 年版，第 272 页。
③ 《马克思恩格斯全集》第 2 版，第 30 卷，人民出版社 1995 年版，第 107 页。
④ 同上。

　　这里的句尾与接下来的两个"依赖"形式和"自由个性"人的发展的概括后面的"因此,家长制的,古代的(以及封建的)状态随着商业、奢侈、货币、交换价值的发展而没落下去,现代社会则随着这些东西同步发展起来"①的句首:"家长制的关系,古代共同体,封建制度和行会制度"和"家长制的,古代的(以及封建的)"二者同例,都是"人的依赖关系""最初的社会形式"。之后,在〔Ⅰ—21〕后半页,又对"人的依赖关系""最初的社会形式"向"第二大形式"的"第二个阶段"的"物的依赖性"转化前提和"第二个阶段为第三个阶段创造条件"进行了三处论述:

　　　　以交换价值和货币为中介的交换,诚然以生产者互相间的全面依赖为前提。②〔论述一〕
　　　　个人的产品或活动必须先转化为交换价值的形式,转化为货币,并且个人通过这种物的形式才取得和证明自己的社会权力。③〔论述二〕
　　　　一切劳动产品、能力和活动进行私人交换,即同以个人相互之间的统治和从属关系(自然发生的或政治性的)为基础的分配相对立(不管这种统治和从属的性质是家长制的,古代的或是封建的)(在这种情况下,真正的交换只是附带进行的,或者大体来说,并未触及整个共同体的生活,不如说只发生在不同共同体之间,绝没有征服全部生产关系和交往关系),又同共同占有和共同控制生产资料的基础上联合起来的个人所进行的自由交换相对立。(这种联合不是任意的事情,他以物质条件和精神条件的发展为前提,这一点在这里就不进一步论述了。)④〔论述三〕

　　在"论述三"中,对"以物的依赖性""第二大形式"的"交

①　《马克思恩格斯全集》第2版,第30卷,人民出版社1995年版,第108页。
②　同上。
③　同上。
④　同上书,第108—109页。

换"与"人的依赖关系""最初的社会形式"和"第三个阶段"
"自由交换"进行了对比。在后两页的［Ⅰ—23］页，又对三个阶
段的历史发展论述：

> 　毫无疑问，这种物的联系比单个人之间没有联系好，或者
> 比只是以自然血缘关系和统治从属为基础的地方性联系要好。
> 同样毫无疑问，在个人创造出他们自己的社会联系之前，他们
> 不可能将这种社会联系置于自己支配之下。如果把这种单纯物
> 的联系理解为自然发生的、同个性的自然（与反思的知识和意
> 志相反）不可分割的、而且是个性内在的联系，那是荒谬的。
> 这种联系是各个人的产物。它是历史的产物。它属于个人发展
> 的一定阶段。这种联系借以同个人相对立而存在的异己性和独
> 立性只是证明，个人还处于创造自己的社会生活条件的过程
> 中，而不是从这种条件出发去开始他们的社会生活。这是各个
> 人在一定的狭隘的生产关系内的自发的联系。
> 　全面发展的个人——他们的社会关系作为他们的自己的共
> 同的关系，也是服从于他们自己的共同的控制的——不是自然
> 的产物，而是历史的产物。要使这种个性成为可能，能力的发
> 展就要达到一定的程度和全面性，这正是以建立在交换价值基
> 础上的生产为前提的，这种生产才在产生出个人同自己和同别
> 人相异化的普遍性的同时，也产生出个人关系和个人能力的普
> 遍性和全面性。在发展的早期阶段，单个人显得比较全面，那
> 正是因为他还没有造成自己丰富的关系，并且还没有使这种关
> 系作为独立于他自身之外的社会权力和社会关系同他自己相对
> 立。留恋那种原始的丰富，是可笑的，相信必须停留在那种完
> 全的空虚化之中，也是可笑的。①

　在［Ⅰ—24］页上，又对"物的依赖关系"的"依赖关系"
论述说：

---

　①　《马克思恩格斯全集》第2版，第30卷，人民出版社1995年版，第111—112页。

这些外部关系并未排除"依赖关系"，他们只是使这些关系变成普遍的形式；不如说它们为人的依赖关系造成普遍的基础。个人在这里也只是作为一定的个人互相发生关系。这种与人的依赖关系相对立的物的依赖关系也表现出这样的情形（物的依赖关系无非是与外表上独立的个人相对立的社会关系，也就是与这些个人本身相对立而独立化的、他们互相间的生产关系）：个人现在受抽象统治，而他们以前是相互依赖的。但是，抽象或观念，无非是那些统治个人的物质关系的理论表现。①

对读可见："'人的依赖关系'的'最初的社会形式'——'以物的依赖性为基础的人的独立性'——'建立在个人全面发展和他们共同的、社会的生产能力成为从属于他们的社会财富这一基础上的自由个性'"的所谓"三大社会形态"，只是"人的发展"三个"形式—阶段"质变发展"否定之否定"的论述，而不是新唯物主义史观人类社会发展的三大"社会形态""否定之否定"的逻辑范畴。

（四）马克思新唯物主义史观人类社会历史发展的三大"社会形态"逻辑范畴

马克思在《政治经济学批判（1857—1858 年手稿）》［I—21］页论述的"最初的社会形式"—"第二个阶段"——"第三个阶段"的"人的发展"三段论，实际上是"前资本主义—资本主义—共产主义"顺序的逻辑论述，并不是三大"社会形态"否定之否定内涵的立论，与"社会形态"逻辑范畴是两个不同的逻辑序列。只是在时段上有各自抽象概括的契合。而其中"最初的社会形式"的"人的依赖关系"向"第二大形式"的"第二个阶段""物的依赖性"的"家长制的，古代的（以及封建的）状态随着商业、奢侈、货币、交换价值的发展而没落下去"的论述，即是第一大"社会形

---

① 《马克思恩格斯全集》第 2 版，第 30 卷，人民出版社 1995 年版，第 114 页。

态"的"最后阶段"向第二大"社会形态"的以"亚细亚的""生产方式""经济的社会形态"为起点的私有"社会形态"过渡的逻辑顺序中,"亚细亚的、古希腊罗马的、封建的""生产方式""经济的社会形态"①,从"自然形成"的血缘共同体占有的"家长制的"统治以来"人的依赖关系"向"物的依赖性"的"现代资产阶级的生产方式""经济的社会形态的发展"②的内容,又见于《资本论》第一卷第一篇"商品"章"商品的拜物教性质及其秘密"节中"在古亚细亚的、古希腊罗马的等等生产方式下,产品转化为商品、从而人作为商品生产者而存在的现象,处于从属地位,但是共同体越是走向没落阶段,这种现象就越是重要"③的论述。而"家长制的,古代的(以及封建的)状态随着商业、奢侈、货币、交换价值的发展而没落下去,现代社会制度则随着这些东西同步发展起来",即马克思1877年10—11月用法文《给〈祖国纪事〉杂志编辑部的信》"二"开头对《资本论》第一卷第二十四章指出的"关于原始积累的那一章只不过想描述西欧的资本主义经济制度从封建主义经济制度内部产生出来的途径"④。在其第一稿中,又说明:"在那一章的末尾,资本主义生产的历史趋势被归结成这样:'资本主义生产本身由于自然变化的必然性,造成了对自身的否定',它本身已经创造出了新的经济制度的要素,它同时给社会劳动生产力和一切生产者个人的全面发展以极大的推动;实际上已经以一种集体生产方式的基础的资本主义所有制只能转变为社会所有制。"⑤在该信这段的第二稿中对此论说的是:"在那一章末尾,我论述了资本主义积累的历史趋势并论言,资本主义积累的最后结果是资本主义所有制转变为社会所有制。"⑥马克思这里在"原始积累"章中的"个人的、以自己劳动为基础的私有制"—"资本主义

①　《马克思恩格斯文集》第2卷,人民出版社2009年版,第592页。
②　《马克思恩格斯全集》第2版,第44卷,人民出版社1995年版,第10页。
③　《马克思恩格斯全集》第1版,第23卷,人民出版社1972年版,第96页。
④　《马克思恩格斯全集》第2版,第25卷,人民出版社2001年版,第144页。
⑤　同上书,第725页。
⑥　同上书,第144页。

私有制"—"重建个人所有制"的"社会所有制"三"所有制形式""否定的否定"逻辑范畴，与马克思在《资本论》写作过程中不断论述的"'无所有—共有'—'私有'—'社会所有'三大'社会形态'"否定之否定的以"财产（所有）关系"的基本范畴，为逻辑基项、以"生产"的初始范畴的逻辑起点为逻辑始项，"生产力—生产方式及与其'相适应的生产关系'、'有法律的和政治的上层建筑竖立其上并有一定的社会意识形式与之相适应'"的系列范畴为逻辑中项，'社会所有'终极范畴为逻辑终项的社会形态逻辑范畴不同，但这两大相异的逻辑范畴的逻辑终项"社会所有"是相同的，都和"人的依赖关系"—"以物的依赖性为基础的人的独立性"—"建立在个人全面发展和他们共同的、社会的生产能力成为从属于他们的社会财富这一基础上的自由个性"的"人的发展"三阶段这一不同的逻辑范畴，其逻辑终项中的"共同的""社会财富"即"社会所有"内涵，是有时段相同和内涵相通之处的。

　　马克思在《资本论》第一卷第二十四章第 7 节中论述的"'个人的，以自己劳动为基础的私有制'—'资本主义私有制'—'重建个人私有制'的'社会所有制'的三种'所有制形式'"逻辑范畴，与马克思在《资本论》研究的整个写作过程中的"'无所有—共有'—'私有'—'社会所有'的三大'社会形态'"逻辑范畴的内涵关系密切。马克思在对"资本积累的原始积累"和"资本主义积累"两种积累的"资本的原始积累，即资本的历史起源"中的私有制论述，开头便指出"私有制作为社会的、集体的所有制的对立物"的命题。其逻辑前提首先是"无所有—共有"第一大"社会形态"的"共有"的"对立物"。最后"是在资本主义时代的成就的基础上，也就是说，在协作和对土地及靠劳动本身生产的生产资料的共同占有的基础上，重新建立个人所有制"，即"以社会的生产经营为基础的资本主义所有制转化为"的"社会所有制"的内涵重合和时段的否定之否定的逻辑的相合。而在全节中的"劳动的进一步社会化，土地和其它生产资料的进一步转化为社会地使用的即公共的生产资料"、"劳动资料日益转化为只能共同使用的劳动资料"的"资本主义积累的历史趋势"论述中,不断进行"社会生产力"、"生产方式"内涵的分析,这是对在 1859 年《〈政治经济学批判〉序言》论述"社会形态"范畴后,在《资本论》第一卷中论述宏观的否定之否定三大"社会形态"逻辑范畴的过程中的"资本的原始积累,即资本的历史起源""把一种私有制形式变为另一种私有制形式"两种私有制形式的"资本主义的私有制""对个人的、以自己劳动力为基础的私有制的第一个否定"和"资本主义积累的历史趋势"的"重建个人所有制"的"社会所有制"微观"否定的否定"逻辑范畴。

马克思于 19 世纪 40 年代,将物质不以人的意识存在的一般唯物论,应用于人类社会历史,创发了不仅是意识反映存在,而且社会意识是社会存在的反映的新唯物主义,提出了人类社会存在不依赖于人类社会意识的新唯物主义史观原理,是马克思研究人类社会历史发展理论的"社会形态"范畴的本源。

马克思在第一次"研究政治经济学"时期,于 1844 年 5 月底 6月初—8 月的由三个笔记本组成的《1844 年经济学哲学稿》中,首次提出了生产方式的术语和概念。在对政治经济学经济范畴原有的术语、概念的批判中,一步一步地界定了新唯物主义史观的生产力、生产方式范畴。

在第二次"研究政治经济学"时期,于 1846 年 5 月前的五个手稿的《德意志意识形态》"费尔巴哈"章中,以生产关系的术语和概念"解剖"资本主义经济关系。

在第三次"研究政治经济学"时期,于 1857—1858 年 5 月的《政治经济学批判(1857—1858 年手稿)》后,在 1859 年 1 月的《〈政治经济学批判〉序言》"我所得到的、并且一经得到就用于指导我的研究工作的总的结果,可以简要地表述如下"[1] 中的"生产关系的总和构成社会的经济结构"[2] 与此前 1849 年马克思在《雇佣劳动与资本》中的"生产关系总合起来就构成所谓社会,并且是处

---

[1]　《马克思恩格斯文集》第 1 卷,人民出版社 2009 年版,第 412 页。
[2]　同上。

于一定历史发展阶段上的社会"①的"社会"范畴论述一致。

马克思自1859年在《〈政治经济学批判〉序言》中提出"社会形态"、"经济的社会形态"的范畴后,其1867年出版的《资本论》第一卷将"研究政治经济学"前三个时期"所得到的""总的结果"的"物质生产力的一定的发展阶段相适合的生产关系"②表述,改论为《资本论》第一卷序言的"生产方式以及和他相适应的生产关系"③。即在《资本论》第一卷第一篇"商品和货币"第一章"商品""4.商品的拜物教性质及其秘密"节中论述"属于生产过程支配人而人还没有支配生产过程的那种社会形态"。④句段后的注(33)中:

> 借这个机会,我要简短地回答一下美国一家德文报纸在我的《政治经济学批判》一书出版时(1859年)对我的指责。在那本书中我曾经说过,一定的生产方式以及与它相适应的生产关系,简言之,"社会的经济结构,是有法律的和政治的上层建筑竖立其上并有一定的社会意识形态与之相适应的现实基础"。⑤

原来《〈政治经济学批判〉序言》中的"表述"是:

> 物质生产力的一定发展阶段相适合的生产关系。这些生产关系的总合构成社会的经济结构,即有法律的和政治的上层建筑竖立其上并有一定的社会意识形态与之相适应的现实基础。⑥

① 《马克思恩格斯文集》第1卷,人民出版社2009年版,第724页。
② 《马克思恩格斯全集》第1版,第23卷,人民出版社1972年版,第412页。
③ 《马克思恩格斯全集》第2版,第44卷,人民出版社1995年版,第8页。
④ 同上书,第99页。
⑤ 同上书,第100页。
⑥ 《马克思恩格斯全集》第2版,第30卷,人民出版社1995年版,第412页。

　　马克思借在《资本论》注释的重述，改去了原来"物质生产力的一定发展阶段相适合的生产关系"的说法并将原来"生产关系的总和"改为了"一定的生产方式以及与它相适应的生产关系"，但一字不改地重述了"物质生活的生产方式制约着整个社会生活、政治生活和精神生活的过程"①。

　　因此，"社会形态"、"经济的社会形态"范畴深层内涵的以人们用以生产自己的生活资料的方式的"生产方式"② 并非是所谓的"生产力与生产关系的统一"③，"生产力"也并不直接决定"生产关系"和直接与"生产关系"相结合。

　　之前，在恩格斯把马克思"1863 年和 1867 年之间"、"为《资本论》后两册写成了初稿"④ 整理的《资本论》第三卷的"第七篇的手稿是完整的，不过也只是初稿，必须先把无限错综复杂的文句拆开"⑤ 的"第七篇，各种收入及其源泉""第四十八章三位一体的公式""I"的"片段"中⑥论述：

　　　　资本不是物，而是一定的、社会的、属于一定历史社会形态的生产关系，后者体现在一个物上，并赋予这个物以独特的社会性质。资本不是物质的和生产出来的生产资料的总和。资本是已经转化为资本的生产资料，这种生产资料本身不是资本，就像金或银本身不是货币一样。社会某一部分人所垄断的生产资料，同活劳动力相对立的而独立化的这种劳动力的产品和活动条件，通过这种对立在资本上人格化了。不仅工人的已经转化为独立权力的产品，作为其生产者的统治者和购买者的产品，而且这种劳动的社会力量及其有关的形式，也作为生产者的产品的属性而与生产者相对立。因此，在这里，对于历史

----

　　① 《马克思恩格斯全集》第 2 版，第 30 卷，人民出版社 1995 年版，第 412 页；《马克思恩格斯全集》第 2 版，第 44 卷，人民出版社 1995 年版，第 100 页。

　　② 《马克思恩格斯文集》第 1 卷，人民出版社 2009 年版，第 519—520 页。

　　③ 同上书，第 122 页。

　　④ 《马克思恩格斯全集》第 1 版，第 23 卷，人民出版社 1972 年版，第 7 页。

　　⑤ 《马克思恩格斯全集》第 2 版，第 3 卷，人民出版社 2002 年版，第 11 页。

　　⑥ 同上书，第 22 页。

地形成的（historisch fabrizierten）社会生产过程的因素之一，
我们有了一个确定的、乍一看来极为神秘的社会形式。⑤

　　在这里，"独特的社会性质"，是指"社会"范畴的"生产
关系"而言的，"社会形态"不等于其经济结构为"生产关系
的总和"的"社会"范畴。马克思19世纪50年代开始借用地
质学"Geologicalformation"层系单位"formation"术语形成的
"社会形态"（Gesellschatftsformation）范畴，其"经济的社会形态"
（ökonomischen Gesellschaftsfomation）的"标志"（"bezeichnet"）
为和生产力发展"相适应"的"生产方式"，而"生产关系"则
"属于一定历史社会形态"，又与"生产方式""相适应"。
　　马克思的"社会形态"范畴，是学理定义的"逻辑范畴"。
　　范畴（category）是对研究领域的对象本质和关系最一般存在形
式的抽象概括，是范畴体系和结构的核心概念。具体领域的科学范
畴只具本领域的科学概括，并不具广泛的普适性。"逻辑范畴"则
具有普适性。马克思在《哲学的贫困》第二章政治经济学的形而上
学"第一节　方法""第一个说明"中批判普鲁东的"形而上学"，
论述"逻辑范畴"：

　　　　在最后的抽象（因为是抽象，而不是分析）中，一切事物
都成为逻辑范畴，这用得着奇怪吗？如果我们逐步抽掉构成某
座房屋个性的一切，抽掉构成这座房屋的材料和这座房屋特有
的形式，结果只剩下一个物体；如果把这一物体的界限也抽
去，结果就只有空间了；如果再把这个空间的向度抽去，最后
我们就只有纯粹的量这个逻辑范畴了，这用得着奇怪吗？如果
我们继续用这种方法抽去每一个主体的一切有生命的或无生命
的所谓偶性，人或物，我们就有理由说，在最后的抽象中，作
为实体的将是一些逻辑范畴。①

① 《马克思恩格斯文集》第1卷，人民出版社2009年版，第559—600页。

因此，马克思的"社会形态"范畴的理论，不是一蹴而成，而是从第一次"在巴黎开始研究政治经济学"时期"移居布鲁塞尔""继续研究政治经济学"时期、"在伦敦""重新进行""研究政治经济学"时期的"逻辑的方式""无非是历史的形式"①的科学范畴的"最后的抽象中"，由浅入深"逐步""抽象"出来的；是一个由初始范畴经中介范畴到终极范畴的从现象到本质的内涵丰富、外延广的逻辑范畴，为辩证运动中展开内在结构的逻辑范畴体系。对此，马克思指出："正如从简单范畴的辩证运动中产生出群一样，从群的辩证运动中产生出系列，从系列的辩证运动中又产生出整个体系。"②

马克思的"社会形态"论，即其内在结构为"财产（所有）"关系的基本范畴（逻辑基项）的、以"生产关系"的初始范畴（逻辑始项）为起点、展开"生产力—生产方式"系列的中介范畴（逻辑中项）的"社会形态"终极范畴（逻辑终项）的"逻辑范畴"。

在1859年《〈政治经济学批判〉序言》中，马克思对"社会形态"作了新唯物主义史观人类社会历史规律的论述：

> 无论哪一个社会形态，在它所能容纳的全部生产力发挥出来以前，是决不会灭亡的；而新的更高的生产关系，在它的物质存在条件在旧社会的胎胞里成熟以前，是决不会出现的。所以人类始终只提出自己能够解决的任务，因为只要仔细考察就可以发现，任务本身，只有在解决它的物质条件已经存在或者至少是在生成过程中的时候，才会产生。③

这一段论述开头的"无论哪一个社会形态"的原著德文为"Eine Gesellschafts formation gehr nie unter"，"社会形态"即为"Gesellschafts formation"。正是在紧接泛称"无论哪一个社会形态"的这一段论述后的"大体说来，亚细亚的、古希腊罗马的、封建的和

---

① 《马克思恩格斯文集》第2卷，人民出版社2009年版，第603页。
② 同上书，第601页。
③ 《马克思恩格斯全集》第2版，第31卷，人民出版社1998年版，第413页。

现代资产阶级的生产方式可以看做是经济的社会形态""累积时期",是一个由浅向深逻辑发展的私有"社会形态"的"经济的社会形态"。因此,"资产阶级的生产关系是社会生产过程的最后一个对抗形式"。所以,"在资产阶级社会的胎胞里发展的生产力,同时又创造着解决这种对抗的物质条件。因此,人类社会的史前时期就以这种社会形态而告终"①。而马克思的人类社会历史发展的"社会形态"与"对抗形式""社会形态"中的"经济的社会形态"范畴,是两个不同内涵和历史存在层次的范畴。

马克思在写作 1859 年 1 月的《〈政治经济学批判〉序言》之前的《政治经济学批判(1857—1858 年手稿)》[Ⅲ.资本章][第二篇　资本的流通过程][资本的原始积累][Ⅳ—46]页中,论述了:

表现资本的生成的条件,不属于以资本为前提的生产方式的范围,而是资本生成的史前阶段,处于资本以前的时期,就像地球从流动的火海和气海的状态变为地球现在的形态所经历的过程,处于已经形成的地球的生命的彼岸一样。②

另一方面,对我们来说更为重要的是,我们的方法表明历史考察必然开始之点,或者说,表明仅仅作为生产过程的历史形式的资产阶级经济,超越自身而追溯到早先的历史生产方式之点。因此,要揭示资产阶级经济的规律,无须描述生产关系的真实历史。但是,把这些生产关系作为历史上已经形成的关系来正确地加以考察和推断,总是会得出这样一些原始的方程式——就像例如自然科学中的经验数据一样——,这些方程式将说明在这个制度以前存在的过去。这样,这些启示连同对现代的正确理解,也给我们提供了一把理解过去的钥匙——这也是我们希望做的一项独立的工作。另一方面,这种正确的考察同样会得出预示着生产关系的现代形式被扬弃之点,从而预示

① 《马克思恩格斯全集》第 2 版,第 31 卷,人民出版社 1998 年版,第 413 页。
② 《马克思恩格斯全集》第 2 版,第 30 卷,人民出版社 1995 年版,第 452 页。

着未来的先兆，变易的运动。如果说一方面资产阶级前的阶段
表现为仅仅是历史的，即已经被扬弃的前提，那么现在的生产
条件就表现为正在扬弃自身，从而正在为新社会制度创造历史
前提的生产条件。①

这里的论述与《〈政治经济学批判〉序言》中的"人类社会的
史前时期"的概念是一致的，所指的就是"新社会制度"的第三大
"社会形态"之前第一大"社会形态"和第二大"社会形态"的
"资本生成的史前阶段，处于资本以前的时期"；即马克思在1867
年出版的德文《资本论》第一卷第一篇"商品和货币"第一章
"商品""4. 商品的拜物教性质及其秘密"一节中论述的：

> 它们是属于生产过程支配人而人还没有支配生产过程的那
> 种社会形态的。②

"人类社会的史前时期"就以"亚细亚的、古希腊罗马的、封
建的和现代资产阶级的生产方式""经济的社会形态"的"资产阶
级的生产关系是社会生产过程的最后一个对抗形式"的"这种社会
形态而告终"。

之前，马克思在第三次"研究政治经济学"1857年10月—
1858年5月的《资本论》第一大手稿《政治经济学批判》[手稿后
半部分]的"七个笔记本"最后一个的第"Ⅶ"个笔记本"补加"
的最后一页[Ⅶ—63]页1858年5月未写完的"Ⅰ. 价值"一节手
稿中断前的最后句段，有论：

> 不久前有人又发现公社所有制是斯拉夫族特有的一种奇异
> 现象。事实上，印度为我们提供了这种经济共同体的各种各样
> 形式的典型，它们虽然或多或少已经解体了，但仍然完全可以

---

① 《马克思恩格斯全集》第2版，第30卷，人民出版社1995年版，第452—453页。
② 《马克思恩格斯全集》第2版，第44卷，人民出版社1995年版，第99页。

辨认出来；经过更仔细地研究历史，又发现这种共同体是一切
文明民族的起点。以私人交换为基础的生产制度，最初就是这
种原始共产主义在历史上解体的结果。不过，又有整整一系列
的经济制度存在于交换价值控制了生产的全部深度和广度的现
代世界和这样一些社会形态之间，这些社会形态的基础是这样
一种公有制，它虽然已经解体，但是并未［……］①

　　手稿虽然于此中断，但在该句段中断之前的论述中，已进一步
将共有的"原始共产主义"和"整整一系列的经济制度"的"以
私人交换为基础的""现代世界"的社会形态予以区分，实际上是
把原始共有的第一大"社会形态"和私有的第二大"社会形态"区
分开来了。这是马克思在1881年《给维·伊·查苏利奇的复信》
稿中对"以公有制为基础的""原生的社会形态"的"古代社会形
态"与"以私有制为基础的""次生形态"②两大"社会形态""逻
辑范畴"论述的先声。

　　而在1858年，紧接在5月末的《政治经济学批判》该手稿中
断的未完论述后，马克思在1858年8月开始写作的《政治经济学
批判》第一册"资本""第一章商品"的前论中，将这段中断的论
述写成了"我们看一下一切文明民族的历史初期自然发生的共同劳
动"句下注：

　　　　近来流传着一种可笑的偏见，认为原始的公社所有制是斯
拉夫族特有的形式，甚至只是俄罗斯的形式。这种原始的形式
我们在罗马人、日耳曼人、克尔特人那里都可以见到，直到现
在我们还能在印度人那里遇到这种形式的一整套图样，虽然其
中一部分只留下残迹了。仔细研究一下亚细亚的、尤其是印度
的公有制形式，就会得到证明，从原始的公有制的不同形式
中，怎样产生出它的解体的各种形式。例如，罗马和日耳曼的

---

① 《马克思恩格斯全集》第19卷，人民出版社1963年版，第294页。
② 同上书，第450页。

私有制的各种原型，就可以从印度的公有制的各种形式中推出来。①

这段注的内容，也是来源于对《政治经济批判（1857—1858年手稿）》［手稿前半部分］笔记本［Ⅳ—51］——［Ⅴ—7］的［资本主义生产以前的各种形式]② 论述的概括。之后在 1873 年的《资本论》第一卷"第一篇　商品和货币""第一章　商品""4.商品的拜物教性质及其秘密"的"要考察共同的劳动即直接社会化的劳动，我们没有必要回溯到一切文明民族的历史初期都有过的这种劳动的原始形式"句下"第一篇　商品和货币"的句下注（30)，重注了《政治经济学批判》第一册（《资本论》第一卷"第一篇　商品和货币"即《政治经济学批判》第一册的内容）的原"共同劳动"的句下注（但将原来"原始的公社所有制"一词改为"原始的公有制的形式"③。但在这里，马克思的这段后注中，郭大力、王亚南译《资本论》第一卷人民出版社 1953 年版第 60—61 页将"原始的公有制"、"印度的公有制"和"印度的公有制"分别译的是"自然发生的共有"、"印度的共有"和"印度共有"，没有将马克思德语原文的"Öffentich"（"共有"）译为汉语后来错意西方的所有观念的俗称的所谓"公有"。

同时马克思在《给维·伊·查苏利奇的复信》［二稿］中的"古代社会形态"用语和论述：

"地球的太古结构或原生结构是由一系列不同年代的叠复的地层组成的。古代社会形态也是这样，表现为一系列不同的、标志着依次更迭的时代的类型。"④

［三稿］中对"古代社会形态"强调有关字词的用语及其论述：

同样在亚洲，在阿富汗人及其他人中间也有"农村公社"。

---

① 《马克思恩格斯全集》第 2 版，第 31 卷，人民出版社 1998 年版，第 426 页。
② 《马克思恩格斯全集》第 2 版，第 30 卷，人民出版社 1995 年版，第 472—490 页。
③ 《马克思恩格斯全集》第 2 版，第 3 卷，人民出版社 2002 年版，第 95 页。
④ 《马克思恩格斯全集》第 2 版，第 25 卷，人民出版社 2001 年版，第 472 页。

但是，这些地方的公社都是最近类型的公社，也可以说，是古代社会形态的最近形式。①

又在［三稿］中有"原生的社会形态"的用语及其"次生形态"的相关论述：

　　农业公社［commun agricol］既然是原生的社会形态的最后阶段，所以它同时也是向次生形态过渡的阶段，即以公有制［propriété communale］为基础的社会向以私有制为基础的社会的过渡。不言而喻，次生形态包括建立在奴隶制上和农奴制上的一系列社会。②

在这里，"农业公社"汉译，为"农耕共同体"。对此，马克思进行了"原生的社会形态的最后阶段""同时也是向次生形态过渡的阶段"的论述。但句中的"即以公有制为基础的社会向以私有制为基础的社会的过渡"的"公有"汉译，应为"共有"之误。

马克思"三大'社会形态'"论是需要"历史科学"的史实论证的。虽然马克思在"人的发展"视阈的"人的依赖关系（起初完全是自然发生的），是最初的社会形式"中，在理论上人与社会同时产生，但"起初完全是自然发生的""最初的社会形式"，仅是"在这种形式下，人的生产能力只是在狭小的范围内和孤立的地点上发展着"的叙述，却缺如具体历史的支持。这要待1880年后才得到了具体史实论证的确立。

马克思1881年《给维·伊·查苏利奇的复信》［初稿］［二稿］中，又作了"现代社会回复到古代类型的高级形式"的对人类社会历史发展"三大'社会形态'"辩证发展的论述：

　　资本主义制度正经历着危机，这种危机只能随着资本主义

---

① 《马克思恩格斯全集》第19卷，人民出版社2001年版，第477页。
② 《马克思恩格斯全集》第19卷，人民出版社1963年版，第450页。

的消灭，随着现代社会回复到"古代"类型的公有制而告终，这种形式的所有制，或者像一位美国著作家（这位著作家是不可能有革命倾向的嫌疑的，他的研究工作曾得到华盛顿政府的支持）所说的，现代社会所趋向的"新制度"，将是"古代类型社会在一种高级的形式下（in a superior from）的复活（a revival）"。[初稿]①

资本主义产在它最发达的欧美各国中所遭到的致命危机，而这种危机将随着资本主义的消灭，随着现代社会回复到古代类型的高级形式，恢复到集体生产和集体占有而告终。[初稿]②

欧洲和美洲的一些资本主义生产最发达的民族，正力求打碎它的枷锁，以合作生产来代替资本主义生产，以古代类型的所有制最高形式即共产主义所有制来代替资本主义所有制。[二稿]③

这与马克思在《给维·伊·查苏利奇的复信》[初稿][二稿][三稿]中，中译的以"公有制为基础的社会"的"原生的社会形态"的"古代社会形态"论述结合起来，阐明了"原生的社会形态"晚期的"'古代'类型"——"次生形态"晚期的"资本主义私有制"——"古代类型的所有制最高形式即共产主义所有"的"否定的否定""三段式"的人类社会历史发展的辩证发展。这样，马克思在19世纪50年代以后形成了由自然必然性和经济必然性两个"必然王国"的两大"社会形态"向"自由王国"第三大"社会形态"发展的三大"社会形态"逻辑范畴。即"原生的社会形态—次生的社会形态—再次生的社会形态"的原生的社会形态"在一种高级的形式下（in a superior from）的复活（a revival）"否定之否定"回复"过程的"三大'社会形态'"论。理论是对一般事物的抽象概括，普遍理论是对局部特殊抽象的全面概括、对具体

① 《马克思恩格斯全集》第2版，第25卷，人民出版社2001年版，第458—459页。
② 同上书，第465—466页。
③ 同上书，第472页。

历史宏观抽象的逻辑范畴。1883 年 3 月 18 日，恩格斯在报道"马克思的葬仪"中指出：

> 马克思发现了人类历史的发展规律。①

即"物质生产力的一定发展阶段"的"一定的生产方式以及与它相适应的生产关系"的"社会经济结构"与"有法律的和政治的上层建筑竖立其上并有一定的社会意识形式与之相适应"内涵构成的三大"社会形态"逻辑范畴的人类社会历史发展普适规律。所谓"五种'社会形态'"的"社会形态"一词，是对马克思新唯物主义史观三大"社会形态"的"社会形态"范畴的误用和对私有第二大"社会形态""亚细亚的，古希腊罗马的、封建的和现代资产阶级生产方式""经济的社会形态"逻辑抽象范畴的舛释。马克思三大"社会形态"论的新唯物主义"社会形态"逻辑范畴，不是一蹴而确立的，是从 1840 至 1880 年近 40 年来在 1875 年《哥达纲领批判》，尤其是 1880 年 12 月底至 1881 年间《摩尔根〈古代社会〉一书摘要》后最后完成的。新唯物主义史观三大"社会形态"的一、二大"社会形态"的论证，是需要"历史科学"② 史实的加持。马克思晚年继《摩尔根〈古代社会〉一书摘要》后的《约翰·菲尔爵士〈印度和锡兰的雅利安人村社〉（1880 年伦敦版）一书摘要》和对"新石器时代"概念提出者拉伯克的《约·拉伯克〈文明的起源和人的原始状态〉（1870 年伦敦版）一书摘要》的马克思晚年三个第一大"社会形态"史的"摘要"笔记，即《给维·伊·查苏利奇的复信》二、三稿中的"古代社会形态"、"原生的社会形态"的第一大"社会形态"成立的又两个史证。而《政治经济学批判（1857—1858 年手稿）》作为《资本论》第一大手稿中的"货币章""以物的依赖性为基础的独立性，是第二大形式"为中心论述到的《资本论》，以具体史实论证了第二大"社会形态"的"现代

---

① 《马克思恩格斯全集》第 2 版，第 25 卷，人民出版社 2001 年版，第 594 页。
② 《马克思恩格斯文集》第 1 卷，人民出版社 2009 年版，第 516 页。

资产阶级生产方式的经济社会形态"①。对第三大"社会形态",马克思在 1875 年 4—5 月《哥达纲领批判》论述了"共产主义社会高级阶段"②,在 1877 年 10—11 月《给〈祖国纪事〉杂志编辑部的信》又表述为了"社会所有制"③ 的"在保证社会劳动生产力极高度发展的同时又保证每个生产者个人最全面的发展的这样一种经济形态"④。而《政治经济学批判(1857—1858 年手稿)》[Ⅰ—21]页上"货币章"的"人的发展"的"建立在个人全面发展和他们共同的、社会的生产能力成为从属他们的社会财富[产]这一基础上的自由个性,是第三个阶段"⑤。这一段汉语在手稿的原文是:

> Freie Individualiät, gegründet auf die universelle Entwicklung der Individuen und die Unterordnung ihrer gemeinschaftlichen, gesellschaftlichen produktivität, ale inres gesellschaftlichen vermögene, ist fie dritt stufe.⑥

马克思在这里的德文原文中指出的是"社会财产"("gesellschaftliche vermögene")"从属于"("unterordnung")"共同的"("gemeinschaftlichen")"社会的"("gesellschaftlichen")"生产能力"("produktivität")之上的"全面发展的个人"("universelle")的"自由个性"("Freie Individualiät"),而"自由个性"的"全面发展的个人",也就是[Ⅰ—23]页上的"他们的社会关系作为他们自己的共同的关系,也是服从于他们自己的共同的控制的""全面发展的个人"⑦ 乃是"人的发展"的"自由王国",乃属第三大"社会形态"的范围,但非"社会形态"的范畴。

---

① 《马克思恩格斯文集》第 2 卷,人民出版社 2009 年版,第 592 页。
② 《马克思恩格斯全集》第 2 版,第 25 卷,人民出版社 2001 年版,第 20 页。
③ 同上书,第 725、144 页。
④ 同上书,第 145 页。
⑤ 《马克思恩格斯全集》第 2 版,第 30 卷,人民出版社 1995 年版,第 107—108 页。
⑥ [日]望月清司:《马克思历史理论的研究》,韩立新译,北京师范大学出版社 2009 年版,第 279 页。
⑦ 《马克思恩格斯全集》第 2 版,第 30 卷,人民出版社 1995 年版,第 112 页。

马克思严格学理的"社会形态"逻辑范畴，不是随意滥用的标签，将"人的依赖关系"的"最初的社会形式"和"以物的依赖性为基础的人的独立性"的"第二大形式"舛释为"最初的社会形态"和"第二形态"的所谓三大"社会形态"，是为没能"读懂"马克思之误。

"Understanding" to Marx

——Marx the view to "personality development" of three "form-phase" theory not to the logic category of three big "society formation" of human society developmet

Yang　Mu

Abstract：In the chapter *of Money of Marx's the Manuscript of a critique of political economy*（1857－1858）, political econom "'initial social form' of dependence of personality — 'the second phase' of 'the socond form' — 'the third phase' for which 'the second phase' created conditions", but the expound about "personality development beinges" of qualitative change of the three "form—phase", are not logic category of the negation of negation to the three big "social formation" of human social development the viewpoint of new historical materialism.

Key words：Marx；society；social form；social formation；logical category

随笔：继光年逮古稀华诞在即，《王继光教授七十诞辰庆寿纪念文集》约稿函特邀论文，不容辞命。既《集》名"纪念"，两度老同学，同窗契谊深。忆昔"文革"遭难，在底巷子王妈家共度乱世，曾饭恩于我，应撰文记之，但却纸短莫述。世俗眼里，王君外浪，但实诚于内，朋友也。又惠有才，为学路数，彼此深知，都明白的，无须置喙。我蹚的是先师槿堂史论互动结合的拓荒险途，《古史辨》加"中国社会史大论战"，须"读懂"马克思和"古史新辩"《诗》、《书》、《国语》、《左传》之中外双"经"，破"五种

'社会形态'"与春秋大一统两大传统教条史观，但需大器晚成。不忘 1986 年赵先生八秩大寿，外地都已成为大教授的同为兰大历史系本科、研究生二度师兄弟，在敝家陋室谈笑，说起《赵俪生先生八十寿辰纪念文集》中，先师与同门研究生刘家峡水库合影里，既阙我照（时我作为研究生班长在另处办登船手续），亦七徒缺一无我论文（因我坚守良工不示人以璞），继光老兄曰自有各道，知我者伊人也。此一言，使我终身感念。谨赘附言，一切都在且寿且祝教安珍重中。

　　　　　　　　杨某（木）名不具兹拜上，乙未称觞丙酉年

支撑与推演

——李翱"诚"的构建路径

朱丽霞[*]

李翱（774—836 年）在《复性书》中探讨了一个重要的概念——诚，这本是出自《中庸》的概念。一些学者甚至认为这是李翱哲学思想中的核心概念[①]，"诚"在李翱的思想体系中有这样几层含义：（1）"诚"是一个贯穿天、人的本体论意义上的概念，所谓的"道也者，至诚也。至诚者，天之道也"[②]。"诚之者，人之道也。"这是说"诚"是天道，而人道就是不断朝向这个天道努力，从而在终极意义上实现天人贯通。李翱在这里的思维模式和《中庸》无二致。（2）"诚"的内涵是绝对的、虚静而不妄动的状态，也就是"动静皆离，寂然不动"的，寂然不动是否定式的表达，在肯定意境中，李翱称之为"定"。在这个方面，李翱的"诚"和《中庸》的"诚"的含义已经不同了。（3）"诚"不仅有着虚静不动的本体，还有应物之用，这个用被李翱称为"明"或者"照"，也就是他所说的"广大清明，照乎天地，感而遂通天下之故，行止语默，无不处于极也"（《复性书上》）。

---

　　[*]　朱丽霞，女，1970 年生，哲学博士，现为河南大学哲学系主任，河南大学特聘教授，宗教学研究所所长，中国宗教学会理事。研究方向为中国哲学、佛教哲学。
　　[①]　林耘在《李翱论"诚"》中说"'诚'是《复性书》的中心范畴"，《孔子研究》2003 年第 3 期。
　　[②]　李翱：《复性书》，载（清）董诰等编《全唐文》卷 637，上海古籍出版社 1990 年版，第 2849—2851 页。以下《复性书》引文皆同。

实际上，李翱的"诚"也就是他所要复的"性"，因为他已经明确地界定"诚"为"圣人之性"。李翱将"诚"的内涵定为"定"、"不动"、"本无有思"等，又言性有"明"、"照"之用，这看起来都和佛教的教义有着脱不尽的干系。因此，清儒阮元在评价李翱的复性说时就讲"内庄已不可矣，况又由庄入禅乎！"①"阴释而阳儒，唐李翱为始。"②后世的研究者也基本上沿着这个思路定位李翱的思想，认为李翱的学说"在很大程度上是借鉴了佛教相关理论的结果"③，或"唐李习之更是以禅宗思想解释《中庸》，而以'无思无虑'为'正思'"④。

但是，如果将李翱在"诚"上的发挥纯粹地归纳为"援佛入儒"的结果，显然还有值得商榷之处，因为从宏观的中国思想史与微观的"诚"之内涵来看，都有其不能成立的必然。

一　李翱于思想史上之非佛路向

回放历史，李翱是一个立场鲜明的排斥佛教者。李翱"排佛"的文章有《与本使杨尚书请停率修寺观钱状》、《再请停率修寺观钱状》以及《去佛斋论》。佛教在《去佛斋论》中被称为"夷狄之术"，是与圣人之道对立的，兴夷狄之术，必然乱圣人之礼，如果传到后代，则"祸流于将来也无穷矣"。同时，在李翱看来，佛门弟子"不蚕而衣裳具，弗耨而饮食充"，且"筑楼殿宫阁"、"饰土木铜铁"以事佛，佛门形制富丽堂皇的寺院的建制，都出自百姓的财力，与古代"手胼足胝"⑤为百姓谋利的儒家圣人形成了鲜明的对比。在《与本使杨尚书请停率修寺观钱状》中，李翱重申了佛教

① 《复性辨》，《研经室续集》卷3，四库丛刊本。
② 《研经室集》，中华书局1993年版，第236页。
③ 张岂之：《中国思想学说史》（隋唐卷），广西师范大学出版社2008年版，第197页。
④ 徐复观：《中国人性论史》，华东师范大学出版社2005年版，第80页。
⑤ 《去佛斋论》，载《全唐文》卷637，第2846页。

与民有害的思想，他说："天下之人，以佛理证心者寡矣，惟土木铜铁周于四海，残害生人，为逋逃之薮泽。"① 在《再请停率修寺观钱状》中，李翱的措辞更为激烈，他认为"佛法害人甚于杨墨，论心术虽不异于中土，考教迹实有蠹于生灵，浸溺人情莫此之甚，为人上者所宜抑焉"②。由此可见，李翱与韩愈一样，将佛教视为儒家文化的对立面，他认为从大的方面来说，佛教违背了圣人之道，圣人之礼；从事相上看，佛教徒不事生产并且竭民力、民财以建寺院的做法，是十分有害的。但是李翱对佛教的态度不如韩愈那样极端，并没有提出类似"人其人，火其书"的说法，只是要求对佛教要抑制、摒弃。

李翱对佛教的抵触情绪在贞元十五年（799 年）泗州开元寺澄观请他为寺中的钟作钟铭时也体现出来了。此处的澄观就是华严宗四祖澄观，澄观历唐朝七帝（代宗、德宗、顺宗、宪宗、穆宗、敬宗、文宗），累封为国师，是当时炙手可热的僧人。面对澄观的请求，李翱说："吾之铭是钟也，吾将胆圣人之道焉，则于释氏无益也"，并且说如果自己的铭文"顺释氏之教而述焉"，则"后有圣人如仲尼者之读吾词也，则将大责于吾矣"。③ 李翱再次将释教与圣人之道对立起来，显现出明显的对立情绪，并且显然是拒绝作这个钟铭的。后来不知何因，李翱还是作了这个钟铭，铭文如下：

> 八月梓人功既休，戊寅大钟成。先时厥初，罹于天灾。波沈火燔，既浮为薪，既蜚为尘。澄观之功，恢复其居，革旧而新。环墉如陵，台殿斯严。乃三其门，俾后勿逾。其徒不哗，咸复其勤，有加于初。屋室既同，乃范乃镕，乃作大钟，乃悬于楼，以鼓其时，以警淮夷。非雷非霆，铿号其声，淮夷其惊。上天下地，弗震弗坠，大音无斁。千僧戮力，愿昭其绩，乃铭于石。④

---

① 《与本使杨尚书请停率修寺观钱状》，载《全唐文》卷 634，第 2837 页。
② 《再请停率修寺观钱状》，载《全唐文》卷 634，第 2837 页。
③ 《答泗州开元寺僧澄观书》，载《全唐文》卷 636，第 2845 页。
④ 《泗州开元寺钟铭》，载《全唐文》卷 637，第 2847 页。

这个铭文从始至终并无一词褒扬佛教。李翱先前拒绝作钟铭时，曾提到当时媚俗的文人所作的各类铭文都起不到"勒功德诚劝于器"的目的，也就是说文不能载道，遗失了远古刻制铭文的本怀。但在李翱最终写成的这篇铭文中，恰恰重复了他所轻视的铭文的写作模式，只对该钟的铸造过程等进行了泛泛的描述，没有片言只语正面评价佛教。

在这样的一个心态中，如果说李翱在构建自己的学说体系时，又深度借鉴佛教的理论，从逻辑上和情理上都是不能成立的。以李翱"诚"论与佛教心性论的相似性便断言李翱"阳儒阴佛"，至此可以被看成一个罔顾史实的逻辑推论。因此，诸如此类"李翱本人就与许多高僧大德和著名道士多有交往，深受释家佛性思想学说的影响，如《乘起信论》'一心二门'的思维方式，天台宗的'止观'学说，禅宗的'以心传心'、人人都有佛性、'见性成佛'的思想等等，都对李翱的复性学说产生了巨大影响"① 的观点，更是要商榷的。李翱是儒家知识分子，如此精研佛家的理论难免可疑，况且，这里提到佛教任何一种思想要想搞清楚其基本内涵尚且不易，遑论各个精通且受其影响呢？

另外，在李翱的时代，纵然他和禅师有往来，但当时已经是南宗禅的天下，而南宗禅从来没有绝思虑的主张。慧能曾明确地提到"若百物不思，念尽除却，一念断既死，别处受生"②，显然李翱关于"至诚"乃是心无思无虑的主张完全不能归到禅宗的身上。加之李翱在与惟俨禅师往来的过程中，虽然作了"练得身形似鹤形，千竹松下两函经。我来相问无余说，云在青天水在瓶"的名诗，但"云在青天水在瓶"也是重复了惟俨的原句，并不是李翱之悟解，因此也还不能证明他"顿了本心"③。况且，此句强调的是禅门任运自然的境界，李翱的思想与此也无太大相似性。

既然与佛家的影响无多少关涉，则对李翱"诚"的构建路径须回返儒家本身。而且，李翱"诚"论的构建路径或者说思想来源在

---

① 王洪军、杲元祥：《李翱复性思想简论》，《济宁师院学报》2008年第1期。
② 《坛经校释》，郭朋校释，中华书局1983年版，第32页。
③ （宋）赞宁：《宋高僧传》卷17，范祥雍点校，中华书局1987年版，第424页。

儒家思想体统内部也确有其存身之处。

二　"未发"到"不动"——《中庸》之支撑

李翱的"诚"的内涵首先来自于《中庸》本身，李翱认为"诚者，圣人性也"，所以，他讲性的时候，也就是在讲诚，而性是与情相比较而成立、而存在的。在性情对举中，性明情昏，性善情恶，圣人全性为命，达到了"至诚"的状态，所以方为圣人。"诚"等同于圣人之性，以不受情惑乱为特征，这个观点实际上是在李翱解读《中庸》中情之"未发"、"已发"时产生的。《中庸》中说：

> 喜怒哀乐之未发，谓之中；发而皆中节，谓之和。中也者，天下之大本也，和也者，天下之达道也。致中和，天地位焉，万物育焉。①

《中庸》以"喜怒哀乐之未发"的状态作为天下的"大本"，这个"大本"也就是"情"还没有起动的状态，是思虑没有出现的境界，因而也可以被理解为是"定"和"不动"。而一旦喜怒哀乐这些情志被引发出来，则有"中节"与否的区别，只要"中节"，这时的情也可以被称为"达道"。当然，"中节"之情也就是圣人之情，它是因性而起，依本而起的，并且合于性，和性保持了高度的一致。因此，此情可以说为情，也可以理解为性，这也就是李翱所说的圣人"虽有情也，未尝有情也"，也因此圣人在《复性书》中被描述为"寂然不动，不往而到，不言而神，不耀而光"。《中庸》讲性、情的关系，关注点只在圣人，只谈到了情"中节"的情况，对于不"中节"的"小人"的情况则没有谈及。李翱则接着谈了这个问题，小人因为在情志上不能不偏不倚，因而"情之所昏，

---

① （宋）朱熹：《四书章句集注》，中华书局 1983 年版，第 18 页。

交相攻伐，未始有穷，故虽终身而不自睹其性焉"。也就是说"小人"为情所惑，"溺于情"，因而终身不知自己的本性。

基于这样的认识，李翱的涵养功夫注定就是溯本回源式的，即强调排除"情惑"，回归自己的天然不动之本性。具体来看，则先从"无虑无思"着手，最终达到离动静、寂然不动的状态。问题是李翱在此处诠释《中庸》时出现了一个拓展或者推演：放弃了情"发而中节"之说，一味在"未发"上做文章。《中庸》讲体、性时，几乎都和用联系在一起，内圣和外王联系在一起，但李翱则只在本体上下功夫。《中庸》中说："至诚无息，不息则久，久则征，征则悠远，悠远则博厚，博厚则高明。博厚，所以载物也；高明，所以覆物也；悠久，所以成物也。博厚配地，高明配天，悠久无疆。如此者，不见而章，不动而变，无为而成，天地之道，可一言而尽也。"[1] 此间，至诚指向了载物、覆物、成物；"不见"、"不动"、"无为"则与"章"、"变"、"成"联系在一起。《中庸》中，体指向用、内圣指向外王、静指向动是必然的，这也和儒家的根本精神是一致的，儒家的指归必然是入世的，是自强不息的。所以，按照《中庸》的原意，"喜怒哀乐之未发"时的"中"固然重要，但"发而皆中节"的"和"同等重要，只有"中"、"和"双双实现，才能使万物各得其所，各得其正。但李翱显然忽略了《中庸》中这个"发"的问题，这才有了《复性书中》中的"情者性之邪也，知其为邪，邪本无有。心寂然不动，邪思自息"之说，也就是后世学者所总结的"性善情恶"（性善情邪）论。但就《中庸》本身来说，情发而"中节"，就不仅不是邪的、恶的，反倒是天下的"达道"。

此外，李翱的"性善情恶"虽以解析《中庸》的方式成立，但也显示出唐承汉说的特征。董仲舒主"性善情恶"，南北朝时北齐的刘昼也持此观点。但将李翱的思想仅仅理解为在探讨性情关系，则未免落于肤浅。李翱通过性情关系的论述，更多地体现出了他对性本体的重视，显现出他急于构建形而上学的儒家性命之说的努

---

[1]　（宋）朱熹：《四书章句集注》，中华书局1983年版，第34页。

力。在整体思路上，这是李翱在经过魏晋玄学的陶炼，在经受的佛教的刺激后，重新整合儒家思想的努力。

因此，李翱"复性"，即向内开显人之"至诚"的思想，并不是来自于佛教，而且，在某种意义上，这恰恰是他急于凸现儒家的性命之学以与佛教心性之说相抗衡的产物。他认为儒家"性命之书虽存，学者莫能明，是故皆入于庄、列、老、释。不知者谓夫子之徒不足以穷性命之道，信之者皆是也"（《复性书上》）。由是可知，李翱为了表明孔门也有性命之学，所以特意在这方面下功夫，而《中庸》之所以被他重视，也是因为《中庸》中的"诚"与儒家其他主张相比，已经具有不同的特质，不仅开始阐述性命之说，而且《中庸》中的"诚"除了落实在道德修养之中外，还具备了向上提升成为形上之主体的层面。① 李翱重视《中庸》，就是重视《中庸》中"诚"的内在超越性的内容。

三　"无思"而"照乎天地"——《易传》之支撑

李翱"诚"论的构建路径与《周易》，确切地说与《易传》密不可分。李翱以《易》解《中庸》，将二者的思想糅合在一起构建了自己的思想体系。李翱在《复性书》中引入了这样一句话："《易》曰：'易无思也，无为也，寂然不动，感而遂通天下之故。非天下之至神，其孰能与于此？'"这是说"易"本身没有思虑，没有作为，寂静不动，但能够感应、能够贯通天下的事与物。《易传》的这个思路对李翱影响是很大的，他认为"诚"是圣人性，其特点是"寂然不动"，这是从体上来讲的，如果从用上去看，则"广大清明，照乎天地，感而遂通天下"。其中的"感而遂通天下"直接来自《易传》。在李翱看来，要通于天下则首先要"照"乎天地，也就是说没有第一步的照摄天下，则没有第二步的贯通天下。此处，由《易传》引发出来的、"诚"的"寂然不动"与"照乎天

---

① 张晓芬：《试论诚德的渊源与在先秦时的发展》，《人文》2006年第165期。

下"的体用特征，与佛家的"寂照"看起来实在颇为相通，这也是他被定位为"援佛入儒"的主因之一。

李翱同时还引用了《易传》中的另外两句话继续证成自己的观点："天下何思何虑。"又曰："闲邪存其诚。""弗虑弗思"既是李翱的本体论，又是他工夫论的起点：

> 弗虑弗思，情则不生，情既不生，乃为正思。正思者，无虑无思也。《易》曰："天下何思何虑。"又曰："闲邪存其诚。"《诗》曰："思无邪。"

对于"弗虑弗思"，在《周易》的释家中，历来是有分歧的，多数人认为这并非否定思虑，相反是对思虑的肯定。① "闲邪存其诚"中的"诚"与本体论意义上的"诚"原并无瓜葛，"邪"的主体意义也为"邪僻"；但李翱在此都按照自己的思路重新做了解读，他将情定为邪，这句话在他的诠释框架内就出现了新的意义：一则情被理解为邪，乃与诚相对立。二则人只有离邪情方能全天性，方能达到"至诚"的状态。

同时，李翱也沿着自己的思路，对"格物致知"也作出了非同传统的解读，形成了由格物—意诚—天下平的儒家践行路线。他说：

> 物者万物也，格者来也，至也。物至之时，其心昭昭然明辨焉，而不应于物者，是致知也，是知之至也。知至故意诚，意诚故心正，心正故身修，身修而家齐，家齐而国理，国理而天下平。此所以能参天地者也。(《复性书中》)

这个解读中最具有特点的是当面对外物时，心昭然明辨但不应于物。这样的说法，被大多数学者解读为受佛教的影响，是佛家的

---

① 陈居渊在《易章句导读》(齐鲁书社 2002 年版，第 209 页) 中说："言何以有思有虑，以功业之成虽同归一致，而所以起者，则殊途百虑，所以宜思宜虑也。"

无执着精神的翻版：

> 以"不应于物"释致知格物，可谓奇想。然此正是李氏思想之真倾向。李氏虽言"尽性"之义，但未能明白《中庸》所说之"尽性"，与道家之纯任自然，佛教之无所执着皆不同。李氏但以为此心不为物所动，即是至高境界。儒家化成世界之精神中之积极意义，李氏固未能知也。①

但从《复性书》本身的内在逻辑来看，这未免是断章取义的产物，因为李翱接着说：

> 《易》曰："与天地相似，故不违；知周乎万物，而道济天下，故不过；旁行而不流，乐天知命，故不忧；安土敦乎仁，故能爱；范围天地之化而不过，曲成万物而不遗，通乎昼夜之道而知，故神无方而易无体。一阴一阳之谓道。"此之谓也。（《复性书中》）

李翱所引《易》的这段文字来自《系辞上》，引文之后，他特意指出了"此之谓也"，认为前面关于格物致知的说法与《周易》中的说法是一致的，也就是他本人已经指出了自己观点的思想来源，但这点被后人忽视了。

"弗虑弗思"只是达到了静的状态，这个状态是"斋戒"功夫的实现，但李翱认为有静必有动，有动必有静，动静不息，这是情生生不灭的特征。所以，"知心无思"这个境界还需要被提升，达到而"知本无有思"的至诚之态。一入至诚，则动静皆离，寂然不动。超越了动静的至诚虽不寂然不动，但有光照天地的作用或功用，也就是"诚之明"，或者"诚明"。这样的理解思路显然已经不是《中庸》中"自诚明，谓之性；自明诚，谓之教"中的理解思

---

① 劳思光：《新编中国哲学史》（三卷上），广西师范大学出版社2005年版，第25页。

路了。李翱在讲"诚"的超越性时,还引用了《易传》中的"天下之动,贞夫一者也"证成自己的观点。联系前后文意,李翱认为这句话的意思是天下的"动"皆肇始于"一",也就是动静未分的状态。但这个理解显然已经是以老子解《易》,而不是《易传》的本意了。《易传》的本意是天下人的行动,以合于天地之道为正。

可见,李翱将《易传》融合到《中庸》中来讲《中庸》,而《中庸》与《易传》本来就关系密切。熊十力就讲"《中庸》本演易之书"①。冯友兰也持类似的观点:"《中庸》的主要思想与《易传》的主要思想,有许多相同之处",他提出《中庸》与《易传》的作者都不止一人,"《易传》的作者,也许有些就是《中庸》的作者。至少我们可以说,他们的中间,有密切底联系"②。不仅如此,李翱对《易传》的理解也掺杂了老庄的思想,这也与唐代《周易》的发展状况有关。南北朝时期,汉郑玄所注的《易》与魏晋时王弼所注《易》均有所传承,"到了隋代,王《注》盛行,郑《注》渐废。唐代孔颖达作《周易正义》时,又多用王而遗郑,于是汉《易》遂亡"③。王弼的《易》注本身就是就已经融入了老子的思想,孔颖达虽然对此有所纠正,但他的《周易正义》已经无法避免成为儒道融合的产物。李翱对《易传》的理解也离不开这样的时代背景。

依照《易传》,李翱最终将"至诚"变成了超越对待的本体论,圣人全性成命,所以闻解觉知、治国平天下并不妨碍其心寂然。

四 "生而静"与"归根"——《礼记》、《老子》之合力

李翱关于"诚"的开显路径与《礼记》、《老子》也有关联。《中庸》作为《礼记》的篇章,李翱读《中庸》自然不能不受《礼记》整体思想的影响。《礼记·乐记》中说:"人生而静,天之性

---

① 熊十力:《原儒》,中国人民大学出版社 2006 年版,第 174 页。
② 冯友兰:《新原道》,上海商务印书馆 1946 年版,第 61 页。
③ 陈克明:《唐代〈易〉学的比较研究》,《中国哲学史》1993 年第 1 期。

也；感于物而动，性之欲也，物至知知，然后好恶形焉。好恶无节于内，知诱于外，不能反躬，天理灭矣。夫物之感人无穷，而人之好恶无节，则是物至而人化物也。人化物也者，灭天理而穷人欲者也。"①《复性书》中解释"天命之谓性"时，说"人生而静，天之性也，性者天之命也"。所以，李翱于此处直接引用了这句话，形成了自己关于天性、关于诚的超越于动静的绝对静止的观点，同时，上引《乐记》的后半段应该说直接引发了李翱关于格物致知的解读。

　　但是，《乐记》中已经明确地表明当"物至"时，心感物而动，产生不受节制的好恶，不能反躬于"生而静"，这就是灭天理而穷人欲了。《乐记》在阐发人性时，已经将静、动、物、知放在一个体系内探讨了，李翱以同样的模式来解读格物致知就不足为怪了。不过李翱与《礼记》在此处还是有分野的，《礼记》并不反对心感物而动，只是反对以此而来的好恶不受"静"的节制，一味地逐物而扩展。李翱则复归到底，反对心感物而动，主张心不感应于物，这样的认识"其所追求者实只是一有超离意味之自我"，"不似宋儒兼说'感而遂通'"②。所以，《礼记》所说的天理并不等同于天性，天理是天性下贯，与好恶一体，但李翱只是讲不断地上提与超越，背离了儒家的整体精神，反倒具备了老子"夫物芸芸，各复归其根。归根曰静，静曰复命"的意蕴。后世《老子》的研究者，如日本学者福永光司也认为老子的复归思想，在中国哲学史上形成了两种特征性的思想，其中之一便是在人的内在的主体性实践性这一方面做复归，这方面的代表便是李翱及其继承者——宋学中主复性说者，这也是中国佛教与道教修养论方面的基本立场。③

　　李翱的"至诚"学说的成立路径虽然有这几个方面的区别，但从总体上看，则几个方面中道家的影响都已经贯穿其中，因为李翱以《易》解《中庸》，但他所接受的《易学》已经吸纳了老子的思

　　①　王文锦译解：《礼记译解》（下），中华书局2001年版，第529页。
　　②　劳思光：《新编中国哲学史》（三卷上），广西师范大学出版社2005年版，第25页。
　　③　参见陈鼓应《老子注译及评介》，中华书局1984年版，第124、126页。

想，而《礼记》中"主静"说又与老子的观点相通。所以，除儒学而外，对李翱复性说影响较大的是道家的思想。他以老庄（包括玄学）的本体论思维为参照，重新整合与改进儒家思想，使儒家的伦理思想、政治思想有了本体论的哲学依据，从而完成了"建立一种直接把哲学本体论与儒家伦理学统一起来的哲学体系的尝试"①。而这个哲学本体论的"诚"，是将人性扩充到天地万物、以人的属性规划物性的产物。

---

① 蔡方鹿：《汉唐儒学基本思想特征探讨》，《陕西师范大学学报》2011 年第 3 期。

杨继盛与超然书院

胡方艳[*]

一 杨继盛生平简介

杨继盛,字仲芳,号椒山。明代京师(北直隶)保定府容城县人,祖上原口外小兴州人,后徙至保定府容城县,入乐安里籍,居城东北河照村,世业耕读。父亲杨富,母亲曹氏生继盛于明正德丙子岁(1516年)五月十七日。[①]

杨继盛七岁失母,11岁丧父,少时甚贫寒,善牧牛。但自小对读书心向往之,"偶至里塾见诸生揖容之美,吟诵之声,心甚爱之"[②]。8岁开始从沈琇为师,受书四五遍就能成诵,从学四五日既能对句。当时有个年纪大的学生来学,沈师出对云:"老学生",继盛应声曰:"小进士"。13岁从邸宸先生为师,邸师曾出"藏形匿影"对,继盛即答:"显姓扬名"。继盛从小已显聪颖灵秀之气,虽从无常师,学习时辍时续,但凭着资质与毅力,终于在嘉靖丁未年(1547年)32岁时会试中三十八名,殿试中二甲第十一名,选南京吏部验封司主事。

杨氏于40岁时,因弹劾权臣严嵩被构陷致死,其短暂的一生也大致以嘉靖二十六年(1547年)中进士分为极不均衡的两段。其前半生以艰涩的寒窗耕读为主,而其极为短暂的仕途则一波三折,困顿至死。在其前半生如果还有闪光点,那就是杨继盛19岁那年,

---

* 胡方艳,女,湖北民族学院民族研究院。王继光先生硕士研究生。
① (明)杨继盛:《杨忠愍公集》卷4《自著年谱》,第1页。
② 同上书,第2页。

本县的贡士李学诗（号古城）从太学返归乡里，设教于宁国寺。李师端介有道，教人不论贫富，杨从学，李师很欣赏杨的为文，对其学业精进影响很大。就在这一年的冬十月，杨继盛娶胡村张杲的次女张贞为妻；此前杨了解到张氏家也以耕织为业，行谊为乡里所重，尤为重要的是张贞特别贤惠，还与杨的嫂子是姊妹，这样有益于将来在贫寒之家的相处。杨的眼光是极准的，后来的事实也说明了一切，不论顺境逆境张贞始终支持自己的丈夫，在杨氏即将临刑时，甘愿以自己的生命换回丈夫，宁可让他效死疆场，也不希望他屈死牢笼。

杨继盛中嘉靖丁未进士后，最初几年的宦途相当平静，杨氏做事不惜力，学问洪深而严谨，任官数年后遂得评语云："器深而志远，学懋而守严，儒行占其夙成壮猷，可以大受。"遂于嘉靖三十年（1551 年），杨氏升兵部车驾司员外郎，职专马政。就在这一年，36 岁的杨继盛上《请罢马市疏》，详呈开马市的"十不可、五谬"，明确反对同北方蒙古俺答汗互市，遂被下锦衣狱，受刑，后杨氏被谪陕西临洮府狄道县典史。① 嘉靖三十一年（1552 年）四月升山东诸城知县，五月十一日离狄道；十月初六离诸城至南京，又升北邢部湖广司员外；十一月十六日又调兵部武选司……一年四迁，这是杨继盛极具戏剧性的一年；随后杨氏思朝廷之厚恩，遂生以身报国之念。嘉靖癸丑年（1553 年）伊始，杨氏又上《请诛贼臣疏》，把矛头指向权势盛极一时的严嵩，遂被下狱，两年后，于嘉靖三十四年（1555 年）十月朔被杀于西市。此年杨公 40 岁，临刑赋诗："浩气还太虚，丹心照千古。生平未报恩，留作忠魂补"②。也是其人格与心怀的写照。

二　杨公与超然书院

杨公与临洮结缘"得益于"嘉靖三十年（1551 年）因上疏阻

---

①　典史：元代始置，明清沿置，为知县下掌管缉捕、监狱的属官。如无县丞、主簿，则典史兼领其职。

②　（清）张廷玉等：《明史》，载《景印文渊阁四库全书》史部 58，第 300 册，台北商务印书馆 1984 年版，第 454 页。

马市被谪临洮府狄道县做典史时，当时临洮府属陕西布政使司所辖。① 杨公于被谪当年的六月十八日到狄道②，至嘉靖壬子年（1552 年）四月升山东诸城知县，于五月十一日得凭离狄道③，前后在临洮不到一年。但其在狄道开煤窑，疏洮水，去浮粮、清积弊，其政绩不可谓不多。最为泽被后世的，就是杨公在当地兴书院。

当时狄道县是各族杂居之地，多西番、回子，俱习番经，都不读儒家经典。杨公聘请教读两人，在圆通寺设学馆，召集番汉童生 100 多人学习儒家经典，三个月后，学生们大多知道揖让、敬长上，遵循礼仪，其中有资质可以深入学习的人达 30 多人。杨公到狄道仅一个多月，府县学生员仰慕其名追随学习者就达 50 人，"日相讲论，甚有趣味"④。

在郡治的东门外，有座岳麓山⑤，有台居山麓间，古时称为凤台。相传为老子出函谷关西来至此，飞升之所。据明代本郡人张万纪在《超然书院记》中的记载：宋元丰年间，知熙州的宜兴人蒋之奇登此台眺望，因易名超然台，有"超然台上望超然"句。杨公谪居狄道，当地庠生闻风影从，横经问难。刚开始借寺院讲学，后不能容。公谓：黉序⑥外，先正⑦别有书院以聚众讲学。很希望办一个向西安的正学、巩昌府的崇义一样的书院，目睹当地人才彬彬，无让中土，登上超然台，其名有合于道之意，所以杨公选址于此，用自己的俸金和门生的贽礼建书院一座。整个书院包括：前三间为揖见所；中间五间为讲堂，楹额曰：传习；讲堂左右为二斋，即四勿斋和三省斋，让诸生在其中读书；讲堂后一丈多远的台上又架屋三楹，额曰：仰瞻，这就是道统祠，做了三个木龛，其中祭祀：上九

---

① 现在的临洮县，隶属于甘肃省定西市。
② 高朝英、张金栋：《杨继盛〈自书年谱〉卷考略（上）》，《文物春秋》2011 年第 2 期，第 68 页。
③ （明）杨继盛：《杨忠愍公集》卷 4《自著年谱》，第 13 页。
④ 同上书，第 11 页。
⑤ 当地人称"东山"，以宋时所建东岳泰山庙于山麓而得名。
⑥ 黉序：指古代的学校。
⑦ 先正：泛指前代贤人。

位为伏羲、神农、黄帝、尧、舜、禹、汤、文、武，前侧左为周公，右为孔子，两壁侧有颜、曾、思、孟，汉董仲舒，隋王通，唐韩愈，宋代的周、程、张、朱，元代的许衡、刘静修，明代的薛文清。超然书院从嘉靖辛亥（1551 年）秋八月始建，到第二年的夏四月竣工，前后近九个月。① 其间，就在书院建设的关键时期，陕西巡按曾两次下文力调杨继盛去巩昌府书院教授两府生员，杨公于嘉靖三十一年（1552 年）正月初六和十六日，十天内两次坚辞，其辞由相当恳切，现归纳如下：（1）每天跟随杨公受业的人，日相切劘，情意已深，不忍遽离；（2）正在建的书院尚未落成，担心离去即造成功亏废业；（3）买了赡学山地 1600 多亩，以供诸生，以教民农桑，此时不治，未免荒芜；（4）已买社学基址，尚未修建；（5）分理的县政还有数事未办理好。尤为重要的是杨公坚示"凡以师道尊严不可挟势位以屈之也！本院有志书院，是务欲行古道者"②。无疑杨公的坚持是正确的，他的"欲行古道"也是其人生理想，他也用行动践行着。当其被谪临洮，曾为几十两盘费一筹莫展，被家兄见恶，当顾虑超然书院的学子无产无资，为他们解除后顾之忧置办学田因资金不够时，杨公毫不犹豫地捐出俸饷、卖了自己的坐骑，妻子也拿出首饰支持丈夫。杨公亦官亦师，利用公务之暇为诸生讲学，"或纵步山林，运筋蹑云，挥琴咏月，殆飘飘乎壒埃之外矣。公尝谓自入仕以来，莫如洮乐！"③ 这是杨公的真实表白，他深爱临洮，在杨公经历多年困顿艰苦的早期耕读生活之后，仕途也是充满波折与惊险，在远离朝廷的边疆，临洮的山水让其心灵得以休憩和释放，也让其回归与践行"欲行古道"的书生理想。

　　杨公对临洮士子的赤诚与感遇，换回的是临洮民众对他的尊重

---

　　① （明）张万纪：《超然书院记》，载呼延华国《（乾隆）狄道州志》卷 4《学校》，台北：成文出版社 1970 年版，第 265—269 页。

　　② （明）杨继盛：《辞陕西巡按刘取书院贴》，《再上辞贴》，载呼延华国《（乾隆）狄道州志》卷 4《学校》，台北：成文出版社 1970 年版，第 261—265 页。

　　③ （明）张万纪：《超然书院记》，载呼延华国《（乾隆）狄道州志》卷 4《学校》，台北：成文出版社 1970 年版，第 268—269 页。

与眷恋，彼此相知而心灵契合，可以死生相托。就在后来杨公上疏弹劾权贵严嵩入狱，狄道人张万纪（字舜卿，号兑溪，嘉靖丁未进士）不顾安危上疏救杨公，后被谪庐州府守。① 杨公身陷囹圄，受酷刑残喘延命之时，仍挂念临洮学子的学业："年来学业如何？幸勿蹉跎也！有怀不尽外，狱中作数十首附览。余之志，亦见于此矣！"② 希望超然书院诸生能深切懂得自己的志向，互相砥砺。在《送张兑溪之任庐州》中不觉呼出："若遇超然同志问，为言终不负平生"③，杨公在内心深处已视超然诸生为志同道合者。

三　超然余绪

超然书院不因杨公的逝去而销声匿迹，但它亦如杨公的命运一样多舛，明末至清初超然依然在临洮发挥着为官方取士为目的的教育中心作用。

顺治壬辰（1652 年）进士许重华，字松橚，河南泰康人，于康熙二年（1663 年）知临洮府，"边境陋敝……士气沮丧，诗书废置"，许知府考核士子学业于超然书院，讲学论文，弦诵渐有起色。④ 康熙十四年（1675 年）超然书院遭兵燹，薪木尽毁。康熙二十五年（1686 年）督学许孙荃与郡守高锡爵倡议捐修，尽仿以前的规模，只是增加了斋房四间，令洮士读书其中，后因薪水不济，修习的学子多散去。虽名为书院，只留下讲堂之古迹，令后至贤者思继杨公之风教。康熙五十五年（1716 年）奉天正白旗汉军杨宗仁任临洮知府，曾修文庙、重建超然书院。⑤ 雍正丙午（1726 年）

①　杨培林校编：《杨椒山诗文集》，甘肃临洮县（内部印刷），2000 年，第 116 页。

②　（明）杨继盛：《狱中与超然书院诸生书》，载呼延华国《（乾隆）狄道州志》卷 13《艺文中》，台北：成文出版社 1970 年版，第 837 页。

③　（明）杨继盛：《杨忠愍公集》卷 3《诗》，第 15 页。

④　（清）高锡爵：《（康熙）临洮府志》卷 13《列传》，清康熙二十六年（1687年）刻本，第 30—31 页。

⑤　（清）呼延华国：《（乾隆）狄道州志》卷 7《名宦》，台北：成文出版社 1970年版，第 490—491 页。

新安人李如璐知临洮府时，因书院讲堂和椒山祠远在东山，展谒不便，在旧卫废署建忠愍祠；沿至乾隆戊寅（1758 年），前牧长白松公在祠后建三间讲堂，以广先生之教思，后有捐俸建斋房，选州子弟有才者 30 余人，给膏火延师课诵①，这所书院就是在超然影响下建立的临洮另一所较为有名的洮阳书院。超然书院至乾隆末年，由于风雨侵蚀，年久失修，破败不堪，过者伤之。乾隆五十八年（1793 年）刺史田公面对此景慨然发愿倡兴，得到全州绅衿士庶的响应，共捐银 600 两，彻底重修揖见亭 10 楹，三省斋、四勿斋共十楹，讲堂、前牌坊原来是一间，此时增至三间；恩贡生李尚贤在揖见亭屏扇上书明代进士张兑溪《超然书院记》②，……使超然书院的气象为之一新。而至清末超然书院历遭大劫，同治初被焚，克复后，护院杨昌濬倡捐，在原址修复。光绪二十一年（1895 年），回乱又付之一炬，邑绅李乾於奉董福祥文，拆来莇台拱北木料仍在原址盖道统、椒山双祠，仍分两院。光绪三十二年（1906 年），在清末书院改制中，超然书院也顺应历史潮流改为东区公立高等小学堂③，完成其历史使命。

超然书院虽然历经磨难，但在西北书院史上它也属于生命力较为强健的典范，这不仅得益于杨公超然特立追求古道的精神感召，更受惠于杨公为书院置办学田的前瞻性考虑与安排。乾隆二十八年（1763 年）修《狄道州志》时，依然有椒山学田的记载，每年征粮131 石 4 斗 8 升 5 合，每年供给府州学廪生、忠愍祠主持、超然台主持，其余尽给府州两学的贫士④，仍然发挥着杨公置学田的本意。但是不难看出，200 多年过去了，学田不可避免地遭到那些贪利者的侵渔。近在杨公去后 30 多年，万历甲申岁（1584 年）按西秦并

① （清）呼延华国：《（乾隆）狄道州志》卷 4《学校》，台北：成文出版社 1970年版，第 271—274 页。

② （清）吴镇：《重修超然书院碑记》，（清）联瑛《（宣统）狄道州续志》卷 11《碑记》，第 7 页。

③ （清）联瑛：《（宣统）狄道州续志》卷 4。

④ （清）呼延华国：《（乾隆）狄道州志》卷 4《书院》，台北：成文出版社 1970年版，第 250—252 页。

兼视学校事的屠叔方就发现"一二弗类顾辄吞肥",曾下檄让那些吞田者还之,"未几,输田者踵相接矣"。① 毋庸置疑,在历代官师的维护下,虽难避侵渔,但直至书院改制,椒山学田一直为当地教育提供物质保障,即使在改制后的小学堂,每年450余钏的经费还是由旧有超然书院公款生息和学粮项下开支。

关于超然书院山长及主持的记载在文献中多有所缺,但从杨公起始,地方官员关注有加,时常参与书院的讲学。光绪十五年(1889年),湖南湘乡举人喻炎丙,字健秋,知狄道州事,振兴书院,捐出自己的廉俸作为膏奖,亲课士子,文风大振;他培养了石怀清、阎绪昌两个孝廉。② 他的学生石怀清为举人,光绪二十七年(1901年)受狄道州牧藩临皋之聘主讲洮阳、超然两书院。论道讲学,士风大振,被人们称为椒山之教泽复兴之人。每逢课士的日子,藩州牧就在窗外聆听,自称虽身为翰林,学愧不及。③

余　论

十多年前为完成硕士论文《明清三陇书院考略》曾搜集过杨继盛公与超然书院的材料,对其事功慨叹不已。当时囿于资料所限,杨公至狄道与离临洮的时间及一些细节在许多学人的表述中都模糊不清。近期,有机会拜读公之《自著年谱》,一些问题迎刃而解。再读杨公,一些问题依然困扰于心。在一些严肃的史学家眼里,明嘉靖帝是一位"中兴之主",世宗朱厚熜(1507—1567年)在位45年,是个有所作为的皇帝,但为什么非得杀让后世封建帝王都推崇的忠心耿耿的直臣呢?文献与民间舆论把杨公的死因主要归罪于权臣严嵩,如果说严氏在其中完全没有责任,也是不确的,当时杨

---

① 屠叔方:《临洮学田记》,载呼延华国《(乾隆)狄道州志》卷4《学校》,台北:成文出版社1970年版,第270—271页。
② (清)联瑛:《(宣统)狄道州续志》卷7,第8页。
③ 张慎微:《(民国)洮沙县志》卷5,第6—7页。

公的主要矛头就是指向于他，严氏不可能没有一些回击；但把主要
责任归咎于严嵩也是不当的，因为生杀大权在皇帝手里，从杨公癸
丑年（1553 年）初上疏弹劾严嵩下狱，至乙卯年（1555 年）十月
被弃西市，在近两年的时间里，杨公遭受常人难以忍受的酷刑能活
下来也算是个奇迹，并且也有时间让皇帝想清楚该不该杀杨继盛。
并且在嘉靖帝逝后，隆庆帝上台没多久，"首遵遗诏：录直谏臣，
生者叙用，死者赠官……于是兵部武选司员外容城椒山杨公得赠中
顺大夫太常寺少卿"①，谥"忠愍"。既然杨公被明帝视为忠直之
臣，但为什么还要杀呢？笔者认为这与嘉靖末期与蒙古关系处于重
新思考的转折期息息相关，长期对蒙古的敌对与战争关系不符合国
家利益与民众诉求，在其对蒙古政策举棋不定与失措中，杨公也成
为其牺牲品。并且杨公坚持与蒙古"罢马市"的主张不论在当时还
是之后是否符合民族关系主流，我想历史已经回答了这个问题。并
且就在隆庆初，已经开始"检讨以往政府对蒙古政策，提出'华夷
一家'的主张。穆宗封蒙古地区的统治者为'顺义王'并开设蒙汉
间的互市，从而改善了民族关系"②。此讨论不是本文的主题，是重
新阅读一些资料想到的，希望相关学者指正。

　　杨公本人是个读书人，其历史局限性不是每个人都能突破的。
但就西北明清时期地方教育发展而言，以超然书院的历史存在对当
世的影响是不容置疑的。直至 20 世纪三四十年代，临洮当地学校
依传统一年一度还要"祭丁"③，当时祭的是杨椒山先生。老师给学
生讲述先生弹劾严嵩，为临洮开书院、倡学风、兴利除弊的事情；
那时无论城里乡下，每户都挂着杨公手书拓片：铁肩担道义，辣手
著文章！④ 杨公对当地的影响可见一斑。

---

① （明）杨继盛：《杨忠愍公集》卷末《碑记》，第 23 页。
② 萧国亮：《明代后期蒙汉互市及其社会影响》，《中国社会科学院研究生院学报》
1987 年第 2 期，第 65 页。
③ 即丁祭。旧时每年仲春及仲秋上旬丁日祭祀孔子之称。
④ 彭怀祖：《杨椒山与临洮》，《天水师专学报》1985 年第 2 期，第 34 页。

超然书院门脸

书院内景及笔峰塔

Emulating all Living Beings a Vogue in 18th Century Chinese Jade

Liu Yang

This article is the first in a series of commemorating the centennial of the Minneapolis Institute of Arts.

THE REIGN of the Qing dynasty Emperor Qianlong（1736－1795）marked the most glorious period in the long history of jade production in China. The stable imperial power and unprecedented prosperity created a perfect environment in which jade carving could flourish. After regaining control over central Asia in the mid－18th century, the supply of high－quality nephrite from the Khotan region became secure. The patronage of the court further contributed to the demand of finely crafted jade objects: Qianlong himself stood as the greatest patron of jade production in China's history. This period also witnessed a level of artistic virtuosity and technical brilliance that remains unmatched in the history of Chinese jade carving. The jades produced during Qianlong's reign are characterised by the fineness of material, extreme delicacy of carving, extraordinary crafts－manship, and variety and complexity of theme and design.

During this period, interest in incorporating the realistic depiction of living organisms into the design of jades reached an unprecedented level. Such jades were known as *xiaoshengyu*（肖生玉）, or "jades emulating all living beings".[1] This enthusiasm for the utterly faithful reproduction of real creatures was influenced in part by European painting styles, which had become known through the Jesuit artists at the court of Qianlong.

As the vogue for making "jade emulating all living beings" flourished, the variety of subject matters that were carved in jade grew much wider than in previous periods. The jades created embraced all living creatures of the phenomenal world, but primarily included two types: those carved after models taken directly from the natural world, inclucding animals and plants, and those integrating natural elements, such as sceneries, gardens, pavilions and human activities, which were often amalgamated within a composite picture.

Among others, the representation of jade animals reached an unprecedented level, appreciated for their physical live – Iiness and associated symbolic references. Unlike the pre–Han period where legendary animals predominated, or in the mediaeval era where both real and their monster counterparts were abundant among jades, now, animals from real life dominated. A pair of 18th century covered boxes in the shape of quails (two views), from the collection of the Minneapolis Institute of Arts (MIA), demonstrates the trend (1). While many other birds have been represented in jade since ancient times, the quail seems to appear only in the mid and late Qing dynasty (1644–1911). It was primarily carved as a three – dimensional sculpture, of a box in this case. Here there is a squatting bird with a chubby body, circular eyes, a pointed beak and ingenuous appearance. The plumage is Carved with amazingly vivid realism. The figure is divided into two parts, and the lower body has an interior

---

[1] See Li Jiufang, "Qingdai zuoyu gongyi gailun (An introduction of the jade carving technique of the Qing dynasty)", in Yang Boda, ed., *Zhongguo yuqi quanji* (The complete collection of jades in China), Shijiazhuang: Hebei Fine Arts Press, 2005, Vol. 3, pp. 889–913. See also this author's early discussion in Liu Yang, *Translucent World: Chinese Jade from the Forbidden City*, Sydney: Art Gallery of New South Wales, 2007, pp. 27–28.

stepped rim that fits snugly into the upper cover.① A number of jade boxes in such form were made. The quail was favoured because of its name *an-chun*（鹌鹑）being a pun on the word for "peace"（an, 安）in Chinese.

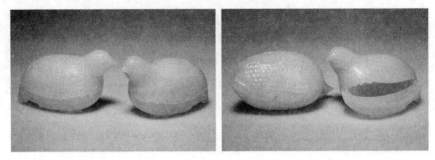

1   Pair of covered boxes in the shape of a quail（two views）
Qing dynasty, 18th century
Pale greenish-white jade
6. 4×11. 4×5. 4cm
Gift of Leo A. and Doris Hodroff 99. 217. 410. 1, 2, a-b
Minneapolis Institute of Arts. Photo: Daniel Dennehy

The prosperity of jade animals is not only reflected in the quantity, but also in the variety of forms made. Jade carvers embraced all sorts of animals that appeared in the decorative art of the past, and further enlarged the repertoire with new species; such is the case in the figure of a seated dog from the collection of the Palace Museum in Beijing（2）, dating from the mid-Qing dynasty（18th century）. Although the dog was a popular subject Chinese literature, appearing in *Shijing*（The book of songs）from around 800 BC-600 BC, and has many symbolic implications—like loyalty and obedience—it was not represented in jade until

① An almost identical piece in the collection of the Palace Museum in Beijing is discussed in Liu Yang, *Translucent world*, pp. 184-185.

much later, possibly the Tang dynasty (618-907).① This naturalistically modelled figure shows a dog seated on its haunches. The dog is a species not commonly seen in Chinese art, and is possibly of foreign origin. This carving vividly demonstrates the interest of Qing dynasty rulers, especially the Qianlong emperor, in European art and culture—several Italian artists were employed at his court, and numerous objects with Western art motifs made their way into court furnishings.

2   **Figure of a seated dog**

Qing dynasty, 18th century

Pale greenish-white jade with slight russet veining

16×13cm

Palace Museum, Beijing

The accurate portrayal shows a fashion in representing animals in favour of a close observation of outward appearances, which has been brought to its extreme in some examples. Such is the case in the covered box in the shape of a fish, carved from pale greenish-white jadeite during the Qianlong period (3). The fish is divided in two along its central ridge, and is hollow inside. It has an inlaid agate for an eye and tiny circular rubies are inlaid along the dorsal, pectoral, anal and caudal fins, and the gill cover. A poem by the Qianlong emperor, incised inside the box in clerical script, refers to the object as a "Hindustani jade fish". The name refers to the fashion for jades carved in the florid style of Hindustan (the northern region of the Mughul empire that included parts of present-day Indi-

---

① See Liu Yang, *Translucent World*, p. 211. One example-a dog in ceramic-is in the collection of the MIA.

a, Pakistan and Afghanistan). These wares were known to Emperor Qianlong

and his contemporaries as Hindustani jades,[1] However, judging from the carving technique and decorative style, the fish was probably carved by Chinese craftsmen during the Qianlong period, following a Hindustani model. Its features reflect a style that combined the exquisite realism prevailing at the Qing court and the alien models that favoured ornamenting

3   Covered box in the shape of a fish

Qing dynasty, Qianlong period (1736-1795)

White jadeite

2. 9×24. 8×8. 7cm

Palace Museum, Beijing

carved jade with insets of precious stones. The fish's scaly body is carefully and precisely worked. Other details—the mouth, the eyes, the gill cover, the dorsal fin, pectoral fins, anal fin and caudal fin—are all carved in a meticulous manner. As in the example of the quail previously mentioned, the fish, most likely a carp, was favoured because of its auspicious association. Legend has it that carp that successfully fought their way upstream in the Yellow River were transformed into dragons. The carp in decorative art also implies a wish to be successful in the imperial civil service examination.

In the example of the water pot in the shape of a duck, 18th century, also from the Palace Museum collection, the standing bird from the Anatidae family is executed in an admirable realistic treatment (4). The duck, hollow inside, turns its head over its back, holding ripe ears of rice in its

---

① See Yang Boda, "Qing Qianlongdi yuqiguan chutan" (A preliminary discussion of the Qianlong emperor's views on jade), *Bulletin of the Palace Museum*, 4 (1993), pp. 60-70; Liu Yang, *Translucent World*, p. 211.

beak. The curling rice stalks form the knob of a stopper, which fits snugly into a small circular opening, The playful pose of the duck is naturalistic, as are the details on its wings, although the body is left plain. The words for duck (ya, 鸭) and an ear of rice (sui, 穗) in this work form a pun, suggesting the custom of "suppressing evil spirits" (ya－sui, 压 岁). According to legend, the spirit sui would slip into children's bedrooms to harm them at midnight on New Year's Eve. Coins would be left underneath the children's pillows to placate the harmful spirit. The custom of ya－sui provided a useful source of inspiration for jade craftsmen.

4   Water pot in the shape of a duck

Qing dynasty, 18th century

Pure greenish－white jade

9. 5×15×7cm

Palace Museum, Beijing

In carving jade animals, more attention was paid to the relation of parts within a whole, the balance or symmetry. Proportionally, they were manipulated in a way that was more agreeable and/or harmonious than they used to be. As in the previous example of the jade dog seated on its haunches, special attention has been paid to its well-articulated legs, ribs and muscles, and its watchful attitude.

5　Paperweight in the shape of two quails

Qing dynasty, 18th century

Pure greenish-white jade

4. 2×9. 7×4. 3 cm

Palace Museum, Beijing

The instant motion, reaction and expression of the animals were emphasised, rather than their usual tranquility as seen in the majority of jade animals carved in the previous period. This new interest is vividly illustrated by a number of works carved in Qianlong's imperial workshops—there is a recumbent camel caught in a moment of time, as if it is scratching an itch on the back with its mouth, and a standing duck in an alert attitude with its head turned to look over its hack.[1] In the example of a paperweight in the shape of two quails, also in the Palace Museum collection, the birds hold a stalk of rice between them in their beaks, as if they are contesting over the plant (5). The ripe ears of rice, appearing in conjunction with quail, produce a symbolic meaning of long-lasting peace. The allusion here is from the word for rice-stalks (sui, 穗) that forms a pun or an alternative word meaning "year/years" (sui, 岁); while, as previously stated, the term for the quail (an-chun, 鹌鹑) supplies a pun on the word for peace (an, 安) Therefore the design on the paperweight suggests a

① See Liu Yang, *Translucent World*, pp. 207 - 208; see also Liu Yang, "Translucent World: Representations of Nature in Chinese Jade", *Arts of Asua*, Vol. 37, No. 6, November-December 2007 issue, pp. 79-80, figures 19 and 20.

pun: suisui ping'an, 岁岁平安, or "safe and sound without mishap for years to come".

From the mid–Qing dynasty onward, images of human figures proved to be more widely adopted in jade carvings, and they were used in figurative settings, or simply carved as a sculpture in the round serving utilitarian or a purely decorative purpose. A pillow in greenish – white nephrite carved in the form of a crouching boy form the MIA collection is a superb example, characterised by exquisite moulding and lively and leisurely bearing (6). While figures of children in this form had already appeared in ceramic works during the Northern Song period (960 – 1127), they were often depicted lying prostrate on a couch and clothed, typically wearing a sleeveless jacket and a gown. Sometimes such figures were depicted

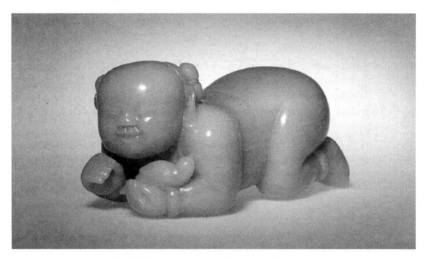

6   Pillow in the form of a crouching boy

Qing dynasty, 18th century

Pure greenish–white jade

11. 4×22. 2 cm

The John R. Van Derlip Fund and Gift of the

Thomas Barlow Walker Foundation 92. 103. 8

Minneapolis Institute of Arts. Photo: Daniel Dennehy

wearing fewer clothes, but they were rarely depicted completely naked. In comparison, a more humanistic and worldly approach to the representation of children is seen here. In the figure (6), the child is completely naked, except rings worn on his wrists and ankles, and *doudu* （兜肚）, a piece of clothing that the Chinese traditionally put over the front of an infant and tied round his/her waist during the summer, in order to prevent the child from feeling cold. To add liveliness to the figure, a sculpted bird is held in the boy's left hand. His hair is pulled hack in lovely double knots, and his chubby face shows a mischievous, but innocent, smile. Given the precious, large scale of the material and the rarity of a pillow in jade, this piece was probably from the 18th century imperial workshop, and was a decorative object intended for display rather than use.

Although representations of animistic motifs and human figures are often seen in mid–Qing jade carvings, botanical motifs take up by far the largest part of the decorative repertoire. The adaptation of the flower–and–bird theme into jade decoration was part of this fashion, "jade emulating all living beings". The vogue is seen on a number of table screens, vases and kettles that bear shallow relief of flower–and–bird painting, as demonstrated by a late 18th century nephrite vase in the collection of the MIA. Here the compositions of the two circular registers are quite similar. They are composed in a conventional manner, as we often see in contemporary flower–and–bird paintings with eroded Taihu rocks in the centre, emerging behind leaves and blossoms; in this case *xuancao* (Hemerocallis graminea), a species of daylily (7). The popularity of this flower in painting is supported by its symbolism associated with women; while it implies the idea of fertility and the bearing of sons, It is also said to be capable of taking away the pain of one's sorrow. In the floral composition carved on this vase, there is a great emphasis on the curves of the plants. The traditional treatises required that in painting flowers and plants, flowers from the herbaceous family should be treated differently from those in the tree family. The herbaceous blossoms and stalks should be painted so as to convey a feeling of flexibility and grace (*wumei*, 妩媚), and thus distinguished from the splendour and imposing quality (*fuli*, 富丽) of the tree flowers. As the design here was based on painting, the flowers are obviously composed to correspond with such a painting aesthetic.

7   Vase (two views)

Qing dynasty, late 18th–early 19th century

Pale greenish–white jade

20. 5×15. 2×4. 1 cm

Anonymous Gift 95. 119

Minneapolis Institute of Arts. Photo: Daniel Dennehy

One of the characteristics in this new interest in *xiaoshengyu* jade shows that the craftsmen exploited the carved jade as a vivid living organism while also serving a functional purpose. Jades in this category were primarily represented by household utensils: cups, bowls, vases, kettles, flower–holders, etc. were all carved by imitating organic forms from the phenomenal world. The fashion to carve a utilitarian jade in the shape of a botanic form was initiated in the Southern Song period (1127–1279), but was now brought to its apogee of sophistication.

Although utensils in the forms of animals and birds are seen, plants, flowers and fruits take up by far the largest category of the natural repertoire. that was imitated in utilitarian jades. During the Qing dynasty, the yellow nephrite tone was highly treasured, and a flower vase from the MIA collection, dating to the Qianlong period, would have been admired for its flawless pure stone and rare yellow colour (8). The intricate shape and its Buddhist association further add a charm to the vase: it is carved in the form of an upright finger citron (a bitter fruit with a pleasant aroma) also known to the Chinese as a " Buddha's hand". Patterned leaves entwine the citron, and a

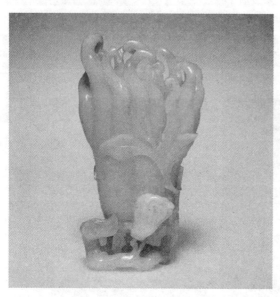

8   Vase in the shape of a "Buddha's hand"

Qing dynasty, Qianlong period (1736–1795)

Yellow jade with brown inclusions

14×7. 6×3. 8cm

Gift of Mr and Mrs Augustus L. Searle 38. 44. 5a, b

Minneapolis Institute of Arts. Photo: Daniel Dennehy

second, miniature citron is carved in relief at the base of the container.

Another exquisitely covered vase, also from the MIA collection, consists of a large deeply hollowed lotus flower delicately supported by an elaborate openwork base of stems, tendrils, leaves and flowers of the lotus, pierced and carved in the full round (9). The large inward curving lotus leaf, with clearly defined veins, forms a lovely vessel. The slender tendrils are sensitively worked and a wagtail standing among them further animates the work. On the top, the intricate cover completes the entire composition: while the lid itself consists of a lotus leaf with veins in relief, two confronting wagtails standing among lotus stalks and seedpods serve as a lively knob. The work vividly demonstrates the technical virtuosity and artistry achieved in jade carving during the 18th century. It is most successful in

its sensitive rendering of the material; its delicately contoured and thinly carved leaves attest to the high quality of its craftsmanship, and allow full appreciation of the serene charm of the pure white nephrite. As with many jade objects of this era, the wooden stand, decorated with openwork lotus seedpod and leaves, relates both in theme and style to the stone it supports.

9   Covered vase

Qing dynasty, 18th century

Pure white jade

Height 20. 3 cm

The John R. Van Derlip Fund and Gift of the

Thomas Barlow Walker Foundation 92. 103. 19a–b

Minneapolis Institute of Arts. Photo: Daniel Dennehy

In addition to plants, flowers and fruits, the form of a tree and bamboo trunk or stump are often seen as flower holders. Sometimes a favourite material was adopted multiple times in shaping different objects. For instance, there were bamboo shaped kettles, cups, candleholders, etc.[1]

The accoutrements of a scholar's desk were made of a range of materials, but jade was especially prized because of its symbolic associations with Confucian. belief Lustrous, translucent, pure and strong, jade both embodied and revealed the virtues of wisdom, rectitude, courage, equity and charity. During the Qianlong emperor's reign, objects for the scholar's

---

[1]   See Liu Yang, *Translucent World*, pp. 190–191.

desk were increasingly made emulating nature with all its sensitivities and variety of forms. They included paperweights, seals, brush rests and washers, water droppers and pots, brushes themselves, table screens, small boulders, and incense holders, etc. Vividly carved natural motifs and forms further helped to create a contemplative atmosphere conducive to thoughtful study, while allusions to classical paintings or stories relating to famous personages, as well as to popular symbolism provided a constant source of inspiration.

10　Brush washer

Qing dynasty, 18th century

Pale greenish-white jade

4. 5×8. 9 cm

Gift of Alfred F. Pillsbury 44. 5. 3

Minneapolis Institute of Arts. Photo: Daniel Dennehy

An 18th century brush washer in greenish – white jade with yellow – brown clouds is reportedly part of a group of twelve (10). It is carved in the form of a *lingzhi* fungus, the plant of longevity, and adorned with smaller fungi carved in relief on its outer surface. The yellow – brown clouds on the surface of the jade are artificially created to enhance the object's aesthetic appeal. Another 18th century brush washer, also from the MIA collection, is even more exquisitely designed and carved. It is in the form of an open calabash or gourd, adorned with openwork stems, leaves and two bats in relief (11). The work might have been intended as a brush washer, but at the same time served a decorative purpose as a display item. Again, a vessel in this form would have been admired not only for its vividness in its resemblance to nature, but also for its auspicious subject matter. The gourd contains many seeds and has trailing vines, which implies good wishes for a family with many children. In addition, the image of a bat (fu, 蝠) is a visual pun for "good fortune" (fu, 福).

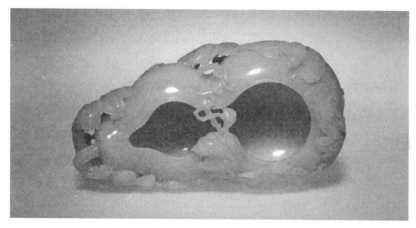

11   Brush washer in the form of an open gourd

Qing dynasty, 18th century

Greenish-white jade

7. 6×22. 9×12. 1 cm

Gift of Mr and Mrs Augustus L. Searle 33. 38a–b

Minneapolis Institute of Arts. Photo: Daniel Dennehy

During the Qing dynasty, interest in archaism attained new levels, particularly during Qianlong's reign.① It was an age fascinated with China's past and obsessed with analysing and reviving ancient traditions. Apart from admiring the "air of antiquity" ($gufeng$, 古风) and traditions of self-cultivation, archaism was also a celebration of Qianlong's great achievements. Just as ancient bronzes reflected the golden eras of ancient sage kings, archaistic styles proclaimed Qianlong's successes in territorial expansion and in improving national wealth and stability. Many

①   For Qianlong's inclination to archaism, see Yang Boda, "Qing Qianlongdi yuqiguan chutan".

jades in archaistic style were carved in imitation of bronze vessels in the imperial collection from the Shang (circa 1600 BC–1100 BC) and Zhou (circa 1100 BC–256 BC) dynasties. Court artisans carefully studied the form, shape and decoration of these ancient bronzes, but adapted their features with fresh imagination and invention, often with elements drawn from the natural world—it is in such designs reconciling archaic form and fresh natural phenomena that one finds the imperial evocation, "jade emulating all living beings", was clearly at work.

12   Lidded vase

Qing dynasty, 18th century

Pure white jade

10. 8×10. 8 cm

Gift of Mr and Mrs Augustus L. Searle 39. 44. a–b

Minneapolis Institute of Arts. Photo: Daniel Dennehy

An 18th century lidded vase of globular body, whose form is obviously inspired by an archaic ding cauldron of the Warring States period (475 BC–221 BC), demonstrates such interest of mid – Qing workmanship (12). The vessel's elegant purity, unencumbered by its surface decoration, forms a sharp contrast with the intricate design and extravagant treatment of its lid and handles. The former is surmounted by an openwork knob in the form of lion and cub, and the latter, instead of taotie or animal masks, has three gorgeous flowering peonies. With such a design, the vessel successfully combines archaic elements with imagination and contemporary interest in natural phenomena. The same aesthetic is seen in another work of archaic style, a pair of covered vases, whose prototype would be the ancient bianhu（扁壶）vessel in bronze or ceramic（13）. The vessels, carved from emerald green spinach jade, are decorated on each side of the body with a stylised airborne phoenix surrounded by cloud forms and trailing streamers in relief, which further add an "air of antiquity" to the work. On the contrary, the ears and finial of the lid are composed of bold blossoms of the peony, a flower hailed as the "King of all Flowers" and imbued with the symbolism of honour, wealth and nobility.[①]

13   Pair of covered vases

Qing dynasty, 18th century

Green jade

Height 29. 2 cm

Gifit of Mr and Mrs Augustus L. Searle 38. 43. 1 a, b

Minneapolis Institute of Arts. Photo: Daniel Dennehy

In many examples, animals, birds, plants and human beings appear

---

① For the imperial association of the peony blossom and its symbolism, see Liu Yang, *Fragrant Space: Chinese Flower and Bird Painting of the Ming and Qing Dynasties from the Guangdong Provincial Museum*, Sydney: Art Gallery of New South Wales, 2000, pp. 14-15.

in one composition, and a diverse number of living beings are incorporated into a coherent unit. The beautifully carved figure of two boys cleaning an elephant (14) communicates liveliness, vigour and a sense of humour through pose and movement. Here, the emotional expres-sions are shared by both the humans and the animal; the elephant turns with head and trunk to look back at the two boys cleaning it, one of them is making great efforts to hang on and do his job while his mate is pouring water from a rhyton held in his hands.

Some other works from imperial workshops exhibit a panoramic view of the phenomenal world. A brush rest in the shape of a bridge now in the Palace Museum's collection, for instance, focuses on an urban bridge: travellers mounting donkeys, local farmers, fishermen and their boats, as well as the timber arch bridge surrounded by dense trees and foliage, are all depicted realistically.[1]

14   Figure of two boys cleaning an elephant

Qing dynasty, 18th century

Pure pale greenish-white jade

Height 20. 4cm

Palace Museum, Beijing

The MIA's pleasure boat, on the other hand, features a nobleman's joyful yachting activity (15). This finely detailed work of white nephrite is carved in perfect unison with its rosewoad base, which describes waves seething around the

---

[1]   See Liu Yang, *Translucent World*, pp. 196-197; see also Liu Yang, "Translucent World: Representations of Nature in Chinese Jade", p. 81, figure 23.

hull of the sailing boat, lotus and water lilies floating upon the waves, fish, tortoises and crabs drifting among the water, all carved in openwork. Several jade aquatic birds in various postures are inset in the wave carving. The jade work itself is striking for its realism: human figures on board are all rendered vividly and dramatically. At the prow, two boatmen are seen weighing anchor and putting away ropes; at the stern, one man takes the tiller, and the other two are pulling hard on a large oar. A third man, squatting in front of a stove, is preparing refreshrnents. While the boat-men are working hard operating the vessel, three elderly gentlemen enjoy leisurely and carefree activities within the cabin. Resting their arms on the railing, they look down at the water, engaged in pleasant contem—plation of the birds and water lilies. Some other details of the boat also attest to the high quality of accuracy and realism: on top of the wooden cabin, for in-stance, several poles (perhaps masts), are bound together with ropes; a wicker box was carefully rendered with a pattern of braided bamboo strips on its exterior surface.

15   Pleasure boat

Qing dynasty, 18th century

Pure white jade

Length 27. 9 cm

The Jahn R. Van Derlip Fund and Gift of the

Thomas Barlow Walker Foundation 92. 103. 10a–f

Minneapolis Institute of Arts. Photo: Daniel Dennehy

The great pleasure gardens of the Qing dynasty, such as the Summer Palace in Beijing, included extensive planted watercourses that accommodated the boating parties of the aristocracy. The jade boat reminds the viewer of the famous unseaworthy marble/wood boat commissioned by Emperor Qianlong in 1755, once docked at the Kunming Lake at the Summer Palace, Beijing (the current boat, carved in marble entirely, was rebuilt by Empress Cixi in 1893, after the original boat was destroyed by British and French troops in 1860 during the Second Opium War). Both marble and jade boats are reminiscent of those pleasure cruising activities involving imperial family members, which occurred on lakes, inland rivers or the Great Canal. With its aristocratic theme, flawless white stone and superb craftsmanship, it epitomises 18th century decorative taste. A four-character inscription carved horizontally on the front of the boat, *Qianlong yuwan* (乾隆御玩), "For the amusement of the Emperor Qianlong", further proves the boat was from the 18th century imperial workshop.

As demonstrated by the pleasure boat, important pieces of jade now were fitted with display stands when they were made, and the stand itself became an indispensable component of the composition. Such stands could be made of wood or other precious stones. The combination of jade with other precious material, such as ivory, gold or other hardstones, became increasingly popular as the 19th century progressed and collectors vied to display their wealth. A water coupe from the MIA collection, dating from the late 18th century, consists of a large central lotus pod with smaller pods and several buds entwining at the sides (16). The central lotus pod has a small opening covered by a green jadeite stopper with a frog. Here, realistic lotus blossoms and pods of white jade combine harmoniously with their green, leafy support of carved and tinted ivory. The green jade frog stopper adds some humour to the total composition. The lotus, although long a Buddhist symbol of spiritual purity, is exploited here for its decora-tive potential.

Although the designs of xiaosheng jades show diversification, there are certain characteristics that have prevailed and are observable. One of the intriguing ways jade carvers often employed to give prominence to certain botanic species is that those natural elements were repeated several times in a single work. Therefore, various components of a vessel were modelled after a single botanic motif, thus allowing full appreciation of its serene beauty.

16   Water coupe

Qing dynasty, 18th–19th century

White nephrite with green jade

Height 11. 4 cm

The John R. Van Derlip Fund and Gift of the

Thomas Barlow Walker Foundation 92. 103. 20a–b

Minneapolis Institute of Arts. Photo: Daniel Dennehy

Although as a whole, the covered jar in the Palace Museum collection is not in the shape of any botanic form, the shape of the melon provided a source of inspiration for the creation of this vessel, and was emphasised – not only in the lobed body, but the knob on the domed lid is also in the shape of a young melon which is surrounded by leaves and a band of fanned petals (17). The spinach–green colour enhances the vessel's liveliness in its imitation of the fresh fruity form. The same method of design is also seen in an openwork incense burner from the Palace Museum collection (18). The dominant ornamental motif here is the peony blossom. The whole body is carved and pierced with flowering peonies and scrolling foliage, and the knob is shaped as a cluster of four peony blossoms surmounting a dome cover carved with six fully opened peonies and leaves that correspond to another six peony blossoms carved on the lower body. Two

17　Covered jar in the shape of a lobed melon

Qing dynasty, 18th century

Spinach green jade with dark markings

Height 11.2 cm

Palace Museum, Beijing

18　Censer with openwork peony design

Qing dynasty, 18th century

Pale white jade

Width 10.2 cm

Palace Museum, Baijing

flowering peony sprays form the handles to the sides, supported by an openwork pedestal foot carved with continuous circles intertwined with scrolls. A single spray of peonies is carved in relief on the flat bottom. With such an intriguing design, the peony's majestic elegance, splendour and aristocratic associations are fully expressed and appreciated.

In the example of a covered incense burner, although the finial is shaped in the form of a coiled dragon surrounded by three reclining rams and the two handles in the form of animal masks each holding a loose ring, the decorative scheme of the censer is a tribute to the chrysanthemum blossom (19). The globular body and domed cover are pierced and carved with a chrysanthemum and floral scroll. The same flower is seen on the internal walls of the lid and the main body, which is designed and carved in an obvious Mughal style. This elaborately carved incense burner is a good example of the mid–Qing craftsmanship in jade carving, which intermingled a form inspired by an archaic bronze vessel, Mughal style, and the contemporary taste for extensive use of botanic motifs.

19   Covered censer

Qing dynasty, late 18th century

Greenish–white jade

Width 19. 7 cm

The John R. Van Derlip Fund and Gift of the

Thomas Barlow Walker Foundation 35. 21. a, b

Minneapolis Institute of Arts. Photo: Daniel Dennehy

During the Qianlong reign, a large number of the most realistic and keenly observed botanic and animal forms of jade was created. This was partially encouraged by an increase in supply of refined materials. With the regaining of control over central Asia in the mid–18th century, the sup-

ply of high quality nephrite from the Khotan region became secure. The a-
bundant supply of good material permitted judicious selection for colour,
tone and texture. During the same time, the discovery of richer coloured
Burmese jadeite also provided new avenues for Chinese craftsmen to realise
their vivid creativity. As exemplified by many works, craftsmen of the
mid-Qing period have cleverly exploited the natural colours of the materi-
al. In particular, they exploited and ingeniously utilised the varieties of
colour existing in one piece of stone. The 18th century flower vase from the
MIA collection is carved in deep undercut and openwork from a single
piece of agate (20). The craftsman has converted its white half into three
finger citrons, or "Buddha's hands": two smaller fruits are attached to a
primary one. Another part of the stone, the red half, was carved into
gnarled stalks and leaves, containing three pomegranates, three peaches
and a blossom. In addition, exquisite openwork is skilfully combined with
striking colour, and uses red and white jadeite to great effect, cleverly in-
tegrating the white mottling and flaws on the primary red part into the de-
sign of the pomegranate's exposed seeds. Similarly, a red mottling on the
white component was turned into a bat.

Through traditional inlay technique, different materials of diverse colours were incorporated into a picture to create an effect of truthfulness in what was represented. On the circular heads of a superb pair of ruyi sceptres from the Qing imperial jade workshop, two

20   Flower vase

Qing dynasty, 18th century

Agate

10. 8×12. 7 cm

Gift of Mr and Mrs Augustus L. Searle 35. 21. a, b

Minneapolis Institute of Arts. Photo: Daniel Dennehy

delightful scenes of quails encircled by ears of rice have been created using inlaid green jade and yellow jadeite against a snow white nephrite background (21). The variety of the stone's tones apparently caught the imagination of the jade carver. The piece is very successful in its clever use of colour: the mottles on the nephrite have been used to indicate shade and pattern, while the green and yellow are appropriate for the motifs chosen, and the craftsman has manipulated them to enhance the liveliness of the piece.

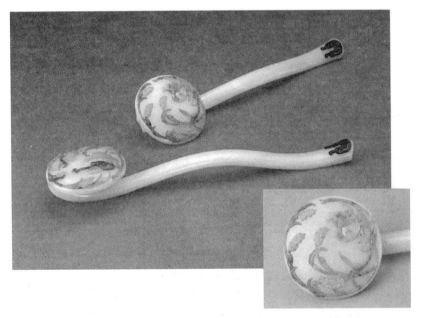

21   Pair of ruyi sceptres decorated with ears of rice and quails

Qing dynasty, 18th century

Pure white jade with inlaid green jade and jadeite

Length 33 cm

Palace Museum, Beijing

The ingenious use of various colours on different stones and incorporating them into vivid individual pictures reached its apogee of excellence in the hanging screen with the scene of Canglang Pavilion (22), now in the

Palace Museum collection. The Canglang Pavilion, originally constructed by the prominent Northern Song poet Su Sunqin in the early 11th century, is the oldest among the existing classical gardens of Suzhou in Jiangsu province. The garden is celebrated for the delights of its mountain and forest wilderness. Most of the garden buildings were rebuilt in 1695. The screen is a vivid representation of this famous garden, using jade sheets of different colours inlaid on a black lacquer ground. Reminiscent of contemporary landscape paintings, the scene features dense verdant trees and bamboo shadowing partitioned courtyards, buildings with latticed windows and huge rocks with strange contours, all arranged on both sides of a man-made river with a bridge. A four-character title with inlaid jade in the top right corner reads "Picture of the Canglang Pavilion". In this work,

22   Hanging screen with the scene of Canglang Pavilion

Qing dynasty, 18th century

Jade sheets of various colours

74cm×106cm (overall)

Palace Museum, Beijing

the famous pavilion is not only successfully represented by the realistic treatment of the garden, but is also enhanced by using jade sheets of different colour: here, not only are distinct colours of different trees truthfully rendered, even the subtle diversity of tone in the same plants is captured, thus indicating the effect of light and shade.

Throughout history, Chinese jade has encompassed a wide range of themes and styles; and the image of nature remains a potent source of inspiration for artisans who carved and appreciated the jade. Since China's earliest dynastic period, real creatures of the earth were carved in jade and endowed with special attributes. However, there is no other period than during Emperor Qianlong's reign when in terms of aesthetics, the pursuit of "jade emulating all living beings" became the height of fashion, and a large number of the most realistic and keenly observed botanic and animal forms of jade were created.

王继光先生史学成就及学术思想述评

牛　宏[*]　周倬英[**]

　　王继光先生的学术成就反映在中国历史文献学、明史、中外关系史、中国民族史、谱牒学等许多领域。先生一生的学术成果表现出强烈的社会责任和理论追求，并表现出优良理论追求、学风和文风，在高校任职期间致力于历史学的学科建设，如今更是倾尽心力于此前的研究成果的丰富、提炼。王继光先生曾于 2007 年对自己的学术生涯做过简要的回顾，如今其学术成果更加丰富。如今，笔者从客观角度，结合史学理论对其学术道路进行评述，不仅可以帮助后学之人认识当今历史学者的治学之路，更能深入认识历史学科的发展过程和方向。

一　王继光先生的史学成就

　　王继光先生的史学成就包括中国历史文献学、明史、中外关系史、中国民族史、谱牒学、方志学等方面，其中以中国历史文献学、中外交通史、民族史最为突出。同时，他在敦煌学、宗教史研究方面，也有重要的成果。他对于历史理论的重视，贯穿于他的许

　　* 牛宏，男，藏族，1972 年生，宗教学博士，西北民族大学历史文化学院教授，主要从事民族史、宗教学方面的教学与研究工作。
　　** 周倬英，女，1990 年生，西北民族大学学生。

多论著之中，这使他的著作具有鲜明的理论色彩，不仅受到学术界的关注，而且产生了广泛的社会影响。

（一）中国历史文献学

王继光先生的史学成就以其历史文献学理论为基础，先生最早所做的专题是有关《金史》成书的几个问题，所谓"元修三史，《金史》独善"，对金史成书问题的探讨，是结合历史人物别集研究史籍成书年代的典型。先生自己也曾说："我多年的读书治学，基本是文献路子，尤其注重新资料的发掘和利用。"① 一方面，他重视中国历史文献学对研究中国古代史的基础作用，众所周知，"文献整理活动及总结只是为中国历史文献学的产生准备了条件，还不等于历史文献学本身……"② 另一方面，王继光先生又十分重视少数民族历史文献在中国历史文献学中的重要地位，其《中国少数民族历史文献概要》③ 将各主要少数民族的历史文献在该学科中的地位加以提炼。历史文献学作为历史学的一个辅助学科，它具有历史性和客观性，而将少数民族历史文献的地位作为该学科中的一个分支学科加以研究又为王继光先生将文献学与民族史的研究结合起来铺垫了道路。

文献学是一门偏向理论性的学科，属于历史学的边缘学科，而先生将文献学与民族史研究结合起来，尤其是藏族史的文献研究方面。对历史文献的考证、整理则是进行史学研究的基础，顾颉刚先生曾说："校勘、训诂是第一级，我们的考证事实是第二级。"④ 王先生做学术并不是一蹴而就的，他首先做了大量的"第一级"工作。《有关〈金史〉成书的几个问题》⑤、《〈明史·鲁鉴传〉订误》⑥、

---

① 王继光：《陈诚及其西使记研究跋》，《西北民族研究》2007年第3期，第130页。

② 朱仲玉、王炜民：《〈中国历史文献学〉评介》，《阴山学刊》（哲学社会科学版）1990年第3期，第103页。

③ 王继光主编：《中国西部民族文化研究2003年卷》，载《中国少数民族历史文献概要》，北京民族出版社2003年版，第5—33页。

④ 顾颉刚：《古史辨·序》第4册，上海古籍出版社1981年版。

⑤ 王继光：《有关〈金史〉成书的几个问题》，《社会科学杂志》1981年第2期，第62—68页。

⑥ 王继光：《〈明史·鲁鉴传〉订误》，《中国史研究》1987年第1期，第167—168页。

《〈陇右方志录〉补正》①、《〈明史·西域传〉订误》②、《〈青史〉成书年代考解》③ 等学术成果都是在对历史资料进行详细的考证。

关于中国历史文献学学科的理论建设尤其是先生关于学科性质的界定——"作为我国高等院校历史系科开设的一门基础课,'中国历史文选'连同它的前身——'中国史学名著选读'仅仅只有半个多世纪的历史。但它已日益显现出一种成长为一门独立学科的趋势"④。《中国历史文选教学研究》作为 1949 年以来关于中国历史文选学科的第一部教学研究文集,王先生还提出撰写中国历史文献学的问题,并具体讲到了中国历史文选学实为中国历史文献学的一个分支。第一部以"文献学"命名的论著,并对"文献学"一词作定义界说的是郑鹤声、郑鹤春编纂的《中国历史文献学概要》,成书于 1928 年。对《中国历史文献学》的两次编写适应了 20 世纪 80 年代以来,历史文献学学科建设起步、研究深入的形势,也是诸多成果中的一部分。王继光、张大可等一批学者是学科建设的丰富者,先生又可谓是西北民族大学历史文献学的创立者。

中国历史文选作为中国历史文献学的一个分支,1989 年王继光先生与徐景重主编的《中国历史文选导读》,2001 年与张大可主编《中国历史文选》上、下两册⑤适应了自 50 年代以来中国历史文选的学科创立到发展的过程,在此期间各高校独立编写学科教材。王先生主编的《中国历史文献学》不同于之前有过合作经历的杨书⑥对历史文献的分阶段论述,而是以文献的分类为主线,又有历史分期研究,体现了个人独到的见解。

---

① 王继光:《〈陇右方志录〉补正》,《西北民族大学学报》(哲学社会科学版) 1988 年第 2 期,第 58—66 页。

② 王继光:《〈明史·西域传〉订误》,《新疆社会科学》1988 年第 3 期,第 108—112 页。

③ 王继光:《〈青史〉成书年代考解》,《史学史研究》1988 年第 3 期,第 50—52 页。

④ 杨燕起、陈泽延主编:《中国历史文选教学研究》,北京师范大学出版社 1989 年版,第 318 页。

⑤ 张大可、王继光主编:《中国历史文选》上、下册,陕西人民教育出版社 2001 年版。

⑥ 杨燕起、高国抗主编:《中国历史文献学》,北京图书馆出版社 1989 年版。

1999 年，先生与谢玉杰主编《中国历史文献学》①表明其在中国历史文献学有了更新的全局认识，并且他对中国少数民族历史文献的重视又是关于历史文献学的关键环节的局部把握。多次主编《中国历史文献学》以及《中国历史文选》表明了王先生对中国历史文献学理论的重视和不断深化。先生主编《中国西部民族文化研究 2003 年卷》，收录论文 47 篇，除主要为个人的学术成果外，另有西北民族大学历史文化学院和其他院校学者的研究成果，所涉内容分为西部少数民族历史文献研究、西部少数民族汉文资料的发掘和研究、藏传佛教信仰民族文化研究、伊斯兰教信仰民族文化研究。王先生与西北民族大学历史文化学院才让先生在《藏文史籍叙录》中论述了中国少数民族历史文献在中国历史文献学上的重要地位。王先生写道："开掘已经受到学术界的重视，而又蕴藏十分丰富得到少数民族文字的历史文献，必将推动包括少数民族历史文化在内的中国历史文化研究，导致对整个中国历史得到更全面更深刻的了解。而少数民族历史文献的发掘、整理和研究，也将丰富中国文献学、历史编纂学、史料学、中国史学史的内容。"②王先生在后来的治学之路上并未放弃文献学作为历史研究的基础性地位，而是将其放在更全面的学术全局观念中。

（二）明史——明代西北地方史为主

王先生在明史方面的学术成就亦是从基本的史料研读入手，分析整理，最终探讨明代社会史，尤其以藏区历史为主，《〈明史·鲁鉴传〉笺证》③、《明代汉藏友好使者——许允德事辑》④、

---

①　王继光、谢玉杰：《中国历史文献学》，北京民族出版社 1999 年版。

②　王继光主编：《中国西部民族文化研究 2003 年卷》，载《中国少数民族文献与中国历史文献学的学科体系》，北京民族出版社 2003 年版，第 1 页。

③　马明达、王继光：《〈明史·鲁鉴传〉笺证》，《兰州大学学报》（哲学社会科学版）1984 年第 4 期，第 50—58 页。

④　王继光：《明代汉藏友好使者——许允德事辑》，《甘肃民族研究》1986 年第 4 期，第 54—54 页。

《侯显事辑》①、《史昭事辑》② 等而主要集中在明代甘、青、藏地区
土司制度，卫所制度，汉藏史者等政治管理制度方面，辑出大量明
代中央政府赴藏地使者的主要事迹，又另辟新篇专述许允德、侯
显、史昭肯定赴藏使者在开拓民族交通方面的功绩，对当今的社会
关系处理仍有借鉴意义。《明代汉藏交聘考》、《中国古代北方民族
史》也正在撰写中。这一系列的基础成果，为先生以后的专书续写
提供了便利。由于历史发展的连贯性，先生既结合清史深化对明史
的认识，又对清史研究有其独到的见解。

（三）藏族史

如前所述，王先生对藏族史的认识是以对藏族历史文献的了解
为基础的，而在关注甘青土司制度之后，王先生将视线转向了对藏
族历史的研究，其方向主要集中于：藏文史籍的系统评述介绍；明
代中央政府的治藏政策及政治、经济文化交流；安多藏区的部族及
社会史、文化史研究。《安多藏区土司家族谱辑录研究》③ 将搜访到
的 4 种少数民族家族谱校点整理，首次刊布，为安多藏区史研究提
供新的资料。总的来说，30 多篇的藏学论文，表明了对明清汉藏关
系研究的关注，也是从对少数民族文献的关注进入总结性学术探讨
的开始。从起初的主要藏地使者的事辑到藏学研究近况的综合性、
宏观的观察，为以后对藏文史籍的现代诠释、学术定位提供了前提
准备，多年积累研究的《安多藏区部族志》也在撰写中。

（四）谱牒学

王先生在谱牒学上的杰出贡献主要是藏区谱牒学为主，"1987
年王教授向中国家族谱首届学术研讨会提交的《安多藏区家族谱探
研》一文，引起与会者瞩目，该文以土族《李氏家谱》，蒙古族

---

① 王继光：《侯显事辑》，《兰州大学学报》（自然科学版）1987 年第 2 期，第
77—79 页。

② 刘锦、王继光：《史昭事辑》，《西北民族大学学报》（哲学社会科学版）2009
年第 4 期，第 63—67 页。

③ 王继光：《安多藏区土司家族谱辑录研究》，北京民族出版社 2000 年版。

《鲁氏世谱》、《祁氏家谱》为中心研究了几个少数民族的家族史，在传统谱牒学研究中独树一帜，得到很高评价"①。而专书《安多藏区土司家族谱辑录研究》对土司家谱做了初步整理，其内容丰富、资料翔实、文献价值高，能为治西北之学的学者提供较有价值的资料。安多藏区作为中国早期文明的发祥地之一，土司的兴盛及家族谱的纂修均在明清两代，瞩目于安多藏区的家族谱研究虽不出明清史、明清藏区历史的范围，但亦表现出对历史文献中谱牒文献的独到见解。

(五) 中外交通史

明代中西交通以郑和七下西洋的盛举最为著名，而对明代在陆上交通方面则不及前者，明代丝绸之路的繁荣已经不及前代，而对这种现象的思考并未为学人放弃，《西域行程记》、《西域番国志》仍然受到极大重视，为发掘两书对中外交通史和中亚文化研究的参考价值，王继光先生刊出了大量关于陈诚及其著作不曾为人挖掘的新信息。《西域行程记、西域番国志》② 校注者周连宽请王先生做前言，可见先生在对陈诚及著书的研究方面备受瞩目，以及学人对其学术成就的肯定。《陈诚及其西使记：文献与研究》③、《陈诚家世生平考述》④、《陈诚家世生平续考》⑤、《陈诚及其西使记研究述评》⑥、《〈陈竹山文集〉的史料价值与版本》⑦ 等论著从作者的家世生平入手研究历史人物的客观经历与主观认识上的辩证关系，并与

---

① 陈自仁主编：《西北民族学院名流风采录》，《泛舟在史学的长河——访王继光教授/梁艾蓉、白雪》，《西北民族学院名流风采录》编委会，2000 年，第 194 页。

② (明) 陈诚著，周连宽校注：《西域行程记》、《西域番国志》，王继光：《关于陈诚西使及其〈西域行程记〉、〈西域番国志〉——代〈前言〉》，中华书局 1994 年版，第 1 页。

③ 王继光：《陈诚及其西使记：文献与研究》，《暨南史学》2003 年第 1 期，第 260—275 页。

④ 王继光：《陈诚家世生平考述》，《西域研究》2005 年第 1 期，第 11—22 页。

⑤ 王继光：《陈诚家世生平续考》，《西域研究》2006 年第 1 期，第 1—6 页。

⑥ 王继光：《陈诚及其西使记研究述评》，《中国史研究动态》2009 年第 1 期。

⑦ 王继光：《〈陈竹山文集〉的史料价值与版本》，《西域研究》2010 年第 1 期，第 17—20 页。

当时的社会关系紧密结合。王先生首次披露了罕见的《陈竹山文集》资料，通过发掘新史料在明代中外交通史方面取得了新的进展。目前已经结项国家社科基金 2005 年度立项的《明王朝的西域经略及与中亚国家睦邻关系研究》。最新出版的《陈诚西域资料校注》① 为研究明代西域交通史提供了新的资料，使《陈竹山文集》在中亚学、西域学研究方面的价值得到了学术界的充分肯定。

（六）方志学

王继光先生在方志学上的涉猎也主要集中在西北地区方志研究，而应用于实践的最好典范无疑是他十赴同仁，辅助同仁县纂修《同仁县志》。1993 年由青海人民出版社出版了专著《［万历］〈西宁卫志〉辑注》②，这是辑自《天下郡国利病书》，是青海最早的地方志，辑注分卷析篇，评加注释，青海地区，历史文献罕有，地志的编修更是开始晚并且少见。"辑佚之举，本起于汉学家之治经。嗣后扩及四部，成果斐然。擎绩补宜，于学术研究之推进，裨益实多。"③ 先生的辑佚肯定了自汉学家辑佚工作的斐然成果和裨益之处，并且可见其辑佚之功。王先生对《西宁卫志》及青海早期几种方志的比勘研究，使我们了解了《西宁府新志》的承袭渊源关系，为考察明代青海史事方面提供了参考价值，还可订正某些史事之伪误。

（七）敦煌学

历来立足于西北史地研究的学者都离不开敦煌学，关注敦煌学，王先生亦是如此。先生虽曾涉猎敦煌学，20 年前曾作的敦煌学专题是《敦煌唐写本〈六韬〉残卷校释》④，比勘宋代《武经七书》

---

① 《新疆通史》编撰委员会编，王继光校注：《陈诚西域资料校注》，新疆人民出版社 2012 年版。

② （明）刘敏宽、龙膺纂修，（清）苏铣纂修，王昱、马忠校注，王继光辑注：《西宁卫志》，青海人民出版社 1993 年版。

③ 王继光：《辑本〈西宁卫志〉序》，《西北民族研究》1990 年第 2 期，第227 页。

④ 王继光：《敦煌唐写本〈六韬〉残卷校释》，《敦煌学辑刊》1984 年第 3 期，第25—52 页。

后传本，距离甚大，方信清儒"古籍窜乱实多"之言，揭示了《六韬》在流传过程中的窜乱与改写。但先生曾说关于敦煌学"余心仪而向往之学颇多，间或涉及，往往有始无终，半途而废"①。王继光先生虽然立足西北，却放弃了间或涉及的敦煌学，《敦煌汉文吐蕃史料综述——兼论吐蕃控制河西时期的职官与统治政策》②涉及敦煌史料，其重点则是其一直关注的藏族历史。先生所谓"半途而废"之学，虽实为可惜，但也为先生致力于中外文化关系，民族关系，西北地区之交通研究余下空间，亦可谓专注史学之功。

另外，王继光先生在宗教史方面对伊斯兰教、道教、佛教文化也有一定的成果，亦是研究西北史地学人们的参考资料。

二　王继光先生的学术思想

所谓"过去事件的印象和观念之结合就是历史，就是我掌握的活的历史……知识或历史……会用我们个人经历以外的事件、地点、人物、观念和观念不断积累的印象，使我们的头脑丰富起来，并通过我们对社会、国家、民族的经历的回忆，而使我们的经验丰富起来"③。要使历史观念丰富得以体现，必须有良好的学术修养，丰富的历史研究经验。伟大的历史学家柯林伍德的主要观点"一切历史都是思想史"。而"'一切历史都是思想史'的真正意义是，历史学家在考虑历史当事人所处外部环境影响的前提下，重新思考当事人在其中进行思想活动的历史"④。王继光先生的学术面貌和精

---

① 王继光：《陈诚及其西使记研究跋》，《西北民族研究》2007 年第 3 期，第 133—134 页。
② 王继光、郑炳林：《敦煌汉文吐蕃史料综述》，《中国藏学》1994 年第 3 期，第 44—54 页。
③ 《现代西方历史哲学译文集》，张文杰等译，上海译文出版社 1984 年版，第 239 页。
④ 张作成：《一切历史都是思想史——语境分析与内涵再探》，《史学理论研究》2009 年第 2 期，第 47—55 页。

神境界在其学术作品中体现得最为明显。

（一）扎实求索，拾遗补阙

王先生在自己文献路子上的功绩也是显而易见的。浩瀚的历史文献是苍茫大海，那么从中辑录大量的重要人物事迹、历史资料则是对研读历史的基本功的认识。这样的一种治学路径显然只是对历史的初步认识，可以说是历史的微观认识阶段，是对历史线性和平面的把握。但先生的学术重点在后来逐渐摆脱了这种局限，称其为局限，倒不如说是作为学人的认识从感性向理性、知性的发展过程。

王先生结合具体研究领域或具体的研究对象，根据充分的和可靠的历史资料，以辩证的和发展的视野综合种种问题，提出新的认识和新的理论概括。黄宗羲曾强调：“大凡学有宗旨，是其人之得力处，亦是学者之入门处。”[1] 王先生治史的理论风格，正是集中反映出了他的治史宗旨。先生以准确、可靠的史料为研究基础，重视史料收集。在其学术创作的早期，为对甘青地区的土司制度进行全面系统的研究，他竭力寻访甘肃、青海的文物和文字遗存，通过实地调研获得了大量新资料。另一方面，他在后来对陈诚及其《西域行程记》、《西域番国志》的全面研究又从文献检索入手，先生曾说：“大约是在 1985 年底……为准备会议论文，我泡了一段时间的甘肃省图书馆西北文献部，极为偶然地翻检到明代西域使者陈诚的《陈竹山先生文集》。遍查明清以来的书目著录，断定此书或为海内孤本，前人少有寓目。细心披览，发现不少新的资料，据之撰写了《陈诚及其〈西域行程记〉、〈西域番国志〉研究》一文”[2]，为收集有价值的史料，先生将实地调研与文献检索之功贯穿于一生的工作之中，可谓扎实求索之功。

---

① 张明堂、董兴林主编：《中国历史要籍介绍及选读》，大连海事大学出版社 1994 年版，第 363 页。
② 王继光：《陈诚及其西使记研究跋》，《西北民族研究》2007 年第 3 期，第 133 页。

（二）考镜源流，小题大做

若局限于文献，而不进行深入发掘是有一定的缺陷，但又是深入治学的必然前提，王先生逐渐开始对民族史、西北历史全貌的解读。

首先，先生注重辨别史料，考察历史事实。如先生对藏族地区重要历史人物事件的辑录，对藏文史籍、地方志资料的整理不是单纯的史料抄录，而是经历了去伪存真的审慎考量，把对历史的认识提升到了理性的认识，并在全局上对历史进行把握，重视结构分析，为以后对历史研究的整体把握奠定了基础。

其次，先生又不局限于史料发掘，而是结合古今社会形势，发掘历史发展的实质，揭露历史发展规律。单纯的史料收集整理只是做学术的基础，而王继光先生在此基础上深入发掘新史料的价值，对甘青土司制度、陈诚及其西使记进行追本溯源的研究，并取得了大量的成果，可谓是辩章学术，考镜源流。《青海撒拉族土司制度述评》[①]、《甘青地区僧职土司初探》[②]、《试论甘青土司的形成及其历史背景》[③]、《安多藏区僧职土司初探》[④] 等都是王继光先生辩章学术、考镜源流的重要作品，不再局限于收集、辨别史料的阶段。

最后，先生以以上工作和认识为基础，为其在学术研究上的"小题大做"提供条件并丰富了自己的学术成果。随着陆上丝绸之路在明代的相对衰落，明代中外陆上交通史上这一相对被忽视的课题却引起了王继光先生的注意，对陈诚及其《西域行程记》、《西域番国志》的全面研究就是从重要历史人物出发，从相对薄弱环节出发的"小题大做"。

---

① 王继光：《青海撒拉族土司制度述评》，《青海社会科学》1984 年第 2 期，第 63—72 页。

② 王继光：《甘青地区僧职土司初探》，《西北民族学院学报》（哲学社会科学版）1985 年第 1 期，第 60—73 页。

③ 王继光：《试论甘青土司的形成及其历史背景》，《社会科学杂志》1985 年第 4 期，第 77—85 页。

④ 王继光：《安多藏区僧职土司初探》，《西北民族研究》1994 年第 1 期，第 259—275 页。

(三) 通识之功, 独断之学

中国史学传统的突出特点是通识之才与独断之学。作为历史学者, 有自己好学深思富于个性的学术成果很重要, 例如明代陆上中外交通史的独到、全面的见解, 此为"独断"。历来治学"高明者多独断之学, 沉潜者尚考所之功"①。先生也注重于他人的合作, 在历史认识越来越深化, 史学的发展分工越来越细密及社会性越来越扩大的过程中, 王先生在进行学术研究的过程中意识到仅凭个人能力的局限, 与志同道合者进行合作才能有更加富于真知灼见的成果。

王先生在治史上的通识, 还反映在关于民族史、民族关系史、宗教史、交通史、历史教育等领域的研究中。众所周知, 在学术研究中, 能够达到某个领域中达到"通"实属不易, 要达到通识的境界则更为不易。司马迁"究天人之际, 通古今之变, 成一家之言"的治史宗旨影响后世学人。王先生的研究领域虽不重在中国通史方面, 也没有成一家之言之雄心, 但在西北历史的各个方面与同行史学界学者的通力合作, 适应了现代通一方史地的社会现实。例如, 先生结合对《西域行程记》的论述, 还同时考察了陈诚本人家世、生平、西使西域并写下《西域行程记》的诸多事迹。谱写历史少不了人的参与, 正如梁启超在《中国历史研究法》中说:"史者何? 记述人类社会赓续活动之体相, 校其总成绩, 求其因果关系, 以为现代一般活动之资鉴也。"② 陈诚西使西域对民族关系的密切、中外关系的发展等以及对当今社会都有资鉴作用。

(四) 信而有征, 力求凝练

王先生曾说:"文人画自可'信笔挥洒, 遂成苍翠'。那是大家

---

① (清) 章学诚:《文史通义·答客问中》, 上海古籍出版社 2008 年版, 第153 页。
② 梁启超:《饮冰室合集》第 16 册, 中华书局 1936 年版, 第 1 页。

风范，意匠经营。史家论著则不然，断不敢信笔挥洒。"① 书写信史是中国传统史家的良好素养，而王先生也将其放在首要地位，其学风和文风体现着其良好的学术素养。

为了做到"信而有征"，王先生对史学理论有执着的追求，这是其治学道路上的动力之一。先生涉足历史学之处就十分注重史料的研读，并对史家思想和史书撰述有深入的研究。后来，他对历史的兴趣转向对明史尤其是西北地区历史的学习和研究，并深入挖掘西北地区的民族关系史，其研究方向一直未曾脱离文献理论。

另外，学风和文风是相关联的，可以说，文风是学风在文章、著作之表述上的反映。王先生在学风上有深厚的修养，在文风上也有严格的要求。根据笔者的肤浅认识，这些要求可以概括为：在文风上，王先生虽不求面面俱到，但做到用平实的文字把问题阐述清楚，凡笼统的概念、不可捉摸的词句以及陈言滥语，一概不写。在文字表述上努力做到明白、准确，突出重点，力求凝练。应当说，对文字表述上的这种要求，一是我国史学历来有这个传统，二是历史工作者应当具有这样的责任心。王先生将自身的学术工作与历史教育结合，倾尽精力。

三　结论

从王先生的治史宗旨与学术研究过程中，我们可以得到两点重要启示：首先是时代的影响，王先生对西北史地的研究不仅是受其立足于与西北地区从事教学工作的影响，也是当今社会对西部大开发战略性强调的时代要求。王继光先生为了使历史研究真正走向科学化，将历史研究与现代学术的发展方向结合起来。其次是发展当前史学，对历史学问"小题大做"的孜孜以求，同时也是当代地方史、边疆史研究的深化的助推剂。

---

① 王继光：《陈诚及其西使记研究跋》，《西北民族研究》2007 年第 3 期，第134 页。

　　王继光先生注重历史研究薄弱环节的新资料发掘,不扎堆于群学竞逐的学问,而强调历史研究的原创性和开拓性。先生重视历史资料的多方面功能,不局限于历史史料价值,也深入阐发史料的古今社会功能。显然,对于历史资料作这样的理解和运用,必然使历史著作不仅反映着中国历史的内容和特点,而且还带着中国民族的精神传统和思想传统,显示出鲜明的民族特色。

　　此外,王先生对学科建设有孜孜不倦的追求,不断推进学科建设,才能不断提高史学工作的质量,努力实现史学工作的崇高目标。先生多年从事历史学的教学与研究,先后开设过《中国历史文献学》、《敦煌学讲座》、《明清史料学》等课程,教学效果良好,深受师生好评,他主讲的《中国历史文献学》已列入"甘肃省精品课程"建设项目。

　　王先生作为一个历史学者,又长期在高等学校执教,不论是从教育事业的角度还是从史学事业的角度,他都深知培养年轻队伍的重要,并言传身教,做了许多工作。从王先生的工作和论著来看,他对于自己所承担的责任,看得既重且宽。